基礎からわかる
金融法務

島田法律事務所［編］

一般社団法人 金融財政事情研究会

はしがき

　金融法務とは、金融取引に係る法務、なかんずく、銀行ほか金融機関が介在する取引に関する法務を意味します。

　かつて、金融機関が行う業務は、基本的には預金業務、貸金業務、為替業務に限られていました。したがって、金融法務といえば、預金、貸金、為替取引に係る金融機関と顧客間の法律関係を規律する民事実体法、具体的には、民法、手形法、小切手法等や、金融機関が債権を回収するために準拠する民事訴訟法、民事執行法などの民事手続法、そしてこれらの法令に関する判例を理解することが重要でした。

　その重要性は、いまなお変わりませんが、金融法務に携わる者が理解すべき法令の種類や内容は、急速に拡大しています。

　その理由の一つは、金融機関が取り扱う業務が大きく広がったことにあります。具体的には、デリバティブ取引や、投資信託の窓口販売、銀行本体での信託業務、保険商品の募集、電子記録債権の取扱いなどです。このような業務の広がりにつれて、金融法務に携わる者にとって、金融商品取引法、信託法、保険業法、電子記録債権法などを理解することも、不可欠となっています。

　もう一つの理由は、金融機関をめぐる社会環境が変化してきたことです。業務範囲の拡大に伴い、金融機関が取り扱う金融商品も複雑化したことから、古典的な契約自由の原則は、顧客によっては、必ずしも妥当するものとはいえなくなってきました。金融商品の販売等に関する法律に金融商品販売業者等の説明義務などが規定されていることや、銀行法や金融商品取引法などの業法にも顧客に対する説明義務・情報提供義務や金融機関の禁止行為などが規定されているのは、その現れです。また、情報化社会の進展により、顧客自身のために、あるいは公益的な目的のために、顧客の情報を適切に管理する重要性などが認識されるようになってきました。このため、個人情報の保護に関する法律や犯罪による収益の移転防止に関する法律などが制定さ

れています。

　そして、このように法令上一定の行為を遵守することが求められていることから、金融機関にとって、コンプライアンス（法令遵守）態勢を確立し、継続的に見直していくことは、きわめて重要な課題であるといえます。それゆえ、金融法務に携わる者にとって、コンプライアンスに係る法令を理解するのも、必須です。

　本書は、このように拡大しつつある金融法務に係る法令や判例について、基礎的な事項を中心に概説するものです。本書が読者の皆さんにとって、各法令・判例の内容そのものについてだけでなく、金融法務の全体像のなかでの各法令等の位置づけや相互の関連についても、理解の一助となることを願ってやみません。

　なお、本書刊行にあたっては、みずほ銀行法務部、三井住友銀行法務部、総務部、事務統括部およびグローバルビジネス推進部ならびにSMBC日興証券法務部の方々に校正段階で目を通していただき、実務的な視点から多々有益なご指摘を頂戴しました。この場を借りて、深く御礼申し上げます。

平成28年11月

　　　　　　　　　　　　　　　　　著者を代表して
　　　　　　　　　　　　　　　　　島田法律事務所
　　　　　　　　　　　　　　　　　　弁護士　藤瀬　裕司

著者略歴

【事務所紹介】

島田法律事務所

長期的な信頼関係に基礎を置き、クライアントの持続的な発展に貢献するという理念のもと、平成22年7月に設立された。主にわが国を代表する金融機関や事業会社をクライアントとして、企業を取り巻く経済的・法的な社会環境の変化をふまえて、時宜に応じたリーガル・サービスを提供している。民法、銀行法、金融商品取引法など金融関連諸法はもとより、会社法、コンプライアンス、債権回収などを、主要な取扱分野としている。
(URL)　http://www.shimada-law.jp/

【著者紹介】

藤瀬　裕司（第1章、第6章担当）
弁護士（第一東京弁護士会所属）
昭和61年東京大学法学部卒業。平成13年東京大学大学院法学政治学研究科修了。平成23年大東文化大学法科大学院修了。平成28年弁護士登録。昭和61年～平成19年三井住友銀行、平成19年～22年みずほ証券、平成22年～28年SMBC日興証券にて勤務。平成28年10月ヘルスケア＆メディカル投資法人補欠執行役員就任。

川島　亜記（第2章担当）
弁護士（第一東京弁護士会所属）
平成15年東北大学法学部卒業。平成17年弁護士登録。都市銀行、信託銀行、外国銀行への出向経験がある。

山嵜　亘（第4章担当）
弁護士（第一東京弁護士会所属）
平成18年東京大学法学部卒業。平成19年弁護士登録。都市銀行への出向経験がある。

前田　直哉（第3章担当）
弁護士（第二東京弁護士会所属）
平成19年東京大学法学部卒業。平成20年弁護士登録。都市銀行への出向経験がある。

小山内　崇（第5章担当）
弁護士（第一東京弁護士会所属）
平成20年東京大学法学部卒業。平成22年東京大学法科大学院修了。平成23年弁護士登録。都市銀行への出向経験がある。

三本松　次郎（第4章担当）
弁護士（第一東京弁護士会所属）
平成26年東京大学法学部卒業。平成27年弁護士登録。

　本書では、原則として正式の法令名を引用していますが、本書の各章・節にまたがって頻出するものについては、次のとおり略称を用いています。

金商法：金融商品取引法
金商業等府令：金融商品取引業等に関する内閣府令
兼営法：金融機関の信託業務の兼営等に関する法律
犯収法：犯罪による収益の移転防止に関する法律
社債等振替法：社債、株式等の振替に関する法律
民法改正法案：民法の一部を改正する法律案（第189回国会閣法第63号）
改正後民法：民法改正法案が両議院で可決され、民法の一部を改正する法律　　　　　　　が成立・施行された場合における改正後の民法

目　次

第1章　金融取引総論

第1節　金融機関とは何か……………………………………… 2
1　金融の意義 …………………………………………………… 2
2　金融機関の意義 ……………………………………………… 2
3　金融機関の種類 ……………………………………………… 3

第2節　金融取引と法 …………………………………………… 6
1　契約および約款 ……………………………………………… 7
2　商　慣　習 …………………………………………………… 9
3　法　　令 ……………………………………………………… 9
4　判　　例 ……………………………………………………… 10
5　行政先例、監督指針等 ……………………………………… 11

第3節　コンプライアンス態勢の整備 ………………………… 12
1　なぜコンプライアンスか …………………………………… 12
2　コンプライアンス確立のための態勢整備 ………………… 13
3　反社会的勢力への対応 ……………………………………… 15
4　公益通報者保護 ……………………………………………… 19

第4節　顧客情報の管理 ………………………………………… 22
1　金融機関の秘密保持義務 …………………………………… 22
2　個人情報保護法 ……………………………………………… 26
3　個人情報保護に関するガイドライン ……………………… 31
4　非公開情報等の授受規制 …………………………………… 33

5　インサイダー取引規制 …………………………………………… 36

第5節　マネー・ローンダリング防止と本人確認義務 ………… 42

　　1　マネー・ローンダリング防止 …………………………………… 42
　　2　本人確認義務 ……………………………………………………… 44
　　3　疑わしい取引の届出 ……………………………………………… 50
　　4　コルレス契約締結時の厳格な確認 ……………………………… 51
　　5　体制整備等の努力義務 …………………………………………… 51
　　6　預貯金口座の不正利用防止 ……………………………………… 52

第6節　金融機関の説明義務 …………………………………………… 53

　　1　説明義務とは ……………………………………………………… 53
　　2　金融商品の販売等に関する法律との関係 ……………………… 56
　　3　消費者契約法との関係 …………………………………………… 58
　　4　業法上の説明義務・情報提供義務 ……………………………… 60
　　5　金融ADR …………………………………………………………… 61

第7節　取引の相手方 …………………………………………………… 65

　　1　自然人との取引 …………………………………………………… 65
　　2　法人との取引 ……………………………………………………… 73

第8節　テクノロジーの進展と金融取引 ……………………………… 82

　　1　生体認証による本人確認・意思確認 …………………………… 82
　　2　インターネット・バンキング …………………………………… 84
　　3　電子署名 …………………………………………………………… 86

第2章　預金取引

第1節　預金一般 ……………………………………………… 92

1. 預金契約の法的性質 ……………………………………… 92
2. 預金契約の成立と預金約款 ……………………………… 93
3. 預金者の認定 ……………………………………………… 95
4. 口座開設・預金受入れ時の留意点 ……………………… 96
5. 預金の払戻しと金融機関の免責 ………………………… 98
6. 預金の時効 ………………………………………………… 101

第2節　各種の預金取引 ……………………………………… 102

1. 預金の種類 ………………………………………………… 102
2. 普通預金 …………………………………………………… 102
3. 定期預金 …………………………………………………… 103
4. 当座預金 …………………………………………………… 104
5. その他の預金 ……………………………………………… 105
6. 総合口座 …………………………………………………… 106

第3節　金融取引と手形・小切手 …………………………… 108

1. 手形・小切手の仕組みと支払 …………………………… 108
2. 当座勘定契約と手形・小切手法 ………………………… 109
3. 約束手形 …………………………………………………… 110
4. 為替手形 …………………………………………………… 114
5. 小　切　手 ………………………………………………… 115

第4節　手形交換 ……………………………………………… 117

1. 手形交換の手続と手形交換所 …………………………… 117
2. 不渡事由と不渡届 ………………………………………… 118

3　不渡処分と異議申立制度 ………………………………………… 120
　　　4　取引停止処分制度 ………………………………………………… 121

第5節　預金の差押え ………………………………………………… 122

　　　1　差押え等の意義 …………………………………………………… 122
　　　2　差押え等の手続 …………………………………………………… 123
　　　3　差押えの競合等 …………………………………………………… 131
　　　4　仮差押え …………………………………………………………… 132
　　　5　滞納処分 …………………………………………………………… 132

第6節　預金の相続 …………………………………………………… 133

　　　1　預金者が死亡した場合 …………………………………………… 133
　　　2　預金者の死亡を金融機関が認識した場合にとるべき措置 ……… 134
　　　3　相続制度の概観 …………………………………………………… 134
　　　4　預金債権の帰属 …………………………………………………… 139
　　　5　払戻請求に対する対応 …………………………………………… 140
　　　6　共同相続人の一部から取引経過開示請求があった場合の対応 ……… 143

第7節　預金の譲渡・質入れ ………………………………………… 144

　　　1　預金の譲渡 ………………………………………………………… 144
　　　2　預金の質入れ ……………………………………………………… 145

第8節　ペイオフとその対応 ………………………………………… 146

第3章　融資取引

第1節　融資取引とは ………………………………………………… 150

　　　1　融資取引とは ……………………………………………………… 150

2　融資取引の機能 …………………………………………… 150

第2節　融資取引と契約書類 …………………………… 151

　　1　銀行取引約定書 …………………………………………… 152
　　2　銀行取引約定書以外の約定書 …………………………… 159

第3節　各種の融資取引 …………………………………… 159

　　1　手形貸付 …………………………………………………… 159
　　2　手形割引 …………………………………………………… 162
　　3　証書貸付 …………………………………………………… 164
　　4　当座貸越 …………………………………………………… 167
　　5　支払承諾 …………………………………………………… 169
　　6　代理貸付 …………………………………………………… 171
　　7　コミットメント・ライン ………………………………… 173
　　8　シンジケート・ローン …………………………………… 175
　　9　消費者ローン ……………………………………………… 178

第4節　保　　証 …………………………………………… 182

　　1　保証の効用 ………………………………………………… 182
　　2　保証契約 …………………………………………………… 182
　　3　保証債務の法的性質 ……………………………………… 183
　　4　保証の種類 ………………………………………………… 185
　　5　保証契約における留意点 ………………………………… 189
　　6　経営者保証ガイドライン ………………………………… 192

第5節　担　　保 …………………………………………… 194

　　1　担保の目的と機能 ………………………………………… 194
　　2　担保目的物の種類 ………………………………………… 195
　　3　担保物権の種類 …………………………………………… 196

  4 担保物権の概要 …………………………………………… 198
  5 実務における担保契約 …………………………………… 204
  6 各種の担保 ………………………………………………… 206

第4章 債権の管理・回収

第1節 債権の管理 ……………………………………………… 236

  1 融資先の変動 ……………………………………………… 236
  2 時効の管理 ………………………………………………… 245
  3 期限の利益喪失 …………………………………………… 249

第2節 債権の回収 ……………………………………………… 254

  1 主債務者の弁済 …………………………………………… 254
  2 第三者による弁済 ………………………………………… 258
  3 弁済による代位 …………………………………………… 260
  4 相　　殺 …………………………………………………… 267
  5 担保権の実行 ……………………………………………… 275
  6 仮差押え・仮処分 ………………………………………… 286
  7 債務名義の取得 …………………………………………… 287
  8 強制執行 …………………………………………………… 289
  9 債権譲渡 …………………………………………………… 292

第3節 倒産手続 ………………………………………………… 294

  1 倒産手続とは何か ………………………………………… 294
  2 破産手続の概要 …………………………………………… 295
  3 特別清算手続の概要 ……………………………………… 296
  4 民事再生手続の概要 ……………………………………… 297
  5 会社更生手続の概要 ……………………………………… 299

6　私的整理の概要 …………………………………………………… 301
7　法的倒産手続における担保権の処遇 …………………………… 303
8　法的倒産手続における相殺 ……………………………………… 310

第5章　為　　替

第1節　内国為替の概要 …………………………………………… 316

1　内国為替の意義・仕組み ………………………………………… 316
2　全国銀行内国為替制度 …………………………………………… 318
3　振 込 み …………………………………………………………… 320
4　代金取立て ………………………………………………………… 331

第2節　外国為替 …………………………………………………… 335

1　外国為替の基礎 …………………………………………………… 335
2　外国送金 …………………………………………………………… 338
3　輸出為替 …………………………………………………………… 340
4　輸入為替 …………………………………………………………… 347

第6章　付随業務・その他の業務

第1節　金融機関が行う業務の分類 ……………………………… 354

1　固有業務 …………………………………………………………… 354
2　付随業務 …………………………………………………………… 354
3　他業証券業務等 …………………………………………………… 355
4　法定他業 …………………………………………………………… 357
5　銀行以外の金融機関が行うことができる業務 ………………… 357

目　次　*11*

第 2 節　付随業務 …………………………………………………………… 358

1　銀行法に列挙された付随業務 ………………………………………… 358
2　その他の付随業務 ……………………………………………………… 366

第 3 節　証券業務 …………………………………………………………… 369

1　有価証券関連業 ………………………………………………………… 369
2　金融機関と有価証券関連業 …………………………………………… 375
3　その他の証券業務 ……………………………………………………… 378
4　内閣総理大臣への登録 ………………………………………………… 379
5　銀行法等との関係 ……………………………………………………… 379
6　行為規制 ………………………………………………………………… 381
7　特定投資家制度 ………………………………………………………… 384
8　外務員登録制度 ………………………………………………………… 385
9　弊害防止措置 …………………………………………………………… 386

第 4 節　デリバティブ ……………………………………………………… 390

1　デリバティブとは ……………………………………………………… 390
2　金商法上の分類 ………………………………………………………… 390
3　金商法上の規制 ………………………………………………………… 393
4　銀行法上の規制 ………………………………………………………… 394
5　デリバティブ取引に係る契約書 ……………………………………… 395
6　ネッティング …………………………………………………………… 397

第 5 節　信託業務 …………………………………………………………… 398

1　信託とは ………………………………………………………………… 398
2　信 託 業 ………………………………………………………………… 402
3　金融機関が営むことができる信託業務 ……………………………… 405

第6節　保険募集業務 …………………………………………… 408

1　銀行法上の位置づけ ………………………………………… 408
2　保険募集をすることができる者 …………………………… 409
3　弊害防止措置 ………………………………………………… 411
4　保険募集等に関する禁止行為 ……………………………… 413
5　特定保険契約についての行為規制 ………………………… 414

第7節　電子記録債権 …………………………………………… 415

1　電子記録債権とは …………………………………………… 415
2　電子記録債権法の概要 ……………………………………… 416
3　銀行と電子記録債権 ………………………………………… 422

おわりに ………………………………………………………………… 425
事項索引 ………………………………………………………………… 426
判例索引 ………………………………………………………………… 439

第 1 章

金融取引総論

第 1 節　金融機関とは何か

1　金融の意義

(1)　金融とは

「金融」とは、金銭を融通すること、換言すれば、金銭を貸借しあうことをいいます。もう少し詳しくいえば、「金融」とは、個人や企業などの経済主体のうち、資金に余剰がある者から資金に不足がある者に対して金銭を融通することです。

(2)　直接金融と間接金融

直接金融とは、資金供給者が資金需要者に対して直接に資金を融通することです。法律的にいえば、資金供給者と資金需要者との間に直接の権利義務関係が生じるような方法での金融ということができます。たとえば、株式会社が株式や社債を発行して資金を調達し、株式・社債を取得した投資家がその株式会社に対して株主権・社債権を有する方法による資金の融通が、直接金融です。

これに対して、**間接金融**とは、最終的な資金供給者と最終的な資金需要者との間に第三者が介在し、その第三者を通じて資金を融通することです。法律的にいえば、最終的な資金供給者と介在者との間にも、介在者と最終的な資金需要者との間にも、それぞれ債権債務関係が生じる方法での金融ということができます。たとえば、個人が銀行に預金を預け入れ、銀行が企業などに融資をする方法による資金の融通が、間接金融です。

2　金融機関の意義

(1)　広義の金融機関

「金融機関」とは、広義では、直接金融であるか間接金融であるかを問わ

ず、およそ金融の媒介をする者をいいます。

　直接金融については、たとえば、株式会社が株式を発行する場合に、投資家に株式の取得を勧誘するなどの行為を行うのは、証券会社です。したがって、証券会社も、経済的な活動に着目すれば、広義の金融機関に含まれうるといえます。

(2) 狭義の金融機関

　法令上の用語として「金融機関」という場合、基本的には、間接金融において最終的な資金供給者と最終的な資金需要者との間に介在する者をいいます。具体的には、一般公衆から預貯金を受け入れ、それを原資として融資を行う者が「金融機関」であるといえます。

　本書では、特に断らない限り、**金融機関**とは、預貯金を受け入れ、それを原資として融資を行う者を意味することとします。

3　金融機関の種類

　金融機関は、その根拠となる法令によって、**銀行法上の銀行、協同組織金融機関**と株式会社**商工組合中央金庫**に分類されます。

　なお、銀行法上の銀行以外の銀行としては、日本政策投資銀行とゆうちょ銀行などがあります。

(1) 銀行法上の銀行

　銀行とは、銀行法に定める内閣総理大臣の免許を受けて銀行業を営む者をいいます（銀行法2条1項）。**銀行業**とは、①預金または定期積金の受入れと資金の貸付けまたは手形の割引とを併せ行うこと、または、②為替取引を行うことのいずれかを行う営業をいいます（同条2項）。

　したがって、為替取引のみを行う銀行も理論的にはありうるのですが、一般的には、「銀行」とは、預金等を受け入れて融資を行う営業を行う者であるといえます。

銀行は、株式会社に限られます（同法4条の2柱書）。

なお、**信託銀行**は、銀行業のみならず、兼営法に基づいて信託業務を行う銀行で、沿革的理由により商号に信託の文字が入っていますが、銀行法上の銀行であることには変わりはありません。

(2) 協同組織金融機関

協同組織金融機関とは、①農林中央金庫、②信用協同組合および協同組合連合会、③信用金庫および信用金庫連合会、④労働金庫および労働金庫連合会、⑤農業協同組合および農業協同組合連合会、⑥漁業協同組合、漁業協同組合連合会、水産加工業協同組合および水産加工業協同組合連合会をいいます（協同組織金融機関の優先出資に関する法律2条1項参照）。

協同組織金融機関は、①会員からの預金等の受入れ、②会員に対する資金の貸付け、③為替取引などを行います。

a 農林中央金庫

農林中央金庫は、農業協同組合、森林組合、漁業協同組合その他の農林水産業者の協同組織を基盤とする金融機関としてこれらの協同組織のために金融の円滑を図ることにより、農林水産業の発展に寄与し、もって国民経済の発展に資することを目的とする法人です（農林中央金庫法1条、2条）。会員となりうるのは、農業協同組合など農林水産業者の協同組織です（同法8条）。

b 信用協同組合および協同組合連合会

信用協同組合は、組合員のために預貸金業務などを行う中小企業等協同組合です（中小企業等協同組合法3条2号、9条の8第1項）。信用協同組合の組合員になりうるのは、組合の地区内において商業、工業、鉱業、運送業、サービス業その他の事業を行う小規模の事業者、組合の地区内に住所もしくは居所を有する者または組合の地区内において勤労に従事する者などです（同法8条4項）。

信用協同組合連合会は、その連合会の地区の全部または一部を地区とする組合などを会員とする法人です（同条5項）。

c　信用金庫および信用金庫連合会

　信用金庫は、国民大衆のために金融の円滑を図り、その貯蓄の増強に資するための法人であり、事業を行うについて免許を受けたものです（信用金庫法1条、2条、4条）。会員となりうるのは、①その信用金庫の地区内に住所または居所を有する者、②その信用金庫の地区内に事業所を有する者、③その信用金庫の地区内において勤労に従事する者などですが、被用者数や資本金の額の上限があります（同法10条1項）。

　信用金庫連合会は、その連合会の地区の一部を地区とする信用金庫を会員とする法人です（同法2条、10条2項）。

d　労働金庫および労働金庫連合会

　労働金庫は、労働者の団体の行う福利共済活動のために金融の円滑を図り、もってその健全な発達を促進するとともに労働者の経済的地位の向上に資することを目的とする法人であり、事業を行うについて免許を受けたものです（労働金庫法1条、3条、6条）。会員となりうるのは、①その労働金庫の地区内に事務所を有する労働組合、消費生活協同組合および同連合会、共済組合等、②その労働金庫の地区内に住所を有する労働者およびその労働金庫の地区内に存する事業場に使用される労働者です（同法11条1項・2項）。

　労働金庫連合会は、その連合会の地区の一部を地区とする労働金庫を会員とする法人です（同法3条、11条3項）。

e　農業協同組合および農業協同組合連合会

　農業協同組合とは、農業者等を組合員とし、その行う事業によってその組合員のために最大の奉仕をすることを目的とする法人です（農業協同組合法4条、7条1項、12条1項）。

　農業協同組合連合会とは、農業協同組合等を会員とし、その行う事業によってその会員のために最大の奉仕をすることを目的とする法人です（同法4条、7条1項、12条2項）。

f　漁業協同組合、漁業協同組合連合会、水産加工業協同組合および水産加工業協同組合連合会

　漁業協同組合とは、漁民、漁業生産組合等を組合員とし、その行う事業に

よってその組合員のために直接の奉仕をすることを目的とする法人です（水産業協同組合法4条、5条、18条1項）。

漁業協同組合連合会とは、漁業協同組合等を会員とし、その行う事業によってその会員のために最大の奉仕をすることを目的とする法人です（同法4条、5条、88条）。

水産加工業協同組合とは、水産加工業者等を組合員とし、その行う事業によってその組合員のために直接の奉仕をすることを目的とする法人です（同法4条、5条、94条）。

水産加工業協同組合連合会とは、水産加工業協同組合等を会員とし、その行う事業によってその会員のために最大の奉仕をすることを目的とする法人です（同法4条、5条、98条）。

(3) 商工組合中央金庫

商工組合中央金庫は、中小企業等協同組合その他主として中小規模の事業者を構成員とする団体およびその構成員に対する金融の円滑化を図るために必要な業務を営むことを目的とする株式会社です（株式会社商工組合中央金庫法1条）。

第2節 金融取引と法

金融機関と顧客との取引は、預金、貸金、為替、その他の取引のいずれについても、一方が権利を有し、他方が義務を負うというかたちでの法律関係に規律されています。

金融機関と顧客との法律関係を規律するものとしては、契約および約款、商慣習、法令、判例、行政規則等があります。

1 契約および約款

(1) 契約

　私人間の法律関係を規律する基本的な原則は、私的自治ないし契約自由です。したがって、金融機関と顧客との法律関係を基本的に規律するのは、両者の意思表示の合致をもとに成立した**契約**です。

(2) 約款

a　約款の意義

　金融機関は、多数の顧客を相手として反復継続的に大量の取引を行う立場にあり、かつ、その事務処理には正確さと迅速さが求められます。このため、金融機関が顧客ごとに契約内容について交渉するのは現実的ではありませんし、仮に顧客ごとに内容の異なる契約を締結しても、金融機関がその契約内容に従って正確かつ迅速に権利を行使し、義務を履行することなどできません。

　そこで、金融機関では、取引の特質をふまえてすべての顧客に共通して適用される契約内容をあらかじめ定型化して準備しておき、顧客にその内容に従うことを明示的ないし黙示的に承認してもらったうえで取引を行うことが多くみられます。このようにあらかじめ作成された定型的な契約条項の総体を**約款**といいます。また、顧客は約款に記載された内容を変更して取引する余地がなく、取引をする以上は約款に記載された内容に付合するしかないことから、約款に基づいて成立する契約は付合契約とも呼ばれています。

　金融機関の約款としては、①預金取引については普通預金規定や当座勘定規定などの各種預金規定、カード規定などが、②為替取引については振込規定や代金取立規定などが、③融資取引については銀行取引約定書、金銭消費貸借約定書、保証契約書、抵当権設定契約書、ローン契約書などが、④付随業務については貸金庫規定や保護預り規定などがあります。もっとも、銀行取引約定書や金銭消費貸借約定書は、個別の交渉によって、各条項が変更されることもあり、伝統的な約款の枠組みに収まるとは必ずしもいえないよう

に思われます。

　b　約款の効力

　顧客は、金融取引を行うに際して、約款が印刷された書面に署名または押印するか、約款に従う旨の文言が印刷された書面に署名または押印して約款が印刷された書面（または電磁的記録）を受領することにより、約款に拘束されます。顧客は約款の内容を認識し、了知することが可能な状態に置かれ、合意したものとみなされるからです。

　c　約款の解釈

　約款は事業者が多数の顧客を相手として反復継続的に大量の取引を行うことに資するものですが、その半面、作成者である事業者の権利を保護し、顧客の権利を制約する傾向になりがちなことは否めません。このため、約款の解釈については、次の３つの原則が一般に承認されていることに留意する必要があります。

① 作成者不利の原則：約款に不明確な個所がある場合には、作成者に不利に解釈する

② 客観的・統一的解釈の原則：約款の解釈は、個々の事情や顧客の主観的認識に左右されるのではなく、一般的・客観的な基準によって、かつ統一的に行う

③ 制限的解釈の原則：作成者側にのみ一方的に有利な規定については、制限的に解釈し合理性の認められる範囲で効力を認める

　d　債権法改正の影響

　現行民法には、約款による取引について、なんら規定が置かれていません。この点、民法改正法案では、**定型約款**に関する規定を新設し、約款による取引を規律することとしています。具体的には、当事者間に定型取引（ある特定の者が不特定多数の者を相手方として行う取引であって、その内容の全部または一部が画一的であることがその双方にとって合理的なもの）を行うことの合意がある場合において、①当事者が定型約款を契約の内容とする旨の合意をしたとき、または、②定型約款を準備した者があらかじめその定型約款を契約の内容とする旨を相手方に表示していたときは、定型約款の個別の条項

について当事者間に具体的な合意がなくても、合意したものとみなすこととしています（改正後民法548条の2第1項）。

上記のような金融機関の現行実務によれば、現在使用されている金融機関の約款は、基本的には民法改正法案における「定型約款」に該当し、顧客との間で定型約款の個別の条項についても合意したとみなされるものと考えられます。もっとも、銀行取引約定書や金銭消費貸借約定書については、前述のとおり個別の交渉によって各条項が変更されることに照らすと、「定型約款」には該当しないものと考えられます。

2 商慣習

契約または約款において特に規定されていない事項については、民法などの民事実体法が規律するのが原則です。しかし、広く行われている公序良俗に反しない慣習であって、法令と同様な拘束力をもつと一般的に認められる程度に達したものは、**商慣習法**として民法に優先して適用されます（商法1条2項）。

商慣習法に至らない程度の事実たる慣習であっても、当事者がその慣習による意思を有すると認められるときは、民法の任意規定に優先してその慣習が適用されます（民法92条）。

商慣習法と事実たる慣習の区別自体が必ずしも明確ではありませんが、契約または約款に規定されていない事項についての商慣習があれば、その商慣習が一定の拘束力を有することは、金融取引においても変わりありません。ただし、金融取引についての約款が整備されてきた現状に照らすと、商慣習が適用される余地は少ないと思われます。

3 法令

契約または約款において特に規定されていない事項について、顧客と金融機関との法律関係および金融取引に関する第三者と金融機関との法律関係を

規律するのは、まずは民法および商法です。さらに、私法上の法律関係を規律する民事実体法としては、手形法、小切手法、信託法、電子記録債権法、保険法、金融商品の販売等に関する法律、会社法、一般社団法人及び一般財団法人に関する法律などがあります。

金融機関が私法上の権利を実現するための手続法としては、民事訴訟法、民事執行法、民事保全法などがありますし、取引の相手方が倒産した場合における私法上の権利の変容およびその実現については、破産法、民事再生法、会社更生法などがあります。

金融機関は、行うことができる業務の範囲が規制されていますし、また、業務を行うにあたっては顧客保護等の観点から一定の行為規制が課されることがあります。このような観点から、金融取引を規制する法律としては、銀行法その他各業態別の業法、金商法、信託業法、兼営法、保険業法などがあります。また、金融機関の顧客保護の観点から設けられた特別法としては、偽造カード等及び盗難カード等を用いて行われる不正な機械式預貯金払戻し等からの預貯金者の保護等に関する法律、犯罪利用預金口座等に係る資金による被害回復分配金の支払等に関する法律などがあります。

金融機関を含めて事業者を広く対象とする法律としては、私的独占の禁止及び公正取引の確保に関する法律、個人情報の保護に関する法律、犯罪による収益の移転防止に関する法律などがあります。

4　判　例

法令や契約の解釈や適用については、裁判所の**判例**が重要です。とりわけ、最高裁判所の判例は、裁判所の終局的な判断として、事実上、下級裁判所の判断を拘束しますから特に重要です。ただし、判例は、具体的な事案に対する裁判所の判断ですから、事案のいかんを問わず一般的に適用される法理がどのようなものかを正しく理解する必要があります。

5　行政先例、監督指針等

(1) 行政先例・行政通達

金融取引については、行政官庁の**先例**ないし**行政通達**も重要です。

行政先例や上級行政機関が下級行政機関に対して発した通達は、統一的な行政権行使の観点から行政庁を拘束します。しかし、法令の解釈は裁判所が行うものですから、行政先例や行政通達は、本来、行政庁以外の第三者である金融取引の当事者に対しては法的拘束力がないはずです。

もっとも、行政先例・行政通達に沿った申請・届出等をしなければ受理されませんから、行政先例・行政通達は事実上金融取引に適用されるといえます。金融取引に関連する行政先例等としては、不動産登記、商業登記、戸籍などの取扱いに関するものがあります。

(2) 監督指針と金融検査マニュアル

金融庁は、「主要行等向けの総合的な監督指針」や「中小・地域金融機関向けの総合的な監督指針」など業態別の**監督指針**を公表しています。監督指針は、金融監督事務の基本的な考え方、監督上の評価項目、事務処理上の留意点について記載された金融庁職員向けの手引書です。

また、金融庁は、「預金等受入金融機関に係る検査マニュアル」や「金融持株会社に係る検査マニュアル」なども公表しています。**金融検査マニュアル**は、検査官が金融機関を検査する際に用いる手引書です。

監督指針も金融検査マニュアルも行政庁の内部文書であり、行政庁以外の第三者である金融取引の当事者に対しては法的拘束力がないはずです。しかし、金融取引に係る金融機関の行為規制や、行為規制を含めた法令遵守態勢を整備するうえでは、監督指針や金融検査マニュアルは、実質的に法令解釈の指針となるため、金融取引にあたって留意する必要があります。

第3節 コンプライアンス態勢の整備

なぜコンプライアンスか

(1) コンプライアンスとは

コンプライアンスとは、企業が事業を行うにあたって法令等を遵守することを意味します。企業が法令を遵守するのは当然のことですが、近時コンプライアンスの重要性が強調されています。それは、企業が社会の一員として、**企業の社会的責任**（CSR：Corporate Social Responsibility）、すなわち、利益を追求するだけでなく、組織活動が社会へ与える影響について認識し、ステークホルダーに対して説明責任を果たすことが求められてきているからです。CSRの観点からすれば、遵守すべき対象には、法的拘束力がある憲法、法律、政令、省令等だけでなく、証券取引所の規則、業界団体の自主規制規則などのいわゆる**ソフト・ロー**も含まれますし、これらをふまえて策定された社内ルールも含まれます。それゆえ、コンプライアンスは、「法令等遵守」と訳されるのです。

金融機関は、銀行法1条に規定されているように「業務の公共性にかんがみ、信用を維持し、預金者等の保護を確保するとともに金融の円滑を図るため、銀行の業務の健全かつ適切な運営を期し、もって国民経済の健全な発展に資すること」が求められています。このような金融機関の公共的使命にかんがみると、金融機関においては、コンプライアンスがより重視されるのです。

(2) コンプライアンス違反がもたらす結果

コンプライアンス違反、すなわち、法令を遵守できなかった場合には、金融機関は当該法令に定められた行政上の責任や刑事上の責任を負います。

金融機関は、銀行法、金商法、兼営法、保険業法などの業法に基づいて業務を行っていますから、業法の規定に違反した場合には、当該業法の規定に

従って業務改善命令、業務停止命令などの行政処分を受ける可能性があります。また、当該業法に刑罰規定がある場合には、違反行為者のみならず両罰規定に基づいて金融機関に対しても、刑事罰が科される可能性もあります。

これに対し、金融機関は、業法に違反したからといって直ちに顧客に対して損害賠償義務などの民事上の責任を負うわけではありません。業法は主務官庁と金融機関との関係を規律する法律であるのに対して、金融機関と顧客との間を規律するのは、基本的には民法などの民事実体法だからです。もっとも、適合性の原則について、「証券会社の担当者が、顧客の意向と実情に反して、明らかに過大な危険を伴う取引を積極的に勧誘するなど、適合性の原則から著しく逸脱した証券取引の勧誘をしてこれを行わせたときは、当該行為は不法行為法上も違法となると解するのが相当である」と判示した最高裁判例（最判平17.7 .14民集59巻6号1323頁）があるように、業法上違法とされる行為は、民事実体法上も違法と評価される可能性が十分あると考えておくべきです。

コンプライアンス確立のための態勢整備

(1) 内部統制システム

取締役会設置会社（会社法2条7号）は、会社の業務等の適正を確保するための体制、すなわち、**内部統制システム**を構築することが義務づけられます（同法362条4項6号）。監査等委員会設置会社（同法2条11号の2）、指名委員会等設置会社（同法2条12号）においても同様です（同法399条の13第1項1号ハ、416条1項1号ホ）。構築すべき内部統制システムのなかには、使用人の職務の執行が法令および定款に適合することを確保するための体制があります（同法施行規則100条1項4号、110条の4第2項4号、112条2項4号）。

銀行は、取締役会設置会社、監査等委員会設置会社または指名委員会等設置会社ですから（銀行法4条の2）、使用人の職務の執行が法令および定款に適合することを確保するための体制、すなわち、コンプライアンス体制の整備が会社法上求められています。

協同組織金融機関においても、同様にコンプライアンス体制の整備が義務づけられています（信用金庫法36条5項5号、同法施行規則23条4号など）。

(2) 監督指針

　コンプライアンス体制は、コンプライアンス・マニュアルの制定とコンプライアンス・プログラムの策定・運用を中核として、各企業が実情をふまえて実効的な体制を自主的に整備するものですが、金融機関は、監督指針と金融検査マニュアルを十全にふまえてコンプライアンス体制を整備する必要があります。

　監督指針は、「銀行の業務の公共性を十分に認識し、法令や業務上の諸規則等を厳格に遵守し、健全かつ適切な業務運営に努めることが顧客からの信頼を確立するためにも重要である」としたうえで、特に留意すべき点として、①不祥事件等に対する監督上の対応、②役員による法令等違反行為への対応、③組織犯罪等への対応、④反社会的勢力による被害の防止、⑤第三者割当増資のコンプライアンス（資本金の額の増加の届出の手続等）、⑥不適切な取引等をあげています。

　また、監督指針は、顧客との金融取引について、利用者保護等の観点から、①与信取引等（貸付契約およびこれに伴う担保・保証契約ならびにデリバティブ取引）に関する顧客への説明態勢、②預金・リスク商品等の販売・説明態勢、③顧客の誤認防止等、④顧客等に関する情報管理態勢、⑤苦情等への対処（金融ADR制度への対応も含む）を重要な項目としてあげています。

(3) 金融検査マニュアル

　金融検査マニュアルも、「金融機関にとって法令等遵守態勢の整備・確立は、金融機関の業務の健全性及び適切性を確保するための最重要課題の一つであり、経営陣には、法令等遵守態勢の整備・確立のため、法令等遵守に係る基本方針を決定し、組織体制の整備を行う等、金融機関の業務の全般にわたる法令等遵守態勢の整備・確立を自ら率先して行う役割と責任がある」としたうえで、個別の問題点として、①組織犯罪等への対応（取引時確認、疑

わしい取引、コルレス契約の締結・継続に係る体制整備、海外拠点のテロ資金供与およびマネー・ローンダリング対策の態勢の整備）、②反社会的勢力への対応などをあげています。

また、金融検査マニュアルは、顧客等保護の観点から、①顧客に対する取引または商品の説明および情報提供の適切性および十分性の確保、②顧客の相談・苦情等の対処の適切性および十分性の確保、③顧客の情報の管理の適切性の確保、④金融機関の業務が外部委託される場合における顧客情報や顧客への対応の管理の適切性の確保、⑤金融機関またはグループ関連会社による取引に伴い顧客の利益が不当に害されることのないよう行われる利益相反の管理の適切性の確保などを求めています。

(4) 金融取引とコンプライアンス

金融機関と顧客との取引については、本来、**契約自由の原則**が妥当します。しかし、一般の顧客と専門家である金融機関との間には経済力や情報量などに格差があることから、公正な取引のためには、金融機関に一定の情報の提供を義務づけたり、一定の行為を禁止したりする必要があります。それが、金融取引についてもコンプライアンスの確立が求められるゆえんです。

監督指針と金融検査マニュアルをふまえると、金融取引に関するコンプライアンスのうち、金融機関の役職員が特に理解し、遵守すべき項目は、①顧客情報の管理、②組織犯罪等への対応、③金融機関の説明義務・情報提供義務、④利益相反、⑤反社会的勢力への対応であると考えられます。

そこで、本書では、①～⑤についてとりあげます。

3　反社会的勢力への対応

(1) 対応強化の背景

近年、暴力団は、組織実態を隠ぺいする動きを強めるとともに、活動形態においても企業活動を装ったり政治活動や社会運動を標ぼうしたりするなど、さらなる不透明化を進展させており、また、証券取引や不動産取引等の

経済活動を通じて資金獲得活動を巧妙化させています。

　上記のような暴力団の不透明化や資金獲得活動の巧妙化をふまえると、暴力団排除意識の高い企業であったとしても、暴力団関係企業等と知らずに結果的に経済取引を行ってしまう可能性があることから、反社会的勢力との関係遮断のための取組みをよりいっそう推進する必要があります。

　反社会的勢力を社会から排除していくことは、暴力団の資金源に打撃を与え、治安対策上きわめて重要な課題ですが、企業にとっても、社会的責任の観点から必要かつ重要なことといえます。特に、近時、コンプライアンス重視の流れにおいて、反社会的勢力に対して屈することなく法律に則して対応することや、反社会的勢力に対して資金提供を行わないことは、コンプライアンスそのものであるとも指摘されています。

　さらには、反社会的勢力は、企業で働く従業員を標的として不当要求を行ったり、企業そのものを乗っ取ろうとしたりするなど、最終的には従業員や株主を含めた企業自身に多大な被害を生じさせるものであることから、反社会的勢力との関係遮断は、企業防衛の観点からも必要不可欠な要請です。

　このような認識のもと、平成19年6月19日犯罪対策閣僚会議幹事会申合せとして、「企業が反社会的勢力による被害を防止するための指針」（以下「政府指針」といいます）が策定されました。

　政府指針は、反社会的勢力による被害を防止するための基本原則として、①組織としての対応、②外部専門機関との連携、③取引を含めたいっさいの関係遮断、④有事における民事と刑事の法的対応、⑤裏取引や資金提供の禁止を掲げています。

(2) 反社会的勢力とは

　政府指針では、反社会的勢力についての明確な定義は示されていませんが、暴力、威力と詐欺的手法を駆使して経済的利益を追求する集団または個人である**反社会的勢力**をとらえるに際しては、暴力団、暴力団関係企業、総会屋、社会運動標ぼうゴロ、政治活動標ぼうゴロ、特殊知能暴力集団等といった属性要件に着目するとともに、暴力的な要求行為、法的な責任を超え

た不当な要求といった行為要件にも着目することが重要である旨指摘されています。

これらの属性の意義については、平成26年8月18日警察庁次長「**組織犯罪対策要綱の制定について**」が次のように定めていることが参考になります。

① 暴力団：その団体の構成員（その団体の構成団体の構成員を含む）が集団的にまたは常習的に暴力的不法行為等を行うことを助長するおそれがある団体
② 暴力団員：暴力団の構成員
③ 暴力団準構成員：暴力団または暴力団員の一定の統制のもとにあって、暴力団の威力を背景に暴力的不法行為等を行うおそれがある者または暴力団もしくは暴力団員に対し資金、武器等の供給を行うなど暴力団の維持もしくは運営に協力する者のうち暴力団員以外のもの
④ 暴力団関係企業：暴力団員が実質的にその経営に関与している企業、準構成員もしくは元暴力団員が実質的に経営する企業であって暴力団に資金提供を行うなど暴力団の維持もしくは運営に積極的に協力し、もしくは関与するものまたは業務の遂行等において積極的に暴力団を利用し暴力団の維持もしくは運営に協力している企業
⑤ 総会屋等：総会屋、会社ゴロ等企業等を対象に不正な利益を求めて暴力的不法行為等を行うおそれがあり、市民生活の安全に脅威を与える者
⑥ 社会運動等標ぼうゴロ：社会運動もしくは政治活動を仮装し、または標ぼうして、不正な利益を求めて暴力的不法行為等を行うおそれがあり、市民生活の安全に脅威を与える者
⑦ 特殊知能暴力集団等：①～⑥に掲げる者以外のものであって、暴力団との関係を背景に、その威力を用い、または暴力団と資金的なつながりを有し、構造的な不正の中核となっている集団または個人

(3) 監督指針

政府指針をふまえて、金融庁の監督指針は、反社会的勢力とはいっさいの関係をもたず、反社会的勢力であることを知らずに関係を有してしまった場

合には、相手方が反社会的勢力であると判明した時点で可能な限り速やかに関係を解消するための態勢整備および反社会的勢力による不当要求に適切に対応するための態勢整備を求めています。

監督指針は、主な着眼点として、①組織としての対応、②反社会的勢力対応部署による一元的な管理態勢の構築、③適切な事前審査の実施、④適切な事後検証の実施、⑤反社会的勢力との取引解消に向けた取組み、⑥反社会的勢力による不当要求への対処、⑦株主情報の管理をあげています。

(4) 金融取引に関する対応

政府指針は、反社会的勢力が取引先となって不当要求を行う場合の被害を防止するため、契約書や取引約款に暴力団排除条項を導入する必要があるとしています。契約自由の原則が妥当する私人間の取引においては、契約書や契約約款のなかに、①暴力団をはじめとする反社会的勢力が、当該取引の相手方となることを拒絶する旨や、②当該取引が開始された後に、相手方が暴力団をはじめとする反社会的勢力であると判明した場合や相手方が不当要求を行った場合に、契約を解除してその相手方を取引から排除できる旨を盛り込んでおくことが有効だからです。

政府指針をふまえて、監督指針も、金融機関に対して、反社会的勢力との取引を未然に防止するため、反社会的勢力に関する情報等を活用した適切な事前審査を実施するとともに、契約書や取引約款への暴力団排除条項の導入を徹底することなどを求めています。

これらの政府指針や監督指針をふまえて、各金融機関は、預金約款等に、反社会的勢力に該当する場合または暴力的要求行為もしくは不当要求行為等を行った場合には、預金口座の開設を拒絶できる旨やいったん開設した預金口座を解約することができる旨を定めています。

また、各金融機関は、銀行取引約定書にも、①反社会的勢力に該当しないことについて表明保証条項、②反社会的勢力とならないことおよび暴力的要求行為・不当要求行為等を行わないことについての誓約条項、③これらの条項に違背した場合の期限の利益喪失条項等を設けています。

4 公益通報者保護

(1) 公益通報者保護の意義

　各企業が法令遵守態勢の整備に努めても、役職員にコンプライアンス意識が浸透しておらず、法令等に違反する行為が行われる可能性がないとはいえません。法令等に違反する行為があれば、法令遵守態勢等に基づいて企業内部での自浄作用が働くはずですが、なんらかの事情で法令等違反行為が是正されず、放置される可能性もまた絶無とはいえません。このような場合に、従業員が内部告発をすることは、社会にとっても、また最終的には当該企業にとっても有益であるといえます。その半面、内部告発は、当該企業にとっては一時的には社会的信用の低下をもたらすおそれがあります。このため、内部告発をした従業員は、当該企業から人事上の不利益を受ける可能性がないとはいえません。

　そこで、公益通報をしたことを理由とする公益通報者の解雇の無効等ならびに公益通報に関し事業者および行政機関がとるべき措置を定めることにより、公益通報者の保護を図るとともに、国民の生命、身体、財産その他の利益の保護にかかわる法令の規定の遵守を図り、もって国民生活の安定および社会経済の健全な発展に資することを目的して制定されたのが、**公益通報者保護法**です。

　こうしてみると、公益通報者保護法に基づく**公益通報制度**は、企業の自主的な法令遵守態勢を補完するものと位置づけられているということができます。

(2) 公益通報者保護法の内容

a 定　義

(a) 公益通報

　公益通報とは、労働者が、不正の利益を得る目的、他人に損害を加える目的その他の不正の目的でなく、その労務提供先またはその役職員等について通報対象事実が生じ、またはまさに生じようとしている旨を、(i)当該労務提供先もしくは当該労務提供先があらかじめ定めた者（労務提供先等）、(ii)当該

通報対象事実について処分もしくは勧告等をする権限を有する行政機関（地方公共団体の機関を含みます）、(ⅲ)当該通報対象事実を通報することがその発生もしくはこれによる被害の拡大を防止するために必要であると認められる者（当該通報対象事実により被害を受けまたは受けるおそれがある者を含み、当該労務提供先の競争上の地位その他正当な利益を害するおそれがある者を除きます）に通報することをいいます（公益通報者保護法2条1項）。

なお**労務提供先**とは、①当該労働者を自ら使用する事業者、②当該労働者が派遣労働者である場合の派遣先、③当該労働者が事業に従事する①または②の取引事業者をいいます。

(b) 公益通報者

公益通報者とは、公益通報をした労働者をいいます（公益通報者保護法2条2項）。

(c) 通報対象事実

通報対象事実とは、次のいずれかの事実をいいます（公益通報者保護法2条3項）。

① 個人の生命または身体の保護、消費者の利益の擁護、環境の保全、公正な競争の確保その他の国民の生命、身体、財産その他の利益の保護にかかわる法律（刑法、食品衛生法、金商法、個人情報の保護に関する法律等）に規定する罪の犯罪行為の事実

② ①の法律の規定に基づく処分に違反することが犯罪行為の事実となる場合における当該処分の理由とされている事実

b 公益通報者の保護の要件

公益通報者は、a(a)(ⅰ)〜(ⅲ)の通報先の区分によって、不正の目的ではないことに加え、次のすべての要件を満たす場合に保護されます。

(a) 労務提供先等への通報の場合

通報対象事実が生じ、またはまさに生じようとしていると思料したこと（公益通報者保護法3条1号）。

(b) 行政機関への通報の場合

通報対象事実が生じ、またはまさに生じようとしていると信じたことに相

当の理由があること（公益通報者保護法3条2号）。
　(c)　当該通報対象事実を通報することがその発生またはこれによる被害の拡大を防止するために必要であると認められる者への通報
① 通報対象事実が生じ、またはまさに生じようとしていると信じたことに相当の理由があること（公益通報者保護法3条3号柱書）。
② 次のいずれかの要件を満たすこと（同法3条3号各号）。
　(i)　労務提供先等または行政機関に公益通報をすれば解雇その他不利益な取扱いを受けると信ずるに足りる相当の理由があること
　(ii)　労務提供先等に公益通報をすれば当該通報対象事実に係る証拠隠滅等のおそれがあると信ずるに足りる相当の理由があること
　(iii)　労務提供先等および行政機関に公益通報をしないことを正当な理由がなくて要求されたこと
　(iv)　書面により公益通報をした日から20日を経過しても、労務提供先等が、調査を行う旨の通知をしないこと、または正当な理由がなくて調査を行わないこと
　(v)　個人の生命または身体に危害が発生し、または発生する急迫した危険があると信ずるに足りる相当の理由があること

c　公益通報者の保護の内容

　公益通報をしたことを理由として事業者が行った解雇は無効です（公益通報者保護法3条柱書）。また、公益通報をしたことを理由とする降格、減給などその他の不利益取扱いも禁止されています（同法5条1項）。

　なお、派遣労働者が公益通報をしたことを理由として、派遣先が行った労働者派遣契約の解除は無効であり（同法4条）、派遣先が派遣労働者の交代を求めること等も禁止されています（同法5条2項）。

第 4 節　顧客情報の管理

　金融機関の秘密保持義務

(1)　秘密保持義務とは

　金融機関は、顧客との取引内容に関する情報や顧客との取引に関して得た顧客の信用にかかわる情報などの顧客情報をみだりに漏らさない義務を負っています。この義務を、金融機関の**秘密保持義務**または**守秘義務**と呼びます。顧客は、正当な理由がない限り、金融機関が顧客の資産・負債、返済能力、プライバシーなどに関する情報を第三者に漏らすことはないと期待し、金融機関を信頼して取引を行っているのであって、この顧客の期待・信頼は法的な保護に値すると考えられるからです。

　秘密保持義務については、法律上、明文の規定がないため、その発生根拠について「契約上の付随義務」「信義則」「商慣習」などが主張されています。判例は、「金融機関は、顧客との取引内容に関する情報や顧客との取引に関して得た顧客の信用にかかわる情報などの顧客情報につき、商慣習上又は契約上、当該顧客との関係において守秘義務を負う」としており（最決平19.12.11民集61巻9号3364頁）、秘密保持義務の発生根拠を特定しているとまではいえません。もっとも、いずれの説にせよ、金融機関が、正当な理由がなく顧客の秘密を第三者に漏らした場合には、顧客間との信頼関係を損なうものとして、債務不履行ないし不法行為による損害賠償責任を負うことになると考えられます。

　なお、金融機関と顧客とは、個別に秘密保持契約を締結することがあります。その場合、保持すべき秘密の範囲や、例外的に第三者への秘密の開示が許される事由については、当該秘密保持契約の定めるところによります。

(2)　秘密保持義務が免除される場合

　金融機関は秘密保持義務を負うとしても、秘密保持義務が免除される場合

があると考えられます。どのような場合に免除されるかを検討するうえで参考になるのが、前掲最決平19.12.11の法廷意見および田原裁判官の補足意見です。この決定をふまえて検討すると、金融機関が法律上開示義務を負う場合（たとえば、マネー・ローンダリング防止等のための疑わしい取引の届出（第5節参照）をする場合）のほか、第三者に開示することが許容される正当な理由がある場合には、金融機関は、顧客との取引内容に関する情報やその他顧客に関する情報を第三者に開示することができます。そして、正当な理由がある場合としては、次のものが考えられます。

a 顧客の同意がある場合等

秘密保持義務は顧客の期待・信頼を保護するためのものですから、第三者への開示について顧客の同意があるときは、金融機関は秘密保持義務を免除されます。ここでの同意は、必ずしも明示的なものである必要はなく、黙示的なものでもよいと考えられています。

また、顧客が自ら第三者に対して特定の情報をすでに開示している場合や、第三者に対して特定の情報につき開示義務を負っている場合には、当該顧客は、特段の事由のない限り、その第三者との関係では、当該情報について保護されるべき正当な利益を有しておらず、金融機関が当該情報をその第三者に開示しても、秘密保持義務違反の問題は生じないと考えられます。

b 公的機関からの照会等がある場合

(a) 捜査機関等からの照会等

捜査機関が裁判官の発する令状により行う差押え、記録命令付差押え（電磁的記録を保管する者その他電磁的記録を利用する権限を有する者に命じて必要な電磁的記録を記録媒体に記録させ、または印刷させたうえ、当該記録媒体を差し押さえることをいいます（刑事訴訟法99条の2））、捜索または検証（同法218条1項前段）は強制処分であり、金融機関はこれに応じざるをえませんから、秘密保持義務を免除されます。裁判所が行う差押え、記録命令付差押え、捜索または検証についても同様です。

これに対し、捜査機関が行う捜査関係事項照会（同法197条2項）は任意捜査であり、法的には強制力はありません。しかし、同照会は公益的な目的で

行われるものですし、同照会を拒めば捜査機関は裁判官の発する令状に基づいて強制捜査を行うことが予定されているのですから、事実上の強制力があると考えられます。したがって、捜査関係事項照会があったときにも、金融機関は秘密保持義務を免除されます。

(b) 税務当局からの照会等

税務当局からの照会・調査には、①租税債権確定のための質問・検査（国税通則法74条の2～74条の6）、②滞納処分のための質問・検査（国税徴収法141条）、③租税犯処罰のための犯則調査（国税犯則取締法1条3項）、④租税犯処罰のための臨検、捜索または差押え（同法2条1項）があります。

①は任意調査ですが、これらに応じなかった場合などには、罰則がありますから（国税通則法127条2号・3号）、事実上の強制力があると考えられます。

②も任意調査ですが、これらに応じなかった場合などには、罰則がありますから（国税徴収法188条）、事実上の強制力があると考えられます。

③は任意調査、④は強調調査です。③に応じなかった場合には、④に移行することから、③にも事実上の強制力があると考えられます。

したがって、①～④のいずれの税務当局からの照会・調査についても、金融機関は秘密保持義務を免除されます。

(c) 主務官庁の監督権限行使

金融機関の主務官庁は、金融機関に対して広範な監督権限を有しており、資料や報告の提出を求めたり（銀行法24条1項など）、質問・検査をしたり（同法25条1項など）することができます。これに応じなかった場合には、罰則がありますから（同法63条2号・3号など）、事実上の強制力があると考えられます。したがって、主務官庁からの監督権限行使があったときにも、金融機関は秘密保持義務を免除されます。

c 民事訴訟に関して裁判所等から開示が求められる場合

訴訟を提起した当事者が、主張・立証の用に供するために、当事者ではない金融機関に対して、裁判所を通じて顧客情報の提供を求めることがあります。その方法としては、文書提出命令（民事訴訟法223条1項前段）、調査嘱託（同法186条）、文書の送付嘱託（同法226条本文）などがあります。また、訴訟

外で、金融機関に対して、弁護士会を通じて照会する方法（弁護士法23条の2）もあります。

(a) 文書提出命令

前述のように、顧客が自ら当該当事者に対して特定の情報を開示している場合や、当該当事者に対して特定の情報につき開示義務を負っている場合には、当該顧客は、当該情報について特段の事由のない限り、当該当事者との関係では金融機関の秘密保持義務により保護されるべき正当な利益を有していないことから、金融機関が文書提出命令等に応じて、当該情報を当該当事者に開示しても、秘密保持義務違反の問題は生じないと考えられます。

顧客についてそのような事情がない場合でも、文書提出命令は公正な裁判を実現すべく一般義務として定められたものであることや、金融機関が文書提出命令に応じなかったときは過料の制裁を受けることがあり（民事訴訟法225条1項）、文書提出命令には事実上の強制力があることに照らすと、金融機関が文書提出命令に応じて顧客情報を開示しても、秘密保持義務違反の問題は生じないと考えられます。

もっとも、金融機関が顧客情報につき文書提出命令を申し立てられた場合に、顧客との間の秘密保持義務を維持することが金融機関の職業の秘密（同法220条4号ハ、197条1項3号）として保護に値するときは、金融機関としては審尋（同法223条2項）においてその旨主張すべきであると考えられます。

(b) 調査嘱託、送付嘱託、弁護士会照会

調査嘱託、送付嘱託、弁護士会照会は、いずれも公正な裁判を実現するための制度です。しかし、罰則がないことや、犯罪歴に関する弁護士会照会に応じて回答した京都市の区長についての損害賠償責任が認められた事案（最判昭56．4．14民集35巻3号620頁）に照らすと、金融機関としては、顧客の同意を得たうえで、調査嘱託、送付嘱託または弁護士会照会に応じて、顧客情報を開示するのが無難であると考えられます。

d　金融機関が自らの権利利益を守るために必要がある場合

金融機関が自らの権利利益を守るために必要がある場合も、金融機関は秘密保持義務を免除されると考えられます。

金融機関が自らの権利利益を守るために必要がある場合としては、訴訟当事者として必要な主張・立証をする場合、弁護士・公認会計士・税理士などの外部専門家から助言を得ようとする場合、サービサーに不良債権の管理・回収を委託する場合、貸金債権を第三者に譲渡するために債務者の情報を譲受人候補者に提供する場合などが考えられます。

個人情報保護法

(1) 個人情報保護の必要性

　金融機関は、顧客に対して秘密保持義務を負っており、これを怠った場合には、顧客に対して損害賠償義務を負うことについては1にみてきたとおりです。

　高度情報通信社会の進展により、個人情報が金融機関の外部にいったん流出してしまうと、不可逆的に個人情報が拡散してしまい、個人のプライバシーは著しく侵害されるおそれがあります。その一方、個人情報が適正かつ効果的に活用されれば、新産業の創出や経済社会の発展につながります。

　そこで、個人情報の有用性に配慮しつつ、個人の権利利益を保護することを目的とする個人情報の保護に関する法律（以下「**個人情報保護法**」といいます）が制定されたのです。金融機関にとっては、個人顧客に関して、秘密保持義務という顧客に対する私法上の義務を負うだけでなく、個人情報保護法に基づく公法上の義務を負うことになります。

(2) 個人情報保護法の概要

　金融機関は、個人情報取扱事業者としての義務を負いますが、その義務に関連する個人情報保護法の概要は次のとおりです。

a　定　　義

(a) 個人情報

　個人情報とは、生存する個人に関する情報であって、当該情報に含まれる氏名、生年月日その他の記述等により特定の個人を識別することができるも

の（他の情報と容易に照合することができ、それにより特定の個人を識別することができることとなるものを含む）をいいます（個人情報保護法2条1項）。

　(b)　個人情報データベース等

　個人情報データベース等とは、個人情報を含む情報の集合物であって、①特定の個人情報を電子計算機を用いて検索することができるように体系的に構成したもの、または、②個人情報を一定の規則に従って整理することにより特定の個人情報を容易に検索することができるように体系的に構成した情報の集合物であって、目次、索引その他検索を容易にするためのものを有するものをいいます（個人情報保護法2条2項、同法施行令1条）。

　(c)　個人情報取扱事業者

　個人情報取扱事業者とは、個人情報データベース等を事業の用に供している者をいいます（個人情報保護法2条3項）。もっとも、その事業の用に供する個人情報データベース等を構成する個人情報によって識別される特定の個人の数の合計が過去6カ月以内のいずれの日においても5000を超えない事業者は、「個人情報取扱事業者」に含まれません（同項5号、同法施行令2条）。

　(d)　個人データ

　個人データとは、個人情報データベース等を構成する個人情報をいいます（個人情報保護法2条4項）。

　(e)　保有個人データ

　保有個人データとは、個人情報取扱事業者が、開示、内容の訂正、追加または削除、利用の停止、消去および第三者への提供の停止を行うことのできる権限を有する個人データであって、その存否が明らかになることにより公益その他の利益が害されるものとして政令で定めるもの、または1年以内の政令で定める期間以内に消去することとなるもの以外のものをいいます（個人情報保護法2条5項）。

b　利用目的の特定等

　(a)　利用目的の特定

　個人情報取扱事業者は、個人情報を取り扱うにあたっては、その利用の目的をできる限り特定しなければなりません（個人情報保護法15条1項）。

(b) 利用目的による制限

　個人情報取扱事業者は、あらかじめ本人の同意を得ないで、特定された利用目的の達成に必要な範囲を超えて、個人情報を取り扱ってはなりません（個人情報保護法16条1項）。もっとも、①法令に基づく場合、②人の生命、身体または財産の保護のために必要がある場合であって、本人の同意を得ることが困難であるとき、③公衆衛生の向上または児童の健全な育成の推進のために特に必要がある場合であって、本人の同意を得ることが困難であるとき、④国の機関もしくは地方公共団体またはその委託を受けた者が法令の定める事務を遂行することに対して協力する必要がある場合であって、本人の同意を得ることにより当該事務の遂行に支障を及ぼすおそれがあるときは、本人の同意がなくても、利用目的の達成に必要な範囲を超えて、個人情報を取り扱うことができます（同条3項）。

c　個人情報の取得

(a) 適切な取得

　個人情報取扱事業者は、偽りその他不正の手段により個人情報を取得してはなりません（個人情報保護法17条）。

(b) 利用目的の通知等

　個人情報取扱事業者は、個人情報を取得した場合は、あらかじめその利用目的を公表している場合を除き、速やかにその利用目的を本人に通知し、または公表しなければなりません（個人情報保護法18条1項）。

　個人情報取扱事業者は、本人との間で契約を締結することに伴って契約書等に記載された当該本人の個人情報を取得する場合や、本人から直接書面に記載された当該本人の個人情報を取得する場合は、事後的に通知・公表するというのではなく、あらかじめ本人に対し、その利用目的を明示しなければなりません（同条2項）。

　もっとも、①利用目的を本人に通知し、または公表することにより本人または第三者の生命、身体、財産その他の権利利益を害するおそれがある場合、②利用目的を本人に通知し、または公表することにより当該個人情報取扱事業者の権利または正当な利益を害するおそれがある場合、③国の機関ま

たは地方公共団体が法令の定める事務を遂行することに対して協力する必要がある場合であって、利用目的を本人に通知し、または公表することにより当該事務の遂行に支障を及ぼすおそれがあるとき、④取得の状況からみて利用目的が明らかであると認められる場合は、公表・通知等を行う必要はありません（同条4項）。

d　個人データの管理

(a)　正確性の確保

個人情報取扱事業者は、利用目的の達成に必要な範囲内において、個人データを正確かつ最新の内容に保つよう努めなければなりません（個人情報保護法19条）。

(b)　安全管理措置

個人情報取扱事業者は、その取り扱う個人データの漏えい、滅失またはき損の防止その他の個人データの安全管理のために必要かつ適切な措置を講じなければなりません（個人情報保護法20条）。

(c)　従業員の監督

個人情報取扱事業者は、その従業者に個人データを取り扱わせるにあたっては、当該個人データの安全管理が図られるよう、当該従業者に対する必要かつ適切な監督を行わなければなりません（個人情報保護法21条）。

(d)　委託先の監督

個人情報取扱事業者は、個人データの取扱いの全部または一部を委託する場合は、その取扱いを委託された個人データの安全管理が図られるよう、委託を受けた者に対する必要かつ適切な監督を行わなければなりません（個人情報保護法22条）。

e　第三者に対する提供

(a)　第三者提供の原則的禁止

個人情報取扱事業者は、原則として、あらかじめ本人の同意を得ないで、個人データを第三者に提供することはできません。もっとも、①法令に基づく場合、②人の生命、身体または財産の保護のために必要がある場合であって、本人の同意を得ることが困難であるとき、③公衆衛生の向上または児童

の健全な育成の推進のために特に必要がある場合であって、本人の同意を得ることが困難であるとき、④国の機関もしくは地方公共団体またはその委託を受けた者が法令の定める事務を遂行することに対して協力する必要がある場合であって、本人の同意を得ることにより当該事務の遂行に支障を及ぼすおそれがあるときは、本人の同意を得ないで、個人データを第三者に提供することができます（個人情報保護法23条1項）。

(b) 第三者に当たらない場合

次に掲げる場合において、当該個人データの提供を受ける者は、第三者に該当しません（個人情報保護法23条4項）。つまり、個人情報取扱事業者は、あらかじめ本人の同意を得ないで、これらの者に個人データを提供することができます。

① 個人情報取扱事業者が利用目的の達成に必要な範囲内において個人データの取扱いの全部または一部を委託する場合
② 合併その他の事由による事業の承継に伴って個人データが提供される場合
③ 個人データを特定の者との間で共同して利用する場合であって、その旨ならびに共同して利用される個人データの項目、共同して利用する者の範囲、利用する者の利用目的および当該個人データの管理について責任を有する者の氏名または名称について、あらかじめ、本人に通知し、または本人が容易に知りうる状態に置いているとき

なお、③の場合は「個人データの共同利用」と一般に呼ばれています。金融機関がグループ会社全体で個人情報を共有するためには、個人データの共同利用の要件に該当するように措置を講じることが重要です。

f 開示等の義務

(a) 開示義務

個人情報取扱事業者は、本人から、当該本人が識別される保有個人データの開示を求められたときは、本人に対し、遅滞なく、当該保有個人データを開示しなければなりません。ただし、開示することにより、①本人または第三者の生命、身体、財産その他の権利利益を害するおそれがある場合、②当該個人情報取扱事業者の業務の適正な実施に著しい支障を及ぼすおそれがあ

る場合、③他の法令に違反することとなる場合は、その全部または一部を開示しなくてもよいこととなっています（個人情報保護法25条1項）。

(b) その他の義務

　個人情報取扱事業者は、①保有個人データの利用目的の通知を求められた場合（個人情報保護法24条2項）、②保有個人データの内容の訂正・追加・削除を求められた場合（同法26条）、③保有個人データの利用の停止・消去を求められた場合（同法27条1項）、④保有個人データの第三者への提供の停止を求められた場合（同条2項）には、その求めに理由がある限り、一定の措置をとらなければなりません。

3　個人情報保護に関するガイドライン

(1)　金融庁ガイドラインとは

　個人情報保護法7条1項に基づいて、平成16年4月25日に「個人情報の保護に関する基本方針」が閣議決定されましたが、この基本方針では「個人情報の性質や利用方法等から特に適正な取扱いの厳格な実施を確保する必要がある分野については、各省庁において、個人情報を保護するための格別の措置を各分野（医療、金融・信用、情報通信等）ごとに早急に検討し、法の全面施行までに、一定の結論を得る」とされていました。そこで、金融庁は、金融分野における個人情報の性質および利用方法にかんがみ、事業者が講ずべき措置の適切かつ有効な実施を図るための指針として「**金融分野における個人情報保護に関するガイドライン**」（以下「金融庁ガイドライン」といいます）を制定し、公表しています。

　金融庁ガイドラインでは、個人情報保護法の各規定の解釈について示すとともに、同法に規定されていない事項についての努力義務規定を設けています。このうち、特に重要なものは、①同意・通知の形式、②センシティブ情報の取得等の原則禁止、③与信事業における同意取得、③個人情報の漏えい事案等発生時の対応があります。

　なお、個人情報を保有する個人顧客や従業員の数が5000未満であるため個

人情報取扱事業者に該当しない金融機関についても、金融庁ガイドラインの遵守に努めることが求められています（1条4項）。

(2) 同意・通知の形式

個人情報保護法は、同意・通知の形式については、特に限定していません。

これに対し、金融庁ガイドラインは、金融分野における個人情報取扱事業者に対して、本人の同意を得る場合および本人に通知する場合には、書面（電子的方式、磁気的方式、その他人の知覚によっては認識することのできない方式でつくられる記録を含む）によることを求めています（4条、8条1項、13条7項）。

(3) センシティブ情報の取得等の原則禁止

金融庁ガイドラインは、金融分野における個人情報取扱事業者に対して、政治的見解、信教（宗教・思想・信条）、労働組合への加盟、人種・民族、門地・本籍地、保健医療、性生活、犯罪歴に関する情報（以下「**センシティブ情報**」といいます）について、原則として、取得・利用・第三者提供を行わないよう求めています（6条1項）。

センシティブ情報の取得等が認められる例外的な場合としては、①法令等に基づく場合、②人の生命・身体・財産の保護のために必要がある場合、③公衆衛生の向上または児童の健全な育成の推進のために特に必要がある場合、④国の機関・地方公共団体またはその委託を受けた者が法令の定める事務を遂行することに対して協力する必要がある場合、⑤源泉徴収事務等の遂行上必要な範囲において、政治・宗教等の団体、労働組合への所属・加盟に関する従業員等のセンシティブ情報を取得等する場合、⑥相続手続による権利・義務の移転等の遂行に必要な限りにおいて、センシティブ情報を取得等する場合、⑦保険業その他金融分野の事業の適切な業務運営を確保する必要性から、本人の同意に基づき業務遂行上必要な範囲でセンシティブ情報を取得等する場合、⑧センシティブ情報に該当する生体認証情報を本人の同意に基づき、本人確認に用いる場合があげられています。

⑷ **与信事業における同意取得**

　金融庁ガイドラインは、金融分野における個人情報取扱事業者に対して、与信事業に際しては、契約書等における利用目的は他の契約条項等と明確に分離して記載することや利用目的を明示する書面に確認欄を設けること等を求めています（3条3項、8条2項）。

⑸ **個人情報の漏えい事案等発生時の対応**

　金融庁ガイドラインは、金融分野における個人情報取扱事業者に対して、個人情報の漏えい事案等の事故が発生した場合には、①監督当局に直ちに報告すること、②二次被害の防止、類似事案の発生回避等の観点から、漏えい事案等の事実関係および再発防止策等を早急に公表すること、③漏えい事案等の対象となった本人に速やかに漏えい事案等の事実関係等の通知を行うことを求めています（22条）。

4　非公開情報等の授受規制

⑴ **証券業務と顧客情報の管理**

　金商法は、金融機関自らまたはグループ内の金融商品取引業者が証券業務を行う場合において生じうる弊害を防止するために、弊害防止措置（第6章第3節参照）を設けています。そのうち、顧客情報の適切な管理という点から重要なのが、非公開情報等の授受規制です。それには、証券会社（有価証券関連業を行う金融商品取引業者で第一種金融商品取引業を行う者）の非公開情報の授受規制と登録金融機関の非公開融資等情報の授受規制があります。

　金融機関およびその役職員が顧客との面談で聴取した情報は、非公開情報や非公開融資等情報に該当する可能性があります。その授受規制の内容を理解したうえで、当該金融機関またはその親法人等・子法人等である証券会社において同規制に違反する行為が行われることがないように顧客情報を管理することは、金融機関およびその役職員にとってきわめて重要です。

(2) 証券会社の非公開情報の授受規制

a 概　　要

　証券会社は、原則として、「発行者等」に関する「非公開情報」を当該金融商品取引業者の「親法人等」もしくは「子法人等」から受領し、または当該親法人等もしくは子法人等に提供することができません（金商法44条の3第1項4号、金商業等府令153条1項7号）。

b 発行者等

　発行者等とは、非公開情報に係る有価証券の発行者または顧客をいいます（金商業等府令147条2号）。

c 非公開情報

　非公開情報とは、①発行者である会社の運営、業務もしくは財産に関する公表されていない重要な情報であって顧客の投資判断に影響を及ぼすと認められるもの、または②自己もしくはその親法人等もしくは子法人等の役員もしくは使用人が職務上知り得た顧客の有価証券の売買その他の取引等に係る注文の動向その他の特別の情報をいいます（金商業等府令1条4項12号）。

d 親法人等・子法人等

　親法人等とは、原則として、①その親会社等、②その親会社等の子会社等、③その親会社等の関連会社等、④その特定個人株主（その総株主等の議決権の50％超を保有する個人）が議決権の20％以上を保有する会社等（議決権の50％超を保有する会社等の子会社等および関連会社等を含みます）をいいます（金商法31条の4第3項、同法施行令15条の16第1項）。なお、親法人等のうち、銀行、協同組織金融機関等に該当するものを**親銀行等**といいます（金商法31条の4第3項）。

　子法人等とは、原則として、①その子会社等、②その関連会社等をいいます（同法31条の4第3項、同法施行令15条の16第2項）。子法人等のうち、銀行、協同組織金融機関等に該当するものを**子銀行等**といいます（金商法31条の4第4項）。

　「会社等」とは、会社、組合その他これらに準ずる事業体（外国におけるこれらに相当するものを含みます）をいいます（金商法施行令15条の16第3項）。

親会社等とは、他の会社等の意思決定機関を支配している一定の会社等をいい、**子会社等**とは、親会社等によりその意思決定機関を支配されている他の会社等をいいます（同項、金商業等府令33条）。

　関連会社等とは、会社等が出資、取締役その他これに準ずる役職への当該会社等の役員もしくは使用人である者もしくはこれらであった者の就任、融資、債務の保証もしくは担保の提供、技術の提供または営業上もしくは事業上の取引等を通じて、財務および営業または事業の方針の決定に対して重要な影響を与えることができる一定の他の会社等をいいます（金商法施行令15条の16第4項、金商業等府令34条）。

　たとえば、銀行持株会社の傘下に100％子会社である銀行と証券会社がある場合、当該証券会社からみれば、銀行持株会社も銀行も「親法人等」に該当することになります。

e　例外的に授受が許される場合

① あらかじめ発行者等の書面（外国法人の場合は書面要件の緩和措置あり）による同意がある場合（金商業等府令153条1項7号イ）

② 親法人等または子法人等に金融商品仲介業に係る委託を行う場合（同号ロ）

③ 親銀行等または子銀行等に金融商品仲介業務に係る委託を行う場合（同号ハ）

④ 親銀行等または子銀行等が所属金融機関の委託を受けて金融機関代理業を行う場合（同号ニ）

⑤ 大口信用供与規制などのために必要な顧客への信用供与等額を親銀行等または子銀行等に提供する場合（同号ホ）

⑥ 確認書・内部統制報告書の作成に必要な場合（同号ヘ）

⑦ システムの保守・管理に必要な場合（同号ト）

⑧ 法令等（外国の法令等を含む）に基づく場合（同号チ）

⑨ 内部管理および運営に関する業務を行うために必要な場合（同号リ）

　なお、法人の発行者等に対して、非公開情報の提供の停止を求める機会を適切に提供している場合は、当該発行者等が当該停止を求めるまでは、当該

非公開情報の提供について当該発行者等の書面による同意があるものとみなされます（同条2項）。これが、いわゆる**オプトアウト**制度です。

(3) 登録金融機関の非公開融資等情報の授受規制
a 概　　要
　登録金融機関の金融商品仲介業務に従事する役職員は、①発行者等に関する非公開情報（顧客の有価証券の売買その他の取引等に係る注文の動向その他の特別な情報に限る）を親法人等もしくは子法人等（銀行持株会社、従属業務会社等を除く）に提供すること、②有価証券の発行者である顧客の非公開融資等情報をその親法人等もしくは子法人等から受領することが、原則として禁止されます（金商法44条の3第2項4号、金商業等府令154条4号）。

b 非公開融資等情報
　非公開融資等情報とは、①融資業務・金融機関代理業務に従事する役職員が職務上知り得たその顧客の行う事業に係る公表されていない情報その他の特別な情報であって金融商品取引業・金融商品仲介業務に従事する役職員が勧誘する有価証券に係る顧客の投資判断に影響を及ぼすと認められるもの、②金融商品取引業・金融商品仲介業務に従事する役職員が職務上知り得たその顧客の有価証券の売買その他の取引等に係る注文の動向その他の特別の情報であって当該有価証券の発行者に係る融資業務・金融機関代理業務に重要な影響を及ぼすと認められるものをいいます（金商業等府令1条4項13号）。

c 例外的に授受が許される場合
　(2)eと同様の場合のほか、**利益相反管理体制整備義務**（金商法36条2項等）を遵守するために必要な場合にも、登録金融機関の非公開融資等情報の授受が例外的に許されます（金商業等府令154条4号イ～ヌ）。

5　インサイダー取引規制

(1) インサイダー取引規制とは
　インサイダー取引とは、抽象的にいえば、一般には知られていない未公開

情報をもっている者が、その情報が公開される前に、その情報を利用して金融商品の取引をすることをいいます。インサイダー取引は、未公開情報を知らない投資家にとって不公平であり、そのような不公平が放置されることになると証券市場の公正性が損なわれ、ひいては投資家が投資をためらうことにより証券市場の流動性・効率性も損なわれることになります。そこで、金商法は、インサイダー取引を規制するための条項を設けています。

インサイダー取引規制には、会社関係者などによるインサイダー取引規制と公開買付者等関係者などによるインサイダー取引規制という2つの類型があります。そして、それぞれの類型について、売買等の規制と情報伝達・取引推奨行為の規制とがあります。

金融機関およびその役職員は、取引先と融資などの契約を締結または締結の交渉をすることから、会社関係者または公開買付者等関係者に該当する可能性がありますし、取引先との面談で聴取した情報が重要情報等に該当する可能性があります。インサイダー取引規制の内容を理解したうえで、同規制に違反する行為が行われることがないように顧客情報を管理することは、金融機関およびその役職員にとってきわめて重要です。

(2) 会社関係者などによるインサイダー取引規制

a 売買等の規制

(a) 概　要

「上場会社等」の「会社関係者」であって、当該上場会社等の業務等に関する「重要事実」を知ったものは、当該重要事実の「公表」がされた後でなければ、当該上場会社等の「特定有価証券等」に係る「売買等」をしてはなりません（金商法166条1項前段）。

会社関係者から重要事実の伝達を受けた者（**第1次情報受領者**）も、同様に売買等をすることが禁止されます（同条3項）。

(b) 上場会社等

上場会社等とは、株券、社債券、新株予約権証券、投資証券などで金融商品取引所に上場されているものなどの発行者をいいます（金商法163条1項本文）。

(c) 会社関係者

会社関係者とは、次の者をいいます。なお、会社関係者でなくなった後1年以内のものも、なお会社関係者として取り扱われます（金商法166条1項）。

① 上場会社等（その親会社・子会社等を含む）の役員等（役員、代理人、使用人その他の従業者）（同項1号）

② 上場会社等の会計帳簿等の閲覧等請求権を有する株主・投資主など（法人である場合は役員等を含む）（同項2号・2号の2）

③ 上場会社等に対する法令に基づく権限を有する者（同項3号）

④ 上場会社等と契約を締結しまたはその交渉をしている者（法人である場合は役員等を含む）（同項4号）

⑤ ②④に該当する法人における他の役員等（同項5号）

上場会社等と融資などの契約を締結している、または締結の交渉をしている金融機関およびそれを担当する役職員は、会社関係者に該当します（同項4号）。また、会社関係者に該当する金融機関における他の役職員も、職務に関して重要事実を知ったときは、第1次情報受領者ではなく、会社関係者に該当します（同項5号）。

(d) 重要事実

業務等に関する重要事実には、①決定事実（業務執行を決定する機関が一定の重要な事項（たとえば合併）を決定したことまたは当該決定（公表がされたものに限る）に係る事項を行わないことを決定したこと）、②発生事実（一定の重要な事実（たとえば主要株主の異動）が発生したこと）、③決算情報（一定の決算情報に重要な差異が生じたこと）、④バスケット条項（その他運営、業務または財産に関する重要な事実であって投資者の投資判断に著しい影響を及ぼすもの）があります（金商法166条2項）。

金融機関の役職員が取引先である上場会社等から聴取した情報には、重要事実が含まれる可能性があります。

(e) 公　　表

公表とは、①多数の者の知りうる状態に置く措置がとられたこと、または②重要事実が記載された有価証券報告書等の法定開示書類が公衆縦覧に供さ

れたことをいいます（金商法166条4項）。

　実際には、①のうち、金融商品取引所の規則で定めるところにより、当該上場会社等が重要事実等を当該金融商品取引所に通知し、かつ当該通知された重要事実等が、当該金融商品取引所において日本語で公衆の縦覧に供されたこと（同法施行令30条1項2号）、具体的には、全国の金融商品取引所が参加する**TDnet**（Timely Disclosure Network）への適時開示情報の送信および当該情報の「適時開示情報閲覧サービス」による公衆縦覧によって、重要事実が公表されるのが一般的です。

　(f)　特定有価証券等

　特定有価証券等とは、「特定有価証券」または「関連有価証券」をいいます。「特定有価証券」には、株券、社債券、新株予約権証券、投資証券などが含まれます（金商法163条1項本文）。

　(g)　売　買　等

　売買等とは、特定有価証券等に係る売買その他の有償の譲渡もしくは譲受け、合併もしくは分割による承継またはデリバティブ取引をいいます（金商法166条1項前段）。

　b　情報伝達行為・取引推奨行為の規制

　情報伝達行為とは、未公表の重要事実を他人に伝える行為をいいます。**取引推奨行為**とは、未公表の重要事実を知りながらこれを他人に伝えないで売買等をすることを勧める行為をいいます。

　上場会社等の会社関係者で、当該上場会社等の業務等に関する重要事実を知ったものは、他人に対し、当該重要事実について公表がされることとなる前に、当該上場会社等の「特定有価証券等」に係る売買等をさせることにより当該他人に利益を得させ、または当該他人の損失を回避させる目的をもって、当該重要事実を伝達し、または当該売買等をすることを勧めてはなりません（金商法167条の2第1項）。

　つまり、相手方が実際に特定有価証券等の売買等を行わなくても、会社関係者が、他人に利益を得させ、または損失を回避させる目的をもって、情報伝達行為または取引推奨行為を行うこと自体が、違法とされているのです。

(3) 公開買付者等関係者などによるインサイダー取引規制

a 売買等の規制

(a) 概　　要

「公開買付者等関係者」であって、上場等株券等の「公開買付者等」の「公開買付け等事実」を知ったものは、当該事実の「公表」がされた後でなければ、「株券等」の「買付け等」または「売付け等」をしてはなりません（金商法167条1項前段）。

公開買付者等関係者から公開買付け等事実の伝達を受けた者（第1次情報受領者）も、同様に買付け等または売付け等をすることが禁止されます（同条3項）。

(b) 公開買付者等

公開買付者等とは、「公開買付け等」をする者をいい、「公開買付け等」とは、発行者以外の者による株券等の公開買付け（金商法27条の2第1項）、株券等の買集め行為（同法施行令31条本文）、発行者による株券等の公開買付け（金商法27条の22の2第1項）をいいます（同法167条1項本文）。

公開買付けとは、不特定かつ多数の者に対し、公告により株券等の買付け等の申込みまたは売付け等の申込みの勧誘を行い、取引所金融商品市場外で株券等の買付け等を行うことをいいます（同法27条の2第6項）。公開買付けは、Tender Offerとか**TOB**（Take Over Bid）とも呼ばれます。会社の支配権に影響を与えるような市場外取引が行われる場合などには、①株主および投資者への適正な情報開示を図る、②株主などに株券等の平等な売却機会を与える、③手続の公正を図る必要があることから、買収者は公開買付けによるかどうか任意に選択できるのではなく、公開買付けによることが強制されています。

(c) 公開買付者等関係者

公開買付者等関係者には、(2) a (c)の会社関係者と同様の立場にある者に加えて、公開買付け等の対象となっている上場等株券等の発行者（その役員等を含む）が含まれます（金商法167条1項5号）。

公開買付者等とアドバイザリーなどの契約を締結している、または締結の

交渉をしている金融機関およびそれを担当する役職員は、公開買付者等関係者に該当します（同項4号）。また、公開買付者等関係者に該当する金融機関における他の役職員も、職務に関して公開買付け等事実を知ったときは、第1次情報受領者ではなく、公開買付者等関係者に該当します（同項6号）。

 (d) 公開買付け等事実

  公開買付け等事実とは、公開買付者等（法人であるときはその業務執行を決定する機関）が公開買付け等を行うことについての決定をしたこと、または当該決定（公開がされたものに限る）に係る公開買付け等を行わないことを決定したことをいいます（金商法167条2項）。

 (e) 「買付け等」または「売付け等」

  「買付け等」または「売付け等」は、会社関係者などのインサイダー取引規制における「売買等」と同様のものです（金商法167条1項前段、同法施行令33条の3、33条の4）。公開買付け等を行うことについての決定をしたことについては公表前の「買付け等」が、当該決定（公開がされたものに限る）に係る公開買付け等を行わないことを決定したことについては公表前の「売付け等」が、それぞれ禁止されます。

b 情報伝達・取引推奨行為の規制

 公開買付者等関係者についても、会社関係者と同様に、情報伝達行為・取引推奨行為が禁止されています（金商法167条の2第2項）。

(4) 違反行為に対する制裁

a 課　徴　金

 売買等の規制に違反した者に対しては、課徴金の納付が命ぜられます（金商法175条）。

 情報伝達・取引推奨行為の規制に違反した者に対しては、情報受領者がインサイダー取引を行ったときに限り、課徴金の納付が命ぜられます（同法175条の2）。

b 刑　事　罰

 売買等の規制に違反した者は、刑事罰を受ける可能性があります（金商法

197条の2第13号)。

　情報伝達・取引推奨行為の規制に違反した者は、情報受領者がインサイダー取引を行ったときに限り、刑事罰を受ける可能性があります(同条14号・15号)。

　いずれについても、法人両罰の可能性があります(同法207条1項2号)。

第5節　マネー・ローンダリング防止と本人確認義務

　マネー・ローンダリング防止

(1)　マネー・ローンダリング

　マネー・ローンダリングとは、資金洗浄と訳されますが、違法な起源を偽装する目的で犯罪収益を処理することをいいます。具体的には、麻薬取引や銃器等の売買取引等の犯罪行為によって得た不法な収益による資金を、複数の金融機関の口座を経由する等の方法で頻繁に資金移動を行ったり、金融商品の購入・売却を繰り返し行ったりすることによって、あたかも正当な取引で得た資金のような概観を有するように見せかけたり、その出所を隠したりすることをいいます。

(2)　テロ資金供与

　テロ資金供与とは、爆弾テロやハイジャックなどのテロ行為の実行を目的として、そのために必要な資金をテロリストに提供することをいいます。架空名義口座を利用したり、正規の取引を装ったりすることによって集められた資金が、密かにテロリストの手に渡っていることは否定できません。このように、テロ資金供与はお金の流れを隠す点でマネー・ローンダリングと共通しているといえます。

(3) 犯罪による収益の移転防止に関する法律制定の経緯

マネー・ローンダリング対策やテロ資金供与対策は、一国のみが規制を強化しても、相対的に規制の緩い国で行われる傾向にあることから、その取組みには国際的な協調が不可欠となっています。マネー・ローンダリング対策およびテロ資金供与対策における国際協調を推進するために運営されている政府間会合が**FATF**（Financial Action Task Force on Money Laundering：金融活動作業部会）です。

FATFはマネー・ローンダリング対策およびテロ資金供与対策について国際的な勧告を行ってきましたが、わが国でも、その勧告をふまえて、「組織的な犯罪の処罰及び犯罪収益の規制等に関する法律」（以下「組織的犯罪処罰法」といいます）において金融機関に対して疑わしい取引の届出を義務づけるとともに、金融機関に顧客等の本人確認とその確認記録・取引記録の作成・保存を義務づける「金融機関等による顧客等の本人確認等に関する法律」（以下「本人確認法」といいます）が制定されました。

しかし、金融機関以外の事業者がマネー・ローンダリング行為に利用されるなど、その手口が複雑かつ巧妙化してきていることから、国際的な枠組みのなかでわが国においてもFATFの新たな勧告を実施し、対策を抜本的に強化する必要がありました。そこで、組織的犯罪処罰法の疑わしい取引の届出と本人確認法を統合し、金融機関以外の事業者にも適用対象を拡大したかたちで制定されたのが、**犯収法**です。

(4) 犯収法の概要

犯収法の目的は、マネー・ローンダリングの防止およびテロ資金供与の防止によって、資金面から犯罪組織、犯罪行為の撲滅を目指すことにあります。

このため、犯収法は、同法の適用対象となる事業者（特定事業者）に対して、①取引時確認、②確認記録の作成・保存、③取引記録等の作成・保存、④疑わしい取引の届出、⑤コルレス契約締結時の厳格な確認を義務づけるとともに、⑥体制整備等の努力義務を定めています。また、⑦預金口座の不正利用等に対する罰則も設けています。

2　本人確認義務

(1) 取引時確認

a　定　義

　取引時確認とは、特定事業者が特定業務のうち特定取引等に際して行わなければならない確認のことをいいます。

　ⓐ　特定事業者

　特定事業者とは、犯収法の適用対象となる事業者のことであり、金融機関は特定事業者に含まれます（犯収法2条2項1号〜15号）。

　ⓑ　特定業務

　特定業務とは、特定事業者の業務のうち、犯収法の適用対象となる業務のことです（犯収法4条1項）。金融機関が行う金融関連事業は特定業務です（同法施行令6条1号〜6号）。

　ⓒ　特定取引等

　特定取引等とは、特定業務のうち取引時確認の対象となる取引のことであり、「特定取引」と「ハイリスク取引」の2つの類型に分けられます（犯収法4条4項）。

　ⓓ　特定取引

　特定取引は、「対象取引」と「特別の注意を要する取引」に分けられます（犯収法施行令7条1項柱書）。

　ⓔ　対象取引

　対象取引とは、金融機関にとっては、①金融機関と顧客との継続的な取引関係（預貯金、信託、有価証券に関する取引、保険、貸金、貸金庫、保護預り等）の開始、②200万円を超える大口現金取引・小切手取引（現金による為替取引・自己宛小切手の振出しの場合は10万円を超えるもの）、③他行でのカード振込みをいいます（犯収法4条1項、同法施行令7条1項1号）。

　なお、公共料金や学校に対する入学金・授業料等を現金で納付する取引などは、犯罪による収益の移転に利用されるおそれがない取引として、特定取引から除外されています（同法施行令7条1項、同法施行規則4条1項）。

(f) 特別の注意を要する取引

特別の注意を要する取引とは、対象取引以外の取引で、①マネー・ローンダリングの疑いがあると認められる取引、②同種の取引の態様と著しく異なる態様で行われる取引をいいます（犯収法施行令7条1項柱書、同法施行規則5条）。

(g) ハイリスク取引

ハイリスク取引とは、①なりすましの疑いがある取引または本人特定事項を偽っていた疑いがある顧客との取引（犯収法4条2項1号、同法施行令12条1項）、②マネー・ローンダリング対策が不十分であると認められる特定国等（現時点ではイランと北朝鮮）に居住・所在している顧客との取引（同法4条2項2号、同法施行令12条2項）、③外国において特に重要な公的機能を任せられているもしくは任せられてきた個人（PEPs：Politically Exposed Persons）またはその者の家族・その者が実質的支配者である法人との取引をいいます（同法4条2項3号、同法施行令12条3項、同法施行規則15条、11条2項）。

b 確認すべき事項

「取引時確認」に確認すべき事項は、ハイリスク取引とそれ以外の特定取引（＝通常の取引）とで異なります。

(a) 通常の取引

通常の取引において、顧客について確認すべき事項は、①**本人特定事項**（氏名または名称、住所または本店もしくは主たる事務所の所在地、生年月日）、②取引を行う目的、③職業または事業の内容、④法人の実質的支配者の本人特定事項です（犯収法4条1項）。

もっとも、すでに取引時確認を行っており、かつ、確認記録が保存されている顧客との取引については、あらためて取引時確認を行う必要はありません（同法4条3項）。取引時確認を行っていることは、①預貯金通帳など確認記録に記録されている顧客と同一であることを示す書類等の提示または送付を受けること、②顧客しか知り得ない事項その他の顧客が確認記録に記録されている顧客と同一であることを示す事項の申告を受けること、③面識があるなど確認記録に記録されている顧客と同一であることが明らかなことに

よって、確認することができます（同法施行令13条2項、同法施行規則16条）。

　(b)　ハイリスク取引

　ハイリスク取引において、顧客について確認すべき事項は、上記の①〜④に加えて、その取引が200万円を超える財産の移転を伴うものである場合には、⑤資産および収入の状況です（犯収法4条2項、同法施行令11条）。

　(c)　代表者等についての確認

　特定取引等の任にあたっている自然人が顧客と異なる場合には、顧客についての確認に加えて、当該取引の任にあたっている自然人（代表者等）について、その本人特定事項の確認を行う必要があります（犯収法4条4項）。また、当該代表者等が顧客のために特定取引等の任にあたっていると認められるためには、一定の事由があることが前提となりますので（同法施行規則12条4項）、その一定の事由の有無を確認する必要があります。

　なお、顧客が国、地方公共団体、人格のない社団または財団、上場企業等である場合には、本人特定事項としては代表者等のもののみを確認すれば足ります（同法4条5項、同法施行令14条、同法施行規則18条）。

c　本人特定事項の確認方法

　本人特定事項の確認方法は、通常の取引とハイリスク取引とで異なります。

　(a)　通常の取引

①　自然人との取引（犯収法施行規則6条1項1号、7条1号・4号）

　自然人との取引について、**本人確認書類**と**本人確認方法**をまとめると、図表1－1のとおりになります。①〜③が対面での取引であり、④がインターネット、メールオーダーなどの非対面の取引です。

　なお、外国人観光者については、住居を確認できない場合でも、氏名、生年月日、国籍、番号の記載のあるパスポート等の提示を受ける方法により、外貨両替を行うことができます（同法施行規則6条1項2号、7条3号）。

②　法人との取引（同法施行規則6条1項3号、7条2号・4号）

　法人との取引について、本人確認書類と本人確認方法をまとめると、図表1－2のとおりになります。①が対面での取引であり、②が非対面の取引です。なお、代表者等の本人特定事項の確認方法は、①に準じます。

図表1-1　自然人の本人特定事項の確認方法

① 運転免許証、パスポートなど写真のある公的書類の提示を受ける

② 健康保険証、年金手帳等の提示を受ける	＋	Ⓐ 他の本人確認書類または現住所が記載された補完書類の提示を受ける
	＋	Ⓑ 他の本人確認書類もしくは現住所が記載された補完書類またはその写しの送付を受けて本人確認記録に添付する
	＋	Ⓒ 取引関係文書を転送不要郵便等で送付する

| ③ 住民票写し、戸籍謄本等の提示を受ける | ＋ | 取引関係文書を転送不要郵便等で送付する |

| ④ ①～③の書類または写しの送付を受ける | ＋ | Ⓐ 取引関係文書を転送不要郵便等で送付する |
| | ＋ | Ⓑ 電子署名が行われた特定取引等に関する情報の送信を受ける |

(注1)　補完書類とは、税金の領収証書または納税証明書、社会保険料の領収証書、公共料金の領収証書、氏名または名称および住居または本店所在地等の記載がある公的書類をいいます（犯収法施行規則6条2項）。

(注2)　取引関係書類とは、預金通帳その他の顧客に係る文書をいいます（同条1項1号ロ）。

図表1-2　法人の本人特定事項の確認方法

① 登記事項証明書、印鑑登録証明書、その他本店所在地等が記載された公的書類の提示を受ける

| ② ①の書類または写しの送付を受ける | ＋ | Ⓐ 取引関係文書を転送不要郵便等で送付する |
| | ＋ | Ⓑ 電子署名が行われた特定取引等に関する情報の送信を受ける |

(b) ハイリスク取引

ハイリスク取引における本人特定事項の確認は、通常の取引に際して行う確認方法に加えて、別個の本人確認書類または補完書類の提示または送付（写しの送付を含む）を受ける必要があります（犯収法施行規則14条1項）。具体的には、図表1－3のとおりになります。

図表1－3　ハイリスク取引の確認方法

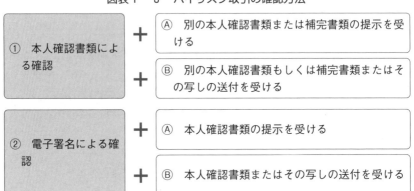

d　その他の事項の確認方法

(a) 取引を行う目的

取引を行う目的とは、その取引によって達成したい事柄をいいます。

取引を行う目的は、通常の取引においても、ハイリスク取引においても、顧客またはその代表者等から申告を受ける方法によって確認します（犯収法施行規則9条、14条2項）。

(b) 職業・事業の内容

職業とは日常従事する仕事等をいい、事業の内容とは法人の目的を達成するためになされる行為全般をいいます。

職業・事業の内容は、通常の取引においても、ハイリスク取引においても、①自然人または人格のない社団・財団については顧客またはその代表者等から申告を受ける方法によって、②法人については登記事項証明書、その他事業内容を確認することができる公的書類等によって確認します（犯収法施行規則10条、14条2項）。

ⓒ 実質的支配者

実質的支配者とは、法人の事業・経営を実質的に支配することができる関係にある者をいいます。

通常の取引においては、実質的支配者がいるか否か、実質的支配者がいる場合には当該実質的支配者の本人特定事項について、代表者等から申告を受ける方法によって確認します（犯収法施行規則11条1項）。

ハイリスク取引においては、実質的支配者がいるか否かについて、株主名簿など議決権保有状況を示す書類または登記事項証明書等を用いて確認するとともに、実質的支配者がいる場合には当該実質的支配者の本人特定事項について、本人確認書類等によって確認します（同法施行規則14条3項）。

ⓓ 資産および収入の状況

ハイリスク取引において資産および収入の状況を確認する必要がある場合には、自然人については源泉徴収票、確定申告書等によって、法人については貸借対照表、損益計算書等によって確認します（犯収法施行規則14条4項）。

e 特定事業者の免責

特定事業者は、顧客または代表者等が特定取引等を行う際に取引時確認に応じないときは、当該顧客または代表者等がこれに応ずるまでの間、当該特定取引等に係る義務の履行を拒むことができます（犯収法5条）。

(2) **確認記録の作成・保存**

特定事業者は、取引時確認を行った場合には、直ちに**確認記録**、すなわち、当該取引時確認に係る事項、当該取引時確認のためにとった措置等に関する記録を作成しなければなりません（犯収法6条1項）。

特定事業者は、確認記録を、特定取引等に係る契約が終了した日から、7年間保存しなければなりません（同条2項）。

(3) **取引記録の作成・保存**

特定事業者は、特定業務に係る取引（つまり、特定取引等に当たらないものも含まれます）を行った場合には、直ちに**取引記録**、すなわち、顧客の確認

記録を検索するための事項、当該取引の期日および内容等に関する記録を作成しなければなりません（犯収法7条1項）。ただし、①財産移転を伴わない取引、②1万円以下の財産の財産移転に係る取引、③200万円以下の本邦通貨間の両替または本邦通貨と外国通貨の両替もしくは旅行小切手の販売もしくは買取り、④自動預払機その他これに準ずる機械を通じてされる顧客との間の取引などについては、取引記録を作成する必要はありません（同法施行令15条1項、同法施行規則22条1項）。

特定事業者は、取引記録を、当該取引の行われた日から7年間保存しなければなりません（同法7条3項）。

3 疑わしい取引の届出

特定事業者は、特定業務に係る取引について、①当該取引において収受した財産が犯罪による収益である疑いがあるかどうか、または、②顧客が当該取引に関し組織的犯罪処罰法10条の罪もしくは麻薬特例法6条の罪に当たる行為を行っている疑いがあるかどうかを判断し、これらの疑いがあると認められる場合には、速やかに主務大臣に疑わしい取引の届出をする義務があります（犯収法8条1項）。「組織的犯罪処罰法10条の罪若しくは麻薬特例法6条の罪に当たる行為」とは、一定の犯罪に係る犯罪収益等の取得・処分につき事実を仮装し、または犯罪収益等を隠匿する行為をいいます。なお、「取引について」疑いがあるかどうか判断をするのですから、結果的に取引が成立しなかった場合、換言すれば、顧客から取引の申し出があったものの謝絶した場合でも、届出の対象となります。

疑わしい取引かどうかの判断は、取引時確認の結果、取引の態様、その他の事情、国家公安委員会が作成・公表する犯罪収益移転危険度調査書（犯収法3条3項）の内容を勘案し、かつ、①一般的な取引態様との比較、②当該顧客との過去の取引との比較、③取引時確認に関して有する情報との整合性に従って疑わしい点があるかどうかを確認する方法で行います（同法8条2項、同法施行規則26条）。確認する方法は、一見取引、継続取引、リスクが高

い取引の順に厳格化されており、リスクが高い取引については、統括管理者の承認が必要となっています（同法施行規則27条）。

なお、金融庁から、「疑わしい取引の参考事例（預金取扱い金融機関）」が公表されています。あくまで参考事例ですので、形式的に合致するものがすべて疑わしい取引に該当するものではない一方、これに合致しない取引であっても、金融機関が疑わしい取引に該当すると判断したものは届出の対象となることに注意しなければなりません。

特定事業者（その役員および使用人を含む）は、疑わしい取引の届出を行おうとすることまたは行ったことを、当該疑わしい取引の届出に係る顧客またはその者の関係者に漏らしてはなりません（同法8条3項）。

◆ 4　コルレス契約締結時の厳格な確認

特定事業者（業として為替取引を行うものに限る）は、外国所在為替取引業者との間で、為替取引を継続的にまたは反復して行うことを内容とする契約を締結するに際しては、当該外国所在為替取引業者が取引時確認等に相当する措置を的確に行うために必要な体制を整備していること等を確認しなければならないこととされています（犯収法9条）。

◆ 5　体制整備等の努力義務

特定事業者には、取引時確認、取引記録等の保存、疑わしい取引の届出等の措置を的確に行うため、①取引時確認をした事項に係る情報を最新の内容に保つための措置、②使用人に対する教育訓練の実施、③規定の作成、④統括管理者の選任に努めることが求められています（犯収法11条）。

6 預貯金口座の不正利用防止

(1) 規制の内容

　金融機関は、本人が利用することを当然の前提として預貯金の口座開設に応じています。ところが、「振り込め詐欺」などの犯罪集団が、身元を隠すために、他人名義の預貯金口座を売買等により取得し、騙取金等をその口座に振り込ませるなどのケースが社会問題となっています。

　そこで、他人になりすまして金融機関との間における預貯金契約に係る役務の提供を受けること、またはこれを第三者にさせることを目的として、当該預貯金契約に係る預貯金通帳、預貯金の引出用のカード、預貯金の引出し、または振込みに必要な情報を譲り受け、その交付を受け、またはその提供を受けた者に対して、1年以下の懲役もしくは100万円以下の罰金が科され、またはこれが併科されます（犯収法28条1項前段）。

　通常の商取引または金融取引として行われるものであることその他の正当な理由がないのに、有償で預貯金通帳等を譲り受け、その交付を受け、またはその提供を受けた者についても同様です（同項後段）。

　譲り受けた者だけでなく、相手方に他人になりすまして金融機関との間における預貯金契約に係る役務の提供を受ける、またはこれを第三者にさせるという目的があることの情を知って、その者に預貯金通帳等を譲り渡し、交付し、または提供した者や、通常の商取引または金融取引として行われるものであることその他の正当な理由がないのに、有償で預貯金通帳等を譲り渡し等した者も、同様に処罰されます（同条2項）。

(2) 実務上の対応

　預貯金口座の不正利用防止に係る罰則規定は、預貯金口座を不正に売買した譲受人や譲渡人を対象とするものであり、口座の開設に応じた金融機関を対象とするものではありません。

　しかしながら、現実に振り込め詐欺などに他人名義の預貯金口座が悪用される事件が多発している事実や、これをふまえて預貯金口座の不正利用防止

に係る罰則規定が設けられたことに照らすと、たとえば、すでに預貯金口座を保有している者が新たに口座開設を申し出たり、同時に複数の口座開設を申し出たりするような異例な取引依頼に対しては、漫然とこれに応じることなく、そのような口座開設を必要とする理由を聴取・確認すること、そして、不正利用の目的が疑われる場合には、口座開設を謝絶することが、今日の金融機関には求められているといえます。

第6節 金融機関の説明義務

説明義務とは

⑴ 定　義

金融機関の**説明義務**とは、金融機関が顧客と取引をするにあたり、当該顧客に対して一定の事項について説明し、また、情報を提供することを内容とする法的義務のことです。

⑵ 根　拠

金融機関の説明義務の根拠は、信義則（民法1条2項）に求められてきました。

金融機関と顧客との取引については、契約自由の原則が妥当します。そして、その前提として、自己責任の原則、すなわち、各契約当事者は自ら情報を収集して不利益を被らないよう対処しているから、契約締結の結果生じた不利益を甘受するのもやむをえないという考えがあります。

しかし、専門家と非専門家との取引においては情報格差があるため、専門家が非専門家に対して必要・適切な情報を提供しなければ両当事者は実質的には対等といえず、自己責任の原則は必ずしも妥当しません。

そこで、金融機関は、顧客に対して、信義則上の説明義務があるとされてきたのです。

(3) 説明義務の内容

　金融機関の説明義務が最も重視されるのは、金融機関が顧客に対して投資商品を販売する場合です。金融機関は、顧客に対して、投資商品について損失を生じるリスクがあることや、そのようなリスクが生じる要因および取引の仕組み（スキーム）について説明することが求められます。保険外務員による変額保険の販売についての事案ですが、「変額保険の性質、変額保険の発売の経緯等に照らし、募集人は、変額保険募集に当たり、顧客に対し、変額保険に対する誤解から来る損害発生を防止するため、変額保険が定額保険とは著しく性格を異にし、高収益性を追求する危険性の高い運用をするものであり、かつ、保険契約者がその投資リスクを負い、自己責任の原則が働くことを説明すべき法的義務が信義則上要求されているものというべきであり、客観的にみて、この点を理解されるに十分な説明がなされていなければ、変額保険募集時に要請される説明義務を尽くしていないものというべきである」との原審の判断を最高裁も肯認していることが参考になります（最判平8.10.28金法1469号49頁）。

　金融機関が融資をする場合、金融機関と顧客とが交渉し合意した内容が金銭消費貸借約定書等に記載されることになるため、金利、元利金の弁済方法等についての説明義務が問題になることは基本的にないと考えられます。もっとも、顧客が金利変動リスクをヘッジするために金融機関と金利スワップ契約を締結するなどデリバティブ取引を行う場合には、金融機関の説明義務が問題になりえます。この場合、投資商品の販売と同様に、金融機関は顧客に対して、取引の仕組みや、どのような要因によって得失が生じうるかなどについて説明することが求められます。金利スワップに関する事案ですが、「本件取引は、将来の金利変動の予測が当たるか否かのみによって結果の有利不利が左右されるものであって、その基本的な構造ないし原理自体は単純で、少なくとも企業経営者であれば、その理解は一般に困難なものではなく、当該企業に対して契約締結のリスクを負わせることに何ら問題のないものである。上告人は、被上告人に対し、本件取引の基本的な仕組みや、契約上設定された変動金利及び固定金利について説明するとともに、変動金利

が一定の利率を上回らなければ、融資における金利の支払よりも多額の金利を支払うリスクがある旨を説明したのであり、基本的に説明義務を尽くしたものということができる」と最高裁が判示していることが参考になります（最判平25.3.7裁判集民事243号51頁）。

　なお、金融機関が顧客を他の業者に引き合わせ、顧客が当該業者から不動産を購入等する際に、金融機関が顧客に対してその購入資金を融資したところ、当該不動産やその売買スキームについてなんらかの瑕疵があり、顧客が損失を被った場合において、当該不動産等についての金融機関の説明義務違反の存否が争われた事案があります（最判平15.11.7金法1703号48頁、最判平18.6.12金法1790号57頁）。この場合、不動産の売買等に関して金融機関は契約当事者ではありませんから、金融機関には本来的な意味での説明義務はありませんが、金融機関が一連のスキームを能動的・主導的に推進していたと認められる場合には、金融機関に信義則上の説明義務があったとされる可能性があることには注意する必要があります。

(4) 説明義務違反の効果

　金融機関が説明義務を怠ったことにより、顧客が金融機関と契約を締結し、その結果、損害を被ったというのは、いわゆる契約締結上の過失の問題です。

　契約締結上の過失について、最高裁は「契約の一方当事者が、当該契約の締結に先立ち、信義則上の説明義務に違反して、当該契約を締結するか否かに関する判断に影響を及ぼすべき情報を相手方に提供しなかった場合には、上記一方当事者は、相手方が当該契約を締結したことにより被った損害につき、不法行為による賠償責任を負うことがあるのは格別、当該契約上の債務の不履行による賠償責任を負うことはないというべきである」と判示しています（最判平23.4.22民集65巻3号1405頁）。

　したがって、金融機関が説明義務を怠ったことによって、顧客が金融機関と契約を締結し、その結果、損害を被った場合には、金融機関は顧客に対して不法行為に基づく損害賠償義務（民法709条、715条1項）を負うと考えら

れます。

金融商品の販売等に関する法律との関係

(1) 金融商品の販売等に関する法律の目的

　金融機関が説明義務を怠ったことにより顧客に損害が発生した場合、顧客は金融機関に対して不法行為に基づく損害賠償請求（民法709条、715条1項）をすることができるとはいえ、そのためには、①金融機関ないしその役職員が権利侵害を行ったこと（権利侵害）、②金融機関ないしその役職員に故意または過失があったこと（故意・過失）、③顧客に損害が発生したこと（損害）、④権利侵害と損害との間に因果関係があること（因果関係）を立証する必要があります。しかし、①～④の立証は必ずしも容易とはいえません。

　金融商品の販売等に関する法律（以下「金販法」といいます）は、民法709条の特則として、①の対象を「説明義務違反」に限定しつつ、②の要件を不要とし、かつ、③および④の要件充足を推定することにより、被害者の保護を図ろうとするものです。

(2) 説明義務等の主体

　金販法において説明義務を負い、また、断定的判断の提供等を禁止されるのは、金融商品販売業者等です（金販法3条1項、4条）。

　金融商品販売業者等とは、金融商品の販売等を業として行う者をいいます（同法2条3項）。**金融商品の販売等**とは、金融商品の販売またはその代理もしくは媒介をいいます（同条2項）。そして、**金融商品の販売**とは、預金契約の締結、信託契約の締結、保険契約の締結、有価証券を取得させること、デリバティブ取引などをいいます（同条1項）。したがって、単純な為替取引や融資取引を除くと、金融機関の業務のほとんどは「金融商品の販売」に該当することから、金融機関は金融商品販売業者等に該当します。

⑶　説明義務の内容

　金販法における説明義務とは、金融商品販売業者等が金融商品の販売が行われるまでの間に、顧客に対し、重要事項について説明をする義務をいいます（金販法3条1項）。

　重要事項とは、①リスクの内容、②リスクの要因、③リスクを生じさせる取引の仕組みのうち重要な部分、④権利行使が可能な期間の制限または契約解除が可能な期間の制限をいいます（同項各号）。このうち、①リスクの内容とは、「元本欠損が生ずるおそれ」または「当初元本を上回る損失が生ずるおそれ」をいいます。また、②リスクの要因とは、⒤金利、通貨の価格、金融商品市場における相場その他の指標に係る変動（市場リスク）が直接の要因であるときは、その要因である「指標」を、⒤⒤金融商品の販売を行う者その他の者の業務または財産の状況の変化（信用リスク）が直接の要因であるときは、そのリスクの主体である「者」を、⒤⒤⒤金融商品の販売について顧客の判断に影響を及ぼすこととなる重要なものとして政令で定める事由が直接の原因であるときは、その「事由」をいいます。

⑷　説明義務の程度

　金融商品取引業者等が重要事項を顧客に説明するにあたっては、顧客の知識、経験、財産の状況および当該金融商品の販売に係る契約を締結する目的に照らして、当該顧客に理解されるために必要な方法・程度によるものでなければなりません（金販法3条2項）。

　なお、顧客が金融商品販売業者等もしくは金商法2条31項に規定する特定投資家であるとき、または、重要事項について説明を要しない旨の顧客の意思の表明があったとき（ただし、商品関連市場デリバティブ取引等に関するものを除く）は、金融商品販売業者等は説明義務を負いません（金販法3条7項、同法施行令10条1項）。

⑸　断定的判断の提供等の禁止

　断定的判断の提供等とは、金融商品の販売に係る事項について、不確実な

事項について断定的判断を提供し、または確実であると誤認させるおそれのあることを告げる行為をいいます。

金融商品販売業者等は、断定的判断の提供等を行うことが禁止されています（金販法 4 条）。

⑹ 金融商品販売業者等の損害賠償責任

金融商品販売業者等は、重要事項について説明をしなかったとき、または断定的判断の提供等を行ったときは、これによって生じた当該顧客の損害を賠償する責任を負います（金販法 5 条）。そして、元本欠損額が顧客の損害額と推定されます（同法 6 条 1 項）。**元本欠損額**とは、金融商品の販売により顧客が支払った金銭等から受領した金銭等を控除した額をいいます（同条 2 項）。

したがって、①顧客が説明義務違反等という権利侵害があったことさえを立証することができれば、②金融機関の故意・過失がなくても、③損害の発生と、④権利侵害と損害の因果関係が推定されるため、金融機関は金販法 5 条および 6 条に基づいて顧客に対して損害賠償義務を負うことになります。

3 消費者契約法との関係

⑴ 消費者契約法の目的

消費者契約法も、説明義務違反に対する私法上の効果を生じさせうる法律です。

消費者契約法は、消費者と事業者との間の情報の質および量ならびに交渉力の格差にかんがみ、事業者の一定の行為により消費者が誤認した場合等に、契約の申込みまたはその承諾の意思表示を取り消すことができることとすることなどにより、消費者の利益の擁護を図り、もって国民生活の安定向上と国民経済の健全な発展に寄与することを目的とするものです（消費者契約法 1 条）。

(2) 消費者契約

消費者契約とは、消費者と事業者との間で締結される契約をいいます（消費者契約法2条3項）。消費者とは、個人（事業としてまたは事業のために契約の当事者となる場合におけるものを除く）をいいます（同条1項）。「事業者」とは、法人その他の団体および事業としてまたは事業のために契約の当事者となる場合における個人をいいます（同条2項）。

したがって、金融機関が金融取引に関し個人（事業としてまたは事業のために契約の当事者となる場合におけるものを除く）と締結する契約は、消費者契約に該当します。

(3) 説明義務違反等の効果

事業者が重要事項について事実と異なることを告げたことにより、消費者が告げられた内容が事実であるとの誤認をし、それによって当該消費者契約の申込みまたはその承諾の意思表示をしたときは、消費者はその意思表示を取り消すことができます（消費者契約法4条1項1号）。事業者が物品、権利、役務その他の当該消費者契約の目的となるものに関し、将来におけるその価額、将来において当該消費者が受け取るべき金額その他の将来における変動が不確実な事項につき断定的判断を提供したことにより、消費者が提供された断定的判断の内容が確実であるとの誤認したときも、同様です（同項2号）。

また、事業者がある重要事項または当該重要事項に関連する事項について消費者の利益となる旨を告げ、かつ、当該重要事項について消費者の不利益となる事実を故意に告げなかったことにより、消費者が当該事実は存在しないと誤認し、それによって当該消費者契約の申込みまたはその承諾の意思表示をしたときも、消費者はその意思表示を取り消すことができます（同条2項）。

なお、「重要事項」とは、物品、権利、役務その他の当該消費者契約の目的となるものの質、用途その他の内容または対価その他の取引条件であって、消費者の当該消費者契約を締結するか否かについての判断に通常影響を

及ぼすべきものをいいます（同条4項）。

したがって、金融商品の販売等に関して、金融機関に上記のような態様での説明義務違反があったときは、個人顧客は金融商品の販売等に係る契約の申込みまたはその承諾の意思表示を取り消すことができます。取り消された行為は、初めから無効であったとみなされるため（同法11条1項、民法121条本文）、顧客は、不当利得返還請求権に基づいて、金融商品の販売等に関して金融機関に支払った金銭等の返還を求めることができます。

業法上の説明義務・情報提供義務

金融機関は、顧客に対する関係で私法上の説明義務を負うだけでなく、業法上も説明義務ないし**情報提供義務**を負っています。

(1) 銀行法

銀行法は、銀行に対し、預金等の受入れに関し、預金者等の保護に資するため、預金等に係る契約の内容その他預金者等に参考となるべき情報の提供を求めています（銀行法12条の2第1項、同法施行規則13条の3）。また、銀行が、業務に関して、顧客に対し、虚偽のことを告知することや断定的判断の提供等を行うことを禁止しています（同法13条の3、同法施行規則14条の11の3）。

(2) 金商法

金商法も、金融商品取引業者等に対し、金融商品取引契約の締結に関し、契約締結前書面の交付（金商法37条の3）、契約締結時書面の交付（同法37条の4）、虚偽告知・断定的判断の提供等の禁止（同法38条1号・2号）、顧客の知識、経験、財産の状況および金融商品取引契約を締結する目的に照らして当該顧客に理解されるために必要な方法および程度による説明をすることなく、金融商品取引契約を締結する行為の禁止（実質的説明義務。同条7号、金商業等府令117条1項1号）を求めています。また、金融商品取引業者等は、顧客の知識、経験、財産の状況および金融商品取引契約を締結する目的に照

らして不適当と認められる勧誘を行って投資者の保護に欠けることのないように、その業務を行わなければなりません（適合性の原則。金商法40条1号）。

なお、投資性の強い預金契約、信託契約、保険契約については、これらの金商法の規定が準用されます。

(3) 業法違反の効果

金融機関が銀行法や金商法に定められた説明義務・情報提供義務を怠った場合には、業務改善命令などの行政処分を受ける可能性がありますが、直ちに顧客に対する民事上の責任につながるわけではありません。

もっとも、上述のとおり、金販法3条2項は、説明義務について、「顧客の知識、経験、財産の状況および当該金融商品の販売に係る契約を締結する目的に照らして、当該顧客に理解されるために必要な方法・程度によるものでなければならない」と定めています。つまり、適合性の原則は、私法上の説明義務を尽くしたか否かの解釈基準としても取り入れられているのです。

5 金融ADR

(1) ADRとは

「貯蓄から投資」という大きな流れのなか、金融商品・サービスも多様化・複雑化していることから、金融機関は顧客に対して説明義務を尽くすことがこれまでにも増して求められています。しかし、不幸にして、金融商品・サービスについて、金融機関は説明義務を怠ったなどと顧客が主張して紛議が生じることも少なくありません。双方の話合いで紛議を解決するに越したことはありませんが、話合いで解決しなければ、究極的には訴訟で解決することになります。しかし、近時はADRによる解決も増えています。

ADRとは、Alternative Dispute Resolutionの略語であり、「裁判外紛争解決手続」と訳されます。その訳が示すとおり、ADRとは、訴訟手続によらずに民事上の紛争の解決をしようとする紛争の当事者のため、公正な第三者が関与して、その解決を図る手続裁判によらずに法的紛争を解決する手続の

ことをいいます。

　民事訴訟は権力作用であるため、その行使には一定の慎重さが求められ、時間もコストもかかるのが一般的です。これに対して、ADRでは、事案の性質や当事者の事情等に応じて、簡易・迅速・柔軟に紛争を解決することができます。一方、民事訴訟では、裁判所が当事者の同意なしに強制的に裁判を下すことが可能であるのに対して、ADRでは、当事者双方が合意することによって紛争を解決することができます。

　そこで、紛争の当事者がその解決を図るのにふさわしい手続を容易に選択できるようにするために、裁判外紛争解決手続の利用の促進に関する法律（以下「ADR法」といいます）が制定されました。

(2) 金融ADR

　金融ADRとは、金融分野におけるADRのことをいいます。

　金融商品・サービスに関しては、顧客が簡易・迅速に苦情を申し出たり、金融機関と顧客との間の紛争を解決したりするために、銀行法など各業法に金融ADRに関して次のような条項が設けられました。

a　紛争解決等に関する措置

　銀行は、指定紛争解決機関が存在する場合には、指定紛争解決機関との間で手続実施基本契約を締結する措置を講じなければなりません（銀行法12条の3第1項1号）。銀行は、手続実施基本契約を締結する措置を講じた場合には、当該手続実施基本契約の相手方である指定紛争解決機関の商号または名称を公表しなければなりません（同条2項）。

　指定紛争解決機関が存在しない場合には、銀行は、銀行業務に関する苦情処理措置および紛争解決措置を講じなければなりません（同条1項2号）。

b　指定紛争解決機関

　指定紛争解決機関とは、紛争解決等業務を行う者として内閣総理大臣の指定を受けた者をいいます（銀行法2条17項、52条の62第1項）。そして、**手続実施基本契約**とは、紛争解決等業務の実施に関し指定紛争解決機関と銀行との間で締結される契約をいいます（同法2条22項）。

そこで、「紛争解決等業務」の意義が問題となりますが、「紛争解決等業務」とは、苦情処理手続および紛争解決手続に係る業務ならびにこれに付随する業務をいいます（同条21項）。このうち、「苦情処理手続」とは、銀行業務に関する苦情を処理する手続であり（同条19項）、「紛争解決手続」とは、銀行業務に関する紛争について訴訟手続によらずに解決を図る手続をいいます（同条20項）。

つまり、指定紛争解決機関は、銀行業務（同条18項参照）全般について、苦情処理と訴訟外での紛争解決を行う機関ということになります。

c　銀行の義務
① 手続応諾義務

手続実施基本契約には、苦情処理手続が開始され、または加入銀行の顧客からの申立てに基づき紛争解決手続が開始された場合において、これらの手続に応じるよう求めがあったときは、銀行は正当な理由なくこれを拒んではならない旨定められています（銀行法52条の67第2項2号）。

② 資料等提出義務

手続実施基本契約には、苦情処理手続または紛争解決手続において、報告または帳簿書類その他の物件の提出の求めがあったときは、銀行は正当な理由なくこれを拒んではならない旨定められています（同項3号）。

③ 結果尊重義務

手続実施基本契約には、紛争解決委員は、紛争解決手続において、銀行業務関連紛争の解決に必要な和解案を作成し、当事者に対し、その受諾を勧告することができる旨定められています（同項4号）。このため、銀行には結果尊重義務があるとされています。

d　金融ADRの法的効果
① 時効中断効

紛争解決手続の途中に消滅時効が完成し、紛争解決手続打切り後に訴訟を提起することができなくなるというのでは、顧客は不利益を被ります。そこで、紛争解決手続が打ち切られた旨の通知を受けた日から1カ月以内に、顧客が当該紛争解決手続の目的となった請求について訴えを提起した

ときは、時効の中断に関しては、当該紛争解決手続における請求の時に、訴えの提起があつたものとみなされます（銀行法52条の74第1項）。

② 訴訟手続の中断

民事訴訟と紛争解決手続とを並行して行うことは可能とされていますが、当事者の負担を軽減するため、当事者の共同の申立てがあるときは、受訴裁判所は、4カ月以内の期間を定めて訴訟手続を中止する旨の決定をすることができます（同法52条の75第1項）。

③ 損失補てん等の適用除外

金商法に基づき登録金融機関業務を行っている金融機関は、有価証券の売買その他の取引またはデリバティブ取引につき、当該有価証券またはデリバティブ取引について損失補てん等を行うことはできません（金商法39条1項）。ただし、損失補てん等が、事故による損失の全部または一部を補てんするために行うものであって、あらかじめ内閣総理大臣の確認を受けている場合その他内閣府令で定める場合には、例外的に行うことができます（同条3項）。その例外的に行うことができる場合の一つが、指定紛争解決機関の紛争解決手続による和解が成立している場合です（金商業等府令119条1項4号）。

(3) 金融ADRの現状

銀行および農林中央金庫については、全国銀行協会が指定紛争解決機関となっています。その他の協同組織金融機関については、指定紛争解決機関は存在しません。

なお、金商法に基づく登録金融機関業務については、顧客が、証券・金融商品あっせん相談センター（FINMAC）に対して、相談、苦情または紛争解決を申し立てることがあります。FINMACは、ADR法上の認証紛争解決事業者であるため、FINMACが行う認証紛争解決手続についても、時効中断効（ADR法25条1項）、訴訟の中断（同法26条1項）、損失補てん等の適用除外（金商法39条3項ただし書、金商業等府令119条1項7号）の効力があります。

第 7 節　取引の相手方

　自然人との取引

(1)　権利能力・意思能力・行為能力

a　権利能力

　私法上の権利義務の主体となりうる資格のことを**権利能力**といいます。民法 3 条 1 項が「私権の享有は、出生に始まる」と規定しているとおり、人は出生と同時に権利能力を有します（なお、不法行為、相続、遺言など胎児に例外的に権利能力を認める規定もあります）。

b　意思能力

　私法上の権利義務の発生・変更・消滅という法律効果を生じさせる原因を法律行為といいますが、法律行為の中核をなすものが契約です。契約は、申込みの意思表示と承諾の意思表示が合致することにより成立します。したがって、私法上の権利義務の発生・変更・消滅という法律効果との関係では、意思表示が有効であるかどうかが大きな意味をもつことになります。

　有効に意思表示をすることができる能力を**意思能力**といいます。具体的には、自己の行為の結果を弁識するに足りる精神的な能力を意味します。意思能力を欠く人の意思表示は、無効です。なぜならば、近代市民社会において、人が義務を負担するのは、自らの意思でそれを望んだからであることからすれば（私的自治の原則）、そのような意思をもちえない者に義務を負担させることはできないからです。

c　行為能力

　ある人が意思表示をした時点において意思能力を有していたかどうどうかは、外形的には必ずしも明らかでないことがあります。にもかかわらず、意思無能力ゆえ無効ということになれば、取引の相手方は不足の損害を被ります。その半面、意思表示をした者が、意思表示をした時点で意思能力がなかったことを立証するのは、必ずしも容易ではありません。

そこで、画一的・形式的な基準として、行為能力という考え方があります。**行為能力**とは、単独で有効に法律行為をなしうる地位または資格をいいます。

制限行為能力者、すなわち、行為能力を有しない者には、①未成年者と、②成年被後見人等があります。

(2) 未成年者

a 未成年者の行為能力

未成年者が法律行為をするには、その法定代理人の同意を得なければなりません（民法5条1項本文）。成年は年齢20歳ですから（同法4条）、**未成年者**とは、20歳に達しない者をいいます。ただし、未成年者が婚姻をしたときは、成年に達したものとみなされます（同法753条）。

未成年者が法定代理人の同意を得ないで行った法律行為は、取り消すことができます（同法5条2項）。取り消された行為は、初めから無効であったものとみなされます（同法121条本文）。当該未成年者は、無効とされた行為によって現に利益を受けている限度において、返還の義務を負います（同条ただし書）。

b 未成年者が単独ですることができる行為

未成年者は、単に権利を得、または義務を免れる法律行為については、法定代理人の同意を得ないで、単独で行うことができます（民法5条1項ただし書）。また、法定代理人が目的を定めて処分を許した財産をその目的の範囲内において処分するとき、法的代理人が目的を定めないで処分を許した財産を処分するときも、未成年者が単独で行うことができます（同条3項）。さらに、法定代理人から営業を許された未成年者は、その営業に関しては、成年者と同一の行為能力を有するとされます（同法6条1項）。

c 法定代理人

成年に達しない子は、父母の親権に服します（民法818条1項）。親権を行う者は、子の財産を管理し、かつ、その財産に関する法律行為についてその子を代表します（同法824条本文）。したがって、未成年者の法定代理人は、

原則として、**親権者**ということになります。

　未成年者に対して親権を行う者がないとき、または親権を行う者が管理権を有しないときは、当該未成年者について後見が開始します（同法838条1号）。後見人は、被後見人の財産を管理し、かつ、その財産に関する法律行為について被後見人を代表します（同法859条1項）。したがって、未成年者の法定代理人は、第二次的には、**未成年後見人**ということになります。

　なお、法定代理人と未成年者の利益が相反する行為については、未成年後見監督人がある場合を除き、法定代理人は当該未成年者のために特別代理人を選任することを家庭裁判所に請求する必要があり（同法826条1項、860条本文）、選任された特別代理人が当該未成年者のために権限を行使します。

d　未成年者との取引

　未成年者との取引は、法定代理人である親権者または未成年後見人を相手方として行うのが原則です。法定代理人の同意を得て、未成年者と取引を行うこともできますが、当該未成年者は取引の時に意思能力がなかったとして、取引は無効であると主張されるおそれがあるからです。

　また、親権者または未成年後見人の個人的な借入債務を担保するために未成年者の不動産に抵当権を設定する場合など、法定代理人と未成年者の利益が相反する場合には、特別代理人または後見監督人を相手方とする必要があることに留意する必要があります。

　もっとも、普通預金取引については、特段の事情がない限り、相手方が未成年者であるとわかっていても、法定代理人の同意を得ないで取引に応じていることが多いと思われます。普通預金への金銭の出し入れは、法定代理人が目的を定めて処分を許した財産をその目的の範囲内において処分すること、または、法的代理人が目的を定めないで処分を許した財産を処分することに該当し、未成年者が単独で行うことができると考えられるからです。

(3)　成年後見とは

　認知症、知的障害、精神障害などの理由で判断能力の不十分な方々は、適切な財産管理をすることができず、悪徳商法の被害にあうおそれなどがあり

ます。判断能力の不十分な方々を保護し、支援するのが**成年後見制度**です。

　成年後見制度は、法定後見制度と任意後見制度の2つに大別することができます。そして、法定後見制度は、精神上の障害により事理を弁識する能力の程度などに応じて、「後見」「保佐」「補助」の3つに分けられます。

　後見、保佐または補助が開始したときは、成年被後見人等の氏名、成年後見人等の氏名や権限などが登記されます（後見登記等に関する法律4条1項）。任意後見についても、同様です（同法5条）。

(4) 後　　見

a　後見とは

　家庭裁判所は、本人、配偶者、親族等の請求により、精神上の障害により事理を弁識する能力を欠く常況にある者について、後見開始の審判をすることができます（民法7条）。後見開始の審判を受けた者が**成年被後見人**であり、**成年後見人**が付されます（同法8条）。

b　成年被後見人の行為

　成年被後見人の法律行為は、取り消すことができます（民法9条本文）。成年後見人が、成年被後見人の財産を管理し、かつ、その財産に関する法律行為について成年被後見人を代表します（同法859条1項）。もっとも、成年被後見人が日用品の購入その他日常生活に関する行為を行ったときは、当該行為を取り消すことはできません（同法9条ただし書）。

　なお、成年後見人と成年被後見人の利益が相反する行為については、未成年者の場合と同様、後見監督人がある場合を除き、成年後見人は、成年被後見人のために特別代理人を選任することを家庭裁判所に請求する必要があり（同法860条本文、826条1項）、選任された特別代理人が成年被後見人のために権限を行使します。

c　成年被後見人との取引

　借入れ、保証、担保提供はもとより、少額とはいえない預金の払戻しも、日常生活に関する行為ではなく、取消権の対象となると考えられます。したがって、成年被後見人との取引は、日常生活に関する行為であると認められ

る特段の事情がない限り、法定代理人である成年後見人を相手方として行わなければなりません。成年後見人は、家庭裁判所に請求して郵便物等の転送を受けること（民法860条の2）などにより、成年被後見人と取引がある金融機関がどこであるかを把握し、取引金融機関に対して、遅滞なく、後見が開始したことを届け出るものと思われます。

　また、成年後見人の個人的な借入債務を担保するために成年被後見人の不動産に抵当権を設定する場合など、成年後見人と成年被後見人の利益が相反する場合には、特別代理人または後見監督人と取引する必要があることに留意する必要があります。

　さらに、利益相反取引でなくても、成年後見人または成年後見監督人が、成年被後見人の居住の用に供する建物またはその敷地について、抵当権の設定等をする場合には、家庭裁判所の許可を得なければならないことにも注意する必要があります（民法859条の3、852条）。

d　成年後見人の死後事務

　後見は、成年被後見人の判断能力の補完を趣旨とする制度ですから、成年被後見人が死亡すれば、成年後見は当然に終了し、成年後見人は法定代理権を失います。成年被後見人の財産に属した権利義務は相続人が承継し、場合によって遺言執行者が相続財産の管理等を行います。

　しかし、成年被後見人の死亡後も、成年後見人が一定の死後事務（たとえば、遺体の引取りおよび埋葬）を行うことが期待され、社会通念上拒むのは困難な場合があります。そこで、成年後見人は、成年被後見人が死亡した場合において、必要があるときは、成年被後見人の相続人の意思に反することが明らかなときを除き、相続人が相続財産を管理することができるに至るまで、①相続財産に属する特定の財産の保存に必要な行為、②相続財産に属する債務（弁済期が到来しているものに限る）の弁済、③その死体の火葬または埋葬に関する契約の締結その他相続財産の保存に必要な行為をすることができます。ただし、成年後見人が③の行為をするには、家庭裁判所の許可を受ける必要があります（民法873条の2）。

　金融取引との関係でいえば、成年被後見人であった顧客が死亡した場合、

金融機関は、相続人の範囲の確定や遺言執行者の有無の確認などをすることなく、成年後見人から弁済期が到来したローンの弁済を受けることができると考えられます。これに対して、成年被後見人であった顧客の死亡後に、当該顧客の医療費、公共料金等の支払のために、成年後見人が死後事務として預金の払戻しを請求したとしても、金融機関はこれに漫然と応じてはならず、成年後見人が家庭裁判所の許可を受けていることを確認する必要があると考えられます。

(5) 保　　佐
a　保佐とは

家庭裁判所は、本人、配偶者、親族等の請求により、精神上の障害により事理を弁識する能力が著しく不十分である者について、保佐開始の審判をすることができます（民法11条本文）。保佐開始の審判を受けた者が**被保佐人**であり、**保佐人**が付されます（同法12条）。

被保佐人は法定された一定の範囲の行為を行うには、保佐人の同意を得る必要がありますが（同法13条1項本文）、家庭裁判所は、本人、配偶者、親族等の請求により、同意を要する行為の範囲を拡張することができますし（同条2項本文）、特定の行為について保佐人に代理権を付与することもできます（同法876条の4第1項）。

b　被保佐人の行為

被保佐人が、保佐人の同意を得なければならない行為について、保佐人の同意を得ないでこれを行ったときは、当該法律行為を取り消すことができます（民法13条4項）。なお、日用品の購入その他日常生活に関する行為は、保佐人の同意を要する行為になりませんから（同条1項ただし書・2項ただし書）、当該行為は取り消すことができる行為になりません。

保佐人と被保佐人の利益が相反する行為については、後見の場合と同様です（同法876条の2第3項）。

c　被保佐人との取引

借入れ、保証、担保提供はもとより、預金の払戻しも、基本的には、保佐

人の同意を要する行為に該当します（民法13条1項1号・2号）。したがって、被保佐人と銀行取引をするには、日常生活に関する行為であると認められる特段の事情がない限り、保佐人の同意を得る必要があります。また、保佐人が代理権の付与を受けたとして、被保佐人のために銀行取引をする旨申し出る可能性もあります。この場合、金融機関としては、保佐人または被保佐人に対し、登記事項証明書（後見登記等に関する法律10条1項1号・2号）を提出させて、代理権の範囲を確認する必要があります。

利益相反取引への対応や、被保佐人の居住の用に供する建物またはその敷地への抵当権の設定等についての留意事項（民法876条の5第2項、859条の3）は、後見の場合と同様です。

(6) 補　　助

a　補助とは

家庭裁判所は、本人、配偶者、親族等の請求により、精神上の障害により事理を弁識する能力が不十分である者について、補助開始の審判をすることができます（民法15条1項本文）。補助開始の審判を受けた者が**被補助人**であり、**補助人**が付されます（同法16条）。

家庭裁判所は、本人、配偶者、親族等の請求により、特定の行為について補助人の同意を要することとすることができますし（同法17条1項本文）、特定の行為について補助人に代理権を付与することもできます（同法876条の9第1項）。

b　被補助人の行為

被補助人が、補助人の同意を得なければならない行為について、補助人の同意を得ないでこれを行ったときは、当該法律行為を取り消すことができます（民法17条4項）。

補助人と被補助人の利益が相反する行為については、後見の場合と同様です（同法876条の7第3項）。

c　被補助人との取引

借入れ、保証、担保提供はもとより、預金の払戻しも、補助人の同意を要

する行為とされている可能性があります。また、補助人が代理権の付与を受けたとして、被補助人のために銀行取引をする旨申し出る可能性もあります。金融機関としては、補助人または被補助人に対し、登記事項証明書（後見登記等に関する法律10条1項1号・2号）を提出させて、同意を要する行為の範囲や代理権の範囲を確認する必要があります。

　利益相反取引への対応や、被補助人の居住の用に供する建物またはその敷地への抵当権の設定等についての留意事項（民法876条の10第1項、859条の3）は、後見の場合と同様です。

(7) 任意後見

a 任意後見とは

　任意後見制度とは、本人が十分な判断能力があるうちに、将来、判断能力は不十分な状態になった場合に備えて、あらかじめ自らが選んだ代理人に、自分の生活、療養看護や財産管理に関する事務に必要な行為を委ねておくことを認める制度です。

　本人は、将来任意後見人になる任意後見受任者と任意後見契約を締結します。**任意後見契約**とは、本人が、任意後見受任者に対し、精神上の障害により事理を弁識する能力が不十分な状況における自己の生活、療養看護および財産の管理に関する事務の全部または一部を委託し、その委託に係る事務について代理権を付与する委任契約であって、任意後見監督人が選任された時からその効力を生ずる旨の定めがあるものをいい（任意後見契約に関する法律2条1号）、公正証書によってする必要があります（同法3条）。

　家庭裁判所は、任意後見契約の登記がされている場合において、精神上の障害により本人の事理を弁識する能力が不十分にあるときは、本人、配偶者、親族等の請求により、任意後見監督人を選任します（同法4条1項）。任意後見監督人が選任されると、任意後見受任者は**任意後見人**となり（同法2条4号）、任意後見契約に定められた代理権を行使することができるようになります。

b 任意後見委任者（本人）との取引

借入れ、保証、担保提供はもとより、預金の払戻しについても、任意後見人が代理権の付与を受けたとして、本人のために銀行取引をする旨申し出る可能性があります。この場合、金融機関としては、任意後見人または本人に対し、登記事項証明書（後見登記等に関する法律10条1項1号・2号）を提出させて、代理権の範囲を確認する必要があります。

法人との取引

(1) 法人とは何か

a 法人の定義

法人とは、自然人以外で権利義務の主体となることができる者、換言すれば、権利能力を有する者をいいます。

法人は、なんらかの団体について、構成員またはその財産とは別個に権利義務の帰属主体を設けることによって、取引の簡素化を図るための法技術です。しかし、取引の相手方としては、ある団体が法人であると認識してよいのかどうか、また、団体の誰を代表者と認識してよいのか、必ずしも明確ではありません。

そこで、法人は、民法その他の法律の規定によらなければ、成立しないこととされています（民法33条1項）。そして、法人の設立、組織、運営および管理については、民法その他の法律の定めるところによるとされています（同条2項）。つまり、金融機関としては、取引の相手方が法人である場合、設立の根拠となっている法律とその法律に基づき定められた代表者が誰であるかを確認する必要があります。

また、法人は、法令の規定に従い、定款その他の基本約款で定められた目的の範囲内において、権利を有し、義務を負うとされています（同法34条）。その意義については、法人の権利能力を制限するものであるとの考え方と、代表権の範囲を制限するものであるとの考え方がありますが、いずれにせよ、金融機関としては、これから行おうとする取引が相手方である法人の

「目的の範囲内」であるか否かについて判断する必要があります。

b 法人の種類

私法人は、営利法人と非営利法人とに分けられます。

営利法人とは、営利を目的とする法人です。営利を目的とするとは、構成員に対して利益を分配することを意味します。換言すれば、構成員は、営利法人に対して、剰余金配当請求権または法人が解散する際の残余財産分配請求権を有します。

これに対し、**非営利法人**とは、営利法人以外の法人をいいます。つまり、非営利法人とは、構成員が剰余金配当請求権も、残余財産分配請求権も有しない法人を意味します。したがって、非営利≠公益ということになります。

(2) 営利法人との取引

a 総 論

営利法人には多様なものがありますが、本書では、実務上重要と思われる株式会社、持分会社（合名会社、合資会社、合同会社）との取引に絞って説明します。

b 株式会社との取引

(a) 概 説

株式会社は、会社法に基づき設立された法人であって、有限責任を負う株主を構成員とするものです。

株式会社は、その目的を定款に定め（会社法27条1号）、登記する必要があります（同法911条3項1号）。判例は、会社の「目的の範囲」について、目的自体に包含されない行為であっても、目的遂行に必要な行為は、目的の範囲内に属するとしており、「目的の範囲」を非常に広く認めています（最判昭45.6.24民集24巻6号625頁）。したがって、金融機関と株式会社との取引は、基本的に目的の範囲内に属するといえます。

株式会社では、各取締役が代表権を有するのが原則ですが（同法349条1項本文・2項）、定款、定款に基づく取締役の互選または株主総会の決議によって、取締役のなかから代表取締役を定めることができます（同条3項）。代

表取締役が定められた場合、代表取締役のみが代表権を有します（同条1項ただし書・4項）。

(b) 取締役会設置会社

取締役会設置会社、すなわち、取締役会を置く株式会社または会社法の規定により取締役会を置かなければならない会社（会社法2条7号）においては、取締役会で取締役のなかから代表取締役を選定しなければなりません（同法362条2項3号・3項）。なお、取締役会設置会社において、借入れなどの銀行取引が重要な業務執行に当たる場合には、取締役会決議により決定する必要があります（同条4項）。

(c) 監査等委員会設置会社

取締役会設置会社のなかには、監査等委員会設置会社があります（会社法327条1項3号）。**監査等委員会設置会社**とは、監査役または監査役会の代わりに、監査等委員会を置く株式会社をいいます（同法2条11号の2）。監査等委員会設置会社においても、取締役会で取締役のなかから代表取締役を選定しなければなりません（同法399条の13第1項3号・3項）。なお、監査等委員会設置会社において、借入れなどの銀行取引が重要な業務執行に当たる場合、原則として取締役会決議により決定する必要がありますが（同条4項）、取締役の過半数が社外取締役であるときまたは定款で定めたときは、重要な業務執行の決定を取締役に委任することができます（同条5項・6項）。

(d) 指名委員会等設置会社

取締役会設置会社のなかには、指名委員会等設置会社もあります（会社法327条1項4号）。**指名委員会等設置会社**とは、指名委員会、監査委員会および報酬委員会を置く株式会社をいいます（同法2条12号）。指名委員会等設置会社においては、執行役を置く必要があるため（同法402条1項）、取締役会の決議により執行役を選任します（同条2項）。そして、代表権を含めて業務執行権を有するのは執行役であり（同法418条）、取締役は業務執行を行うことができません（同法415条）。執行役が複数名いるときは、取締役会の決議をもって執行役のなかから代表執行役を選定することとなっており（同法420条1項本文）、代表執行役のみが代表権を有します（同条3項、349条4

項)。なお、指名委員会等設置会社において、業務執行の決定は原則として取締役会が行うこととなっていますが（同法416条1項1号）、借入れなどの銀行取引については、取締役会決議によりその決定権限を執行役に委任することができます（同条4項本文）。

(e) 株式会社との取引

取締役会設置会社であるか否か、監査等委員会設置会社であるか否か、指名委員会等設置会社であるか否か、取締役の氏名、代表取締役の氏名および住所、執行役の氏名、代表執行役の氏名および住所は、登記する必要があります（会社法911条3項13号・14号・15号・22号・23号）。したがって、金融機関は、株式会社と取引をする場合、登記事項証明書を徴求して、これらの事項を確認し、適切な代表者と取引をする必要があります。また、借入れなどの銀行取引が重要な業務執行に当たるかどうか検討し、重要な業務執行に当たる場合には、確認書や取締役会議事録写しを徴求することなどにより、適切な機関によって業務執行の決定がなされたことを確認する必要があります。

(f) 利益相反取引

取締役と株式会社との取引が利益相反取引に該当する場合、非取締役会設置会社においては株主総会の承認決議を、取締役会設置会社においては取締役会の承認決議を得る必要があります（会社法356条1項2号・3号、365条1項）。たとえば、XがA株式会社の取締役とB株式会社の代表取締役を兼ねている場合において、C金融機関のB社に対する貸付けについてA社が保証をする場合、XとA社の利益は相反しますから、A社において株主総会または取締役会の承認決議を得る必要があります。指名委員会等設置会社における執行役と会社との利益相反取引についても、同様に取締役会の承認決議を得る必要があります（同法419条2項）。金融機関としては、株式会社が保証をすることなどが取締役との利益相反取引に当たる場合には、確認書や議事録の写しを徴求することなどにより、取締役会または株主総会の承認決議があったことを確認する必要があります。

c 持分会社との取引

持分会社とは、合名会社、合資会社、合同会社の総称です（会社法575条1項）。

合名会社は、会社法に基づき設立された法人であって、無限責任を負う社員のみを構成員とするものです（同法576条2項）。**合資会社**は、会社法に基づき設立された法人であって、無限責任を負う社員と有限責任を負う社員を構成員とするものです（同条3項）。**合同会社**は、会社法に基づき設立された法人であって、有限責任を負う社員のみを構成員とするものです(同条4項)。

　持分会社は、その目的を定款に定め（同法576条1項1号）、登記する必要があります（同法912条1号、913条1号、914条1号）。「目的の範囲」が非常に広く認められることについては、株式会社と同様であると考えられます。

　持分会社では、各社員が業務執行権を有するのが原則ですが（同法590条1項）、業務を執行する社員を定款で定めることができます（同法591条1項）。業務を執行する社員は、各自代表権を有するのが原則です（同法599条1項本文・2項）。ただし、定款または定款の定めに基づく社員の互選によって、業務を執行する社員のなかから持分会社を代表する社員を定めることができ（同条3項）、その場合には当該社員のみが代表権を有します（同条1項ただし書・4項）。なお、業務を執行する社員が法人である場合は、当該法人において、当該社員の職務を行うべき者（自然人）を選任する必要があります（同法598条1項）。

　持分会社においては、代表する社員の氏名または名称および住所、代表する社員が法人であるときは当該社員の職務を行うべき者の氏名および住所を登記する必要があります（同法912条6号・7号、913条8号・9号、914条7号・8号）。したがって、金融機関は、持分会社と取引をする場合、登記事項証明書を徴求して、これらの事項を確認し、適切な代表者と取引をする必要があります。

　なお、業務を執行する社員（法人である場合は職務を行うべき者）と持分会社との取引が利益相反取引に該当する場合、定款に別段の定めがある場合を除き、当該社員以外の社員の過半数の承認を受ける必要があります（同法595条1項、598条2項）。金融機関としては、持分会社が保証をすることなどが業務を執行する役員等との利益相反取引に当たる場合には、確認書などを徴求することにより、社員の過半数の承認があったことを確認する必要があ

ります。

(3) 非営利法人との取引
a 総論
　非営利法人には多様なものがありますが、本書では、基本的な法人である一般社団法人、一般財団法人、公益社団法人・公益財団法人との取引に絞って説明します。

　なお、非営利法人も、法令の規定に従い、定款その他の基本約款で定められた目的の範囲内において、権利を有し、義務を負いますが（民法34条）、目的の範囲については、営利法人よりも厳格に解すべきであると考えられています。したがって、金融機関は、非営利法人との取引にあたって、円預金取引はともかくも、融資、デリバティブ、外貨取引などについては、法令の規定を確認するとともに、登記事項証明書を徴求して、目的の範囲内に属するといえるかどうか、慎重に検討する必要があります。

b 一般社団法人との取引
　一般社団法人は、一般社団法人及び一般財団法人に関する法律（以下「一般法人法」といいます）に基づいて法人格が付与された社団です。その構成員は社員ですが、社員に剰余金または残余財産の分配を受ける権利を与える旨を定款に定めても、その定めは効力を有しません（一般法人法11条2項）。

　一般社団法人では、各理事が代表権を有するのが原則ですが（同法77条1項本文・2項）、定款、定款に基づく理事の互選または社員総会の決議によって、理事のなかから代表理事を定めることができます（同条3項）。代表理事が定められた場合、代表理事のみが代表権を有します（同条1項ただし書・4項）。

　理事会設置一般社団法人、すなわち、理事会を置く一般社団法人（同法16条1項）においては、理事会で理事のなかから代表理事を選定しなければなりません（同法90条2項3号・3項）。なお、理事会設置一般社団法人において、借入れなどの銀行取引が重要な業務執行に当たる場合には、理事会決議により決定する必要があります（同条4項）。

理事会設置一般社団法人であるか否か、理事の氏名、代表理事の氏名および住所は、登記する必要があります（同法301条2項5号・6号・7号）。したがって、金融機関は、一般社団法人と取引をする場合、登記事項証明書を徴求して、これらの事項を確認し、適切な代表者と取引をする必要があります。また、借入れなどの銀行取引が重要な業務執行に当たるかどうか検討し、重要な業務執行に当たる場合には、確認書や理事会議事録写しを徴求することなどにより、適切な機関によって業務執行の決定がなされたことを確認する必要があります。

　なお、理事と一般社団法人との取引が利益相反取引に該当する場合、理事会の承認決議を得る必要があります（同法84条1項2号・3号、92条1項）。金融機関としては、一般社団法人が保証をすることなどが理事との利益相反取引に当たる場合には、確認書や議事録の写しを徴求することなどにより、理事会の承認決議があったことを確認する必要があります。

ｃ　一般財団法人との取引

　一般財団法人は、一般法人法に基づいて法人格が付与された財団です。したがって、一般財団法人には構成員はいませんし、財産を拠出した設立者に剰余金または残余財産の分配を受ける権利を与える旨を定款に定めても、その定めは効力を有しません（一般法人法153条3項2号）。

　一般財団法人では、理事会で理事のなかから代表理事を選定しなければなりません（同法197条、90条2項3号・3項）。代表理事のみが代表権を有します（同法197条、77条4項）。また、借入れなどの銀行取引が重要な業務執行に当たる場合には、理事会決議により決定する必要があります（同法197条、90条4項）。

　代表理事の氏名および住所は、登記する必要があります（同法302条2項6号）。したがって、金融機関は、一般財団法人と取引をする場合、登記事項証明書を徴求して、適切な代表者を誰であるかを確認して取引をする必要があります。また、借入れなどの銀行取引が重要な業務執行に当たるかどうか検討し、重要な業務執行に当たる場合には、理事会議事録写しや確認書などを徴求することにより、適切な機関によって業務執行の決定がなされたこと

第7節　取引の相手方　79

を確認する必要があります。

　なお、理事と一般財団法人との取引が利益相反取引に該当する場合、理事会の承認決議を得る必要があります（同法197条、84条1項2号・3号、92条1項）。金融機関としては、一般財団法人が保証をすることなどが理事との利益相反取引に当たる場合には、確認書や議事録の写しを徴求することなどにより、理事会の承認決議があったことを確認する必要があります。

d　公益社団法人・公益財団法人との取引

　公益社団法人は、公益目的事業を行うとの認定を受けた一般社団法人です（公益社団法人及び公益財団法人の認定等に関する法律4条、2条1号）。また、**公益財団法人**は、公益目的事業を行うとの認定を受けた一般財団法人です（同法4条、2条2号）。

　したがって、公益社団法人・公益財団法人との取引については、一般社団法人・一般財団法人と同様に対応すればよいのですが、公益目的事業を行うことからすれば、「目的の範囲」のとらえ方についてはより慎重に検討すべきであると考えられます。

(4) 法人格のない団体との取引

a　権利能力なき社団との取引

　権利能力なき社団とは、①団体としての組織を備え、②多数決の原則が行われ、③構成員の変更にもかかわらず団体そのものが存続し、④その組織において代表の方法、総会の運営、財産の管理、その他団体としての主要な点が確立しているものをいいます（最判昭39.10.15民集18巻8号1671頁）。

　上記の要件を満たすような団体は、一般法人法に基づいて一般社団法人になることができます。しかし、一般社団法人となるかどうかは各団体の任意ですから、権利能力なき社団のままの団体も存続します。

　権利能力なき社団についても、性質上可能な限り社団法人に関する規定が類推適用されると考えられています。したがって、権利能力なき社団と取引をする場合には、当該社団の規則、総会または役員会の議事録写し等によって、代表者が誰であるかを確認し、その代表者を通じて取引をする必要があ

ります。

　社団の財産は構成員の総有に属し、構成員は当該財産について持分を有しません。したがって、預金取引においては、代表者だけが払戻権限を有し、個々の構成員は払戻しを請求することはできません。

　社団の代表者が社団の名において負担した債務も、社団の構成員全員に一個の義務として総有的に帰属し、社団の総有財産だけがその責任財産となるのであって、個々の構成員は債権者に対して個人的債務ないし責任を負いません（最判昭48.10.9民集27巻9号1129頁）。したがって、金融機関が、権利能力なき社団に対してあえて融資を行うことがあるとすれば、代表者や有力な構成員に対して連帯保証や物上保証を求めるべきであると考えられます。

b　組合との取引

　民法上の**組合**は、組合員となる者が出資をして共同の事業を営むことを契約することによって成立する団体です（民法667条1項）。しかし、組合は法人ではありません。

　組合の業務執行は、組合員の過半数で決するのが原則ですが（同法670条1項）、組合契約で業務執行者を定めた場合は、その過半数で決します（同条2項）。したがって、組合と取引をする場合には、組合契約、組合員総会または業務執行者の会議の議事録写し等によって、銀行と取引をすべき業務執行者は誰であるか、またその権限はいかなるものであるかを確認し、その者を通じて取引をする必要があります。

　組合の財産は組合員の共有に属するとされますが（同法668条）、組合員は持分の処分はできず（同法676条1項）、清算前に組合財産の分割を求めることもできません（同条2項）。このような組合財産の共同所有関係は、共有と区別して、合有と呼ばれることがあります。したがって、預金取引においては、契約等により定められた業務執行者だけが払戻権限を有し、個々の組合員は払戻しを請求することはできません。

　業務執行者が組合の名において負担した債務は、組合員が損益分担の割合に応じて個人的債務として負担します。組合員が損益分担の割合を定めなかったときは、その割合は、各組合員の出資の価額に応じて定められますが

（同法674条1項）、組合の債権者は、その債権発生のときに組合員の損失分担の割合を知らなかったときは、各組合員に均分に債権を行使することができます（同法675条）。とはいえ、金融機関としては、組合に対して融資をした場合に、どの組合員に対してどの割合で債権を有しているのか把握し、管理し続けることは容易ではありません。したがって、金融機関が組合に対してあえて融資を行うことがあるとすれば、業務執行者や有力な組合員に対して連帯保証や物上保証を求めるべきであると考えられます。

第8節　テクノロジーの進展と金融取引

生体認証による本人確認・意思確認

(1) 指静脈認証

　預金の払戻しは、窓口にて払戻請求書に届出の印章により押印して払戻しを請求する方法から、キャッシュ・カードをATMに挿入して届出の暗証番号を入力する方法に比重が移ってきています。しかし、いずれの方法も、預金者からみてセキュリティ上の問題がないわけではありません。

　前者についていえば、盗難通帳と盗難印章または偽造印章を用いて払戻しがなされた場合でも、払戻請求書に使用された印影を届出の印鑑と相当の注意をもって照合し、相違ないものと認めたときは、原則として、預金約款の免責規定ないし民法478条に基づいて、金融機関の免責が認められます。

　後者についていえば、盗難カードまたは偽造カードを用いて払戻しがなされた場合でも、カードの電磁的記録によって、ATMの操作の際に使用されたカードを正当に交付したものとして処理し、入力された暗証と届出の暗証との一致を確認したときは、原則として、カード約款の免責規定ないし民法478条に基づいて、金融機関の免責が認められます。

　このような場合でも、一定の要件を満たせば、預金者は金融機関から補償を受けられますが（第2章第1節参照）、預金者のためにセキュリティのいっ

そうの向上が望まれるところです。

そこで、本人確認の方法として、**指静脈認証**、すなわち、指の体表近くにある静脈の構造（静脈パターン）をあらかじめ登録しておいたうえ、取引時に専用機器で指の静脈パターンを読み取らせて登録のものと合致したときに本人と認証する方法が、金融機関でも広く用いられるようになっています。

静脈パターンのように利用者の身体的な特徴は、生体情報と呼ばれます。そして、生体情報を用いて本人であることを認証するプロセスを、**生体認証**（バイオメトリクス認証）といいます。生体認証における個人を識別する精度（認証精度）の高さは、生体情報の構造の複雑さ、安定性、周囲の環境（温度、湿度、照明など）から受ける影響などによって左右されます。生体情報が十分に複雑な構造をもち、常に生体情報が安定しており、かつ周囲の環境から影響を受けにくい場合には、高い識別精度を実現することができます。静脈パターンは、安定性が高く、かつ、周囲の環境から受ける影響が少ないため、他の生体情報に比べて高い認証精度が得られるとされています。このため、指静脈認証が金融機関でも広く用いられるようになっているのです。

(2) 電子サイン認証

生体認証には、人間の身体的特徴（生体器官）ではなく、行動的特徴の情報を用いて行うものもあります。その一つとして注目されているのが、**電子サイン**です。

これまで、サイン取引、すなわち、印章を用いないで、サインに基づいて取引することが金融取引においてまったく行われてこなかったわけではありません。しかし、少なくとも邦銀においては、サイン取引が一般的であったとはいえません。それは、金融機関の職員が店頭でサインを照合することによって本人確認と意思確認をするという方法が、顧客にとっては何となく不安に感じられていた、つまり、サイン照合に対する信頼性が高くなかったからではないかと思われます。

電子サインによる取引とは、あらかじめ登録された電子サインと取引時になされた電子サインを自動照合することによって、本人確認・意思確認を行

うものです。ここでいう電子サインについては、単にサインの筆跡が記録されているだけでなく、書き順、速度、リズム、筆圧等の行動情報も記録されており、これらのデータを用いて、照合アルゴリズムによる自動照合がなされます。したがって、電子サインによる本人確認・意思確認は、生体認証の一つということができます。そして、登録時と取引時の電子サインについて自動照合をしたときに、他人のサインを本人のものと誤認する確率（他人受入率）がきわめて低ければ、照合アルゴリズムによる自動照合の信頼性は高いということができるでしょう。

　印章については、盗難・冒用がありうるし、印影をスキャナで読み取って３Ｄプリンターなどで偽造できるという今日的な問題もあります。これに対し、電子サインは生体情報であって盗難・冒用はできません。照合アルゴリズムによる自動照合によって偽造（＝他人のなりすまし）をほぼ完全に排除することができるのであれば、電子サインによる取引は、印章による取引以上に安全性が高く、またそれゆえ紛議が生じた場合において、顧客の意思に基づく取引であったことを立証するのも容易であると考えられます。

❷　インターネット・バンキング

　多忙な顧客にとって、金融機関の窓口やATMまで足を運んで、場合によっては順番待ちをして金融取引を行うのは、効率的とはいえません。また、窓口やATMの稼働時間には、職員の配置や建物の管理上の制約があるため、顧客は24時間常に窓口やATMを利用できるわけではありません。一方、有人店舗の窓口維持やATMの設置・維持は、金融機関にとってコストがかかりますし、また、取引の一つひとつを紙媒体に記録して保存することにもコストがかかります。

　そこで、パーソナル・コンピュータの普及、通信回線の高速化、暗号化通信やウイルス対策ソフトによるインターネット環境における安全性の向上などを背景に、顧客・金融機関の便宜に資する**インターネット・バンキング**が広く利用されるようになりました。インターネット・バンキングで取り扱わ

れているのは、預金等の残高や入出金明細の照会、振替、振込、カードローンの借入れ、投資信託の購入など多岐にわたります。

　インターネット・バンキングは**非対面取引**であるため、異常な取引を検知するのは対面取引に比べて容易ではありません。そこで、しっかりした本人認証システムを構築するのが肝要です。現時点で一般的な方法は、①金融機関は、インターネット・バンキングの利用を申し込んだ顧客について、公的証明書等によって厳格に本人確認をして、ログイン用のIDとパスワードおよび個別取引時の暗証番号を付与する、②顧客は金融機関のウェブサイトにアクセスして、ログイン用IDとパスワードを入力する、③金融機関は入力されたID・パスワードと登録されたID・パスワードを照合し、本人確認をする、④顧客は行おうとする取引をウェブサイト上で指定し、個別取引時の暗証番号を入力する、⑤金融機関は入力された暗証番号と登録された暗証番号を照合し、指定された取引を成立させる、というものではないかと思われます。

　金融機関は、インターネット・バンキングの顧客に対し、ID、パスワード、暗証番号等を厳格に管理するように利用約款で求めています。しかしながら、無権限者が本人に成りすまして取引を行う危険性を完全に排除することはできません。そこで、なりすまし取引が行われた場合に、金融機関と顧客のいずれが責任を分担するかが問題になりえます。

　顧客は、利用約款に基づいてインターネット・バンキングを行うことを約して利用申込みをしているところ、その利用約款には「あらかじめ金融機関に登録されたID、パスワードおよび暗証番号が使用され、金融機関が本人確認手続を行って取り扱ったうえは、本人からの取引の依頼があったものとみなす」旨の規定があることから、ウェブサイト上で指定された取引の効果は顧客に帰属し、金融機関は免責されることになります。

　なお、このようななりすまし取引があった場合でも、一定の要件を満たせば、預金者は金融機関から補償を受けられます（第2章第1節参照）。

3 電子署名

(1) 電子署名とは

インターネット・バンキングについては、テクノロジーの進展とセキュリティ・レベル向上の要請から、電子署名も利用されるようになりつつあります。

電子署名とは、電磁的記録（電子的方式、磁気的方式その他人の知覚によっては認識することができない方式でつくられる記録であって、電子計算機による情報処理の用に供されるものをいう）に記録することができる情報について行われる措置であって、①当該情報が当該措置を行った者の作成に係るものであることを示すためのものであること、②当該情報について改変が行われていないかどうかを確認することができるものであることという2つの要件のいずれにも該当するものと定義されています（電子署名及び認証業務に関する法律（以下「**電子署名法**」といいます）2条1項）。

(2) 電子署名の仕組み

インターネット・バンキングで用いられる電子署名は、セキュリティ・レベルが高い公開鍵暗号方式です。**公開鍵暗号方式**とは、暗号化するのに必要な秘密鍵と暗号文から平文に復号するのに必要な公開鍵がペアになっている方式です。

公開鍵暗号方式による電子署名とその検証の仕組みについて具体的に説明すれば、次のとおりとなります。

① 署名者は、対象となる電磁的記録をハッシュ関数と呼ばれる技術を用いて圧縮することによりハッシュ値を算出し、そのハッシュ値を秘密鍵によって暗号化します。これが電子署名です。

② 署名者は、相手方に対し、電磁的記録（平文）、電子署名および認証機関が発行した電子証明書を送付します。

③ 相手方は、受け取った電磁的記録について独自にハッシュ値を算出するとともに、電子証明書に登載された公開鍵によって電子署名を復号するこ

とにより得られるハッシュ値と比較します。

④　この2つのハッシュ値が一致すれば、「公開鍵に対応した秘密鍵を保持する者が電子署名を生成したこと」と「電磁的記録が改竄されていないこと」が検証されます。

　なお、認証機関とは、利用者について各種証明書等に基づいて本人確認を行ったうえ、利用者の鍵ペア（公開鍵と秘密鍵）を生成し、公開鍵と対応する秘密鍵の所有者（利用者）を結びつける電子証明書を発行する機関のことです。認証機関が行う業務が認証業務です。電子署名法2条2項は、「自らが行う電子署名についてその業務を利用する者（以下「利用者」という。）その他の者の求めに応じ、当該利用者が電子署名を行ったものであることを確認するために用いられる事項が当該利用者に係るものであることを証明する業務」を「認証業務」と定義しています。そして、「電子署名のうち、その方式に応じて本人だけが行うことができるものとして主務省令で定める基準に適合するものについて行われる認証業務」は、「特定認証業務」と定義されています（電子署名法2条3項）。

(3)　電子署名における立証

　電子署名を用いた非対面取引では、証拠となりうるのは、文書ではなく、電磁的記録です。電磁的記録を証拠とするには、その成立の真正を証明する必要があります（民事訴訟法231条、228条1項）。その立証の負担を軽減するため、電子署名法3条に「電磁的記録であって情報を表すために作成されたものは、当該電磁的記録に記録された情報について本人による電子署名（これを行うために必要な符号及び物件を適正に管理することにより、本人だけが行うことができることとなるものに限る。）が行われているときは、真正に成立したものと推定する」との規定が設けられています。同条の趣旨は民事訴訟法228条4項と同じであり、本人が電子署名を行ったこと自体を推定するものではなく、本人による電子署名が行われたことを要件として、電磁的記録の成立の真正を法律上推定するものです。

　この「電子署名を行うために必要な符号および物件を適正に管理すること

により、本人だけが行うことができることとなるもの」という要件については、公開鍵暗号方式でいえば、秘密鍵（符号）や秘密鍵を保管しているICカード（物件）等が適正に管理されているという前提のもとで本人以外の者が利用できない電子署名であること、言い換えれば、他人が公開鍵から秘密鍵を解読することができない程度の暗号強度をもっている電子署名であることと理解されています。そして、「他人が公開鍵から秘密鍵を解読することができない程度の暗号強度」とは、具体的には、電子署名の暗号強度が特定認証業務の対象となる安全性の基準に適合する程度の強度（電子署名法2条3項、同法施行規則2条、電子署名及び認証業務に関する法律に基づく特定認証業務の認定に係る指針（以下「指針」という）3条）であると考えられます。

　他方、電子署名法3条があるとしても、二段の推定における一段目の推定に相当する部分をどのように考えるかという問題は残ります。**二段の推定**とは、本人等の印章による印影の顕出→本人等の意思に基づく押印（一段目の推定）→文書の真正な成立、すなわち、本人等の意思に基づく文書の作成（二段目の推定。民事訴訟法228条4項）が順次推定されることをいいます。「電子署名が本人のものであること」が立証できれば「電子署名が本人の意思に基づいて行われたこと」は事実上推定できる（一段目の推定）として、「電子署名が本人のものであること」をどのように立証するかという問題が残るのです。

　この問題については、印鑑証明書によって、本人の印章による印影の顕出があった事実を立証することができることと対比して考えるのが有益であると考えられます。印鑑証明書での立証についていえば、①ある文書上の印影が印鑑証明書上の印影と合致すれば、②市町村職員が厳密に本人確認をして印鑑登録を行い、印鑑証明書を発行することから、その文書上の印影は本人の印章により顕出された事実が立証されます。これを電子署名と対比すると、①電子証明書に登載された公開鍵により電子署名を復号して得られたハッシュ値と平文に係るハッシュ値が一致し、かつ、②認証機関が厳密に利用者の本人確認をして鍵ペアを生成し、電子証明書を発行しているのであれば、電子署名が本人のものであることを立証できると考えられます。②は換

言すれば、「認証業務の信頼性が高い」ということですが、当該認証業務が特定認証業務の認定を受けるための基準に適合する程度（電子署名法6条1項、同法施行規則4条～6条、指針4条～14条）である場合には、認証業務の信頼性は高いといえるように思われます。

　以上をふまえると、特定認証業務の認定を受けるための基準に適合する程度の認証業務を行う認証機関が生成した秘密鍵によって、電磁的記録に対して、特定認証業務の対象となる安全性の基準に適合する程度の暗号強度の電子署名がなされ、当該認証機関が発行した電子証明書に登載された公開鍵により電子署名を復号して得られたハッシュ値と当該電磁的記録に係るハッシュ値が一致する場合には、電子署名が本人の意思に基づいてなされたことが推定され（一段目の推定）、電子署名法3条により当該電磁的記録の成立の真正が推定される（二段目の推定）と考えられます。

　こうしてみると、上記のような電子署名を利用することによって、従来の紙と印章を利用するのと遜色ないレベルで、本人の意思表示があったことを立証できるのではないかと思われます。

第2章

預金取引

第1節 預金一般

預金契約の法的性質

　預金契約とは、預金者が金融機関に金銭の保管を委託し、金融機関が預金者に対し同種、同額の金銭を返還することを内容とする契約であり、民法666条の消費寄託契約としての性質を有します。

　また、実際の預金取引においては、金融機関は、預金の返還だけでなく、振込入金の受入れ、各種料金の自動支払、利息の入金、（自動継続特約付定期預金の場合には）定期預金の自動継続処理等の事務も預金契約に基づいて処理しますので、預金契約には、委任契約（民法643条）または準委任契約（同法656条）としての性質も含まれているといえますが、預金契約の中核的な性質は消費寄託契約であると考えられています。

　なお、消費寄託契約についての定めである現行民法666条1項は、消費寄託契約については原則として消費貸借契約の規定（同法587条～592条）を準用することとしています。これに対し、民法改正法案は、消費寄託契約については原則として寄託に関する規定を適用することとしており（改正後民法666条1項）、民法改正法案によれば消費寄託契約についての民法の規定の適用関係が変わることになります。もっとも、預金契約の内容については預金規定に細かく定められ、預金規定が寄託に関する民法の規定に優先して適用されると考えられることから、かかる民法改正によっては預金取引の実務に大きな影響は生じないと考えられます。

　そして、預金債権とは、金融機関に対し預金の払戻しを請求する権利であり、預金契約に基づいて発生します。

　金融機関は、預金通帳または預金証書を発行しますが、金融機関が預金通帳や預金証書を発行しなければ預金契約が成立しないというものではありませんし、預金者は、預金契約に基づいて当然に預金の払戻しを請求できるものであり、預金通帳や預金証書がなければ預金の払戻しを請求できないとい

うものではありません。しかしながら、預金通帳や預金証書を保有していることは、その者が預金債権を有していることの証拠となりえますし、金融機関としても、預金通帳や預金証書を保有している者に対して預金を払い戻した場合には、仮に、その者が正当な権限者でなかったとしても、免責を主張できる場合があります（払戻しに係る金融機関の免責については後記5参照）。

2 預金契約の成立と預金約款

(1) 預金契約の成立要件

上記1で述べたとおり、預金契約の中核的な性質は消費寄託契約であり、消費寄託契約が成立するためには、①当事者間の合意に加え、②目的物の交付が必要であるとされていますが（民法657条）、実務では、預金口座開設時に金銭を交付しない（0円で預金口座を開設する）ことも行われており、この場合には、消費寄託契約の予約、あるいは、**諾成的消費寄託契約**（民法に定める契約類型ではないものの、当事者間の合意のみをもって成立する寄託契約である）として認められると考えられます。

(2) 預金契約の成立時

具体的には、どの時点で、預金契約の成立に必要な金銭の交付があったと認められるのでしょうか。この問題は、金銭の交付の前後で、その金銭の盗難などがあった場合に、金融機関が預金契約に基づいて払戻義務を負うか、というかたちで顕在化します。なお、普通預金や当座預金については、随時に入金が行われるところ、個々の預入れごとに当該金額につき消費寄託が成立するが既往のものと一体となると解されていますので（第2節参照）、普通預金や当座預金については、新規の口座開設時のみならず、口座開設後の入金についても、預金契約の成立時はいつか、という問題となりえます。

a 窓口で現金交付を受ける場合

まず、金融機関の窓口で預金者が現金を交付する場合には、この点はあまり問題とならず、金融機関の職員が現金を受け取ってその金額を確認した時

に金銭の交付があったと認められると考えられています。
　b　ATMで入金を受け入れる場合
　次に、ATM（Automatic Teller Machine）で現金により入金を受け入れる場合には、現金を機械が計数し、機械の画面に表示された金額を顧客が確認した時点で金銭の交付があったと認められると考えられています。
　c　振込入金を受け入れる場合
　次に、振込入金の受入れについては、一般に、受取人の預金口座に入金記帳がなされた時点で金銭の交付があったと認められると考えられています。
　d　有価証券による入金を受け入れる場合
　次に、預金口座においては、現金のみならず、手形や小切手等、直ちに取立てのできる証券類を受け入れることがありますが、金融機関は、このような証券を取り立てて入金します。そこで、どの時点で入金があったといえるかが問題となりえますが、このような証券を受け入れる場合には、①当該証券が、自己の支店以外の支店（同じ金融機関の別の支店を含む）を支払場所とするものであり当該他の支店の当座預金口座から決済されるべきものである場合、すなわち、いわゆる他店券である場合と、②当該証券が、自己の支店を支払場所とするものであり自己の支店にある当座預金口座から決済されるべきものである場合、すなわち、いわゆる当店券である場合とがあります。他店券、当店券のいずれであっても、取立てが完了した時点で入金があったといえるというのが基本的な考え方ですが、①他店券の場合には、受け入れた金融機関としては、支払場所に指定された支店の当座預金口座に決済可能な残高があるか否かを直ちに確認できないため、手形交換所に手形交換にまわす必要があります（ただし、同じ金融機関の別の支店の場合には、同金融機関内で手形交換が行われます）。そして、資金不足等の事由があれば、不渡返還時限までに不渡返還されます（第4節参照）。このように、手形交換を通じた取立てが完了してはじめて、入金があったといえます。これに対し、②当店券の場合には、受け入れた金融機関としては、自店に開設されている当座預金口座に決済可能な残高があるか否かを直ちに確認することができるため、手形交換にまわす必要はなく、残高があれば直ちに引き落として入金記帳を

することができます。そのため、かかる引落しおよび入金記帳が完了した時点で、入金があったといえます。

(3) 預金規定

預金取引においては、画一的な内容の取引条件を**預金規定**として定めておき、いずれの預金者との間の預金取引についても当該預金規定の定めに従って処理するとしているのが一般的であり、預金規定は約款に該当すると考えられます（約款の意義、拘束力等、民法改正法案との関係については第1章第2節1(2)参照）。

3 預金者の認定

金融機関は、預金の払戻請求を受けた場合には、当然ながら預金者に対して払い戻す必要があります。

しかしながら、他人名義で預入行為がなされた場合など、誰が預金者であるかの認定がむずかしい場合があります。この点については、①自らの出捐により、自己の預金とする意思で、自らまたは使者・代理人を通じて預金契約をした者が預金者であるとする見解（客観説）、②預入行為者が他人のための預金であることを表示しない限り、その者の預金であるとする見解（主観説）、③原則として客観説に立ちながら、例外的に預入行為者が自己を預金者であると表示した場合には、預入行為者が預金者になるとする見解（折衷説）がありますが、判例は、客観説をとっていると考えられています（最判昭32.12.19民集11巻13号2278頁、最判昭52.8.9民集31巻4号742頁等）。もっとも、これらはいずれも定期預金についての判例です。普通預金は随時の入出金が行われますから、ある特定の時点での口座残金についてその出捐者を確定することは困難な場合がありえます。この点をふまえてか、近時は普通預金について、客観説では説明しがたいような内容の判例が出ています。たとえば、最判平15.6.12民集57巻6号563頁は、弁護士名義の預り金の預金につき、預金者は当該弁護士であると判断しています。

4　口座開設・預金受入れ時の留意点

それでは、預金口座の開設時や、預金の受入れ時には、どのような点に留意すべきでしょうか。

(1)　本人確認

住所・氏名を確認することによって相手方を特定すべきなのは当然ですが、預金取引がマネー・ローンダリング等に利用されるのを防止するため、金融機関には、犯収法によって、預金契約の締結時における本人確認（取引時確認）が義務づけられています（犯収法4条1項、同法施行令7条1項1号イ）。この本人確認については、犯収法所定の事項を、同法所定の方法により確認する必要があります（本人確認の具体的な事項・方法や、疑わしい取引の届出については、第1章第5節参照）。

(2)　預金規定の交付

預金契約の内容は預金規定に定めるところによることとするため（上記2(3)、第1章第2節1参照）、預金口座の開設時には、預金規定を交付するのが一般的です。

(3)　各預金商品についての説明等

a　一般的な説明義務

一般に、金融機関が顧客に対し金融商品を販売するに際しては、当該商品の内容について説明をする義務があると考えられています（第1章第6節参照）。

預金についても、顧客にとってリスクになるような事項については説明する必要があります。

b　銀行法上の情報提供義務等

(a)　預金一般

銀行法12条の2第1項は、預金の受入れに関し、同法施行規則の定めると

ころにより、「預金等に係る契約の内容その他預金者等に参考になるべき情報の提供を行わなければならない」としています。これを受けて同法施行規則13条の3第1項は、①金利の明示、②手数料の明示、③預金保険法の保険金の支払対象であるものの明示（第8節参照）や、④名称、受入対象者、預入期間、預入れに関する事項、払戻しの方法、利息に関する事項といった商品情報を記載した書面を用いて行う預金者の求めに応じた説明および当該書面の交付、⑤デリバティブ取引等と預金との組合せ商品であって払込金が全額返還される保証のない商品についてはその旨その他当該商品に関する詳細な説明、⑥変動金利預金の金利の設定の基準となる指標および金利の設定の方法が定められている場合にあっては当該基準および方法ならびに金利に関する情報の適切な提供を定めています。

(b) 特定預金等契約

預金のうち、投資性の強い預金については、「特定預金等契約」として、金商法の行為規制が準用されます（銀行法13条の4）。

特定預金等契約とは、金利、通貨の価格、金融商品市場における相場その他の指標に係る変動によりその元本について損失が生ずるおそれがある預金または定期積金等として銀行法施行規則で定めるもの（「特定預金等」）の受入れを内容とする契約であり、デリバティブ預金や、外貨建預金、通貨オプション組入型預金が「特定預金等」に該当します（同法13条の4、同法施行規則14条の11の4）。

金商法の行為規制については、第1章第6節4を参照してください。

c　金融商品の販売等に関する法律の定め

次に、金融商品の販売等に関する法律（以下「金販法」といいます）は、「金融商品の販売」について説明義務を定めており、この「金融商品の販売」には、広く預金契約の締結が含まれています（金販法2条1項1号）。したがって、預金契約の締結時には、金販法の定める説明義務を尽くす必要があります。

金販法上の説明義務については、第1章第6節2を参照してください。

(4) 当座預金の場合

以上のほか、当座預金口座開設に際しては顧客の信用調査を行います。この点については第2節4において解説します。

5　預金の払戻しと金融機関の免責

(1) 預金の払戻しと民法478条

金融機関は、預金の払戻請求を受けた場合には、当然ながら、預金者に対して払い戻す必要があり、預金者でない者に対して払戻しをしても免責されないのが原則です。

しかしながら、上記3にて解説したとおり、誰が預金者であるのか、その判別がむずかしい場合もありますし、預金通帳と届出印鑑を所持している場合等、預金者である外観を有している者から払戻請求があった場合に金融機関がその者を預金者であると信じて払い戻したが実はその者が真の預金者ではなかった場合（たとえば、通帳と印鑑を盗用した者であった場合など）でも常に免責が認められないとすると、金融機関における預金の払戻業務に支障をきたします。

この点、民法478条は、「債権の準占有者に対してした弁済は、その弁済をした者が善意であり、かつ、過失がなかったときに限り、その効力を有する」と規定しています。**債権の準占有者**とは、取引観念からみて真実の債権者であると信じさせるような外観を有する者をいいます。つまり、同条は、真実の債権者であるような外観を有する者に対してした弁済につき、所定の要件を充足する場合には、弁済の効力を認めています。

金融機関が真の預金者でない者に対して預金を払い戻した場合には、この民法478条により免責が認められる場合があります。

(2) 民法478条による免責の要件

a 要件の概要

預金の払戻しについて民法478条により金融機関の免責が認められるため

の要件は、①預金の準占有者に対する弁済であること、②その者が預金者であると金融機関が信じたこと、③金融機関が②のように信じたことについて過失がないことです。

b 預金の準占有者に対する弁済であること

上記aの①の要件については、通帳および印章を所持していれば、問題なく認められると考えられています。

c 金融機関の無過失

上記aの③の要件については、言い換えれば金融機関が果たすべき注意義務を果たしたこと、ということになりますが、金融機関が果たすべき注意義務の最も主要なものは印鑑照合義務であるとされています。

ところで、印鑑照合に関しては、金融機関は各預金規定において、払戻請求書、諸届その他の書類に使用された印影を届出の印鑑と相当の注意をもって照合し、相違ないものと認めて取り扱った場合には、それらの書類につき偽造、変造その他の事故があっても金融機関は責任を負わない旨の規定を置いています（いわゆる免責約款）。このような免責約款については、その有効性は古くから認められているものの、民法478条との関係については、免責約款は同条の一場合を注意的に規定したものにすぎないと考えられています。したがって、免責約款は、同条により金融機関が免責されるための要件を軽減するものではなく、免責が認められるための要件はほとんど同じであると考えられています。

具体的な印鑑照合の方法・程度について、判例は、特段の事情がない限りは肉眼によるいわゆる平面照合の方法をもってすれば足りるが、金融機関の照合事務担当者に対して社会通念上期待されている業務上相当の注意をもって慎重に行うことを要する（最判昭46.6.10民集25巻4号492頁）としています。

かかる印鑑照合で相違ないと認められる場合であっても、預金の正当な受領権限を疑わせる特段の事情がある場合には、より踏み込んだ確認をしなければ、上記aの③の要件を満たさないことがあります。たとえば、挙動不審、払戻請求書に記入された氏名・住所の誤記などがあった場合には、より踏み込んだ確認が必要となることがありえます。

(3) ATMによる払戻し

　ATMによる払戻しについてはどうでしょうか。判例は、ATMによる預金の払戻しについても、民法478条の適用を認めました（最判平15.4.8民集57巻4号337頁）。

　しかしながら、盗難通帳・カードや偽造通帳・カードを使用してのATMによる不正払戻事件が多発したことをふまえ、上記最高裁判例が出た後、平成18年2月には、偽造カード等及び盗難カード等を用いて行われる不正な機械式預貯金払戻し等からの預貯金者の保護等に関する法律（以下「偽造盗難カード預金者保護法」といいます）が施行されました。

　偽造盗難カード預金者保護法により、偽造カードまたは偽造通帳を使用してのATMによる預金の払戻しについては、民法478条の適用は除外されています。そして、①当該払戻しが預金者の故意に基づく場合、または、②当該払戻しが預金者の重大な過失に基づき、かつ、当該金融機関が当該払戻しにつき善意無過失である場合にのみ、払戻しは有効であるとされています（偽造盗難カード預金者保護法4条1項）。また、盗難カードまたは盗難通帳を使用してのATMによる預金の払戻しについては、民法478条の適用は除外されていない（したがって、同条により、無権限者に対する払戻しが有効とされる場合もありうる）ものの、預金者がカードまたは通帳を盗取されたことを認めた後速やかに当該金融機関にその旨通知するなど一定の要件を満たした場合には、当該金融機関に対して、払戻しの額に相当する金額の補てんを求めることができるとされています（偽造盗難カード預金者保護法5条1項・2項・6項）。ただし、当該金融機関が、当該払戻しについて、①預金者の故意、または、②当該金融機関の善意無過失および預金者の重大な過失等を証明した場合には、補てんを行うことを要せず、また、当該金融機関の善意無過失および預金者の過失を証明した場合には、4分の3の金額の補てんをすれば足りることとされています（同条2項・3項）。

⑷ 盗難通帳による不正払戻し、インターネット・バンキングによる不正払戻し

　さらに、盗難通帳による預金の不正払戻しがあった場合、および、インターネット・バンキングによる預金の不正払戻しがあった場合については、全国銀行協会が加盟金融機関の申合せの内容として平成20年2月19日付にて「預金等の不正な払戻しへの対応について」を公表しており、全国銀行協会の各加盟金融機関は、預金者自身の責任によらずに不正払戻しの被害にあった場合には補償を行うことを申し合わせています。

6　預金の時効

　預金者が金融機関に対して保有する預金債権も債権である以上は消滅時効にかかります。

　まず、商行為によって生じた債権の時効期間は原則として5年とされており（商法522条本文）、銀行は商人ですから、預金債権の時効期間は5年となります。これに対し、信用協同組合や信用金庫は商人ではないため、預金者も商人でなければ預金債権の時効期間は10年となります（民法167条1項）。

　ではこの時効期間がいつから起算するかというと、消滅時効は「権利を行使することができる時」から進行するとされているところ（同法166条1項）、どの時点が「権利を行使することができる時」なのかは、預金の種類に分けて考える必要があります。

　まず、普通預金や当座預金については、いつでも払戻しを請求できますから、最初の預入れ時から消滅時効が進行するものの、入金・払戻しは債務の承認として時効の中断事由になりますから（同法147条3号）、最後の入金時または払戻し時から消滅時効が進行すると考えられています。

　これに対し、定期預金については、法的には、満期が到来するまでは払戻しを請求できませんから、定期預金に係る預金債権の消滅時効については、満期から進行しますが（同法166条1項）、自動継続特約付定期預金（第2節3参照）について、判例は、（最初の満期日ではなく）自動継続の取扱いがなさ

れなくなって満期日が到来した時から時効が進行するとしています（最判平19.4.24民集61巻3号1073頁）。

第2節 各種の預金取引

1 預金の種類

預金には、各金融機関における商品設計により、さまざまな種類の預金があり、さまざまな観点からの分類が可能ですが、随時払戻しが可能か否かという観点から分類すると、随時払戻し可能な預金（流動性預金）と、期日まで払戻しができない預金（定期性預金）とに分けることができます。

流動性預金の代表的なものは、普通預金と当座預金です。他方、定期性預金の代表的なものは定期預金です。

さらに、①普通預金、②定期預金、③国債等の公共債の保護預り、④上記②、③を担保とする当座貸越を組み合わせた商品として、総合口座取引があります。

以下では、普通預金、定期預金、当座預金、その他の預金（貯蓄預金、通知預金、納税準備預金、デリバティブ預金）および総合口座取引について概観します。

なお、各預金の商品性や取引条件は各金融機関の定める預金規定によって異なり、法的な検討についてもその預金規定の内容いかんによっては異なる結論となることもありえますが、以下では、一般的と思われる預金規定の内容を前提とした検討を述べます。

2 普通預金

普通預金とは、一般に、随時の入金・払戻しが可能な預金をいい、金融機関は、預金者から払戻請求があれば直ちに払い戻さなければなりません。

第1節にてみたように、預金契約は消費寄託契約ですから、①当事者間の合意（金融機関と預金者との合意）と②目的物の交付（金銭の預入れ）によって成立するはずですが、随時入金が可能な普通預金については、その預金口座への預入れのつどに異なる預金契約が成立するのではなく、個々の預入れごとに当該金額について消費寄託が成立するものの既往の消費寄託契約と一体化すると考えられています。したがって、普通預金に係る預金債権は、その時点での残高金額についての一個の預金債権として存在すると考えられています。

　また、普通預金については、各金融機関所定の手続をすることにより、各種料金の決済口座としての利用（口座振替）が可能です。かかる口座振替処理について、法的に整理すれば、預金者が金融機関に対して支払を委託するもの（委任契約）であると考えられます。

3　定期預金

　定期預金とは、返還時期（満期）の定めのある預金であり、金融機関は、満期が到来するまでは、預金者から払戻請求があっても払戻しを拒絶することができます。もっとも、金融機関における実務としては、満期到来前であっても、その預金債権の帰属が不明確である等の問題がなければ、払戻しに応じるのが一般的です。とはいえ、定期預金は、普通預金のように随時の入金・払戻しを前提とするものではなく、預入れのたびに、それぞれ別個の消費寄託契約が成立すると考えられています（金融機関における手続としても、預入れのたびに別個の番号が付され、それぞれの金額は合算記帳されることはありません）。

　このように定期預金には満期の定めがありますが、満期の到来した定期預金を引き続き定期預金として預入れすることが行われており、これを「書換継続」と呼んでいます。また、預金者において書換継続の手続をとらなくても、満期までに預金者から申し出がなければ、あらかじめ定められた期間ごとに消費寄託契約が継続する（自動継続）という特約が定められている定期

預金が数多くあります。

当座預金

当座預金とは、当座勘定契約に基づき手形・小切手の支払に充てるべき資金の預入れのための預金です。

手形・小切手による決済を希望する顧客は、金融機関との間で当座勘定契約を締結し、当座預金口座を開設します。金融機関は、当座勘定契約に基づき、当座預金から、手形・小切手の金額を支払います。当座預金は手形・小切手の決済のために作成されるため、利息は付されません。

当座勘定契約は、消費寄託契約と、手形・小切手の支払を金融機関に委託する委任契約（民法643条）の混合契約であると考えられています。

当座預金口座を開設する際には、当座勘定契約を締結して統一手形用紙、統一小切手用紙を交付することになりますから、顧客の信用調査を行います。これは、手形・小切手が不渡りになり取引社会が混乱することをあらかじめ防止する必要があり、また、金融機関の交付した統一手形用紙・統一小切手用紙を所持していること自体が、当該金融機関がその者に信用力を認めていることを示す事由になるためです。

また、当座預金の残高が手形・小切手の決済に不足する場合には、金融機関は、あらかじめ定めた極度額の範囲内でその不足金額を貸し付ける旨の契約を締結することがあります。このような貸付けを**当座貸越**といいます。

さらに、当座勘定取引先が当座勘定の残高または当座貸越の極度額を超えて手形や小切手を振り出したときに、銀行がその超過分について支払をすることがあります。これを**過振り**といいます。

金融機関は、過振りに応じる義務はありませんが、振出人である当座勘定取引先に、超過分に見合う十分な定期預金があるとか、当座貸越その他の貸付金の担保に余力があるとか、超過額の弁済が確実であると判断されるときには、取引先の不渡処分を回避するため、過振りに応じることがあります。当座勘定貸越約定書においても、金融機関が過振りに応じることができる旨

を定めています。過振りの法的性質には諸説ありますが、いずれにしてもその弁済等は、それぞれの約定書等で定められているところに従いますので、議論の実益はあまりないでしょう。

5 その他の預金

(1) 貯蓄預金

貯蓄預金は、普通預金と同様に、随時の入金・払戻しが可能な預金ですが、普通預金とは異なり、各種料金の決済口座としての利用はできません。

そのため一定額以上の残高がある場合には普通預金よりも高い利息が付されることがありますが、金利情勢によっては普通預金と比較しても高い利率にならないことがあります。

(2) 通知預金

通知預金は、預入日から一定の据置期間は払戻しをすることができず、据置期間経過後に払戻しを受けるためには一定の期間以上前に金融機関に通知する必要があるとされる預金です。

定期預金と同様に（上記3参照）、預入れのたびに、それぞれ別個の消費寄託契約が成立すると考えられています。

(3) 納税準備預金

納税準備預金は、定期性預金ではありませんが、原則として租税の納付に充てる場合にのみ払戻しが可能とされている預金です。非課税扱いとする優遇措置が講じられています。

(4) デリバティブ預金

デリバティブ預金は、オプション取引やスワップ取引などのデリバティブ（金融派生商品）が内在されている預金です。その商品設計はさまざまですが、デリバティブが内在されているがために、元本割れのリスクがあり、ま

た中途解約が制限されます。金融機関には、リスクについての説明義務が課されます。

6 総合口座

(1) 総合口座の概要

総合口座とは、①普通預金、②定期預金、③国債等の公共債の保護預り、④上記②、③を担保とする当座貸越を組み合わせた商品です。

その概要は、普通預金について払戻請求または各種料金等の自動支払の請求があった場合に、普通預金の残高がその請求額に不足するときには、顧客の申出がなくとも、定期預金または保護預りをしている公共債を担保として、その担保額に所定の掛け目をかけた範囲内で当該金融機関が自動的に貸付け（貸越し）を行って普通預金に入金して決済に充てられ、その後に普通預金に入金があった場合には、当該貸越の返済に充てられる、というものです（なお、当座貸越といっても、当座預金の取引があるわけではありません）。

(2) 法的性質

このように、総合口座の取引とは、複合的な取引であるところ、その法的性質については、まず、普通預金および定期預金として顧客の金銭を預かるという点で、金銭の消費寄託契約としての性質を有しています（第1節1参照）。また、普通預金からの支払の委任を受けている点で委任契約としての性質を有しており（上記2参照）、公共債を預かるという点で、寄託契約としての性質を有しているといえます。さらに、貸付け（貸越し）が行われることがありますので、この点は消費貸借契約としての性質を有しており、またこの貸越しは定期預金または公共債を担保として行うものであるところ、具体的には、定期預金または公共債への根質権設定という建付けで行われますので、根質権設定契約としての性質も有しているといえます。

(3) 総合口座取引と民法478条

　第1節5(2)のとおり、預金の払戻しについては、預金者以外の者に対して払い戻した場合であっても、民法478条による免責が認められる場合があります。

　総合口座取引においては、普通預金の残高を超える金額の払戻請求があった場合には、定期預金または公共債を担保として自動的に貸越しが行われるところ、預金者（総合口座取引の相手方）であるかのような外観を有する者からの払戻請求に応じて金融機関が払戻し・貸越しを行ったうえ、定期預金と相殺した場合に、金融機関は免責されない（相殺の効力は認められない）のでしょうか。

　この点について、判例は、総合口座取引における貸越しを行った後に金融機関の行った定期預金との相殺について、民法478条の類推適用を認めています（最判昭63.10.13判時1295号57頁）。なお、弁済について同条による免責が認められるためには、第1節5(2)のとおり、金融機関が無過失であることが必要ですが、上記の場合について、判例は、金融機関の過失の有無については相殺時ではなく貸越し時について判断しています。

(4) 即時支払事由

　総合口座取引では、貸越しが行われた後に普通預金に入金があれば自動的にその返済に充てられ、貸越しについての返済時期の定めは設定されませんが、約款において、「即時支払事由」が定められます。

　即時支払事由とは、総合口座取引による貸越しの元利金を即時に支払わなければならないとする事由であり、顧客の信用悪化を示すような事由がその内容とされています。顧客からの返済がない場合には、金融機関は、相殺、払戻充当や担保権の実行により、貸越金の元利金を回収します。

(5) 解　　約

　普通預金口座が解約された場合には、総合口座取引も解約されます。

第3節　金融取引と手形・小切手

手形・小切手の仕組みと支払

　手形・小切手は、いずれも、主に取引の決済のために発行される有価証券ですが、このうち手形には約束手形と為替手形があります。

(1) 約束手形

　約束手形とは、発行者（「振出人」といいます）が、受取人その他の証券の正当な所持人に対して一定の期日に証券記載の金額を支払うことを約束する証券です。振出人に対して一定の金額の支払を請求する権利が約束手形という「紙」と結びついているといえます。

　振出人は、約束手形の正当な所持人に対して、手形面に記載された金額を支払います。

　実務において利用されているのは為替手形よりも約束手形のほうが多いため、後記 2 以下では、約束手形を中心に解説します。

(2) 為替手形

　為替手形とは、発行者（振出人）が特定の人（「支払人」といいます）に対し、一定の期日に証券記載の金額を受取人その他証券の正当な所持人に対して支払うことを委託する形式の証券です。

　引受けをした支払人は、為替手形の正当な所持人に対して、手形面に記載された金額を支払います。

(3) 小切手

　小切手とは、発行者（振出人）が特定の金融機関（支払人）に対し、証券記載の金額を受取人その他証券の正当な所持人に対して支払うことを委託する形式の証券です。

支払人は、小切手の正当な所持人に対して、小切手面に記載された金額を支払います。

支払人は金融機関に限定されており、かつ、振出しに際して、振出人の資金によって小切手を決済する契約を金融機関との間で締結すること、および、資金の存在が必要とされています（小切手法3条、59条）。当座勘定契約が上記の契約に該当します。

支払委託である点で為替手形と類似していますが、為替手形とは異なり、信用証券ではなく支払証券として位置づけられており、支払の確実・迅速を確保するよう設計されています。

(4) 金融取引における手形・小切手の利用

実務においては、手形・小切手の支払は、振出人が当座勘定契約を締結している金融機関の当座預金から行われ、また、手形・小切手の取立てについても、所持人は金融機関に取立てを委任するのが通常です。

さらに、金融機関と当座勘定契約を締結して当座預金を有している顧客が、当該金融機関から貸付けを受けるに際し、金融機関を受取人として約束手形を振り出したり（手形貸付）、顧客が取引先から振出しを受けた約束手形を金融機関に買い取ってもらって（手形割引）現金化したり、といった取引も行われます。上記の手形貸付や手形割引についての詳細は、第3章第3節1、2を参照してください。

2　当座勘定契約と手形・小切手法

手形をめぐる法律関係は手形法により、小切手をめぐる法律関係は小切手法により規律されますが、当座勘定契約の契約内容は当座勘定規定によって定められます。

すなわち、第2節4のとおり、手形・小切手による決済を希望する顧客は、金融機関と当座勘定契約を締結し、当座預金口座を開設します。その当座勘定契約の内容は、当該金融機関の定める当座勘定規定によりますが、当

座勘定規定については、全国銀行協会がひな型を制定しており、各金融機関はこのひな型を使用して当座勘定規定を作成しています。

　金融機関は、顧客が振り出した約束手形・小切手の所持人から有効な支払呈示を受けた場合には、当該所持人に対し、顧客の当座預金から支払を行います（当座預金内の残高が不足する場合には当座貸越を行って支払うことがあります）。ここで、有効な支払呈示であり当座預金に十分な残高があるにもかかわらず金融機関が支払をしなかった場合には、当該金融機関は顧客との間の当座勘定契約上の義務違反になりますが、支払呈示をした所持人に対しては当座勘定契約上の義務違反にはなりません。当座勘定規定は、あくまでも当座勘定契約の契約当事者である顧客（振出人）と金融機関との間の契約内容を定めているにすぎず、契約当事者ではない約束手形・小切手の所持人と金融機関との間の法律関係を定めるものではないからです。

　もっとも、後記3以降においてみるとおり、手形法上は必須の記載事項とされている事項の記載がなくても支払場所とされている金融機関としては当座預金から支払う旨が当座勘定規定において定められているなど、当座勘定規定により、手形法、小切手法の内容が、一部、実質的に変更されています。

3　約束手形

　以下では、約束手形の振出しから支払に至るまでの各行為についてみていきます。

　なお、手形をめぐる法律関係は、手形法が定めていますが、同法は、約束手形に関する事項のほとんどを、為替手形に関する同法の条文を準用するかたちとしています（手形法77条）。

(1)　約束手形の振出し
a　振出しの意義

　約束手形の振出しとは、振出人が手形要件その他の事項を記載して署名

し、受取人に交付することにより、支払を約束する行為をいいます。

b 統一手形用紙

各金融機関の当座勘定規定においては、当該金融機関を支払場所とする約束手形の振出しは当該金融機関の交付した用紙を使用することが定められているところ、各金融機関は、全国銀行協会がその規格・様式を制定した**統一手形用紙**を、当座勘定契約の顧客に交付しています。なお、統一手形用紙による手形でなければ、手形交換制度を利用できません。

c 手形要件

上記aの手形要件とは、手形に記載すべき最低限の事項であり、手形要件を欠く手形は原則として無効とされます（手形法76条1項本文）。

約束手形の手形要件は、①約束手形文句（約束手形であることを示す文字）、②支払約束文句（一定の金額を支払うべき旨の単純な約束）、③手形金額（支払を約束する金額）、④満期（支払期日）、⑤支払地（約束手形が支払われるべき地域）、⑥受取人またはその指図人、⑦振出日、⑧振出地、⑨振出人の署名（記名捺印を含む。同法82条）です（同法75条）。なお、上記③について、手形法上は、特に記載方法の定めはありませんが、当座勘定規定では、アラビア数字で記入する場合にはチェック・ライターという専用の器具を使って記入すること、手書きで記入する場合には壱、拾、といった改ざんされにくい漢数字を用いること等が定められています。

上記は手形に必ず記載することが必要な事項ですが、有益的記載事項（必須の事項ではないが、記載すれば手形法上の効力が認められる事項）として、支払場所を記載することもできるとされています（同法77条2項、4条）。これは、約束手形は振出人自身がその住所または営業所で支払うのが原則であるところ、支払場所として第三者を記載することにより第三者の住所において支払うべきものとすることであり、金融機関が当座勘定契約の顧客に対し交付する手形用紙には、支払場所の記載として、当該当座預金のある金融機関の店舗名が印刷されています。

なお、手形行為者が、後日その取得者に手形要件の全部または一部を補充させる意思で、手形要件の全部または一部を記載しない（白地とする）で、

手形に署名して交付することがあります（これを「白地手形」といいます）。このような白地手形は手形としては未完成ですが、後日、手形要件が補充されたときには、手形として完成します。ただし、確定日払手形の振出日と受取人の記載については、その記載のない約束手形が支払呈示された場合であっても金融機関はそのつど振出人に連絡することなく支払うことができる旨が当座勘定規定において定められています。

(2) 約束手形の裏書譲渡

手形の裏書譲渡とは、手形法に定められた一定の方式による手形債権の譲渡行為をいいます。その方式とは、手形上に、裏書により手形債権を譲渡しようとする者（「裏書人」といいます）の署名、裏書文句、裏書により手形債権の譲渡を受ける者（「被裏書人」といいます）の名称を記載する方式ですが（手形法77条1項1号、13条）、被裏書人の名称を記載しないこともできます（「白地式裏書」といいます）。なお、手形の裏面にこれらの事項を記載するのが通常であることから、「裏書」といわれています。

約束手形の受取人は、裏書譲渡により、手形債権を譲渡することができます。さらに、被裏書人は、別の者に対して、裏書譲渡により手形債権を譲渡することができます。

手形の裏書譲渡がなされると、裏書人の有する手形上のいっさいの権利が被裏書人（白地式裏書の場合には手形取得者）に移転します（同法77条1項1号、14条1項）。さらに、裏書人は、被裏書人およびその後の手形の譲受人に対し、手形の支払を担保する義務を負います（同法77条1項1号、15条1項）。

手形の記載上、受取人から最後の被裏書人に至るまでにおける各裏書の記載が問題なく続いていれば（これを**裏書の連続**といいます）、かかる手形の所持人から裏書によって手形を取得した場合には、譲渡人が無権利者であったとしても、それを重過失なく知らなかった者は、手形上の権利を取得します（これを**善意取得**といいます。同法77条1項1号、16条2項）。また、手形債務者が手形上の権利行使に対しその権利行使を拒絶するために主張できる事由（これを「抗弁」といいます）のうち、特定の所持人に対してのみ主張できる

抗弁（これを「人的抗弁」といいます）については、かかる人的抗弁の存在を知らないで約束手形を譲り受けた者にはこれを主張できません（これを「人的抗弁の切断」といいます。同法77条1項1号、17条）。このように、裏書譲渡の方法による手形債権の譲渡では、取引の安全が一般の債権譲渡よりも強化されています。

なお、手形上の権利を移転するのではなく、手形上の権利を行使する代理権を付与する目的で、その旨を明示してなされる裏書を**取立委任裏書**といいます（同法77条1項1号、18条）。金融機関は、顧客が所持している約束手形について同顧客から取立委任を受ける場合には、取立委任裏書を受けます。

(3) 約束手形の支払呈示

手形の支払呈示とは、手形の所持人が振出人またはその者の支払担当者（支払場所に記載されている者）に対し、手形の支払呈示期間内に手形を呈示して支払を求める行為をいいます。上記(1)cのとおり、実務では、統一手形用紙の「支払場所」として、振出人の当座預金開設先の金融機関の店舗が記載されていますので、手形の所持人は、当該金融機関において支払呈示をすることができますが、手形交換所における呈示は支払呈示としての効力を有するとされており（手形法77条1項3号、38条2項）、実務では、第4節のとおり、手形交換所において支払呈示がなされることがほとんどです。

(4) 約束手形の遡求

手形の遡求とは、手形の支払が拒絶された場合または満期に支払われる可能性が著しく低くなった場合に、手形の所持人が裏書人等の遡求義務者に対して、本来の支払に代わるものとして一定の金額の支払を請求することをいいます。

約束手形の所持人は、自己の前者である裏書人に対して遡求することができます（手形法77条1項4号、43条）。なお、遡求するためには、原則として拒絶証書の作成が必要ですが（同法77条1項4号、44条1項）、振出人等が拒絶証書作成免除文句を手形に記載し、かつ署名することによって拒絶証書の

作成を免除することができるとされているところ（同法77条1項4号、46条1項）、統一手形用紙にはあらかじめ「拒絶証書不要」という文言が印刷されています。そのため、実務では、拒絶証書の作成が必要となることはありません。

4　為替手形

(1)　為替手形の振出

約束手形と同様に、振出人は、手形要件その他の事項を記載した手形を受取人に交付することによって、為替手形を振り出します。手形金額、満期、支払地、受取人またはその指図人、振出日、振出地、振出人の署名が手形要件とされているのは約束手形と同様ですが、為替手形特有の手形要件として、為替手形文句（為替手形であることを示す文字）、支払委託文句（一定の金額を支払うべき旨の単純な委託）、支払人の名称、があります（手形法1条）。

為替手形についても、統一手形用紙が定められており、実務では、統一手形用紙を使用して振り出されています。

為替手形は、自己を受取人として振り出す（つまり、振出人＝受取人とすること）ことができます（同法3条2項）。

(2)　為替手形の裏書

約束手形と同様に、為替手形も、裏書により譲渡することができます（手形法11条1項）。

(3)　為替手形の引受け

為替手形の引受けとは、為替手形の支払人が手形金の支払義務を負担する旨を表示する行為をいいます。支払人は、引受けをすることによって、支払義務を負うことになります（手形法28条）。

引受けが拒絶された場合には、為替手形の所持人は、振出人に遡求することができます（同法43条1号）。

(4) 為替手形の支払

為替手形の所持人は、引受けをした支払人に対して、支払呈示期間内に支払呈示をして、支払を受けることができます。為替手形についても、手形交換所における呈示は支払呈示としての効力を有するとされています（手形法38条2項）。

支払がされなかった場合には、為替手形の所持人は、振出人に遡求することができます（同法43条）。

5 小切手

(1) 小切手の振出し、譲渡

手形と同様に、振出人は、小切手要件その他の事項を記載した小切手を受取人に交付することによって、小切手を振り出します。小切手要件は、①小切手文句（小切手であることを示す文字）、②支払委託文句（一定の金額を支払うべき旨の単純な委託）、③支払人の名称、④支払地、⑤振出日、⑥振出地、⑦振出人の署名です（小切手法1条）。小切手についても、統一小切手用紙が定められており、実務では、統一小切手用紙を使用して振り出されています。

小切手は迅速な支払手段として設計されていることから、支払呈示があった日に支払うものとされています（**一覧払い**といいます。同法28条1項）。

また、受取人の記載は任意とされており、実務では、持参人払式（同法5条1項3号）とされている小切手がほとんどです。

持参人払式の小切手は、裏書によらず、小切手を交付することによって譲渡することができますが、交付による譲渡であっても、善意取得（同法21条）、人的抗弁の切断（同法22条）が認められます。

(2) 小切手の支払

小切手の所持人は、支払人に対して、呈示期間内に支払呈示をして、支払を受けることができます。小切手についても、手形交換所における呈示は支

払呈示としての効力を有するとされています（小切手法31条）。

　上記(1)のとおり、小切手は一覧払いとされており（同法28条1項）、呈示期間は振出日後10日間とされています（同法29条1項）。もっとも、支払人は呈示期間経過後であっても支払委託の取消しがなければ支払うことができるとされており（同法32条2項）、当座勘定規定では、金融機関は、呈示期間内であるか否かを問わず支払のための呈示があれば支払う旨が定められています。

(3)　線引小切手

　上記(1)、(2)のとおり、小切手は一覧払いであり（小切手法28条1項）、かつ持参人払式（同法5条1項3号）のものが多いため、小切手を紛失したり盗取された場合であっても支払がなされてしまう可能性が高いといえます。

　そこで、不正に小切手を取得した者が支払を受けたり譲渡することを予防するため、線引小切手の制度が設けられています。

　線引小切手とは、小切手の振出人または所持人が、2本の平行線を引いたものであり、「一般線引小切手」と「特定線引小切手」とがあります（同法37条2項）。

　一般線引小切手は、平行線内に何も記載がないか、あるいは、「銀行」またはこれと同一の意義を有する文字が記載されたものをいいます。一般線引小切手の支払人である金融機関は、他の金融機関または自己の取引先に対してのみ支払うことができ、かつ、金融機関は、自己の取引先または他の金融機関からのみ取得し、または取立委任を受けることができます（同法38条1項・3項）。

　これに対し、**特定線引小切手**とは、平行線内に特定の銀行を指定して記載されたものをいいます。特定線引小切手の支払人である金融機関は、指定された金融機関または指定された金融機関が取立委任をした金融機関に対してのみ（指定された金融機関が支払人である場合には自己の取引先に対してのみ）支払うことができ、かつ、金融機関は、自己の取引先または他の金融機関からのみ取得し、または取立委任を受けることができます（同法38条2項・3項）。

第 4 節　手形交換

1　手形交換の手続と手形交換所

(1)　手形交換制度の概要

　手形・小切手の所持人は、支払銀行（手形の場合には支払場所、小切手の場合には支払人として記載されている金融機関）に出向いて支払呈示をすることができるはずですが、実務では、自ら支払呈示をするのではなく、取引のある金融機関に対し取立委任を行います。取立委任を受けた金融機関は、支払銀行とされている金融機関に出向いて支払呈示をするのではなく、手形・小切手を手形交換所に持ち込み、手形交換所で決済をします。

　手形交換所の規則により、参加銀行（当該手形交換所の事業に参加する金融機関）を支払銀行とする手形・小切手は手形交換所の決済に付されなければならないとされていることから、他の参加銀行を支払銀行とする手形・小切手は、すべて手形交換所に持ち込まれます。

　手形交換所における**手形交換**とは、上記のような、金融機関が受け入れた他行払いの手形・小切手を手形交換所に集めて、集団的に決済するものです。第3節3(3)、4(4)、5(2)のとおり、手形交換所における呈示は支払呈示としての効力を有するとされています（手形法38条2項、77条1項3号、小切手法31条）。

　手形交換所は全国の主要都市に設けられており、各手形交換所ごとに参加銀行があります。また、各手形交換所ごとに規則が定められていますが、その内容はほとんど同じです。なお、以下では、東京手形交換所規則、同規則施行細則を前提とします。

(2)　手形交換の仕組み

　手形交換所における手形交換の仕組みについては、以下のとおりです。
① 　各金融機関は、顧客から受け入れた手形・小切手を集めて、手形交換所

に持ち込みます。このように、手形・小切手を手形交換所に手形交換に持ち込む金融機関を**持出銀行**、持出銀行が持ち込んだ手形・小切手を**持出手形**といいます。

② 手形交換所において、各金融機関は、支払銀行とされている他の金融機関との間で、自己が支払銀行とされている手形・小切手と持出手形とを交換します。この場合に、自己が支払銀行とされている手形・小切手を受け取る立場の金融機関を**持帰銀行**、持帰銀行が受け取る手形・小切手（すなわち、持帰銀行が支払銀行とされている手形・小切手）を**持帰手形**といいます。

③ 各金融機関は、持帰手形の合計金額と持出手形の合計金額との差額（**交換尻**）を決済します。この決済は、手形交換所からの決済機関（日本銀行の本支店がある地域では日本銀行、ない地域では幹事銀行）に対する通知により、手形交換の当日に、参加銀行の預金口座からの振替えにより行われます。

上記②、③に関し、持帰銀行は、持出銀行から支払呈示を受けたときは、支払呈示を受けたすべての手形・小切手についてその支払に応じており、支払に応じがたい事由がある場合には、当該手形・小切手を後刻に持出銀行に返還します（これを**不渡返還**といいます）。持帰銀行は、持出銀行から、いったん支払った当該手形金額・小切手金額の返還を受けます。

不渡手形・小切手の返還に際しては、不渡返還をする事由（これを**不渡事由**といいます）を記載して（手形の場合には付箋を貼り、小切手の場合には「不渡宣言」を記載します）、不渡事由を明らかにします。

2 不渡事由と不渡届

不渡事由は、手形交換所の規則に従い、①0号不渡事由、②第1号不渡事由、③第2号不渡事由に分類されます（東京手形交換所規則施行細則77条1項）。

不渡りとされた場合、その不渡事由によっては、当該手形・小切手の支払

銀行および持出銀行は、手形交換所に不渡届を提出する必要があります（東京手形交換所規則63条）。手形交換所は、提出された不渡届に基づき、取引停止処分を行います。

(1) 0（ゼロ）号不渡事由

0号不渡事由とは、「適法な呈示でないこと等」として手形交換所規則施行細則に定められている事由であり、具体的には、形式不備（手形要件の記載がないこと。ただし、振出日および受取人の記載がないことは「形式不備」には該当しません）、裏書不備、引受けなし、呈示期間経過後（手形の場合）、呈示期間経過後かつ支払委託の取消し（小切手の場合）、期日未到来、除権決定、破産法等による財産保全処分中、破産手続開始決定等、などがあります（東京手形交換所規則施行細則77条1項1号）。

0号不渡事由により不渡りとなった場合には、不渡届の提出は不要です。

(2) 第1号不渡事由

第1号不渡事由は、「資金不足」（手形・小切手が呈示されたときにおいて当座勘定取引はあるがその支払資金が不足する場合）または「取引なし」（手形・小切手が呈示されたときに当座勘定取引がない場合）です（東京手形交換所規則施行細則77条1項2号）。前者は不渡事由の典型的なものといえます。

第1号不渡事由により不渡りとなった場合には、手形交換所に不渡届を提出する必要があります。ただし、取引停止処分中の者に係る不渡り（取引なし）については、不渡届の提出は不要です。

(3) 第2号不渡事由

第2号不渡事由とは、0号不渡事由、第1号不渡事由のいずれにも該当しない不渡事由をいいます。

具体例として東京手形交換所規則施行細則に例示されているものとして、契約不履行、詐取、紛失、盗難、印鑑（署名鑑）相違、偽造、変造、取締役会承認等不存在、金額欄記載方法相違（金額欄にアラビア数字をチェック・ラ

イター以外のもので記入した場合等)、約定用紙相違(銀行所定の用紙以外を使用した場合)、があります(東京手形交換所規則施行細則77条1項3号)。

第2号不渡事由により不渡りとなった場合には、手形交換所に不渡届を提出する必要があります。

3 不渡処分と異議申立制度

(1) 制度の概要

不渡届が提出されると、手形交換所は、約束手形もしくは小切手の振出人または為替手形の引受人(これを「振出人等」といいます)の情報を不渡報告に掲載して参加銀行に通知します(東京手形交換所規則64条)。

他方、支払銀行は、第2号不渡事由による不渡届については、異議申立てをすることができます。この異議申立ては、不渡処分の猶予をする制度であり、交換日の翌翌営業日の営業時限(午後3時)までに、原則として**異議申立提供金**を差し入れて行う必要があります(同規則66条)。

異議申立提供金の金額は、不渡りとされた手形・小切手相当額です。この異議申立てがなされると、不渡報告には掲載されません(同規則64条1号)。

他方、この場合には、支払銀行は、振出人等から、異議申立提供金相当額の預託を受けます。この預託金を**異議申立預託金**といいます。

手形交換所は、手形交換所規則に定める場合において、支払銀行から請求があったときは、異議申立提供金を返還します(同規則67条1項)。

(2) 異議申立預託金

上記(1)のとおり、支払銀行は異議申立提供金を手形交換所に差し入れるに際しては振出人等から異議申立預託金を受け入れますが、異議申立預託金は、振出人等が支払銀行に対して異議申立事務を委任するのに必要な費用の前払いとして支払う金銭であり、異議申立提供金と異議申立預託金は別のものであると考えられています。

また、上記(1)のとおり、手形交換所は、所定の場合において、支払銀行か

ら請求があったときは支払銀行に対して異議申立提供金を返還しますが、振出人等は手形交換所に対して異議申立提供金の返還請求権を有するものではなく、支払銀行に対して前払費用の返還請求権としての異議申立預託金返還請求権を有するにすぎません。なお、振出人等が支払銀行に対して異議申立預託金返還請求権を行使しうるのは、支払銀行が手形交換所から異議申立提供金の返還を受けた時点以降であると考えられています。

このように異議申立預託金返還請求権は振出人等の有する債権であることから、振出人等に対する債権者による差押えの対象となりえます。異議申立てに係る手形について、手形債権者が、当該手形債権を請求債権とし、異議申立預託金返還請求権を差し押さえた場合、かかる差押命令（差押・転付命令を含む）が支払銀行に送達された場合には、持出銀行は、差押命令送達届を手形交換所に提出することができるとされており（東京手形交換所規則施行細則80条の3）、これは異議申立提供金の返還事由とされています（東京手形交換所規則67条1項7号）。

他方、支払銀行が振出人等に対して債権を有している場合には、支払銀行は、異議申立預託金返還請求権を受働債権として相殺することにより、債権を回収することができます（相殺による債権回収については第4章第2節4参照）。なお、手形債権者が異議申立預託金返還請求権を差し押さえた場合であっても、支払銀行は、相殺をもって当該手形債権者に対抗できるものとされています（最判昭45.6.18民集24巻6号527頁。相殺と差押えの関係については、第4章第2節4参照）。

取引停止処分制度

不渡報告に掲載された振出人等について、その不渡届に係る手形・小切手の交換日から6カ月以内に2回目の不渡届が提出された場合には、手形交換所は、①不渡届に対して異議申立てが行われた場合、②交換日の翌翌営業日の営業時限（午後3時）までに、不渡報告および取引停止処分の取消しの請求があった場合、を除き、振出人等を**取引停止処分**に付し、取引停止報告に

掲載して参加銀行に通知します（東京手形交換所規則65条）。

取引停止処分に付されると、取引停止処分日から起算して2年間は、当該手形交換所の参加銀行は、原則として、取引停止処分を受けた者との当座勘定および貸出しの取引をすることができなくなります（同規則62条2項）。

第5節 預金の差押え

差押え等の意義

(1) 強制執行、差押えとは

債務者が債権者に対して任意に債務を弁済しない場合に、債務名義を有する債権者は、強制執行によって自己の給付請求権の内容を強制的に実現することができます。

預金も強制執行の対象となるところ、預金に対して強制執行をするためには、預金を差し押さえる必要があります。

預金の差押えの効力が生ずると、預金者（債務者）は、差し押さえられた預金の取立てその他いっさいの処分を禁止され、第三債務者（金融機関）は、預金者（債務者）への弁済を禁止されます。

さらに、差押債権者は、民事執行法上の要件のもとに、預金を直接取り立て、これによって自己の請求権の満足を得ることができます。

なお、債務名義や強制執行については、第4章第2節6、7を参照してください。

(2) 仮差押え

仮差押えとは、債権者の請求権の支払を保全するために、暫定的に、債務者のある財産について処分を禁止して現状を維持し、将来の強制執行を確保する手段です。

仮差押えの場合には、差押えの場合とは異なり、債権者が実際に第三債務

者から取り立てることはできませんが、預金の仮差押えがなされると、預金者（債務者）は、当該預金の取立てその他いっさいの処分を禁止され、第三債務者（金融機関）は、預金者（債務者）への弁済を禁止されます。

なお、仮差押えの詳細については、第4章第2節6を参照してください。

(3) 滞納処分による差押え

以上は、私法上の権利の実現のための、民事執行法に基づく差押えですが、公法上の金銭債権を強制的に実現する手段として、国税徴収法に基づく滞納処分としての差押えの制度があり、預金債権もこの対象となります。すなわち、納税者がその国税を納期限内に納付しない場合に、債権者である国は、国税徴収法に基づき、（裁判所による手続を経ずして、自ら）国税債権を強制的に実現することができ、その手段として、納税者の有する預金債権を差し押さえることができます。また、地方税や社会保険料についても同様に滞納処分として差押えをすることができます。

以下では、民事執行法に基づく強制執行を中心に、手続の流れを概観したうえで、手続の各段階において金融機関のとるべき対応を解説します。

2　差押え等の手続

債務名義を得た債権者による、預金債権に対する強制執行は、①債権差押命令の申立て→②差押え→③換価、という流れで行われます。

(1) 債権差押命令の申立て

債権差押命令の申立ては、債権者により行われ、第三債務者となる金融機関の関与はありません。

債権者は、裁判所に対して、所定の事項（債権者の債務者に対する請求債権、被差押債権等）および第三債務者を記載した債権差押命令申立書を提出することにより、債権差押命令の申立てを行います。

債権者は、債権差押命令申立書に、差し押さえるべき債権（被差押債権）

を特定するに足りる事項（民事執行規則133条2項）を記載する必要があります。しかしながら、ほとんどの場合には、債務者がどの金融機関のどの店舗にどの種別の預金をいくら有しているか、という点については債権者は正確に認識していません。そこで、債権者は、債務者はこの金融機関のこの店舗に預金を有しているであろうと、いわば当たりをつけたうえで、被差押債権を特定するための事項として、第三債務者たる金融機関、取扱店舗等の事項を記載することになります。

なお、特定の金融機関を第三債務者として、当該金融機関のすべての店舗について、「支店番号の若い順に」といった具合に順位をつけて店舗を特定しようとしたり、「複数の店舗に預金債権があるときは、預金債権額合計の最も大きな店舗の預金債権を対象とする」といった具合に預金額に応じて店舗を特定しようとすることが行われましたが、このような方法は、特定を欠くものとして許されないとされています（最決平23．9．20民集65巻6号2710頁、最決平25．1．17金法1966号110頁）。

債権者は、裁判所書記官に対し、第三債務者に被差押債権の存否、種類、額等の事項につき2週間以内に書面で陳述すべき旨の催告を申し立てることができます（これを「第三債務者に対する陳述の催告の申立て」といいます。民事執行法147条1項）。

(2) 差押えと金融機関の対応

a 差押命令の送達と差押えの効果

債権差押命令の申立てを受けた裁判所は、その申立てが債権差押命令を発するための要件を満たすと認めた場合には、差押命令を、債務者および第三債務者に送達します（民事執行法145条3項）。差押えの効力は、第三債務者に送達された時に発生します（同条4項）。

この差押命令においては、債務者（預金者）に対しては債権の取立てその他の処分の禁止、第三債務者（金融機関）に対しては債務者への弁済の禁止が命じられます（同条1項）。第三債務者は、差押債権者への支払または供託によらなければ債務を免れることはできません。

したがって、第三債務者たる金融機関は、差押命令の送達を受けて以後は、債務者（預金者）に対して払い戻すことはできませんから、差押命令の送達を受けたら速やかに被差押債権の範囲を確認したうえで、支払禁止の措置をとる必要があります。

また、上記のとおり差押えの効力は第三債務者への送達時に発生し、それより前に行った払戻しについては差押債権者に対抗できますが、それ以後に債務者に対して払戻しを行ってしまった場合にはその効力を差押債権者に対抗できません。そのため、差押命令の送達を受けた日時を記録しておくことが必要です。

b　被差押債権の範囲

差押命令には、被差押債権として、以下のとおり記載されるのが通常です（「差押債権目録」として、別紙として添付されるのが通常です）。

金○○円

債務者が第三債務者（○○支店扱い）に対して有する下記預金債権のうち、下記に記載する順序に従い、頭書金額に満つるまで。

1　差押えのない預金とある預金とがあるときは、次の順序による。
　(1)　先行の差押え、仮差押えのないもの
　(2)　先行の差押え、仮差押えのあるもの
2　円貨建預金と外貨建預金とがあるときは、次の順序による。
　(1)　円貨建預金
　(2)　外貨建預金（差押命令が第三債務者に送達された時点における第三債務者の電信買相場により換算した金額（外貨）。ただし、先物為替予約がある場合には、原則として予約された相場により換算する。）
3　数種の預金があるときは、次の順序による。
　(1)　定期預金
　(2)　定期積金
　(3)　通知預金
　(4)　貯蓄預金

第5節　預金の差押え

> (5) 納税準備預金
> (6) 普通預金
> (7) 別段預金
> (8) 当座預金
> 4 同種の預金が数口あるときは、口座番号の若い順序による。
> 　なお、口座番号が同一の預金が数口あるときは、預金に付せられた番号の若い順序による。

　第三債務者たる金融機関は、上記のような、差押命令における被差押債権の記載を確認して、差し押さえられた預金の範囲を特定することが必要です。

c　支払禁止の措置

　金融機関は、差し押さえられた預金に係る支払禁止の措置として、具体的には、その預金の種別に応じて以下のような措置をとります。

(a)　定期預金

　定期預金は、預入れごとに独立した預金債権が成立するため（第2節3参照）、同じ口座番号の定期預金であっても数口に分かれていることがあります。差押債権目録には、「同種の預金が数口あるときは、口座番号の若い順序による。口座番号が同一の預金が数口あるときは、預金に付せられた番号の若い順序による」と記載されていることが通常ですから、この順序に従って、差し押さえられた定期預金の範囲を確認します。定期預金は決済用口座にはなっていませんから、支払停止の設定をすれば足ります。

　なお、一口の定期預金の一部のみが差し押さえられた場合（定期預金の金額が被差押債権額を超過する場合）、差押えの効力はその一部についてのみ及び、残額部分については差押えの効力は及びませんから、この部分については預金者に支払ってもさしつかえありません。もっとも、満期到来前であれば、定期預金を分割して支払う（一部のみの解約に応じる）というのは一般的ではありませんし、法的には、満期到来前の払戻請求に応じる義務はありませんから、満期が到来するまでは払戻しに応じないという対応が可能であ

り、実務においても、このような対応をするのが一般的であると思われます。

　(b)　普通預金、当座預金

　普通預金や当座預金は、随時に入出金が行われますが（第2節2、4参照）、差押命令送達時の預金残高の範囲内にしか差押えの効力は及びません。また、差押えがあった場合であっても、その後に当該預金口座に入金がある可能性があります（差押え後の入金ですから差押えの効力は及びません）。

　そのため、差押えの効力が及ぶ範囲の預金を、差押えの効力が及ばない範囲の預金とは別途で管理しておく必要があります。

　具体的には、差押えの効力が及ぶ預金を出金して、別段預金に移すか、あるいは、同一勘定科目に「差押口」という別口をつくって管理するという措置をとります。

　(c)　総合口座取引への影響

　総合口座とは、①普通預金、②定期預金、③国債等の公共債の保護預り、④上記②、③を担保とする当座貸越を組み合わせた商品であり（第2節6参照）、総合口座という独立した預金があるわけではありませんが、総合口座に組み込まれている定期預金、普通預金が差押えの対象となっている場合には、かかる定期預金、普通預金について、上記(a)、(b)の措置をとります。また、総合口座に組み込まれている定期預金が差し押さえられた場合には、総合口座における貸越しについても影響があります。この点、総合口座取引の規定には、貸越金の担保となっている定期預金について差押えがあった場合には、貸越極度額の計算においては差し押さえられた定期預金の全額を除外する旨が規定されていることが通常ですから、かかる規定に従い、貸越極度額を設定し直します。

　d　相殺の検討

　さらに、差し押さえられた預金の預金者に対して金融機関自身が債権（貸付金など）を有している場合には、相殺による回収を検討します。

　なお、差押命令の送達を受けた以後であっても、差押命令送達時点で存在した債権があれば、この債権を自働債権、差し押さえられた預金債権を受働

債権として相殺することができるとされています（第4章第2節4参照）。

一般に、差押えは、債務者（預金者）の信用悪化を示す事由であるといえますから、金融機関としては、相殺による回収を検討する必要があります。

e 陳述書の作成

上記(1)のとおり、債権者は、第三債務者に対する陳述の催告の申立てを行うことができます。この申立てがあった場合には、裁判所書記官は、差押命令を送達するに際し、第三債務者に対して、差押えに係る債権の存否等の事項について陳述すべき旨を催告しなければならないとされています（民事執行法147条1項、民事執行規則135条1項）。実務では、裁判所書記官は、差押命令送達の際に、催告書とともに、陳述すべき事項を列挙した陳述書の様式を第三債務者に送付しますので、この様式によって陳述書を作成して返送します。

陳述すべき事項は以下のとおりです。

① 被差押債権の存否
② 被差押債権の種類および額
③ 弁済の意思の有無

なお、相殺予定である場合には、弁済の意思は「ない」としたうえで、下記④において、相殺予定である旨を記載します。

④ 弁済する範囲または弁済しない理由
⑤ 被差押債権について、差押債権者に優先する権利を有する者（たとえば、質権者）がある場合には、⑤-1 優先する権利者の氏名、住所、⑤-2 優先する権利の種類および範囲（金額）
⑥ 他の差押え（滞納処分による差押えを含む）に係る事項

同じ預金について先行する差押え（滞納処分による場合も含む）がある場合には、その先行する差押えの内容を記載します。また、陳述書を発送するまでに後行の差押命令の送達があった場合には、その内容も記載します。

この陳述書の作成・返送は、催告書の送達を受けた日から2週間以内に行う（2週間以内に裁判所に到達するように発送する）必要があります。なお、故意また過失によって、陳述しなかったり、不実の陳述をした場合には、損

害賠償責任が課されますので注意が必要です（民事執行法147条2項）。

　f　供託の検討

　差押えの競合または配当要求により供託が義務づけられないか、また、義務づけられない場合であっても供託するのが適当でないか、を検討します。

(3)　換価手続

　a　差押命令による支払

　　(a)　支払うときの確認事項

　差押債権者は、差押命令が債務者に送達された日から1週間を経過したときは、被差押債権を取り立てることができます（民事執行法155条1項）。したがって、第三債務者たる金融機関は、以下のことを確認したうえで、取立て（支払請求）をしてきた差押債権者（多くの場合には、代理人弁護士が手続をします）に対して支払うことになります。

① 　代理人弁護士が支払請求をしてきた場合には代理人弁護士の代理権を、差押債権者本人による委任状等で確認します。差押債権者本人が支払請求をしてきた場合には、差押債権者本人であることを確認します。

② 　裁判所書記官からの差押債権者宛通知書（送達通知書）の提示を求め、債務者に差押命令が送達された日から1週間を経過していることを確認します。

③ 　債権差押命令申立ての取下げがあった場合には、裁判所書記官から第三債務者に対しその旨の通知が来るはずですから（民事執行規則136条1項）、かかる通知が来ていないかを確認します。

④ 　強制執行の一時の停止を命ずる旨を記載した裁判の正本（民事執行法39条1項7号）、債権者が債務名義の成立後に弁済を受けまたは弁済の猶予を承諾した旨を記載した文書（同項8号）が裁判所に提出された場合には裁判所書記官から第三債務者に対しその旨の通知が来ているはずですから（民事執行規則136条2項）、かかる通知が来ていないかを確認します。同様に、執行処分の取消し（民事執行法40条）があった場合には裁判所書記官から第三債務者にその旨の通知が来ているはずですから（民事執行規則136

条3項)、かかる通知が来ていないかを確認します。

⑤　差押えの競合がないか、また、他の債権者からの配当要求がないかを確認します。

　(b)　供　　託

　差押えの競合または配当要求があった場合には、第三債務者たる金融機関は、供託を義務づけられます（後記3(1)。これを**義務供託**といいます)。

　また、このように供託を義務づけられない場合であっても、第三債務者たる金融機関は、上記(a)のように差押債権者に支払うのに代えて、被差押債権の全額に相当する金銭を供託して債務を免れることができます（これを**権利供託**といいます。民事執行法156条1項)。

　民事執行法に基づく供託は、強制執行の目的物を供託所に供託して、供託所による目的物の管理と執行当事者への交付を行うためにするものです。

　義務供託、権利供託のいずれの場合であっても、第三債務者は、供託により、被差押債権に係る債務を免れることができます。

　供託した場合には、供託した旨の事情届に供託書正本を添えて裁判所に提出する必要があります（同条3項、民事執行規則138条)。

　差押債権者は、供託された金額から配当を得ることにより、請求債権の満足を得ます。

　b　転付命令による支払

　換価の手段として、差押債権者は、上記aのように取り立てる方法のほかに、裁判所に対して転付命令の申立てをして、転付命令を受けることができます（民事執行法159条1項)。**転付命令**とは、被差押債権を請求債権および執行費用に代えて、券面額で差押債権者に移転させることを命ずる裁判です。つまり、差し押さえて取り立てる方法では、預金債権自体は債務者のもの（預金債権自体が差押債権者に移転するわけではない）ですが、転付命令が確定すると、預金債権自体が、差押債権者に移転します。そのため、転付命令があると、差押債権者は、預金債権者として、金融機関に対して支払を請求できることになります。

　転付命令の申立ては、差押命令の申立てと別個にすることもできますが、

実務では、差押命令の申立てと同時に、併合して申し立てることが多いとされています。

転付命令を受けた差押債権者から支払請求を受けて支払う際に確認すべき事項は上記a(a)とおおむね同じですが、転付命令は確定しなければ効力を生じないところ（同条5項）、転付命令は債務者に送達されてから1週間以内に執行抗告がない場合に確定しますから（同条4項、10条）、転付命令確定証明書等の提出を受けることにより、確定していることを確認します。

また、転付命令が第三債務者に送達される時までに、他の債権者から差押え、仮差押えまたは配当要求があると転付命令は効力を生じないとされていることから（同法159条3項）、他の債権者からの差押え、仮差押えまたは配当要求がないことを確認します。

3　差押えの競合等

(1)　差押えの競合

債務者に対して複数の債権者が存在する場合、各債権者は、それぞれ、執行力ある債務名義を有していれば、先行する差押えがある場合であっても、同じ債権に対して重ねて差押えをすることができます。このように、同じ債権に対し重複して差押えがなされた場合を、**差押えの競合、二重差押え**といいます。

差押えの競合がある場合には、第三債務者は、1人の差押債権者から取立てを受けた場合であっても弁済をすることはできず、供託をしなければなりません（義務供託。民事執行法156条2項）。

留意が必要なのは、債権の一部差押えが競合し、その総計が被差押債権額を超えるときは、各差押えの効力は債権全額に及ぶとされていることです（同法149条）。どういうことかというと、債務者Bに対し請求債権を有している差押債権者AがBのC銀行に対する預金債権を100万円の範囲で差し押さえた場合に、Bに対する別の差押債権者Dが200万円の範囲で同じ預金債権を差し押さえたとします。この場合に、同預金債権の残高が300万円に満

たなければ、差押えの競合がある状態であり、A、Dのいずれの差押えの効力も、同預金債権全額に及び、AとDは裁判所の作成する配当表に従い、それぞれ1：2の割合で配当を受けることになります。

(2) 配当要求

執行力ある債務名義をもつ債権者および先取特権者は配当要求をすることができます（民事執行法154条1項）。

配当要求があった旨の文書の送達を受けたときも、第三債務者たる金融機関は供託をしなければなりません（同法156条2項）。

4　仮差押え

上記2は、差押えの手続ですが、これが差押えではなく仮差押えであった場合についても、金融機関のとるべき対応としては、上記2(1)、(2)はおおむね同じですが、仮差押えの場合には取立権限までは付与されませんから、上記2(3)の段階は生じません。もっとも、第三債務者による義務供託、権利供託が同様に定められています（民事保全法50条5項、民事執行法156条）。

5　滞納処分

国や地方自治体は、（裁判所に申し立てることなく、）一定期間までに納税をしない納税者の財産を差し押さえることができ、その差押えの効力は、差押通知書が第三債務者に送達されることにより生じます（国税徴収法62条3項）。そして、徴税職員は直ちに取り立てることができます。したがって、差押えを受けた金融機関は、直ちに、差押えの競合の有無や、供託の要否等を検討する必要があります。なお、滞納処分における徴収職員には、必要な範囲内で質問および検査権限が認められていますから（同法141条）、徴収職員は、金融機関に立入検査を行い、その場で差押通知書を作成して預金を差し押さえ、直ちにこれを取り立てるということもできます。

また、滞納処分による差押えと、強制執行による差押えまたは仮差押えの競合があった場合の調整については、滞納処分と強制執行等との手続の調整に関する法律（以下「滞調法」といいます）に定められています。
　まず、先行の滞納処分による差押えがされている場合に、後行の強制執行による差押えが競合した場合には、滞納処分による差押えが優先しますので、徴収職員に対して支払います。もっとも、第三債務者は、その債権の全額を供託することができます（権利供託。滞調法20条の6第1項）。
　これに対し、先行の強制執行による差押えがされている場合に、後行の滞納処分による差押えが競合した場合には、第三債務者は、その債権の全額を供託しなければなりません（義務供託。同法36条の6第1項）。もっとも、先行の強制執行による差押えにつき、転付命令が第三債務者に送達されている場合には、転付命令は確定により差押債権者に移転しますから（上記2(3)ｂ）、転付命令が第三債務者に送達された後に滞納処分による差押通知書が送達されても、滞納処分による差押えは、いわば空振りに終わったことになります。
　次に、仮差押えと、滞納処分による差押えが競合した場合には、その先後関係を問わず、徴収職員に対して支払います。もっとも、第三債務者は、その債権の全額を供託することができます（権利供託。同法20条の9第1項、36条の12第1項、20条の6第1項）。

第6節　預金の相続

預金者が死亡した場合

　預金者が個人である場合、預金者が死亡すれば、その預金債権は相続の対象となります。また、預金者は、遺言により、その有する預金債権を特定の者に対して処分することができます。遺言による財産の処分を**遺贈**といい、遺贈により遺言者の財産を譲り受ける者を**受遺者**といいます。

このように、預金者が死亡すると、預金債権の帰属に変更が生じるところ、預金債権が誰にどのような配分で帰属するかということは、遺言の有無や、遺産分割協議の成否によって異なります。

以下では、まず、①預金者の死亡を金融機関が認識した場合にとるべき措置を述べ、次に、②相続制度を概観したうえで、③相続または遺贈があった場合の預金債権の帰属、④預金債権を相続または遺贈により取得したと主張する者から払戻請求があった場合に金融機関のとるべき措置についてそれぞれ解説します。

2 預金者の死亡を金融機関が認識した場合にとるべき措置

金融機関が預金者の死亡を認識した場合、後記5のとおりその預金の払戻手続は特に留意して行う必要がありますし、支払の委任者である預金者の死亡により支払委任契約は終了しますから（民法653条1号）、預金からの自動振替も停止する必要があります。そのため、速やかに預金者死亡の登録をして、ATM等による払戻しや自動振替もできないようにしておく必要があります。

もっとも、金融機関としては、通常は遺族等から通知を受けなければ預金者死亡の事実を認識しえませんから、預金者の死亡を知らないで自動振替を継続したり払い戻したりすることがありえますが、預金者の死亡を認識しないで行った自動振替についてはその有効性が争われることはあまりありません。また、払戻しについては、準占有者に対する弁済の成否の問題となります（第1節5参照）。

3 相続制度の概観

(1) 相続とは

相続とは、自然人の法律上の地位を、その者の死後に、特定の者（相続人）に包括的に承継させるものです。そして、相続は、被相続人の死亡に

よって開始し（民法882条）、預金債権のような可分債権（分割可能な債権）は、法律上、当然に分割され、各共同相続人がその相続分に応じて権利を取得するとされています（最判昭29.4.8民集8巻4号819頁）。

　そのため、被相続人が死亡すれば、遺言がない限り（後記(6)参照）、預金債権は当然に相続人に帰属することになります（しかしながら、後記4で述べるとおり、相続人間の遺産分割協議等により相続分とは異なる割合で分割された場合には、かかる遺産分割協議等の効力は相続開始時にさかのぼって発生します（同法909条））。

(2) 相続人の範囲

　では誰が相続人になるかというと、民法に定められています。なお、後記(6)の包括受遺者は、遺産分割等の場面においては、相続人と同一の権利・義務を有するものとされており（民法990条）、実質的には相続人と変わりませんが、厳密には区別されます。

　相続人の範囲は、被相続人との間の身分関係によって画され、被相続人の配偶者は常に相続人となる（同法890条）ほか、相続人となる順位が定められています。

a　配偶者

　まず、被相続人の配偶者は、常に相続人となります（民法890条）。なお、配偶者とは、法律上の婚姻関係にあった者をいい、いわゆる内縁関係にあった者は含まれません。

b　子

　また、被相続人の子は、第一順位の相続人になります（民法887条1項）。実子のほかに養子も同様に第一順位の相続人となります。なお、父母の婚姻中に懐胎した子（嫡出子）は問題ありませんが、婚姻中でないときに懐胎した子（非嫡出子）については、父が認知しなければ、当然には父子関係は認められないため（同法779条）、相続人にもなれません。

　被相続人の子が被相続人死亡以前に死亡したとき、または民法891条所定の事由（故意に被相続人を死亡させて刑に処せられたこと等）に該当するため

相続人となる資格を欠いている（相続欠格）か、被相続人により相続権を剥奪された場合（排除。同法892条、893条）には、その子の子、つまり被相続人の孫が第一順位の相続人となります（これを代襲相続といいます。同法887条2項）。ひ孫についても同様です（同条3項）。

c　直系尊属

次に、被相続人の直系尊属が第二順位の相続人とされています（民法889条1項1号）。直系尊属が複数いる場合には、親等が近い者が優先し、親等の同じ者同士は同順位とされます。

d　兄弟姉妹

次に、被相続人の兄弟姉妹が第三順位の相続人とされています（民法889条1項2号）。兄弟姉妹についても代襲相続があります（同条2項。ただし、再代襲はありません）。

なお、ここに順位というのは、第二順位の者は第一順位の者がいない場合に限って相続人となり、第三順位の者は第一順位、第二順位の者がいない場合に限って相続人となるということです。

e　相続人が複数いる場合

配偶者のほかに子がいる場合や、子が複数いる場合には、そのいずれもが相続人となり、このように相続人が複数いる場合の相続人を共同相続人といいます。

(3)　法定相続分

法定相続分とは、民法によって定められている各共同相続人が取得しうべき相続財産の総額に対する分数的割合をいいます。各共同相続人は、その相続分に応じて被相続人の権利義務を承継します（民法899条）。具体的な法定相続分については以下のとおりです（同法900条）。

・子および配偶者が相続人であるときは、子（子が複数名いる場合には、子のグループとしてとらえます）と配偶者の法定相続分は各2分の1であり、子が複数名いる場合には子の間は平等な割合とされます（つまり、子が3名ある場合には、各子の法定相続分は各6分の1です）。

・配偶者および直系尊属が相続人であるときは、配偶者の法定相続分は3分の2、直系尊属（直系尊属が複数名いる場合には、直系尊属のグループとしてとらえます）の法定相続分は3分の1であり、直系尊属が複数名いる場合には直系尊属の間は平等な割合とされます。
・配偶者および兄弟姉妹が相続人であるときは、配偶者の法定相続分は4分の3、兄弟姉妹（兄弟姉妹が複数名いる場合には、兄弟姉妹のグループとしてとらえます）の法定相続分は4分の1であり、兄弟姉妹が複数名いる場合には兄弟姉妹の間は平等な割合とされます。ただし、被相続人と父母の一方のみを同じくする兄弟姉妹の法定相続分は、父母の双方を同じくする兄弟姉妹の2分の1とされます。

(4) 相続の放棄、承認

相続人は、相続の放棄または承認をすることができます。

相続の放棄とは、被相続人の死亡により当然に発生した包括的な権利義務承継の効果を、自己のために遡求的に消滅させる目的で行う意思表示であり、家庭裁判所に申述する方法により行う必要があります（民法938条）。これにより、初めから相続人とならなかったものとみなされます（同法939条）。

他方、承認には、限定承認と単純承認があり、このうち**限定承認**とは、承継した相続財産のみに責任を制限して債務の承継を承認するものであり（同法922条）、相続の放棄と同様、家庭裁判所に申述する方法により行う必要があります（同法924条）。これに対し、**単純承認**とは、被相続人に属したいっさいの権利・義務を無限に承継するものであり（同法920条）、相続人が相続開始を知った時から3カ月以内に放棄と限定承認のいずれもしなかった場合には、単純承認をしたものとみなされます（同法921条2号）。

(5) 遺産分割の協議・調停・審判

法定相続分については上記(3)にて述べたとおりですが、相続人は、その全員の協議（**遺産分割協議**）により、法定相続分とは異なる割合で相続財産を相続することができます。また、包括受遺者がある場合には、包括受遺者も

遺産分割協議の当事者となります（後記(6)参照）。

相続人間での協議が整わなかった場合には、家庭裁判所に遺産分割審判を求めることができ（民法907条2項）、この審判により、遺産分割がなされます。また、相続人は、家庭裁判所に対して遺産分割の調停を求めることもできます（家事事件手続法244条）。したがって、遺産分割の協議・調停・審判により、法定相続分とは異なる割合で預金の相続がなされることがあります。しかも、遺産分割の効力は、相続開始時にさかのぼって生ずるとされています（民法909条）。

(6) 遺　　言

上記1のとおり、遺贈とは、遺言による相続財産の処分をいい、相続とは区別されますが、相続と同様に、遺言者の死亡の時から効力を生じます（民法985条1項）。遺贈については、その内容により大きく2つに分類することができ、遺贈の目的の範囲を遺言者が自己の財産全体に対する割合をもって表示した遺贈を**包括遺贈**（この場合の受遺者を**包括受遺者**）、遺贈の目的を特定する遺贈を**特定遺贈**（この場合の受遺者を**特定受遺者**）といいます。

包括遺贈がなされた場合には、受遺者は相続人と同一の権利義務を有するとされていることから（同法990条）、受遺者は、遺言者の死亡により当然に、遺贈された割合の権利義務を包括的に承継します。そして、包括受遺者は、共同相続人と同様に、遺産分割の協議・調停・審判の当事者になります。

遺言は、上記のとおり遺言者の死亡の時からその効力を生じますから（同法985条1項）、ある預金の特定遺贈がなされた場合には、受遺者は、遺言者の死亡により、当然に預金債権者になります。

もっとも、特定受遺者は、遺言者の死亡後はいつでも遺贈の放棄をすることができ、その放棄の効力は遺言者の死亡の時にさかのぼって生じます（同法986条）。これに対し、包括受遺者の場合には、民法986条は適用されず、相続人による放棄・承認の規定（同法915条以下。上記(4)参照）が適用されます。

遺言は、民法で定められている方式に従って作成される必要があり（同法

960条)、この方式には、自筆証書遺言、公正証書遺言、秘密証書遺言があり（同法967条本文)、それぞれ、同法968条、969条（および969条の2)、970条に形式、要件が定められています。このほか、死亡の危急に迫っている場合など、民法の定める要件を満たす場合には、同法976条以下に定める特別の方式による遺言が認められます（同法967条ただし書)。

遺言が公正証書遺言の場合を除き、遺言の保管者（保管者がいない場合には遺言を発見した相続人）は、相続が開始されたことを知った後、遅滞なく、家庭裁判所に対し遺言の検認を請求しなければなりません（同法1004条1項)。検認とは、遺言書の偽造・変造を防ぎ、かつ遺言書を確実に保管する（いわば証拠保全）ための検閲・認証手続です。そのため、家庭裁判所の検認を得たことをもって、遺言が有効であることが確認されたといえるわけではないことに留意が必要です。

(7) 民法（相続関係）等の改正に関する中間試案

相続法制に関しては、平成28年6月21日付で、法務省法制審議会が、「民法（相続関係）等の改正に関する中間試案」を公表しており、この中間試案においては、配偶者の相続分の見直しや、可分債権の遺産分割における取扱いの見直しが示されています。

4 預金債権の帰属

では、以上によれば、預金者が死亡した場合、預金債権は誰にどのような割合で帰属するのでしょうか。

(1) 遺言が存在しない場合

遺言が存在しない場合には、受遺者はいませんから、相続人のみが、被相続人の権利義務を承継していることになります。そして、上記3(1)のとおり、預金債権は、法律上、当然に分割され、各相続人がその相続分に応じて権利を取得するとされています。

したがって、預金者が死亡すれば、法定相続人がその法定相続分に従って分割された預金債権を当然に取得することになります。もっとも、相続の放棄がなされた場合には、その者は最初から相続人でなかったことになりますから（上記3⑷参照）、相続の放棄をした者を除いた法定相続人が、その法定相続分に従って分割された預金債権を取得することになります。

しかしながら、上記3⑸のとおり、法定相続分とは異なる割合で遺産分割の協議・調停・審判がなされることがあり、この場合には、かかる遺産分割の内容で相続されます。

⑵ 遺言が存在する場合

遺言によって預金の特定遺贈がなされている場合、または、全部の包括遺贈がなされている場合には、受遺者は、当然に預金債権を取得します。

なお、遺言の内容を実現するため、遺言により、または家庭裁判所から選任されることにより、遺言執行者が置かれる場合があります（民法1006条、1010条）。

また、一部の包括遺贈がなされた場合には、包括受遺者は共同相続人と同様の権利義務を有することになりますから、上記⑴と同様の権利関係になります。

5　払戻請求に対する対応

⑴ 総　　論

上記4のとおり、相続人間の遺産分割協議等があった場合や、遺言がある場合には、法定相続人以外の者が預金債権を取得していたり、法定相続分とは異なる割合で預金債権の相続がなされている可能性があります。

そのため、金融機関としては、預金債権の相続人であると称する者から預金の払戻請求を受けた場合には、遺産分割協議等や遺言の有無について確認する必要があります。以下では、預金者の死亡があった場合の、金融機関においてとるべき措置についてみていきます。

まず、死亡した預金者に係る預金の払戻請求には、主に以下のようなパターンが考えられます。
① 法定相続人による法定相続分の払戻請求
② 遺産分割協議等に基づく払戻請求
③ 遺言に基づく払戻請求

(2) 法定相続人による法定相続分の払戻請求

法定相続人から、法定相続分に応じた払戻請求があった場合、遺言が存在せず、かつ、当該預金が遺産分割協議等の対象となっていなければ、法定相続人は法定相続分に応じた預金債権を有しているはずです。

そこで、金融機関としては、①遺言がないこと、②相続人の範囲およびその法定相続分、③遺産分割の協議・調停・審判がなされていないことを確認したうえで、相続人に対し、その法定相続分に応じて払い戻すことになります。

上記①の遺言がないことについては、相続人に確認するほかないでしょう。上記②の相続人の範囲およびその法定相続分については、戸籍謄本または除籍謄本の提出を受けて確認します。上記③の遺産分割の協議・調停・審判がなされていないことは、相続人に確認します。

相続人全員から払戻請求があった場合であれば問題はありませんが、一部の相続人のみから法定相続分に応じた払戻請求があった場合には、応じることに問題はないでしょうか。

上記のとおり、預金債権は法定相続分に応じて当然に分割され承継されますから、上記について確認ができていれば、一部の相続人のみに対する法定相続分に応じた払戻しの有効性に問題はないはずです。他方で、一部の相続人が遺産分割協議等はなされていないとして金融機関に相続分に応じた払戻しを求めても、実際には遺産分割協議等により他の相続人が預金を全部相続しているという可能性がないわけではありません。そのため、実務においては、一部の相続人から法定相続分に応じた払戻請求があっても、金融機関としては他の相続人全員の同意がなければ払い戻さないという対応が一般的であったといえます。しかし、法定相続分による預金の払戻請求訴訟が増えた

こともあり、近年においては、一部の相続人からの払戻請求が法定相続分によるものであれば、他の相続人全員の同意がない場合であっても、遺言や遺産分割協議等の存在が懸念されるような事情がなければ、これに応じていることが多いようです。

(3) 遺産分割協議等に基づく払戻請求

遺産分割の協議・調停・審判により預金が分割されている場合には、①遺言がないこと、②相続人の範囲、③（相続人全員による協議書または家庭裁判所の調停調書・審判書の提出を受けて）遺産分割の内容を確認したうえで、その内容に従って払い戻します。

また、上記③に関しては、払戻請求の対象とされている預金が遺産分割の協議書または家庭裁判所の調停調書・審判書において特定されており、払戻請求の内容のとおりに分割されていることが確認できる場合には、相続人から別途同意書の提出を受ける必要はありません。他方、遺産分割の対象である預金の特定が十分ではなく、払戻請求のとおり分割されていることが客観的にみて確認しがたい場合（特に協議の場合）には、相続人全員から別途同意書の提出を受けるのが、二重払いのリスクを回避するためには適当であると考えられます。

(4) 遺言に基づく払戻請求

預金の遺贈を受けた受遺者または遺言執行者から遺言に基づき払戻請求を受けた場合には、遺言の方式（上記3(6)参照）・内容を確認します。

そのうえで、受遺者または遺言執行者のいずれに払戻請求権限があるかを確認のうえで対応する必要があります。この点については、以下のとおり、場合分けすることができると考えられます。

a　遺言執行者が置かれていない場合

(a) 一部の包括遺贈の場合

上記3(6)のとおり、受遺者は共同相続人と同様に、遺産分割の協議・調停・審判の当事者になりますから、上記(3)と同様の対応をったうえで受遺者

に対して払い戻すことになります。

　(b)　全部の包括遺贈または特定遺贈の場合

　上記4(2)のとおり、受遺者は当然に預金債権を取得します。しかし、特に自筆証書遺言の場合には、その遺言の有効性について相続人が争うことがありますので、後日のトラブルを避けるため、相続人から同意書の提出を受けたうえで受遺者に対して払い戻すという方法をとることがあります。

b　遺言執行者が置かれている場合

　遺言執行者は、遺言の執行に必要ないっさいの行為をする権利義務を有するとされており（民法1012条1項）、遺贈された債権の取立てをすることができます。遺言執行者から払戻請求があった場合には、遺言または家庭裁判所の選任書によって、遺言執行者の権限を確認する必要があります。

　(a)　包括遺贈の場合

　遺言執行者がある場合には相続人は相続財産の処分その他遺言の執行を妨げるべき行為をすることができないとされているところ（民法1013条）、包括受遺者は相続人と同視されます。そのため受遺者自身が払戻請求をすることはできないとも考えうるものの、他方では預金については遺言の「執行」の余地はないとも考えられます。そこで、実務では、受遺者と遺言執行者の連名での払戻請求を受けて支払うのが一般的であると思われます。

　(b)　特定遺贈の場合

　上記4(2)のとおり、受遺者は当然に預金債権を取得するため、法的には、受遺者自身が単独で払戻請求できるはずではあります。しかしながら、後日のトラブルを避けるため、受遺者自身に対して払い戻すことについて遺言執行者の同意を得ておくという対応をとることが、金融機関の実務としては一般的であると思われます。

共同相続人の一部から取引経過開示請求があった場合の対応

　金融機関は、預金契約に基づき、預金者の求めに応じて預金口座の取引経

過を開示すべき義務を負うとされており、共同相続人は、被相続人名義の預金について取引経過の開示を求める権利を単独で行使することができるとされています（最判平21.1.22民集63巻1号228頁）。したがって、金融機関は、共同相続人の全員から被相続人名義の預金について取引経過の開示を求められた場合はもちろん、共同相続人の一部のみから開示を求められた場合であっても、これに応じる必要があります。

第 7 節　預金の譲渡・質入れ

預金の譲渡

(1) 預金規定による譲渡禁止

預金債権は債権の一種であるところ、債権一般は、当然に譲渡できるのが原則ですが（民法466条1項本文）、債権者・債務者間の合意（**譲渡禁止特約**と呼ばれます）により債権の譲渡を禁止することができます（同条2項本文）。

預金債権については、預金規定により、預金債権の譲渡を禁止しているのが一般的であり、かかる預金規定は金融機関と預金者との間の契約内容となりますから（第1節2(3)、第1章第2節1(2)参照）、かかる預金規定により、預金者は、金融機関（債務者）の承諾を得ずして預金債権を譲渡することはできないこととなります。

他方で、譲渡禁止特約は、これを善意無重過失の第三者に対抗することはできないとされています（同項ただし書）。つまりは、譲渡が禁止されていることを重過失なく知らずして債権の譲渡を受けた者に対して、譲渡禁止特約を理由として支払を拒絶することができないということです。もっとも、預金債権については、譲渡禁止とされていることは広く知られているといえ、譲渡禁止を重過失なく知らずに預金債権の譲渡を受けるという事態は実務ではあまり考えられません。

なお、民法改正法案では、譲渡禁止特約のある預貯金債権の譲受人に悪意

または重過失が認められる場合には当該預貯金債権はそもそも当該譲受人には移転しない旨を規定することとしており（改正後民法466条の5第1項）、かかる改正による実務への大きな影響はないと考えられます。

　これに対し、譲渡禁止特約のない預金は「譲渡性預金」といわれますが、譲渡性預金は一般の預金のように不特定多数の顧客を対象とするものではなく、相対で預金契約の内容を合意するのが一般的です。

(2) 金融機関による譲渡の承諾

　預金規定に譲渡禁止が定められていても、金融機関が承諾をすれば譲渡は可能ですし、金融機関による承諾なくして譲渡された場合であっても、金融機関が事後に承諾をすれば譲渡は遡及的に有効となるとされています（最判昭52．3．17民集31巻2号308頁）。

預金の質入れ

(1) 預金債権に対する質権設定の可否

　一般に、譲渡性のある債権については質権の目的とすることができますが、預金債権については、上記のとおり預金規定において譲渡が禁止されている場合がほとんどですから、原則として質権の目的とはなりえませんが、預金債権の債務者である金融機関が承諾をすれば質権の目的とすることができます。

(2) 自行預金に質権設定を受ける場合

　金融機関が自行預金について質権の設定を受けようとする場合には、質権者となるのは預金債権の債務者自身ですから、質権の目的とすることには問題ありません。

　総合口座取引において定期預金に質権が設定されることについては第2節6にて述べたとおりですが、総合口座取引以外の場面においても、金融機関が自行預金に対し質権の設定を受けることがあります。この場合、金融機関

は、預金者から、預金担保差入証の差入れを受けます。なお、預金証書・通帳の交付を受けなくても質権設定の効力は生じますが、預金証書・通帳が預金者の手元に残ることにより生じうる紛争を予防するためには、預金証書・通帳の交付を受けておくことが望ましいといえます。

(3) 他行預金に質権設定を受ける場合

他行預金について質権の設定を受ける場合ですが、上記1(1)のとおり譲渡が禁止されている場合がほとんどですから、預金者から預金担保差入証の差入れを受けるのみならず、預金債権の債務者である金融機関から承諾を得る必要があります。また、第三者対抗要件を得るために、かかる承諾書には、確定日付を得ておく必要があります（民法364条）。

第8節　ペイオフとその対応

(1) 預金保険制度とは

預金保険制度とは、金融機関が預金保険料を預金保険機構に支払い、万が一、金融機関が破綻した場合には一定額の預金等を保護するための保険制度であり、多くの国において同様の制度が設けられています。

わが国においては、預金保険法によって預金保険制度が定められており、政府、日本銀行、民間金融機関の出資により設立された預金保険機構が制度の運営主体となっています。

預金保険制度に関して、ペイオフという用語が使われます。**ペイオフ**とは、狭い意味では、保険金を預金保険機構が直接預金者に支払う方式（後記(2)の「保険金支払方式」）のことをいい、広い意味では、金融機関が破綻した際に、預金等の一定額しか預金保険による保護の対象とならないこと（換言すれば、預金者に損失が生じうること）をいいます。

(2) 預金保険制度による保護の仕組み

預金保険制度による保護の仕組みとしては、①預金保険機構が預金者に対して直接保険金を支払うことにより預金等の保護を行う方法（保険金支払方式。預金保険法53条以下）と、②破綻金融機関の営業の一部を他の健全な金融機関（救済金融機関）が受け継ぎ、そのために必要なコスト等を預金保険機構が救済金融機関に資金援助することにより預金等の保護を行う方法（資金援助方式。同法59条以下）の2種類があります。

保険事故、つまりは預金保険制度による保護の原因となる事由としては、①金融機関の預金等の払戻しの停止（第一種保険事故）と、②金融機関の営業免許の取消し、破産手続開始の決定または解散の決議（第二種保険事故）があります（同法49条2項）。

第一種保険事故が発生した場合には、保険金支払方式、資金援助方式のいずれの方式により保護するかを預金保険機構が決定します（同法53条1項ただし書）。これに対し、第二種保険事故が発生した場合には、保険金支払方式による保護が行われます（同項本文）。

預金保険制度による保護の対象となる預金等は、①決済用預金（当座預金、利息のつかない普通預金など）と、②一般預金等（利息のつく普通預金、定期預金、定期積金、元本補てん契約のある金銭信託、金融債（保護預り専用商品に限る））であり、上記①の決済用預金は全額が、上記②の一般預金等は、合算して元本1000万円までと破綻日までの利息等が保護されます。

これに対し、外貨預金、譲渡性預金、金融債（募集債および保護預り契約が終了したもの）は預金保険制度による保護の対象とはされていません。

なお、銀行法12条の2第1項、同法施行規則13条の3第1項3号は、銀行の預金の受入れに関し、預金保険法の保険金の支払対象であるものの明示をすることを義務づけています（第1節4(3)b参照）。

(3) 保険関係の成立、保険料の支払

預金保険制度による保険関係は、金融機関が預金等に係る債務を負うことにより自動的に成立するものとされており（預金保険法49条1項）、預金者に

おける手続は必要とされていません。金融機関は、事業年度ごとに、預金保険機構に対し保険料を納付します（同法50条）。

第 3 章

融資取引

第1節　融資取引とは

1　融資取引とは

　金融機関の業務は、預金取引を中心とした**受信業務**と、融資取引を中心とした**与信業務**に大別することができます。与信業務は、金融機関にとって収益の源泉となる主要な業務であると同時に、与信業務の中心となる融資取引には、①資金媒介機能および②信用創造機能があるとされ、社会経済において重要な機能・役割を果たしています。

　本章では、融資取引について、その仕組みや法的性質、取引上の留意点を解説するとともに、融資取引を行う際には欠かせない担保・保証についても併せて解説します。

　なお、「融資取引」という言葉は、今日、貸付け（融資）だけでなく、手形の割引、債務保証（支払承諾）、手形の引受けなどの取引も含む意味で使用されることがあり、本章でもこの意味で用いることにします。

2　融資取引の機能

(1) 資金媒介機能
　資金媒介機能とは、金融機関が企業や個人から余剰資金を預金として集め、資金を必要とする企業や個人に融通する機能のことです。金融機関がこのような媒介機能を果たすことによって、それぞれの企業や個人が、資金を必要とする者または余剰資金を抱えている者を探したり、相手方を信用して貸し付けてよいかといったことを判断したりする手間を不要なものとし、資金が無駄なく活用されるようになるわけです。

(2) 信用創造機能
　信用創造とは、金融機関が預金と貸出しを繰り返すことで、預金が増えて

いく仕組みをいいます。

　金融機関は、企業や個人から預金を預かりますが、預金者がいつでも預金を払い戻すことができるよう、それに応じる準備をしておかなければなりません。もっとも、通常、預金者全員が一斉に預金を払い戻すということはありませんので、金融機関は預金の全額を手元に用意しておく必要はありません。支払のための準備として手元に置いておくのは預けられた預金の一部でよく、残りは貸付けに回すことができます。貸し出された金銭は支払に充てられますが、支払を受けた取引先にその金銭をすぐに使うあてがなければ、金融機関に預けることになります。この預けられた預金についても、金融機関は上記と同様、支払準備に必要な分だけ手元に残して、残りを貸出しに回すことができます。これを繰り返すと、次々に預金が生み出されることになり、預金残高はどんどん増えていきます。この仕組みを「信用創造」と呼んでおり、金融機関の貸付けには、この信用創造を生み出す機能があるわけです。

第2節　融資取引と契約書類

　本節では、金融機関が、取引先との間で融資取引を開始しようとするときに、取引先との間で締結する契約書について解説します。

　融資取引の開始にあたって、金融機関は、取引先との間で、融資取引の基本約定書を締結するのが一般的であり、この基本約定書は、銀行においては銀行取引約定書、信用組合においては信用組合取引約定書、信用金庫においては信用金庫取引約定書というように、金融機関ごとに異なる名称がつけられていますが、その内容はほぼ同じです。

　本章においては、「銀行取引約定書」を、これら各金融機関における融資取引の基本約定書を代表する名称として使用することとします。

銀行取引約定書

(1) 銀行取引約定書とは

　銀行取引約定書とは、金融機関と取引先との間の手形取引を含めた融資取引一般についての基本約定書であり、それぞれの取引に共通の総則的な条項や保全・回収に関する条項が定められています。もっとも、融資取引の予約契約といったものではありませんので、銀行取引約定書を締結しただけで、金融機関の融資義務が発生したり、取引先の融資を受ける権利が発生したりすることはありません。実際に取引先との間で融資取引を行うにあたっては、必要に応じて、当該取引についての個別事項を定めた各種の約定書を締結します。これらの約定書には「別に締結した銀行取引約定書の各条項に従う」といった記載があり、基本契約である銀行取引約定書を前提とするものであることを明らかにしています。

　なお、銀行取引約定書は、継続的な融資取引を前提としますので、住宅ローンや消費者ローンを行う場合など、継続的に融資取引を行うことが見込まれない場合には締結されません。また、あくまで融資取引に関する基本約定書であることから、預金取引や為替取引には適用されません。

(2) 銀行取引約定書の制定目的

　銀行取引約定書の制定目的としてまずあげられるのは、金融機関の債権保全の強化です。

　融資取引には、民法、商法、手形法、小切手法、破産法などさまざまな法律が適用されますが、これらの法律は金融機関の融資取引だけを念頭に制定されているわけではないので、法律の規定のみでは金融機関の債権保全として不十分です。そこで、取引先と締結する契約書として銀行取引約定書を制定することで、法律の規定を修正、補充し、債権保全を強化しています。

　次に、大量取引の迅速な処理を図ることも、金融機関が銀行取引約定書を制定した目的としてあげられます。

　すなわち、金融機関は多数の取引先との間でさまざまな融資取引を行って

います。これらの取引のつど、個々の契約内容について交渉していたのでは、多くの手間と時間を要し、円滑に融資取引を行うことも困難となります。そこで、各融資取引に共通に適用される基本的なルールを定型的に定めることで事務コストを低減し、大量取引の迅速な処理を図っています。

(3) 銀行取引約定書の変遷

当初は、各金融機関が個別に銀行取引約定書を制定していた時代もありましたが、昭和32年に、当時の三菱銀行が相殺をめぐる国との訴訟の第一審（京都地判昭32.12.11金法163号27頁）で敗訴したことをきっかけに、全国銀行協会（当時は全国銀行協会連合会といいました）において統一的な約定書の検討が進められ、昭和37年8月に「全銀協ひな型」が制定されました。その後、このひな型は昭和52年4月に一部改正されましたが、改正の前後を通じ、各金融機関はおおむねこのひな型を採用していました。なお、信用金庫や信用組合も、ほぼ同様の内容で信用金庫取引約定書や信用組合取引約定書等を制定していました。

しかし、平成年代に入り、金融の自由化、国際化、証券化等の金融取引をめぐる環境の変化に対応し、有効かつ適正な競争を促進することによって金融制度の効率化等を図ること、そのために金融機関等は経営上の創意工夫を発揮し、より多様で良質な金融サービスを利用者に提供することを目的とした金融制度改革が進展しました。このような変化のなかで、公正取引委員会から、各金融機関が全銀協ひな型を採用していることは、金融機関間の横並びを助長するおそれがあるとの指摘がなされました。そこで、全国銀行協会は、平成12年4月、各金融機関の自己責任に基づく創意工夫の発揮と顧客のより自由な選択を可能とするべく、ひな型を廃止しました。

このため、現在では、再び各金融機関が独自の内容の銀行取引約定書を制定している状況にあります。もっとも、これらの銀行取引約定書は、廃止前のひな型を参考にして作成されていることから、それぞれの基本的な内容は、ほぼ共通のものとなっています。

(4) 銀行取引約定書の主要条項

銀行取引約定書における主要な条項は、以下のとおりです。

a　適用範囲についての条項

銀行取引約定書の適用範囲を定める条項で、銀行取引約定書が適用されるのは、金融機関と取引先との間の融資取引であることを明らかにしています。具体的には、手形貸付、手形割引、証書貸付、当座貸越、支払承諾などの典型的な取引のほか、その他いっさいの取引が対象になることが定められます。

最近では、金融機関の業務範囲の拡大等により、上記の典型的な取引以外の取引が増加しています。この流れに対応するため、デリバティブ取引や電子記録債権取引などを追加して例示列挙している例もみられます。

b　担保および保証についての条項

金融機関の債権保全と確実な回収を図るため、いわゆる**増担保条項**が置かれています。

増担保条項とは、すでに金融機関に差し入れている担保の価値が金融機関に帰責事由なく減少した場合や取引先の信用状態が悪化し債権回収に不安が生じた場合には、金融機関の請求に基づき、取引先は新たに担保を差し入れ、または保証人を立てなければならないとするものです。なお、金融機関は担保を設定するよう請求できるにとどまり、取引先との間で別途担保権設定契約が結ばれて初めて担保権が成立します。

また、取引先に債務不履行があった場合には、金融機関は、金融機関が占有している取引先の動産、手形その他の有価証券についても、任意に取立てまたは処分し、債務の弁済に充当することができる旨を定める条項も置かれます（**弁済充当条項**）。

この弁済充当条項により、取引先に法的倒産手続の開始決定が下されていない段階で、代金取立手形を取り立てて取立金引渡債務を負った場合、金融機関は、取立金引渡債務と貸付金返還請求権とを相殺すれば、債権回収を行うことが可能となります。

また、取引先の倒産手続開始決定後に手形の取立入金を受けた場合であっ

ても、当該手形について商事留置権（第5節4(2)参照）が成立していれば、代金取立手形からの優先的回収を実現できる場合があります。すなわち、判例は、取引先の破産または民事再生手続開始決定後に手形の取立入金を受けた場合について、銀行による弁済充当条項に基づく取立金の被担保債権への充当を認めました（破産につき、最判平10．7．14民集52巻5号1261頁。民事再生の場合につき、最判平23.12.15民集65巻9号3511頁）。このことからすれば、取引先に開始された倒産手続の種類が特別清算手続である場合にも、商事留置権に基づき取立期日まで手形の返還を拒絶したうえで、相殺または取立充当条項に基づき、取立金からの回収を図ることが可能と考えられます。

c　期限の利益の喪失についての条項

取引先に債権保全上重大な影響がある事態が発生した場合に、直ちに債権回収にとりかかれるように、取引先の期限の利益喪失事由について定める条項です。発生した事態が取引先の信用に与える影響に応じて、金融機関からの通知催告がなくても当然に期限の利益を喪失する場合（当然喪失事由）と、金融機関からの請求によって期限の利益を喪失する場合（請求喪失事由）をそれぞれ定めており、銀行取引約定書のなかでも特に重要な条項です。

期限の利益とは、期限までは返済を求められることがないという債務者の利益のことで、言い換えれば、金融機関は、期限が到来するまで取引先に対して貸金の返還を請求できないということです。したがって、取引先の信用が悪化したとしても、取引先に期限の利益がある場合には、金融機関は直ちに回収活動を行うことができません。債権回収を行うためには、取引先が期限の利益を喪失していなければならないわけですが、民法上、期限の利益喪失事由とされているのは、①債務者が破産手続開始決定を受けた場合、②債務者が担保を滅失、損傷または減少させた場合、③債務者が担保提供義務を履行しなかった場合、に限られています（民法137条）ので、このままでは、取引先の業況が急激に悪化したり、取引先の預金に差押えがあった場合でも、取引先は期限の利益を失わず、金融機関は債権回収を図れません。これでは、金融機関の債権保全に支障をきたしますので、本条項の特約によって取引先が利益を喪失する場合を広げ、金融機関の債権保全の強化を図ってい

るのです。

　(a)　期限の利益の当然喪失事由

　期限の利益の**当然喪失事由**とは、それが生じた場合には、金融機関からの通知催告がなくても当然に期限の利益を喪失する事由のことで、一般的に、以下のような債権保全上重大な信用状態が発生したと認められる事由が定められます。

---
①　支払の停止および破産手続開始申立て、民事再生手続開始申立て等
②　手形交換所の取引停止処分
③　取引先または保証人の預金に対する差押え等
④　取引先の所在不明

　このうち、実務上、最も判断に悩むことが多いと思われるのが「支払の停止」です。どのような場合が「支払の停止」に該当するかについては、第4章第1節において解説します。

　(b)　期限の利益の請求喪失事由

　期限の利益の**請求喪失事由**とは、当然喪失事由ほど重大ではないが、取引先の信用状態に影響を与える事由のことで、この事由の発生により金融機関が、債権保全を必要とするに至った場合は、金融機関の請求により、取引先は期限の利益を失います。

　請求喪失事由として定められるのは、一般に以下の事由です。

---
①　債務の履行遅滞
②　担保目的物に対する差押えまたは競売手続の開始
③　金融機関との約定違反
④　保証人について期限の利益喪失事由の発生
⑤　その他債権保全を必要とする相当の事由の発生

　このなかで、どのような場合に「債権保全を必要とする相当の事由の発

生」があったといえるのかについては、実務においても悩むことが多いと思われますが、この点についても第4章第1節において解説します。

d　割引手形の買戻しについての条項

　取引先（割引依頼人）または割引手形の主債務者について、期限の利益の当然喪失事由などが発生した場合に、取引先が金融機関に対して割引手形の買戻義務を負うこと（その裏返しとして、金融機関の取引先に対する割引手形の買戻請求権が発生すること）を定める条項です。手形割引の法的性質は手形の売買であると解されるところ、本条項に基づく手形の買戻請求権により、金融機関が迅速に債権保全を図ることを可能としています（手形割引については、第3節2を参照）。

e　金融機関による相殺についての条項

　期限の到来、期限の利益の喪失、買戻債務の発生、求償債務の発生その他の事由によって、取引先が金融機関に対する債務を履行しなければならない場合には、金融機関は、その債務と預金その他の取引先の金融機関に対する債権とを、その債権の期限のいかんにかかわらずいつでも相殺し、あるいは預金を払い戻してその代り金をもって融資の弁済に充当することができるという約定相殺（相殺予約）・払戻充当などを定める条項です。取引先に信用不安が生じた場合、金融機関は、この条項に基づいて取引先に対する債権と預金を相殺することで、直ちに債権回収を図ることができます。

(a)　約定相殺（相殺予約）

　相殺とは、2人が互いに同種の債務を負担しており、双方の債務が弁済期にある場合に、一方の他方に対する意思表示によって、双方の債務を対当額で消滅させることをいい、民法に規定があります（法定相殺。民法505条1項、506条1項）。相殺の意思表示をする者が有する債権を自働債権といい、相手方の有する債権を受働債権といいます。

　もっとも、相殺をするには、双方の債権債務が相殺適状（相殺の要件を備えること）になければなりません。具体的には次の要件を満たすことが必要です。

①　当事者間に対立する債権債務が存在すること

② 対立する債権債務が同種のものであること
③ 双方の債権債務が弁済期にあること
④ 相殺が禁止されていないこと

　そこで、金融機関は、取引先にその信用を悪化させる状況が生じたときには、上記の期限の利益の喪失条項または割引手形の買戻条項により、相殺適状の状態を作出できるようにし、直ちに債権回収を図ることができるようにしているのです。このように、当事者間の合意によって相殺適状を満たす条件を緩和（弁済期の到来や自働債権の発生）することによって行う相殺を、**約定相殺**ないし**相殺予約**といい、実務で行われる相殺は、一般的にはこの方法によっています。

(b) 払戻充当

　銀行取引約定書には、約定相殺のほか払戻充当の規定も置かれているのが一般的です。

　払戻充当とは、金融機関が相殺適状にあるときに、取引先からの委託により、金融機関が取引先の代理人となって預金の払戻しを自らに請求し、受領した払戻金を、取引先の代理人として取引先の債務の弁済に充当することをいいます。払戻充当は、取引先に対して事後的に通知すれば足りるというメリットがありますが、次のような問題点があり、実務ではあまり利用されていません。

① 金融機関が取引先の代理人として払い戻すことから、預金が差し押さえられた場合など、取引先が預金の処分を禁止されている場合や、法的整理手続により管理・処分権を失っている場合には利用できない。
② 取引先が死亡したり、破産手続開始決定を受けたといった場合には、委任が終了するため利用できない。
③ 払戻充当を行った後、取引先に法的整理手続が開始されると否認の対象となりかねない。

2 銀行取引約定書以外の約定書

　銀行取引約定書は融資取引一般に関する基本契約書であることから、個々の取引を行うにあたっては、必要に応じて別途その取引に応じた約定書を締結することになります。

　融資取引のうち、手形貸付および手形割引については、基本的に取引先との間で銀行取引約定書が締結されていれば、その他に約定書を取り交わす必要はありません。

　その他の融資取引については、銀行取引約定書のみでは必ずしも十分ではありません。そこで、証書貸付であれば金銭消費貸借約定書、当座貸越であれば当座勘定貸越約定書、支払承諾であれば支払承諾約定書といったように、個々の取引において必要な事項を定めた約定書を別途締結するのが通常です。これらの約定書は、銀行取引約定書の付属契約書としての性格を有しており、銀行取引約定書の規定と異なる定めがあるときには、これらの約定書の規定が優先して適用されます。

　なお、約定書には、取引先が署名または記名押印し金融機関に提出する方式（差入方式）のものと、取引先と金融機関の双方が署名または記名押印する方式（双方署名方式）の2種類がありますが、法的な効力に差はありません。

第3節　各種の融資取引

1 手形貸付

(1) 手形貸付の特徴

　手形貸付とは、金融機関が取引先に金銭の貸付けを行う際に、借用証書の代わりに約束手形の差入れを受けて行う貸付けのことで、主として、原材料の購入や商品の仕入れのために用いる短期の運転資金を貸し出す場合に行われます。手形貸付において差入れを受ける手形は、取引先が振り出し、金融

機関を受取人とする約束手形で、手形上の債務者が取引先のみであることから単名手形と呼ばれます。

手形貸付において借用証書は作成されませんが、それは、金融機関を受取人とする手形を差し入れてもらうことにより、金銭消費貸借契約の存在およびその内容（貸付金額、弁済期等）が推定できるからです。もっとも、手形面上には通常、適用利率や分割返済の条件等の貸出条件は記載されません。手形面上に適用利率を記載してもその記載はないものとみなされることがあり（手形法5条1項）、また分割返済の条件を記載するとその手形は無効になるからです。このため、手形貸付の契約内容が不明確になるおそれがあることを考慮して、適用利率や返済条件について、別途、取引先から借入申込書等の書面を提出してもらうことがあります。

(2) 手形貸付の法的性質

手形貸付の法的性質は、金銭の消費貸借（民法587条）です。また、手形の授受がなされることから、金融機関は、取引先に対して、消費貸借上の債権（貸金債権）と手形債権の2つの債権をもつことになります。この2つの債権のいずれを行使するかは金融機関の自由とされていますが（最判昭23.10.14民集2巻11号376頁）、両債権の目的は1つですから、一方が弁済により消滅すれば他方も消滅し、両方を行使して二重に金銭を受け取ることはできません。

なお、手形は、その形式面において厳格な要件が法定されており、これを欠く手形は無効ですから、手形貸付においては、受け取る手形が形式的な要件を満たしていることに十分注意する必要があります。

(3) 手形貸付のメリット

手形貸付は、取引先が手形を振り出して金融機関に交付すれば、貸付けを実行することができ、証書貸付に比べて手続が簡便であり、印紙税も安くすむというメリットがあります。

また、金融機関は、通常、貸付けを行う店舗を支払場所とする手形の振出

しを受けていますので、期日に返済が行われなかった場合、取引先の当座勘定から手形金額を引き落とすことができ、当座勘定に残高がない場合には、不渡付箋によって取引先の債務不履行を証明することができます。手形の支払場所が他の金融機関となっている場合でも、手形交換制度によって取り立てることができ、これで不渡りになれば、取引停止処分といった制裁を受けることもあるので、取引先に弁済を促すという効果が期待できます。

さらには、手形の書替（以下(4)参照）を行う際に取引先の業況を聴取して貸出条件を再検討することができるといったメリットもあります。

(4) 手形の書替

手形貸付は、一般には短期貸出ですが、運転資金として貸し付ける場合には、手形の満期日に一括返済できることはあまりなく、期限を延長していくのが通常です。このとき、取引先から新しい期日の手形を差し入れてもらうことになりますが、これを**手形の書替**といいます。

手形の書替の前後で、手形債権の同一性が失われるかどうか（手形債務の更改に当たるかどうか）については、手形書替は「旧手形を現実に回収して発行する等特別の事情のない限り……単に旧手形債務の支払を延長する」ものであるとした判例があり（最判昭29.11.18民集8巻11号2052頁）、これを受けて、手形の書替をするときには、旧手形を返還せず金融機関に留め置くという取扱いがなされることもあると思われます。もし、手形債務の更改であり債務の同一性が失われるとすれば、旧手形債務のために受けていた担保や保証は、新手形債務を担保・保証しないことになるためです。

しかしながら、実務的には、満期到来ごとに手形書替によって貸付けの期限を延長していくのが通常で、近時の裁判例も、手形書替に際して旧手形を返却しても支払期限の延長とみるべきとするものがあります（東京地判平8．9．24金法1474号37頁、東京地判平10．2．17金判1056号29頁）。また、実務上は、原因債権である貸金債権について担保や保証を受けていたり、根保証・根担保の設定を受けているため、いずれにせよ特段の問題を生じない場合も多いと考えられます。どうしても更改となっては困るという場合には、更改

ではない旨の書面を取引先から提出してもらうなど慎重な対応も考えられるでしょう。

2　手形割引

(1)　手形割引の特徴

手形割引とは、金融機関が、商取引に基づいて振り出された手形（商業手形）を、満期日前に満期日までの利息相当額を手形金額から差し引いた金額で、取引先から買い取る取引をいいます。

商業手形は、実際の商取引における代金決済のために振り出された手形であることから、決済される可能性が高く、手形割引の対象とするのに適しています。一方、商取引の裏付けなく振り出された**融通手形**は、商業手形と比較して決済されない可能性が高く、手形割引には適していません。したがって、金融機関は、融通手形の割引に応じないよう割引手形に商取引の裏付けがあるかどうかをよく確認する必要があります。また、商取引の裏付けがあっても、手形振出人の業況が悪ければ、支払期日において支払が行われないおそれがあるわけですから、手形割引にあたっては、振出人の信用調査も重要となります。

手形割引は、通常、取引先から金融機関への手形の裏書譲渡によって行われ、金融機関は、裏書譲渡された手形（これを「**割引手形**」といいます）を満期日まで所持して、手形の主たる債務者から支払を受けることにより資金を回収します。

(2)　手形割引の法的性質

手形割引の法的性質は、手形の売買であるというのが判例・通説です。

もっとも、取引先は金融機関に手形を割り引いてもらうことによって、満期前に資金化しているので、経済的にみれば、手形を担保にして金融機関から融資を受けていることと同じです。また、割引手形について期日に支払が行われない場合や、割引依頼人や割引手形の振出人に信用不安が生じた場合

などには、割引依頼人に手形の買戻義務が生じることからすれば、金融機関にとっても割引手形を担保にした融資取引であるといえます。

(3) 割引手形の回収

金融機関は、満期日において割引手形の主たる債務者から支払を受けることにより資金を回収しますが、手形金を期日に支払ってもらうには、支払日（支払日が休日の場合は次の営業日）か、これに続く2営業日の間に手形を呈示しなくてはなりません（手形法38条1項、77条1項）。この呈示は、主たる債務者への支払請求という意味があるほか、裏書人などに対する遡求権行使の要件でもありますから（同法44条、77条1項4号）、必ず適法に行わなければなりません。

適法に支払のための呈示をした結果、手形の支払が拒絶された場合、本来、金融機関は、支払拒絶証書を作成して拒絶の事実を証明しなければなりませんが（同法44条1項・3項、77条1項4号）、実務上流通している手形には、この拒絶証書の作成免除文言があることから、拒絶証書を作成する必要はありません（同法46条、77条1項4号）。金融機関は、特段の手続を要することなく、裏書人である割引依頼人その他の手形の裏書人等に対して手形金の償還を請求することができ（同法43条、77条1項4号）、この償還請求権のことを遡求権といいます。

なお、遡求権は、満期に支払がないときのほか、振出人が破産手続開始決定を受けた場合、支払停止の場合または振出人に対する強制執行が功を奏しなかった場合など、振出人において手形金の支払が実質的に不可能となったときにも行使することができます（同法43条、77条1項4号）。

また、次に述べるように、金融機関は、遡求権のほかに、銀行取引約定書上の権利として手形の買戻請求権を取得しますので、これを行使することより資金を回収することもできます。

(4) 手形の買戻請求権

手形割引の法的性質は手形の売買ですので、金融機関が手形と引き換えに

割引代り金を取引先（割引依頼人）に支払うと、取引はそれで終了し、金融機関と割引依頼人との間に手形割引に関する債権債務関係は存在しないということになります。

金融機関は、割引手形の所持人ですので、満期において手形の主たる債務者から支払を受けることができるほか、上記のとおり遡求権（手形法43条、77条1項4号）を行使することもできますが、この遡求権は、上記のとおり原則として満期において割引手形の支払が行われない事態が生じて初めて行使できるものであり、満期前に行使できるのは、支払が実質的に不可能となったときに限定されています（同条）。

これでは、金融機関の債権保全に不十分であることから、銀行取引約定書においては、手形割引に関し、期日に手形の支払が行われない場合のほか、割引依頼人に信用不安が生じた場合などにも、割引依頼人は金融機関に対し手形の買戻義務を負う（その裏返しとして、金融機関に**買戻請求権**が発生する）ことを定め、金融機関の債権保全を強化しています。

具体的には、割引依頼人に期限の利益の当然喪失事由が生じた場合は全部の手形について、割引手形の振出人が期日に支払わなかった場合または振出人に期限の利益の当然喪失事由が生じた場合はその者が振出人となっている手形について、当然に買戻請求権が発生するとされています。また、割引手形について割引依頼人の債権保全を必要とする相当の事由が発生した場合には、金融機関の請求によって買戻請求権が発生すると定めています。

この規定により、金融機関は、割引依頼人または割引手形の振出人に信用不安が生じた場合には、手形の満期を待たずして買戻請求権を行使することができ、かかる買戻請求権と割引依頼人が金融機関に対して有する預金債権を相殺することなどにより資金の回収を図ることができます。

3 証書貸付

(1) 証書貸付の特徴

証書貸付とは、金融機関が取引先から借用証書（金銭消費貸借契約証書）

の提出を受けて行う貸付けをいい、主として1年以上の長期の運転資金や設備資金の貸付けおよび各種の個人ローンなどに利用されます。

借用証書には、利率、貸付期間および返済方法などの貸付条件が記載されます。貸付条件は個別の貸付けごとに異なっているので、本来であれば、貸付けごとにその条件にあわせた借用証書が作成されることになるはずですが、金融機関は、日常的に、多数の取引先との間で同様の貸付けを多数行うことから、円滑な事務処理のため、実務においては、あらかじめ標準的な契約書を用意しておき、個別の取引で必要な事項があれば、それに補足して記載するという方法がとられています。

(2) 証書貸付の法的性質

証書貸付の法的性質は、金銭の消費貸借契約（民法587条）です。消費貸借は、条文上、借主が同種、同等、同量の物を返還することを約束して貸主から目的物を受け取ることで成立する（要物契約）とされていますので、証書貸付も原則として取引先が金融機関から金銭を受け取ることで成立します。

なお、金銭消費貸借の要物性は緩和されており、現実に金融機関が取引先に金銭を交付することがなくても、金銭を受け取る方法として確実であり、取引上、金銭の授受と同一視できる場合であれば、金銭消費貸借は成立すると解されています。すなわち、貸付金を取引先の預金口座に振替入金した場合や、取引先の指示に基づいてその債権者に交付した場合でも貸付契約は成立します。また、利息を天引きして金銭を交付しても、天引額との合計金額について貸付契約は成立します。

(3) 諾成的消費貸借

a 諾成的消費貸借と消費貸借の予約

上記のとおり、条文上、消費貸借は要物契約とされていますが、判例は古くから**諾成的消費貸借**、すなわち借主が目的物を貸すことを約束し、借主が同種、同等、同量の物を返還することを約束するだけで契約が成立するというタイプの消費貸借も有効であると認めてきました（最判昭48．3．16金法683

号25頁)。この場合、金銭が交付されなくても、金融機関と取引先との間で貸し借りについて合意する(契約書を作成する)だけで、契約が成立します。実務においても、分割貸付やコミットメント・ラインなど諾成的消費貸借であると考えられる証書貸付は日常的に行われています。

なお、諾成的消費貸借契約と同じく、ある金額を一定の条件で貸す(借りる)といった合意が当事者間で成立しているが、金銭の交付は行われていない状態の法律関係としては、**消費貸借の予約**(民法559条、556条)という考え方もあります。

b　金融機関の融資義務

諾成的消費貸借または消費貸借の予約が成立している場合、金融機関は取引先に対して、定められた期日に約束した金額を貸し付ける義務、すなわち**融資義務**を負います。このことから、契約の成立後、貸付実行日より前に取引先の信用状態が悪化した場合にも、金融機関はこの融資義務を負い続けるのかということが問題となります。

諾成的消費貸借や消費貸借の予約においては、取引先の財産状態が著しく悪化したときには、金融機関は融資義務を免れるという有力な考え方がありますが、条文上は「消費貸借の予約は、その後に当事者の一方が破産手続開始の決定を受けたときは、その効力を失う」(民法589条)と定められているのみであり、不明確なところが残ります。

そこで実務上は、どのような場合に金融機関が融資義務を免れるのか、取引先との間であらかじめ明らかにしておくことが行われており、たとえば、分割貸付においては契約書に「銀行取引約定書に掲げる期限の利益喪失事由が生じたときは、銀行の融資義務は消滅します」といった定めを設けたり、コミットメント・ラインにおいては契約書に、金融機関の貸付実行の前提条件を設け、そこで定められた条件をすべて満たす場合に初めて金融機関が貸付実行義務を負うことにしたりしています。

c　民法(債権法)改正の影響

民法改正法案においては、要物契約としての消費貸借契約を定める現行民法587条を残しつつ、書面により合意することを条件に諾成的消費貸借を認

める条文を新設しています（改正後民法587条の2）。

　実務においては、事務処理の都合から実際に貸付けが実行される日よりも前に借用証書を作成することがあり、この場合、民法改正法案を前提とすると、書面の作成により諾成的消費貸借が成立することになるのではないかが懸念されます。

　しかしながら、改正後民法587条の2第1項は、貸付人が、金銭その他のものを引き渡すことを書面により約束することが必要であるとしているところ、証書貸付における「借入人は、……金銭を借り入れ、これを受領しました」といった契約書上の記載では、貸付人が金銭を引き渡すことを約束したとまでは認められないのではないかと思われます。

　この考え方に立てば、民法改正後も証書貸付は、従来どおり、要物契約としての消費貸借であることから、実務の取扱いを変更する必要はないということになります。

4　当座貸越

(1)　当座貸越の特徴

　当座貸越とは、通常、金融機関との間で当座勘定取引約定書を締結している当座勘定取引先が、当座預金残高を超過して手形や小切手を振り出した場合に、一定の限度（極度額）まで金融機関が資金を貸し出して手形や小切手の決済を行う取引です。当座貸越取引の開始にあたっては、銀行取引約定書に加えて、貸越極度額、取引期限、貸越利息などを定めた当座勘定貸越約定書を締結するのが一般的です。当座貸越の実行は、取引先が振り出した手形や小切手を当座預金残高を超えて支払うことにより行われ、回収は、当座勘定になされた入金が貸越金の弁済に充当されることにより行われます。

　なお、当座勘定取引の存在を前提とせず、取引先が金融機関に専用の借入申込書を提出し、金融機関が承諾することで、極度額に達するまでそのつど貸付けが受けられる仕組みの取引もあり、これを特別当座貸越または特殊当座貸越と呼ぶことがあります。

(2) 当座貸越の法的性質

当座貸越の法的性質については、委任契約とする説、停止条件付消費貸借とする説および消費貸借の予約とする説などの諸説がありますが、実務的には議論の実益はさほどないといえるでしょう。当座貸越に関する金融機関と取引先との権利義務関係は当座貸越約定書によって決まり、いずれの説によっても変わらないからです。

なお、当座貸越においては、金融機関に極度額までの貸付けを行う義務まで認められるものではないという理解が一般的であろうと思われます。

(3) 即時支払

当座貸越が行われる場合に締結される当座勘定貸越約定書には、貸越金の弁済を請求できる事由として即時支払事由が定められており、その内容は、銀行取引約定書における期限の利益喪失事由と同様です。わざわざ同様の規定が設けられているのは、①当座貸越において金融機関は、取引期限の満了、解約、中止など一定の事由が発生するまでは、貸越金の弁済を請求できないという考え方があること、および②当座貸越においては、通常、貸越金の弁済期は定められないところ、弁済期の定めがあることを前提にした銀行取引約定書の期限の利益喪失条項は、そのまま適用できないという考えがあることが考慮されたからです。

(4) 極度額の減額、取引の中止、解約

当座貸越は、通常、当座勘定貸越約定書においてその取引期限を定めないか、定めたとしても自動更新条項が設けられている継続的取引です。

そこで、経済環境や事業環境の変化に伴う危険に対応するため、当座貸越約定書には、通常、金融情勢の変化、債権保全その他相当の事由がある場合は、金融機関の与信判断によって、当座貸越の解約、貸越しの中止または極度額の減額ができる旨の条項が設けられており、金融機関に当座貸越契約の解約権等を認める内容となっています。当座貸越の解約または貸越しの中止の場合、取引先は、貸越元利金を直ちに弁済する義務を負い、極度額の減額

の場合は、減額後の極度額を超えた貸越金を弁済する義務を負います。

　もっとも、金融機関にこのような解約権等があるとしても、債権保全の必要があると認められる客観的な理由がある場合以外は、みだりに行使することは許されず、恣意的に解約権等を行使した場合には、金融機関は取引先に対して損害賠償義務を負う可能性があることは否定できません。

5 支払承諾

(1) 支払承諾の特徴

　支払承諾とは、金融機関が、取引先の委託に基づいて、取引先が第三者に対して負担する債務を保証することをいいます。

　貸付けが、金融機関が取引先に金銭を貸し付けて利息を受け取る取引であるのに対し、支払承諾は、金融機関の信用を取引先に供与して保証料を受け取る取引です。支払承諾において、金融機関は貸付けのように資金負担をすることなく保証料収入を得ることができ、取引先も金融機関の信用力によって資金調達や営業活動等が可能になるということができ、この意味で両者にとってメリットがある取引です。

　支払承諾には、借入債務の保証、契約の履行を担保する保証、継続的取引契約の保証、民事訴訟法等に基づく支払保証（民事訴訟法76条、民事訴訟規則29条等）などさまざまなものがあります。

　支払承諾を行うにあたって金融機関は、銀行取引約定書に加えて、取引先から支払承諾約定書の提出を受けます。支払承諾約定書は、銀行取引約定書ではカバーできない支払承諾特有の事項を定めた基本契約書であり、具体的に個別事案について支払承諾を行う際には、別途、支払承諾依頼書の提出を受けるのが一般的です。この提出を受けることにより保証委託契約が成立し、金融機関は、支払承諾の実行として、取引先の債権者を名宛人とする保証書を発行することになります。これにより取引先の債権者との間で保証契約が成立するという仕組みです。

　なお、金融機関が発行する保証書には、債権者の保証債務履行請求につい

て期限を設けるのが通常です。これにより、債権者からの請求がないままその期限が過ぎれば、金融機関は保証債務を免れます。

(2) 支払承諾の法的性質

支払承諾においては、金融機関と取引先の間に保証委託契約、金融機関と取引先の債権者との間に保証契約が成立しますが、支払承諾は、前者の保証委託契約に関する取引のことなので、その法的性質は委任（民法643条）ないし準委任（同法656条）ということになります。

(3) 事前求償権の行使

支払承諾が実行された後、取引先が保証の対象となっている債務（被保証債務）を履行すれば、金融機関の保証債務は消滅します。一方、取引先が被保証債務を履行しない場合には、金融機関は保証債務を履行したうえで、その結果として取得する取引先に対する求償権（**事後求償権**。民法459条）を行使して、資金の回収を図ることになります。

このように、支払承諾も最終的には取引先の資産から回収することが必要になるところ、取引先の信用状態が悪化しても、保証債務を履行した後でなければ債権回収に向けた行動をとれないというのでは、その間に取引先の預金その他の資産の流出等を招きかねず、債権保全として十分ではありません。そこで、取引先の信用状態が悪化した場合には、金融機関の求償権を保全するための措置をとれるようにしておく必要があります。

この観点から、支払承諾約定書においては、一般的に、金融機関の委託を受けた保証人の**事前求償権**（同法460条）を拡大する内容の特約が設けられています。すなわち、法律上、委託を受けた保証人は、あらかじめ求償権を行使できるとされていますが、行使できるのは、主債務者（取引先）が破産手続開始決定を受け、かつ、債権者がその破産財団の配当に加入しないときなどに限られています（同条参照）。そこで、支払承諾約定書に特約を設け、銀行取引約定書における期限の利益喪失事由がある場合には事前求償権を行使することができる旨を定めています。

また、事前求償権が行使できる場合であっても、主債務者は事前求償権の行使に対して民法461条に基づき一定の抗弁権を有しているところ、事前求償権を自働債権とする相殺は、この抗弁権を奪う結果となるため行うことができないと考えられています（最判昭58.12.19裁判集民事140号663頁）。そこで、支払承諾約定書においては、取引先はこの抗弁権を主張しないものと定めているのが一般的です。

これらの特約により、金融機関は、事前求償権と取引先の預金との相殺が可能となり、取引先の債権者が取引先の預金を差し押さえた場合でも、差押えに優先して資金の回収ができるようになっています。

6 代理貸付

(1) 代理貸付の特徴

代理貸付とは、金融機関（受託金融機関）が他の金融機関（委託金融機関）の代理人となって行う貸付けのことをいいます。受託金融機関は委託金融機関から手数料を受け取る一方、貸付けの実行およびその管理・回収に係る事務を行います。

委託金融機関は、日本政策金融公庫、中小企業基盤整備機構、住宅金融支援機構といった、支店が少なく地方におけるネットワークが乏しい政府系金融機関などで、これらの金融機関は、代理貸付により受託金融機関の数多い店舗を貸付窓口として利用できます。また、受託金融機関にとっても、委託金融機関の資金で貸付けを行うことができ、報酬として所定の手数料を受け取ることもできるというメリットがあります。

代理貸付において、受託金融機関は委託金融機関と個別に業務委託契約を締結します。業務委託契約書は、個々の代理貸付の事務の取扱いに共通に適用される基本契約で、主に①貸付けおよび管理・回収の業務の委託を内容とする委任および準委任契約、ならびに②受託金融機関の保証責任を内容とする保証契約から構成されています。このなかで、受託業務の取扱いは、委託金融機関が定める業務方法書、貸付準則、事務取扱要領などによるなどと定

められており、したがって、受託金融機関における実務は、これらの業務方法書に従って行われることになります。

(2) 代理貸付の法的性質

代理貸付は、委託金融機関と受託金融機関との間の業務委託契約に基づき行われ、その法的性質は委任（民法643条）ないし準委任（同法656条）です。

(3) 受託金融機関の責任

代理貸付において、受託金融機関は、受任者として貸付けの実行およびその管理・回収に係る事務について善管注意義務を負います（民法644条）。そのほかに、受託金融機関は①保証義務、②回金義務、③回収金の按分充当義務などの義務も負います。

a　保証義務

保証義務というのは、受託金融機関が貸付けの全部または一部について保証（支払承諾）しなければならないとするもので、委託金融機関が政府系金融機関である場合に多くみられます。これは、受託金融機関が安易な貸付けを行わないように、責任を負担させようとするもので、受託業務ごとに保証割合が定められています。

b　回金義務

次の**回金義務**というのは、代理貸付に係る貸付金の弁済を受けたときは、一定期間内に委託金融機関に引き渡さなければならないというもので、民法にも定められた受託者の義務です（民法646条）。

c　回収金の按分充当義務

回収金の按分充当義務というのは、受託金融機関が代理貸付に係る保証債務を履行した後、借入人から弁済を受けた場合に負う義務のことです。すなわち、保証債務を履行すると受託金融機関は借入人に対して求償権を有することになりますが、その一方、委託金融機関も全貸付けのうち保証対象外の部分についてはいまだ貸付債権を有しています。そして、受託金融機関は、委託金融機関が有する残存貸付債権についても回収義務を負うとされている

ことから、その後に借入人から弁済があった場合、受託金融機関は受領した弁済金のうち、保証割合に相当する部分以外を委託金融機関に引き渡さなければなりません。

しかしながら、このように考えると受託金融機関は、一部保証の場合でも貸付額全額について保証債務を履行しないと、求償権全額を回収することができないことになります。そこで、表面的には一部（たとえば8割）保証であっても、実質全部（10割）保証であるとする考え方もありましたが、判例によりこの考えは否定され、あくまで一部保証にとどまることが明らかにされています（最判昭62．7．10金法1167号18頁）。

7　コミットメント・ライン

(1)　コミットメント・ラインの特徴

コメットメント・ラインとは、金融機関が、取引先に対して、一定の期間および極度額（貸出枠）の限度内において、取引先からの一方的な意思表示により金銭消費貸借を成立させることができる権利を付与し、借主がこれ対して手数料を支払うことを契約して行う取引をいいます（特定融資枠契約に関する法律2条参照）。

(2)　コミットメント・ラインの法的性質

コミットメント・ラインの法的性質は、借主が予約完結権を有する消費貸借の予約（民法559条、556条）であり、この予約完結権の行使により諾成的消費貸借契約が成立すると解するのが一般的であると思われます。

(3)　特定融資枠契約に関する法律

コミットメント・ラインにおける手数料は、金融機関が融資枠を設定することの対価として支払われるもので、**コミットメント・フィー**といいます。コミットメント・フィーは、貸出しが行われない場合であっても支払われるものであることから、利息制限法および出資の受入れ、預り金及び金利等の

取締りに関する法律(以下「出資法」といいます)に反しないかどうか問題がありました。すなわち、利息制限法および出資法においては、一部の例外を除き、金銭消費貸借に関し債権者が受ける元本以外の金銭はすべて利息とみなすとされているところ(利息制限法3条、6条、出資法5条の4第4項)、コミットメント・フィーも利息とみなされる可能性があると考えることもでき、このため、結果的に貸出しが行われなかった場合や貸出実行額が少額にとどまった場合には、利息制限法および出資法の制限利率を超過してしまうおそれがありました。

この問題を立法的に解決したのが特定融資枠契約に関する法律で、コミットメント・フィーは、利息制限法および出資法に定める利息には当たらないとされています(特定融資枠契約に関する法律3条)。ただし、この法律が適用されるのは、会社法上の大会社(会社法2条6項)や資本金の額が3億円超の株式会社など、一般的に交渉力を有すると認められる会社等を借主とする場合に限られています。

したがって、中小の株式会社や持分会社などが契約当事者になる場合は利息制限法や出資法に違反することにならないよう、契約において定められた方法で算定される手数料のうち法令における制限を超えることとなる部分について発生しないといった条項を設けて対応することもあります。

(4) 貸付義務

コミットメント・ラインにおいては、契約書において貸付実行の前提条件が定められるのが通常です。金融機関は、この前提条件が満たされる限りにおいて**貸付義務**を負うにすぎません。前提条件には、借入人に銀行取引約定書の期限の利益喪失事由が生じていないことなどが盛り込まれます。

もっとも、コミットメント・ラインは、金融機関が融資枠を設定することの対価としてコミットメント・フィーを受け取る取引であることから、当座貸越とは異なり、融資を行わないことについて金融機関の広い裁量は認められていません。

8 シンジケート・ローン

(1) シンジケート・ローンの特徴

シンジケート・ローンとは、一般に、主に銀行を中心とした複数の金融機関が1つのグループ（「シンジケート団」などと呼ばれることがあります）を組成して1人の借入人に対し同一の契約書に基づいて行う貸付けのことで、協調融資ともいいます。

シンジケート・ローンは、事業会社の資金調達のほか、M&Aファイナンス、プロジェクト・ファイナンスなど比較的大規模な資金調達に用いられることが多い取引です。

通常の貸付けは貸付人と借入人が1対1であるのに対し、シンジケート・ローンにおいては貸付人が複数存在しますが、単一の契約書に全貸付人と借入人が署名または記名押印して契約するので、取引条件は各貸付人間で同一です。もっとも、貸付自体は貸付人と借入人との間の個別取引であり、貸付人ごとに別個の金銭消費貸借契約が存在すると考えられています。

このためシンジケート・ローンにおいては、各貸付人と借入人との貸付関係の独立性とシンジケート団としての一体性のバランスをとるかが重要で、多数貸付人の意思結集の方法、貸付人の権利行使の方法、回収金の分配方法などが契約書において規定されます。

シンジケート・ローンで一般的に利用される貸出形態は、大別すると、一定額の貸付けを一定の日に実行するという通常の貸付契約と同じ形態（タームローン方式といいます）と、前述のコミットメント・ライン契約が付された形態（リボルビング方式といいます）の2種類があります。

(2) シンジケート・ローンにおける関係者の役割

シンジケート・ローンには、貸付人（シンジケート団への参加者）および借入人のほかに、アレンジャーおよびエージェントが存在します。

a アレンジャーの役割

アレンジャーは、資金調達を希望する借入人からシンジケート・ローンを

組成することの委託を受けて、参加金融機関の招聘や契約書の作成、契約内容の交渉などシンジケート・ローン契約の成立に尽力する者で、多くの場合、借入人の主要な取引銀行が就任します。

b　エージェントの役割

エージェントは、シンジケート・ローン契約締結後、貸付けが実行され借入人による弁済が行われるまでの間、全貸付人の代理人として借入人との間の連絡・調整や、貸付金や返済金の受渡しに係る事務を執り行います。

(3) シンジケート・ローン契約書

a　JSLAひな型契約書

シンジケート・ローンにおいては、借入人と貸付人との間で交渉することにより、案件ごとにその取引条件に応じて契約書が作成されます。

もっとも、シンジケート・ローンが広く普及するようになった今日では、取引参加者に共通の契約書作成の土台となるものとして、**日本ローン債権市場協会（JSLA）**が、シンジケート・ローン契約書のひな型を制定し公表するなどしており、実務で用いられる契約書は、似通った構成内容となっています。

b　シンジケート・ローンに特有の条項

シンジケート・ローンにおいては、シンジケート団には借入人と直接の取引関係がない参加者も存在する可能性があります。また、各貸付人と借入人との間の契約関係は個別のものであるとされる一方で、貸付人間の公平性、団体性を確保する必要もあります。

このような事情をふまえ、シンジケート・ローンでは、通常の金銭消費貸借契約書にはない特有の条項が設けられますが、その代表的なものは次のとおりです。

(a)　銀行取引約定書の適用除外

シンジケート・ローンには、銀行取引約定書などの金融機関と借入れとの間の融資取引についての基本契約書は適用されない旨を定める規定です。これらの基本契約書は各金融機関が独自にその内容を定めていること、および

そもそもシンジケート団にはこういった基本契約書を締結していない参加者もいることから、その影響を遮断する必要があるためです。

(b) 表明保証および誓約事項（コベナンツ）

表明保証とは、主として借入人が参加金融機関に対して、一定の時点（通常は、契約時と貸付実行時）における借入人に関する事実、担保目的物に関する事実等について、当該事実が真実かつ正確であることを表明し保証するもので、その違反は、貸付実行の前提条件の不充足や、期限の利益の喪失事由などに該当するとされることが通常です。

誓約事項（コベナンツ） は、借入人が参加金融機関に対し、将来にわたって（通常は契約存続中）一定事項を遵守していくことを誓約するもので、その違反は期限の利益喪失事由などに該当することになります。典型的な遵守事項としては、ある事項が生じた場合にその旨を参加金融機関に通知することや、一定の行為を（参加金融機関の承諾がない限り）行ってはならないことなどがあげられます。

表明保証および誓約事項（コベナンツ）は、シンジケート・ローンに特有の規定ではありませんが、重要な機能を有しています。すなわち、表明保証は、借入人と直接の取引がない参加金融機関であっても、貸付けの前提となる借入人の状態を確認し、借入人の信用力を把握することを可能としています。また、誓約事項（コベナンツ）は、借入人の信用力に悪影響を与える可能性がある行為を特定するとともに、借入人に対して財産状況や業況などについての報告義務を課すことで、貸付人による適切な与信管理を可能としています。

(c) 多数貸付人の意思結集

期限の利益喪失の請求など貸付人の債権管理に重大な影響を与える事項について、個々の貸付人の権利行使を禁じ、貸付人間の意思結集を必要とする旨の規定が置かれます。意思決定には、シンジケート・ローンにおけるシェアを基準に、過半数とか3分の2以上の同意が必要と定められることが多いと思われます。

貸付人の権利行使がまちまちになることによる混乱を防ぎ、シンジケート

団の団体性を確保するために設けられます。

(d) プロラタシェアリング条項

プロラタシェアリング条項は、一部の貸付人が借入人から弁済を受けた場合に、その弁済金を貸付人全員に分配するための規定です。典型的には、貸付人が借入人の預金と相殺した場合に、あたかも貸付人全員につき、債権残高に比例して弁済が行われたのと同様の結果となるように、弁済を受けた貸付人が、他の貸付人からシンジケート・ローンに係る債権を買い取るといったことが行われます。

一部の貸付人による抜け駆け的な債権回収を防止し、貸付人間の公平性を確保するための規定です。

9 消費者ローン

(1) 消費者ローンの意義

一般の消費者が、衣食住、文化・教養・レジャーなどの個人的用途に使用する商品やサービスを購入するに際して行われる融資取引を、消費者金融（または消費者信用）といい、銀行、信販会社、クレジットカード会社、割賦販売会社等により広く行われています。

この消費者金融のなかでも、銀行等の金融機関、生命保険会社、消費者金融専門会社等が、直接、消費者に商品等の購入資金を貸し付けるものを、一般に**消費者ローン**と呼んでいます。

(2) 消費者ローンの法的性質

消費者ローンもその法的性質が消費貸借であることは、法人および個人事業者向けの一般貸出と異なりません。

また、消費者ローンの多くは証書貸付の方法により行われていますが、一般の消費者を相手方として行う取引であることから、事業者向けの融資とは異なる契約書が用いられ、また取引に際して銀行取引約定書も締結されません。

なお、消費者ローンには、消費者契約法が適用されますので、金融機関と

しては、契約のスキームや顧客のリスク等の重要事項について、わかりやすく具体的に明確に説明する必要があります。

(3) 消費者ローンの種類

消費者ローンには、商品の販売業者等との提携の有無、元利金の返済方法、利息の計算・支払方法などにより、さまざまな形態のものがあります。

a 提携ローンと非提携ローン

提携ローンとは、あらかじめ金融機関と販売業者等との間で提携契約が締結されており、提携先が販売する商品等の購入資金を金融機関が融資する形態の消費者ローンをいいます。提携契約の内容は提携先によって異なりますが、消費者に対する融資内容と提携ローンを行ううえでの事務手続等が定められており、提携先が提供する保証についての取決めが含まれている場合もあります。

なお、保証を提供するのは、商品のメーカーや販売会社だけでなく、特に住宅ローンなど高額なローンの場合などには専門の保証会社が保証することもあります。

非提携ローンとは、金融機関が、販売業者等と提携することなく独自に融資条件等を定型化し、必要に応じて担保を徴求するなどして行う消費者ローンの一形態をいいます。

なお、消費者ローンが拡大しつつある傾向をふまえ、消費者保護の観点から、使用言語や取引内容、解釈の統一化等を図る目的で、全国銀行協会が「消費者ローン契約（非提携月利方式）〔参考例〕」を公表しています。

b 元金均等返済方式と元利均等返済方式

元金均等返済方式は、毎月の元金返済額が均等になるように借入金を返済月数で分割し、毎月均等額の元金を返済する方式です。したがって、元金の残額が大きい借入れ当初は、利息額も大きいので、返済負担が大きくなります。

これに対して、**元利均等返済方式**は、毎月の元利金をあわせた返済額が均等になるように、毎回返済する元金を調整する方式で、借入当初は返済額のうち元金の部分が少なく、利息の部分が多くなります。住宅ローンのよう

に、長期間かつ多額の場合には、この元利均等返済方式が利用されることが多いです。

c　アド・オン方式と残債方式

アド・オン方式というのは、借入元金および借入元金に対する約定金利による全借入期間の利息の合計額を総返済額として、毎月均等額を返済する方式で、利息の計算が簡単になります。この方式では、利息全額を借入れの時点で一括して先取りされることになるので、表面的な約定金利より実質金利が高くなります。アド・オン方式は、自動車ローン等の提携ローンで利用されています。

これに対して、**残債方式**とは、毎月の元本残高に応じて利息を計算し、後払いしていく通常の利息計算方式であり、住宅ローン等に用いられます。

⑷　**カードローン**

カードローンは、貸出機能がついたカードを使って現金自動預払機（ATM）や現金自動支払機（CD）から現金を引き出すことにより、金融機関との間で貸越しによる消費貸借契約が成立する取引です。

かつては普通預金とセットにした方式のみが取り扱われていましたが、昭和57年から普通預金と切り離した単独の方式が開始されています。消費者金融が一般に広く普及するようになったことを反映して、各金融機関ともカードローンの販売に積極的に取り組んでいます。

カードローン契約は、通常、手形・小切手の振出しができない当座貸越契約の形式をとっており、カードを使ってATMやCDから現金の引出しを申し込んだ場合には、金融機関は一定の限度額まで引出しに応じる旨が定められています。返済は、通常、定額返済となっており、毎月一定の金額が普通預金から自動的に引き落とされて弁済に充当されることとなっていますが、なかには、ローン口座へ直接入金することによって随時弁済することが可能な商品もあります。

また、カードローンには、保証会社や提携先の保証がついているのが通常であり、消費者に一定期間の債務不履行があると、金融機関は、保証会社や

提携先に保証債務の履行を請求し、代位弁済を受けることになります。

⑸ 全国銀行個人信用情報センター

a 意　義

全国銀行個人信用情報センターは、全銀協が設置、運営する個人信用情報機関です。

個人信用情報機関とは、消費者信用業務の円滑化と消費者金融の健全な発展を目的として、会員が行った個人に対する取引情報を収集・登録し、会員から照会があったときは、該当する情報を提供することを事業とする機関で、全国銀行個人信用情報センターのほか、信販業界を中心とした加盟企業からなる株式会社**シー・アイ・シー**、消費者金融業界を中心とした加盟企業からなる株式会社**日本信用情報機構**の3つがその代表的機関です。

これらの3つの機関は提携しており、それぞれの業界がもつ個人信用情報を相互に利用することにより、消費者の多重債務の発生等の防止と適切な信用判断ができる共同のシステム（CRIN：Credit Information Network）を運営しています。

b 情報の利用とプライバシーの保護

全国銀行個人信用情報センターは、消費者金融に関する取引情報をその会員が相互に利用するものであり、その情報は個人のプライバシーに属することから、情報の登録・利用について、消費者本人の同意を得ることとしています。具体的には、消費者に、情報の登録・利用に同意する旨を記載した消費者ローンの申込書や契約書等を提出してもらうといった方法をとっています。

このほかにも、全国銀行個人信用情報センターは、その規制において、会員はセンターから得た情報を自己の用のためにのみ利用し、他人の利用に供しまたは公開することはできない旨を定め、会員に対してその厳守を求めるなどして、プライバシーの保護を図っています。

なお、消費者は、個人情報の保護に関する法律に基づき、自己の情報についてセンターに照会することができ、登録情報の内容に誤りがあれば訂正等

を求めることができます。

第4節 保　　証

1　保証の効用

　保証とは、主債務者がその債務を履行しない場合に、主債務者に代わってその債務を履行する責任を負うことをいいます（民法446条）。この責任が保証債務で、保証債務を負う者が保証人です。

　保証は、保証人の信用力によって主債務の履行を担保するもので人的担保ともいわれます。抵当権や質権などの物的担保に比べて手続が簡単であることなどから、実務において広く利用されています。典型的な例としては、主債務者が個人の場合の配偶者などの法定相続人となりうる者、主債務者が法人の場合の法人の代表者などの経営者があげられます。

　保証人が保証債務を履行した場合、主債務者に対して求償権を有することになり、主債務者は保証人の求償権を償還しなければならないことになります（同法459条、462条等）。

2　保証契約

(1) 要式行為性

　保証契約は、書面によって行われなければその効力は生じないとされています（**要式行為**。民法446条2項）。

　もっとも、実務においては、書面によらずに保証の提供を受けることはまずありませんので、要式行為性については、通常、問題にならないでしょう。なお、保証人のみが署名または記名押印し金融機関に提出する差入方式であっても「書面」による保証契約として有効です。

　民法改正法案においては、保証人が個人である場合の保証について、要式

行為性が強化されています。具体的には、主債務が事業のための借入れに係る個人保証は、保証契約の締結前1カ月以内に、一定の方式に従って保証人が保証債務を履行する意思を表示する公正証書を作成しなければ、無効とされています（改正後民法465条の6）。ただし、いわゆる**経営者保証**など一定の場合には、例外として公正証書の作成は不要です（同法465条の9）。

この改正に関しては、実務上、「事業のための借入れ」とはどのような借入れのことか、公正証書の作成が不要となる経営者保証であることをどのようにして判断するのか、公正証書の作成はどのような方法によるべきか、といった問題があります。これらの問題点については、今後、各金融機関において検討が進められていくと思われ、議論の流れに注意しておく必要があります。

(2) 保証契約の当事者

保証契約は、債権者と保証人との間の契約であり、主債務者は保証契約の当事者ではありません。したがって、保証人が主債務者との間で主債務を保証することを合意しても、保証委託契約が成立するだけで保証契約は成立しません。一方、債権者と保証人が合意すればそれだけで保証契約は成立します。

もっとも、実務では、①主債務者に主債務を履行する責任があることの自覚を促す目的や、②主債務者と保証人との間で、保証委託の有無や保証内容についての認識に違いが生じることを防ぐ目的で、主債務者にも保証契約書に署名または記名押印してもらうことが多いと思われます。

3　保証債務の法的性質

保証債務は主債務とは別個独立した債務なので、それぞれに生じた事由は、互いに影響を与えないのが原則です。もっとも、保証債務は、主債務の担保としての機能を果たすものであることから主債務に従属しており、①附従性、②随伴性、③補充性という3つの性質があります。

(1) 附従性

保証債務は、その①成立、②内容および③消滅において、主債務と運命を共にするという性質です。具体的には、①主債務が成立しなければ保証債務も成立せず、②保証債務の内容は主債務の限度に限られ、保証債務が主債務より重くなることはなく、③主債務が弁済、相殺、時効等で消滅すれば保証債務も同時に消滅します。

(2) 随伴性

主債務に係る債権が債権譲渡等された場合、保証債務もそれとともに移転していくという性質です。この場合、保証人は、新しい債権者に対して保証債務を負担することになります。

(3) 補充性

保証債務は、主債務者が主債務を履行しないときに初めて履行しなければならなくなるという性質です。この性質の具体的な表れとして、保証人には、催告の抗弁権（民法452条）および検索の抗弁権（同法453条）という権利が認められています。

催告の抗弁権とは、主債務者が破産手続開始決定を受けたときまたは行方不明であるときを除いて、債権者が保証人に債務の履行を請求した場合、まず主債務者に催告せよといって、いったんは保証債務の履行を拒否できる権利のことをいいます。

検索の抗弁権とは、債権者が主債務者に催告した後に保証人に請求した場合であっても、保証人は、主債務者に弁済資力がありかつ執行が容易であることを証明すれば、まずは主債務者の財産に執行せよといって保証債務の履行を拒否できる権利のことをいいます。

4　保証の種類

(1)　普通保証と連帯保証
a　普通保証
普通保証とは、民法が基本の形態としている保証のことです。単純保証や通常保証といわれることもあります。

普通保証における保証債務には、前述のとおり、附従性、随伴性および補充性があります。また、同一の主債務を複数の保証人が保証している場合（共同保証）、各保証人は債権者に対し、頭割りで分割された額についてのみ保証債務を負担します（**分別の利益**。民法456条）。

金融機関が保証をとる場合、その保証は、ほぼすべて次に述べる連帯保証ですので、実務において普通保証に出会うことはまずありません。

b　連帯保証
連帯保証とは、主債務者と連帯して保証債務を負担する保証のことです。金融機関が保証をとる場合は、ほぼすべてこの連帯保証であり、保証契約書に、保証人は主債務者と連帯して保証債務を履行する責任を負う旨（連帯の特約）を明記し、そのことを明らかにしています。

連帯保証の保証人には、催告の抗弁権（民法452条）および検索の抗弁権（同法453条）がありません（同法454条）。したがって、主債務が履行期にあれば債権者は直ちに保証人に対して保証債務履行を請求することができ、保証人はこれに応じなければなりません。

また、連帯保証には共同保証における分別の利益もないと解されていますので、連帯保証人が複数いる場合でも各自が主債務全額について保証責任を負います。

これらのことから、連帯保証は普通保証に比べて、債権者に有利であるといえます。

(2)　特定債務保証と根保証
保証には、ある特定の債務を保証するもの（**特定債務保証**）のほかに、一

定の継続的取引関係から現在および将来において生じる不特定の債務を保証するものもあります。これを**根保証**といいます。根保証には、附従性はありません。

　根保証のなかにもいくつかの種類があり、保証期間、金額あるいは取引の種類などにより保証債務の範囲を限定するものを**限定根保証**といい、保証期間・金額あるいは取引の種類などに制限がないものを**包括根保証**といいます。

　包括根保証とは、たとえば、「保証人は、本人が銀行取引約定書第1条に規定する取引によって貴行に対し負担するいっさいの債務について、本人と連帯して保証債務を負う」といった約定をするもので、このような保証も一般には有効とされています（最判昭33.6.19裁判集民事32号327頁）。もっとも、このような包括根保証契約については、保証契約を締結して相当期間が経過した場合、主債務者の資産状態が急激に悪化した場合または保証人の主債務者に対する信頼が喪失された場合などには、保証人による解約権の行使が認められることがあると考えられています（いわゆる特別解約権）。保証人が、特別解約権を行使した場合、保証人はその時点で存在している債務についてのみ保証責任を負うことになります。

　なお、保証人が個人である場合、被保証債務に一定の種類の債務が含まれる根保証（貸金等根保証契約）については、包括根保証が禁止されています（民法465条の2以下）。

(3) 貸金等根保証

　個人を保証人とする根保証であって、被保証債務に、金銭の貸渡しまたは手形の割引を受けることによって負担する債務が含まれるもの（**貸金等根保証**）については、法律上特別な規制があります（民法465条の2以下）。

　金融機関が締結する根保証契約は、通常、貸金等根保証契約に当たりますから、保証人が個人の場合には以下の点に十分注意する必要があります。

a　極度額の定め

　まず、契約書において極度額の定めがない貸金等根保証は無効です（民法465条の2第2項）。この極度額は、元本のほか利息、損害金等も含めたすべ

ての債務の限度額として定めなければならず、また具体的な金額をもって定めなければなりません。

　b　元本確定期日の定め

　元本確定期日とは、主債務の元本が確定すべき期日のことで、その期日の到来をもって、主債務となるべき元本が確定し、その日以降、保証人は、確定した元本とこれに対する利息、損害金等についてのみ保証債務を負担し、以後に発生する主債務について保証債務を負担しません。

　元本確定期日の定めは、それがなくても直ちに契約が無効となるわけではありませんが、元本確定期日の定めがないものおよび元本確定期日が保証契約締結日から5年を経過する日より後の日と定められているものは、契約締結日から3年で元本が確定します（民法465条の3第1項・2項）。当事者の合意によって、これらの規定に反する取扱いをすることはできません。

　c　元本確定事由

　貸金等根保証契約においては、**元本確定事由**が法定されており、それは以下のとおりです。これらの事由が生じた場合には、元本確定期日が到来する前でも根保証契約の元本は確定します（民法465条の4）。

① 債権者が主債務者または保証人の財産に対して強制執行または担保権の実行を申し立てたとき（ただし、申立て後これらの手続の開始があった場合に限ります）。
② 主債務者または保証人が破産手続開始の決定を受けたとき。
③ 主債務者または保証人が死亡したとき。

⑷　信用保証協会の保証

　信用保証協会とは、信用保証協会法に基づき設立された保証機関（公益法人）で、例外もありますが、原則として都道府県単位で1つの協会があります。信用保証協会は、中小企業者等が金融機関から貸付け等を受けるについてその貸付金等の債務を保証することを主たる業務としており（信用保証協会法1条）、これにより、信用力に乏しく無保証では融資が困難な中小企業等にも融資を受ける道が開かれ、中小企業金融の円滑化に大きな役割を果た

しています。

　信用保証協会の保証も、通常の保証と同様の民法上の保証であり、要件、効力について特約がない限り、民法の規定が適用されます。

　金融機関と各信用保証協会との間には、あらかじめ、個々の保証契約に共通する事項や手続等を定めた基本約定書が締結されています。

　基本約定書においては、信用保証協会が保証債務の履行の責任を免れる場合として、①金融機関が、信用保証協会の保証付貸付金を既存貸付の回収に充当することを禁止する条項（旧債振替禁止条項）に違反したとき、②金融機関が保証契約に違反したとき、③金融機関が故意もしくは重過失により被保証債権の全部または一部の履行を受けることができなかったときが定められているのが一般的です。

　個別の保証に際しては、通常、金融機関が信用保証協会に保証を依頼するのとあわせて、取引先も金融機関経由で信用保証協会に信用保証委託申込みをします。申込みを受け、信用保証協会が保証を適当と認めたときは、保証条件を記載した信用保証書を金融機関宛てに送付します。この信用保証書が交付された時点で保証契約が成立し、その後、金融機関が貸付けを実行すると保証契約の効力も生じることになります。なお、取引先の信用状態次第では、金融機関の貸付金または信用保証協会の求償権について、他の連帯保証人の保証や担保の設定を受けることなどの保証条件がつけられることがあります。信用保証協会は、保証委託契約の報酬として、取引先から保証料を徴収します。

　なお、近年、金融機関と信用保証協会との間で、個別の保証契約の有効性が争われる訴訟が散見されるようになっており、上記信用保証協会の免責条項の解釈や保証契約の錯誤無効が争われるなどしています。そのなかで、最高裁は、金融機関は信用保証協会との間の基本約定書上の付随義務として、貸付先が反社会的勢力であるか否かについて相当な調査をする義務を負っており、この義務に違反した場合は、上記②の金融機関が保証契約に違反したときに当たると判断しました（最判平28.1.12民集70巻1号1頁）。なお、この訴訟の差戻し控訴審において、裁判所は、金融機関が貸付実行に先立ち

行った調査は、政府関係機関の指針等の内容に照らし、その時点において一般的に行われている調査方法等にかんがみて相当と認められるから、保証免責条項にいう「保証契約に違反したとき」には当たらないと判断しています（東京高判平28．4．14金法2042号12頁）。

上記のとおり、信用保証協会の保証については、基本約定書においてさまざまな禁止事項が定められているほか、個別の保証契約においても保証条件が定められています。金融機関としては、保証債務を速やかに履行してもらうため、これらの禁止事項に違反したり保証条件に反することのないよう注意しなければならないのはもちろん、貸付先が反社会的勢力でないかどうかについても相当な調査を行う必要があるでしょう。

5　保証契約における留意点

(1)　保証契約締結時の保証意思の確認

保証契約は、債権者（金融機関）と保証人との間の契約であって、主債務者（融資先）との間の契約ではありません。

しかし、融資先がすでに保証人も連署した約定書（金銭消費貸借契約書・保証約定書など）を金融機関に提出するとか、融資先が金融機関の担当者の目の前で保証人の印鑑を用いて約定書に押印するというように、金融機関が保証人と直接会うことなく締結した保証契約については、後日、保証人から保証する意思はなかったとして保証を否認されるといったトラブルが起きるなど、さまざまな問題が生じやすい傾向にあります。

そこで、金融機関には、保証人になろうとする者に**保証意思があること**を確認し、担当者の面前で、保証人になろうとする者本人から契約書に自署・押印を受けることを原則とすることなどが求められています。また、やむをえない事情により、代理人や使者を通じて保証契約を締結することが避けられないときにも、必ず保証人になろうとする者に保証の意思があるのか、代理人や使者の申出と食い違いはないかを他の確実な方法により確認する必要があります。

(2) 利益相反取引

　保証契約においては、法人がその代表者の債務を保証したり、法人が代表者を共通する他の法人の債務を保証する場合など、保証人と主債務者との間に利益相反が生じる場合があります。

　この場合の保証契約締結の際の留意事項については、第1章第7節を参照してください。

(3) 主債務と保証債務の関係

　保証債務は主債務に従属する性質があることは、前述のとおりです（前記3参照）。

　このほかに、主債務と保証債務の関係で留意すべき事項としては、主債務について時効が中断されれば、保証債務の時効も中断されること（民法457条）があげられます。

　また、実務における債権管理の観点からは、連帯保証人に対して請求すれば、主債務者に対してもその効力が生じること（絶対的効力。同法458条、434条）も重要です。この規定により、連帯証人に対して請求すれば、主債務についても時効中断を図ることができるからです。時効中断との関係では、連帯保証人による債務承認は、主債務の時効中断事由にならないことにも留意する必要があります（同法458条、440条）。

　なお、民法改正法案においては、連帯保証人に対する請求に絶対的効力が認められないことになりました（改正後民法458条）。したがって、民法改正法案のもとでは、連帯保証人に請求しただけでは主債務の時効は中断（民法改正法案では「完成猶予」といいます）しないということになります。

　もっとも、民法改正法案においては、債権者と主債務者とが別途合意することにより、連帯保証人に生じた事由のなかで絶対的効力をもつ事由を定めることができるとされていますので（改正後民法458条、441条ただし書）、実務的には、主債務に係る金銭消費貸借契約等で、金融機関の連帯保証人の1人に対する請求が主債務者に対してもその効力を有する旨を約するといった対応がなされるものと思われます。

(4) 担保保存義務

　法律上、保証人や担保提供者などがいる場合、債権者はこれらの者のために担保を保存する義務（**担保保存義務**）があり、もし故意や過失によってその担保をなくしたり、減らしたりすると、その範囲で、保証人や担保提供者などは責任を免れるとされています（民法504条）。

　実務上は、保証契約書などにおいて「保証人は、銀行がその都合によって担保もしくは他の保証を変更、解除しても免責を主張いたしません」といった文言により、この規定の適用を排除する特約（**担保保存義務免除特約**）を設けています。こういった特約も原則として有効であると認められていますが、どんな場合でもその効力が認められるわけではなく、金融機関に信義則違反に当たるような故意または重大な過失がない場合に限り有効であるとされています（最判平7.6.23民集49巻6号1737頁）。

　そこで、担保や保証を解除する際には、なるべく他の保証人から個別に同意を得ておくのが望ましいといえます。

　なお、担保保存義務およびその免除特約の詳細については、第4章第2節を参照してください。

(5) 保証人への情報提供義務

　現行民法においては、主債務者または債権者の保証人に対する情報提供義務について、特段の定めは置かれていません。

　しかしながら、民法改正法案においては、①保証契約締結時、②保証契約継続中に保証人からの請求があったとき、③主債務者が期限の利益を喪失してから2カ月以内のそれぞれの時点で、主債務者または債権者の**保証人に対する情報提供義務**が定められています。

　なかでも実務上留意すべきは、**保証契約締結時の情報提供義務**であり、具体的には、主債務者は、その事業のために負担する債務について、保証を委託するときは、保証人（になろうとする者）に対して、財産および収支の状況などの一定の事項に関する情報を提供すべき義務を負うとされています（改正後民法465条の10第1項）。なお、保証人が法人である場合は、主債務者

はかかる情報提供義務を負いません（同条3項）。

　このように、かかる情報提供義務は直接には主債務者の義務であって金融機関の義務ではありませんが、主債務者が、この義務に違反したことにより、保証人に誤認が生じ、それによって保証契約を締結した場合において、債権者が義務違反を知りまたは知り得たときは、保証人は保証契約を取り消すことができる（同条2項）とされています。

　したがって、金融機関としては、主債務者の義務違反を知りまたは知ることができたとして保証契約が取り消されることのないよう、事業性資金の貸付けについて個人保証をとるときは、主債務者による契約締結時の情報提供義務の履行を確認する必要があります。

6　経営者保証ガイドライン

(1)　策定・公表の経緯

　実務においてはこれまで、特に主債務者が中小企業などの場合には、代表者などの経営者に保証人になってもらうのがほとんどでした。家計と経営が未分離であったり、財務諸表の信頼性に問題があることが少なくない中小企業については、経営責任を明確にすることや経営者個人の財産を引当てとする実務的な必要性があったためです。実際、経営者の個人保証は、中小企業の資金調達の円滑化に寄与する面がありました。

　しかし、近年、経営者を保証人とすることに対し、事業に失敗した者の再チャレンジを妨げている、後継者が個人保証の提供を躊躇することにより円滑な事業承継を妨げる要因となっているといった批判がなされるようになりました。こういった批判を受けて関係省庁、学識経験者、専門家等を交えた議論が行われた結果、平成25年12月、日本商工会議所と全国銀行協会が共同で、中小企業における経営者保証等の課題の解決策の方向性を具体化したガイドラインとして「経営者保証に関するガイドライン」（経営者保証ガイドライン）を策定、公表するに至りました。

　経営者保証ガイドラインには、法的拘束力はないとされているものの、実

務においては、中小企業への融資に関してガイドラインに則した取扱いをすることが必要です。

(2) 概　要
a　経営者保証の準則

経営者保証ガイドラインは、経営者保証における合理的な保証契約のあり方等を示すとともに、主債務の整理局面における保証債務の整理を公正かつ迅速に行うための準則であり、法的拘束力はないものの、主債務者、保証人および金融機関等が自発的に尊重し遵守することが期待されています。

b　適用対象

経営者保証ガイドラインの適用対象は次の要件を満たす保証です。
① 主債務者が中小企業であること
② 保証人が主債務者の経営者である個人であること（ここにいう「経営者」には、代表者以外にも、実質的な経営権を有している者や経営者とともに事業に従事する経営者の配偶者、事業承継予定者なども含まれます）
③ 主債務者と保証人のいずれもが、弁済に誠実で債権者の請求に応じて負債の状況を含む財産状況等を適切に開示していること
④ 主債務者と保証人のいずれもが、いわゆる反社会的勢力でなく、そのおそれもないこと

c　金融機関における対応

経営者保証ガイドラインの適用対象となる保証については、金融機関は同ガイドラインの趣旨を尊重し、以下のような対応をすることが求められています。
① 法人と個人が明確に分離されている場合などに、経営者の個人保証を求めない可能性や代替的な手法を検討すること。
② 経営者保証をとる場合であっても、保証契約の必要性に関し丁寧かつ具体的な説明を行うこと、および適切な保証金額を設定すること。
③ 主債務者または保証人から申入れがあったときや事業承継時において、既存の保証契約を適切に見直すこと。

④ 保証債務の整理時において、破産手続における自由財産（99万円）や標準的な世帯の必要性経費（年齢等に応じて100万～360万円）の考え方等をふまえ、適切に残存資産の範囲を設定するとともに、残存する保証債務の免除要請について誠実に対応すること。

第5節 担　保

担保の目的と機能

(1) 担保の目的

　金融機関が、融資取引を行った場合に、その取引先に対して有することになる債権は、通常、取引先からの弁済によって回収されます。しかし、取引先が必ず約束どおりに弁済するとは限りません。取引開始時には業績が好調で、回収が確実だとみていた場合でも、その後の思わぬ環境の変化や大幅な見込違いによって、債権全額が回収できなくなることがあります。
　こういった場合に備えて、必要な債権回収の手段を備えておくというのが担保の目的です。

(2) 担保の機能

　取引先からの任意の弁済が受けられない場合、担保を取得していなかったとしても、金融機関は取引先の債権者として、裁判手続を通じて取引先の資産を差し押さえ、強制的に債権の回収を図ることができます。しかし、この場合、取引先の他の債権者に優先して弁済を受けることはできず、取引先の財産は、債権者間でその債権額に応じて平等に分配されるのが原則です。また、もともとは取引先が有していたものでも、差押えまでに取引先が処分してしまった資産からは、回収を図ることはできません。
　一方、金融機関が担保を取得していた場合、その担保を実行することにより、担保の対象資産から他の債権者に優先して弁済を受けることができま

す。また、取引先が担保実行前に対象資産を処分するなど、対象資産が元の所有者から第三者に移転した場合でも担保の効力は失われませんので、なお対象資産から優先的に弁済を受けることができます。

このように、担保を取得した場合、その対象となっている一定の財産について、そこから優先的に自己の債権を回収できる権利を有することになりますが、この権利のことを担保物権（担保権）といいます。

2 担保目的物の種類

法律上は、譲渡可能で交換価値がある財産は、基本的に何でも担保目的物とすることができます。

図表3－1　担保目的物の種類

担保目的物		担保権の種類
種類	具体例	
不動産	土地、建物	（根）抵当権、質権、譲渡担保権（注1）
動産	商品（在庫）、原材料 機械器具（製造設備、太陽光発電設備） 営業用什器（ショーケース等）	質権、譲渡担保権（注2）
債権 （指名債権）	預金債権、敷金（入居保証金）返還請求権、保険金請求権、売掛金請求権、診療報酬債権、不渡異議預託金返還請求権	質権、譲渡担保権
有価証券	手形（商業手形）、国債、地方債、金融債、株式、信託受益権証券	質権、譲渡担保権
その他の権利 （注3）	地上権、永小作権、賃借権、鉱業権、特許権、商標権、著作権、温泉権、ゴルフ会員権、電子記録債権	質権、譲渡担保権

（注1）　実務ではほとんどの場合に、（根）抵当権が用いられる。
（注2）　質権の場合、質権設定者に目的物の利用を継続させることができないことから、ほとんどの場合に譲渡担保が用いられる。
（注3）　担保価値の客観性や換価の容易性などに難があるものが多く、取扱いには注意が必要。

もっとも、実務においては、万一の場合に処分することによって、債権が確実に回収されるものでなければ、担保目的物としての意味がありません。そこで、以下のような基準を総合的に判断して、各事案における担保目的物として適切かどうかを決定する必要があります。

① 担保価値が客観的に把握できること
② 担保価値が安定していること
③ 管理が簡便であること
④ 換価が容易であること

　実務において担保目的物として利用されているものおよびそのときの担保権の種類は、図表3－1のとおりです。

3　担保物権の種類

　担保物権にはさまざまな種類のものがありますが、その性質に応じて分類すると、図表3－2のようになります。
　担保物権はこのほかに、担保目的物の提供者が債務者本人か第三者か、被

図表3－2　担保物権の種類

典型担保 (民法上認められている担保権)	法定担保物権 (一定の要件のもとに法律上当然に成立する担保権)	留置権
		先取特権
	約定担保物権 (当事者間の契約によって初めて成立する担保物権)	質権
		抵当権
非典型担保 (取引慣習や判例・特例法によって認められるようになった担保権)		譲渡担保権
		所有権留保
		仮登記担保
事実上の担保 (担保権としての構成をとらないものの、事実上、担保権と同様の機能を有することから利用されているもの)		振込指定
		代理受領

担保債権が特定されているか不特定かによっても分類することが可能です。

(1) 典型担保と非典型担保

担保物権のなかには、留置権や先取特権、質権、抵当権など、民法その他の法律上、担保としての機能を果たすべき権利として創設されたものがあり、これらは**典型担保**と呼ばれます。

一方、先にあげた担保物権のなかでも、譲渡担保権は、民法その他の法律上定められた担保権ではありませんが、判例によって担保権としての効力が認められるようになったもので、こういった担保物権のことを**非典型担保**と呼びます。

(2) 法定担保物権と約定担保物権

担保物権には、一定の要件のもとに法律上当然に整理するもの（**法定担保物権**）と、当事者間の契約によって成立するもの（**約定担保物権**）とがあります。

a　法定担保物権

法定担保物権とは、一定の要件のもとに法律上当然に成立する担保権で、（民法上の）留置権（民法295条以下）や商事留置権（商法521条等）、民法上の先取特権（民法306条以下）などが含まれますが、その中心となるのは商事留置権です。先取特権は、金融機関がこれを行使して取引先からの債権回収を図るという場面はまずないでしょうが、他の債権者との関係で、金融機関の貸付債権や担保権に優先する権利として突如出現することがありますので注意が必要です。

b　約定担保物権

約定担保物権とは、契約によって初めて成立する担保物権のことで、実務においてよく利用されるものとしては、質権（民法342条以下）、抵当権（同法369条以下）、譲渡担保権などがあります。

(3) 事実上の担保

実務において、債権の担保目的で用いられている手段には、担保権としての構成をとらないものもあります。振込指定や代理受領といったものがその例であり、また、銀行取引約定書による相殺予約もそうです。

これらは、担保物権ではないものの**事実上の担保**として利用されていることから、本節において解説します。

(4) その他の分類

a 本人提供と第三者提供

担保を提供する者は債務者本人には限られず、それ以外の第三者でも自らの財産を債務者のために担保として提供することができます。このように債務者以外の第三者が担保を提供する場合を物上保証といい、担保提供者である第三者を物上保証人といいます。

b 特定債務の担保と根担保

担保権によって保全される債権（被担保債権）は、何年何月何日付金銭消費貸借契約に基づく債権というように、初めから特定している必要はありません。契約時には具体的に定まっていない将来発生する不特定の債権を被担保債権とすることも可能で、継続的な取引が行われる場合が多い実務においては、むしろこちらのほうが原則であるともいえます。

この場合の担保を**根担保**といい、このうち根抵当権については民法に規定がありますが、法律上の規定がない根質権、根譲渡担保権も実務ではよく利用されています。

4　担保物権の概要

(1) 担保物権に共通の性質

一般に、担保物権に共通の性質として、①不可分性、②物上代位性、③附従性、④随伴性があるといわれます。もっとも、必ずしも共通とはいえないものもありますので、一応の整理であると理解しておいたほうがよいでしょう。

① 不可分性

　担保物権は被担保債権の全部の弁済があるまで、担保の目的物の全部の上にその効力を及ぼすという性質です。したがって、分割弁済や一部繰上弁済があっても、これに応じて担保を解除する必要はありません。民法では留置権について規定され（民法296条）、先取特権（同法305条）、質権（同法350条）、抵当権（同法372条）にそれぞれ準用されています。

　また、非典型担保についても同様の性質をもつと解されています。

② 物上代位性

　担保の目的物が売却、賃貸、収用された場合の売却代金・賃貸料・補償金の払渡しを請求する権利や、担保の目的物が滅失・毀損した場合の保険金請求権、損害賠償請求権に対しても、担保権者が優先権を行使できるという性質です。民法では先取特権について規定され（同法304条）、質権（同法350条）、抵当権（同法372条）に準用されています。

　他方で、留置権にはこの性質はなく、非典型担保については争いがあります。また、具体的にどのような場合に物上代位が認められるかは、各担保権の性質に応じて考えなければならないとされています。

③ 附従性

　担保物権は被担保債権が存在して初めて成立し、当該被担保債権が消滅すれば担保物権も消滅するという性質です。この性質は、先取特権や留置権には完全に当てはまります。

　他方で、確定前の根抵当権には附従性はありません。また、抵当権や質権、非典型担保についても、当てはまらないことがあると考えられています。

④ 随伴性

　被担保債権が譲渡されると、担保物権もこれに伴って移転するという性質です。

　もっとも、この性質も、確定前の根抵当権にはありません。

(2) 法定担保物権

a 留置権

留置権には、民事留置権（民法295条）と商事留置権（商法521条など）があります。

民事留置権は、被担保債権の弁済を受けるまで債権者が目的物を自己のもとに留め置くことができる留置的効力を有していますが、目的物を処分して優先弁済を受ける優先弁済権はなく、また物上代位性もないので、実務上はほとんど意味をもちません。

一方、**商事留置権**、そのなかでも商人間の留置権（商法521条）は実務上も担保として一定の意味があります。すなわち、商人間の留置権とは、商人間においてその双方にとって商行為となる行為により生じた債権が弁済期にあるとき、その債権の弁済を受けるまで、債務者との間における商行為によって占有を取得した物または有価証券を、自己のもとに留め置くことができる権利のことをいいます。商人間の留置権は、民事留置権と異なり、被担保債権が留置物に関して生じたこと（牽連関係）が必要とされていません。このため、取引先が金融機関に対して負担する債務の弁済を怠ったときは、金融機関がその取引先から取立委任を受けた手形や保護預りしている国債・株式といった有価証券など金融機関が占有している物について商事留置権を取得することになります。

商事留置権は、民事留置権と異なり、破産手続および民事再生手続においては別除権として（破産法66条1項、65条、民事再生法53条）、会社更生手続においては更生担保権として（会社更生法2条10項）認められます。

b 先取特権

先取特権は、民法その他の法律によって一定の債権を有する者が、債務者の一定の財産について、他の債権者に優先して自己の債権の弁済を受けることが認められる法定担保物権です。

先取特権には、民法上のものとして、①一般の先取特権（民法306条以下）、②動産の先取特権（同法311条以下）、③不動産の先取特権（同法325条以下）があり、その他の法律上の先取特権もありますが、金融機関が先取特権を取

得するケースはまずありません。なお、不動産の先取特権のうち、登記された不動産保存の先取特権と不動産工事の先取特権は、抵当権に優先するとされています（同法339条）ので、実務上は、抵当不動産にこれらの登記がないかに注意しておけば十分でしょう。

(3) 約定担保物権

先に述べたように、約定担保物権には、民法による質権と抵当権、判例によって認められている譲渡担保権があります。なお、約定担保物権には、所有権留保や仮登記担保もありますが、紙幅の関係上、割愛します。

a 質　　権

質権は、質権者が債権の担保として受け取った目的物を、債権が弁済されるまで質権者のもとに留め置き、約束どおり弁済が行われない場合には目的物を処分して優先弁済を受けることができる担保権をいいます（民法342条以下、商法515条）。

質権は、目的物の種類に応じて、動産を目的物とする動産質（民法352条以下）、不動産を目的物とする不動産質（同法356条以下）、債権や株式などの財産権を目的物とする権利質（同法362条以下）の3種類に分けられ、譲渡できる物であれば原則としてどんなものでもその目的物とすることができます。ただし、船舶、自動車、建設機械など特別法により質権の設定が禁止されている物もあります。

このように質権の目的物の範囲は広いのですが、実務上、動産質および不動産質はほとんど利用されていません。もっとも、財産権については、占有移転による不都合が生じません（そもそも、一般の金銭債権については占有ということを観念できない）ので、権利質については実務上もよく利用されています。

質権の対抗要件は、動産質では目的物の継続占有（同法352条）、不動産質では登記（同法361条、373条）ですが、権利質では、一般の金銭債権（指名債権）については確定日付ある第三債務者への通知または第三債務者の承諾（同法364条）、手形や小切手では質入裏書（同法365条）など、目的物とする

権利の種類によって異なっています。なお、法人が質権を設定する債権質については、動産及び債権の譲渡の対抗要件に関する民法の特例等に関する法律（以下「動産・債権譲渡特例法」といいます）に基づき債権譲渡登記ファイルに質権設定登記をすることにより第三者対抗要件を備えるという方法もあります。

質権の被担保債権は、当事者間で自由に決めることができ、一定の範囲に属する不特定の債権とすることも可能で、実務においてはむしろこれが一般的ともいえます。このとき、多くの場合、極度額も定められません。また、質権の被担保債権は、設定契約によって決められた債権の元本のほか、利息、違約金、質権実行の費用、質物の保存の費用および債務の不履行または質物の隠れた瑕疵によって生じた損害の賠償などに広く及び（民法346条）、優先弁済権の範囲についても、抵当権のような制限はありません。

b 抵当権

抵当権は、その目的物たる不動産を抵当権者に引き渡すことなく担保に提供させ、被担保債権の弁済が約束どおり行われない場合には、不動産を処分して優先弁済を受けることができる担保権をいいます（民法369条）。

このように抵当権は不動産の引渡しを必要とせず、設定者は引き続き不動産を使用し収益を得ることができますので、設定者がその事業のために使用する不動産（工場や社屋およびその敷地）であっても目的物とすることができる点が、質権にはない抵当権のメリットです。

抵当権は不動産のほか地上権、永小作権をその目的物とすることもできるとされており（同条2項）、そのほかにも登記または登録制度のある財団、船舶、航空機など特別法で抵当権の設定が認められているものもありますが、実務において一般に広く利用されているのは、主として不動産抵当権です。なお、すでに抵当権が設定されている目的物に重ねて抵当権を設定することも可能です。この場合、先に登記を備えたものから優先順位がつけられ、最初のものを一番抵当、その次を二番抵当というように呼びます。また、同一の債権を担保するために、複数の不動産に抵当権を設定することもでき、**共同抵当権**と呼ばれます。

抵当権は設定者と抵当権者との合意のみによって効力を生じます（諾成契約）。もっとも、不動産の引渡しが行われないことから、第三者は外見上その存在を知ることができません。そのため、抵当権は、登記が第三者対抗要件となっています。

　抵当権の被担保債権は、必ずしも1個である必要はなく、同一の債権者の複数の債権を被担保債権とすることも可能です。このとき、債務者が共通である必要もありません。また、ある債権の一部（たとえば、1億円の支払請求権のうちの5000万円分）を被担保債権とすることもできます。なお、抵当権の優先弁済権の効力は、当事者間で合意した被担保債権の元本のほか、利息、損害金の全部に及びますが、後順位抵当権者等の他の債権者がいる場合には、それらの債権者に優先して弁済を受けられるのは、元本のほかは満期となった最後の2年分（具体的には配当期日からさかのぼって2年分）の利息・損害金に限られます（同法375条）。

　また、抵当権においては一定の範囲に属する不特定の債務を担保する根抵当権（同法398条の2以下）が認められており、実務においてよく利用されています。根抵当権の特徴や抵当権との相違点については、6(1)eで説明します。

　c　譲渡担保権

　譲渡担保権とは、担保の目的物の所有権をいったん債権者に移転し、被担保債権を弁済すれば、目的物の所有権の返還を受けるという方法による担保のことをいいます。被担保債権が弁済されなかったときは、債権者は、目的物を適正な評価額をもって自ら取得するか、または所有権に基づいて目的物を処分し、その換価代金から優先弁済を受けます。譲渡担保権は、質権や抵当権と異なり、民法その他の法律の規定はなく、もっぱら判例によってその効力が認められている担保権です。

　譲渡担保権は、譲渡可能なものであれば何でも目的物とすることができますが、実務においては、①商業手形、株式、公社債などの有価証券、②売掛金、入居保証金などの指名債権、③機械器具類、商品在庫、原材料、仕掛品などの動産を担保にとる場合によく利用されています。

譲渡担保権は、形式的には目的物の所有権の移転（譲渡）というかたちをとりますから、その設定も通常の売買と同じく、当事者の合意で成立します。
　また、対抗要件も通常の目的物の譲渡の場合と同様です。すなわち、動産であれば引渡し、不動産であれば登記、指名債権であれば確定日付が付された通知または承諾、商業手形であれば裏書譲渡となります。このうち動産の引渡しについては、**占有改定**による引渡し（設定者が引き続き目的物を占有するが、以後は債権者のために占有するという意思を表示する方法）でもよいと考えられており、通常はこの方法がとられます。なお、目的物が、法人が有する動産または指名債権の場合は、動産・債権譲渡特例法に基づき、動産譲渡登記ファイルまたは債権譲渡登記ファイルに譲渡の登記をすることにより第三者対抗要件を備えるという方法もあります。

5　実務における担保契約

(1) 特　　徴

　担保権設定契約は、債権者と担保権設定者との間の契約ですが、一般に要式行為ではないので、法律上は口頭で合意するだけでもよく契約書の作成は必須ではありません。もっとも、実務においては、合意内容の明確化等の観点から、契約書が作成されるのが通常であり、作成されない場合はまずありません。この契約書は、担保権設定者のみが調印した書面を金融機関に差し入れる方式（差入方式）がとられることが多いですが、法的には金融機関と設定者の双方が調印する通常の契約書の方式となんら異なりません。
　また、抵当権に限らず、質権や譲渡担保権の場合であっても、被担保債権を特定せず、「別途締結した銀行取引約定書に基づくいっさいの債権」などとして根担保にすることが多いというのも特徴の一つです。根担保にしておけば、反復継続する融資取引において、そのつど新たな担保権を設定する必要がなく便利だからです。根抵当権については極度額の定めが必要ですが（民法398条の2第1項）、その他の根担保の場合、極度額を定めることは必須ではなく、むしろ定められないことが通常であるともいえます。

(2) 契約締結時の留意点

a 契約の相手方は設定者

担保設定契約における金融機関の相手方は、担保権設定者ですが、担保権設定者は目的物の処分権限を有する者（目的物が動産や不動産であれば所有者、債権その他の財産権であれば債権者ないし権利者）であって、必ずしも被担保債権の債務者とは一致しません。債務者以外の第三者が担保設定者となる場合、その設定者のことを**物上保証人**ということがあります。

b 利益相反取引

債務者以外の第三者が物上保証人として担保を提供しようとするとき、担保提供者が制限行為能力者や法人である場合には、その担保提供が法定代理人等や法人の役員等との間の利益相反取引に当たる可能性があるので注意が必要です。

利益相反取引に該当する場合の対応については、第1章第7節を参照してください。

c 対抗要件の具備

たとえば、債権者が抵当権の設定を受けた不動産について、他の債権者も抵当権の設定を受けることがあります。このような場合、抵当権設定契約を先に締結していても、他の債権者が先に抵当権設定登記（対抗要件）を具備すれば、他の債権者が当該不動産から優先的に回収できることになります。

このように、担保権設定契約を締結したとしても、その担保権について対抗要件を備えないと、担保権の取得は完全なものとならず、担保の目的物に利害を有する第三者に対し、担保権の存在を主張することができません。

そのため、債権者としては、担保権設定契約を締結したとしても、対抗要件を具備しない限りは、無担保も同然とみるべきであって、登記留保とすべき場合でなければ、できる限り対抗要件（少なくとも仮登記）の具備に努める必要があります。

(3) 担保保存義務免除特約

法律上は金融機関に担保保存義務が課せられているところ、担保権設定契

約書において、この義務を免除する特約が設けられていることは、保証のところで説明したとおりです（第4節5⑶参照）。

6　各種の担保

ここからは、実務において利用される主な担保について、担保を設定する際の手続や留意点、担保権設定契約の特徴について説明します。

⑴　不動産（土地・建物）の担保取得
a　担保権の概要

土地・建物の担保取得には、抵当権を用いるのが一般的です。法的に設定可能な担保権としては、質権や譲渡担保権などもありますが、実務上、これらの担保権が設定されることはほとんどありません。

抵当権のうち被担保債権が特定されているものを普通抵当権といい、被担保債権が特定されていないものを根抵当権といいます。もっとも、根抵当権においても、被担保債権はまったく無限定というわけではなく、その範囲と極度額を定める必要があります。実務では、被担保債権の範囲について「銀行取引によるいっさいの債権」「銀行が第三者から取得する手形上、小切手上の債権」とするのが通常です。この「銀行取引によるいっさいの債権」には、電子記録債権、受信取引や為替取引の手数料債権等も含まれます。

なお、普通抵当権と根抵当権の違いを簡単に示せば図表3－3のとおりとなります。

b　抵当不動産の調査

ひとくちに不動産といっても、その状態や当該不動産をめぐる権利関係は個別性が強く、非常に複雑な場合もあります。したがって、不動産に抵当権を設定しようとする場合、担保としての適格性を確認するため、事前に対象不動産を十分に調査しておくことが必要です。

⒜　抵当不動産の状態の調査

目的不動産の所在や状態を把握するためには、まず不動産登記（全部事項

図表3-3　普通抵当権と根抵当権の比較

	普通抵当権	根抵当権
被担保債権	被担保債権が特定されている。	被担保債権は、契約所定の「被担保債権の範囲」のなかで入れ替わる。
優先弁済権の範囲	元本に配当時からさかのぼって最後の2年分の利息・遅延損害金を加えた額が優先弁済される。	元本と利息・遅延損害金は、極度額を限度として優先弁済をされる。 ただし、元本確定後は、根抵当権設定者の請求があれば、被担保債権と以後2年間に生ずる利息・遅延損害金を加えた額に減額がされる。
附従性・随伴性の有無	附従性・随伴性、共に認められる。	附従性・随伴性、共に認められない（被担保債権が消滅・移転しても、根抵当権は消滅・移転しない）。 ただし、元本確定後は、附従性・随伴性ともに認められる。

証明書）の表題部を確認する必要があります。

　土地については、たとえば、主たる用途が記載されている**地目**を確認し、担保として適格な土地かを判断することが必要です。一般に、地目のなかでも、「宅地」や「雑種地」は比較的換価処分性が高いことが多いといえますが、「田」「畑」などの農地、「山林」「原野」「池沼」などは換価処分性が低いことが多いので注意が必要です。

　建物については、登記の原因およびその日付から建築年月を確認することができます。昭和56年6月施行の建築基準法の改正により新耐震基準が導入されていますが、新耐震基準に基づかない建物については換価価値が低くなる傾向があるので注意が必要でしょう。

　また、目的不動産の位置や形状などの把握のためには、現地を確認することが何より必要ですが、その前提として、土地については、不動産登記法14

条1項より、**地図またはそれに準じる書面**（公図）、**地積測量図**、建物については、**建築図面**なども入手して確認することが考えられます。これらは、不動産登記所で誰でも入手することができます。ただし、公図は精度が低く位置や形状が現地と一致しないことも多いこと、および地積測量図や建物図面は必ず備えられているとは限らない点には留意が必要です。

(b) 抵当不動産の所有権の調査

抵当権設定契約は、金融機関と抵当権設定者との間の契約ですが、設定者が抵当不動産の所有者本人でなければその契約は有効なものとなりません。そのため、抵当権設定者が不動産の所有権を有していることを確認しておくことは大変重要です。

不動産登記の権利部（甲区）には、所有権に関する事項が記載されていますので、まずは不動産登記簿の記載を確認します。もっとも、登記簿に所有者として記載されているからといって、そのことから直ちに実体上もその登記名義人が所有者となるわけではなく、真の所有者は別にいるという場合には、登記名義人との抵当権設定契約は無効というのが原則です。

したがって、登記を調査するにあたっては、設定者が現在所有者として登記されているかを確かめるだけでなく、設定者が所有権を取得するに至る経緯についてもひととおり目を通して、不自然なところがないか調べるなど、実体的権利関係にも問題がないことをチェックする必要があります。

また、抵当権設定者が、共有者として共有持分を有するにすぎない場合には、一部の共有持分についてのみ抵当権を設定しても、実際上は換金性が非常に乏しいものとなるため、共有者全員から各共有持分について担保設定を受けることも検討されるべきでしょう。

このほか、目的不動産の登記の甲区において、①仮登記権者、②買戻権者、③仮処分権者、④仮差押債権者、⑤（競売開始決定や滞納処分による）差押えの登記がある場合は、抵当権からの回収ができなくなる可能性があるので注意を要します。なお、買戻特約付きの不動産に抵当権の設定を受ける場合には、仮に買戻権が行使された場合に設定者（買主）が売主に有することになる買戻代金債権に対し、債権担保を設定することが望ましいといえま

す。
　(c)　抵当権に優先する権利の調査

　不動産には、先順位抵当権、地上権、賃借権など、設定しようとしている抵当権に優先する権利を負担している場合があります。これらの権利を負担しているからといって設定しようとしている抵当権が無効になるというわけではありませんが、抵当不動産の担保評価に大きく影響しますので、抵当不動産が負担する権利の調査は重要です。

　これら所有権以外の権利に関する事項は、不動産登記簿の権利部（乙区）に記載されており、先順位抵当権や地上権などの用益権の存在は、その記載から確認することができます。

　もっとも、**登記**なくして抵当権に優先する権利も存在し、これらの権利の存否は、登記簿の調査だけではわからないので実地調査が必要となります。

① 借地権・借家権

　借地権とは、建物所有を目的とする地上権または土地賃借権をいい、**借家権**とは、建物の賃借権をいいます。借地権については、土地の登記簿に借地権の登記がなされていなくても、当該土地上に借地人名義の登記がある建物が存在していれば、借地権者は当該借地権を第三者に対抗できるとされており（借地借家法10条1項）、また、建物の登記簿に賃借権の登記がなくても、当該建物の引渡しを受けていれば、借家権については、賃借人は当該賃借権を第三者に対抗できるとされています（同法31条1項）。このように、第三者に対抗できるということは、その後に設定された土地または建物についての抵当権が実行された場合も、土地または建物の買受人に対して借地権または借家権を主張できるということを意味します。買受人としては、借地権または借家権の負担付きでしか当該不動産を取得できませんので、その分だけ買受代金が安くなる可能性があります。したがって、抵当権の設定を受けようとする不動産に借地権や借家権が設定されていないか、登記簿の確認だけでなく、現地に赴いて地上建物の存否や建物の入居者を確認することが必要です。なお、建物の賃借人が有する賃借権が抵当権に劣後するものであっても、賃借人は抵当権実行における買受け

から6カ月間は建物の引渡しを猶予されますので（民法395条）、建物に対する抵当権設定を受けた場合は、その後の賃借人の存否にも注意を払うべきでしょう。

② 法定地上権

抵当権設定時に土地と地上建物を同一人が所有する場合で、土地と建物の一方または双方に抵当権が設定され、その抵当権が実行された結果、土地と建物の所有者が別人となったときは、地上建物のために法律上当然に地上権が成立するとされており（同法388条）、この地上権のことを**法定地上権**といいます。**法定地上権**が成立するということは、土地に設定された抵当権を実行しても、土地の競落人は地上権の負担付きの土地しか買い受けられないということを意味しますから、土地の担保評価にとって大きくマイナスとなります。法定地上権は、抵当権設定時に地上建物が存在していればその保存登記がなされていなくても成立しますので、実地調査をしなければその成否はわからないので注意が必要です。

③ 租税債権

抵当不動産の所有者が負担する租税債権と抵当権の優劣は、国税徴収法その他の税法に特別の規定が設けられており、その内容は当該租税債権の法定納期限と抵当権設定登記の先後により決定される（先になったほうが優先する）というものです（国税徴収法16条等）。したがって、設定者が、抵当権の設定登記よりも前に法定納期限が到来する租税債権を滞納していると、後日、抵当不動産に対して滞納処分による差押えがなされたとき、当該不動産の処分代金から滞納している租税債権が優先的に徴収されるため、抵当不動産からの回収額が期待を大幅に下回るということになりかねません。よって、抵当権を設定するにあたっては、主な租税についての納税証明書等の提出を求めるなどの方法により、滞納している租税の有無およびその法定納期限を確認することが必要です。

(d) 敷地利用権の調査と地主の承諾

借地上の建物を抵当不動産とした場合、借地権は建物に従たる権利として当然に抵当権の効力が及ぶと考えられており、抵当権が実行された場合の買

受人は**借地権**も取得することになります。

　もっとも、そもそも建物についての**敷地利用権**が確保されていなければ地主からの明渡請求に対抗できず、担保として評価することはできません。したがって、建物に抵当権を設定しようとする場合には、その敷地利用権についての調査も必要です。この調査は、通常、建物所有者に敷地の借地契約書をみせてもらうといった方法によることとなります。

　このとき、敷地利用権が設定されていない場合はもちろんですが、設定されていてもそれが使用貸借権（民法593条）であれば、いつ地主から明渡請求がなされるかわからないという場合も多いでしょうし、次に述べる借地権のように法律上の保護もありませんので、建物を担保として評価することはできません。

　一方、敷地利用権が賃借権の場合、賃借人は、賃貸人の承諾を得なければその賃借権を譲り渡すことができないとされていることから（同法612条）、抵当権の実行に伴う借地権の譲渡について地主の承諾を得ておくのが望ましいといえます。もっとも、かかる地主の承諾が得られないときには、買受人はそれに代わる裁判所の許可を求めることができるとされており（借地借家法20条）、実務上、かかる許可が与えられないことはめったにないことから、地主の承諾は必須のものではありません。もっとも、裁判所はかかる許可を与えるにあたって、借地条件の変更または財産上の給付を命じることができるとされているため、それによって買受人が被る不利益を買受価格（担保評価額）に反映させることが一般的です。このように土地賃借権はかなり強固に保護されていますが、借地権者に地代の支払を怠るなどの契約違反があると、地主から借地契約を解除されるなど借地権を失いかねないので、そういった契約違反等がないことの確認も必要です。また、借地権のなかには、定期借地権など借地契約の更新が保障されていないものがあり（同法22条以下）、この場合、貸付期間の途中で借地契約が終了してしまうといったことも考えられますので、この点の確認も必要でしょう。

　(e)　公法上の制限の調査

　不動産については、その利用・処分について公法上の制限が課せられてい

ることがあり、担保評価に大きな影響を与えますので、どのような制限があるのかについても調査しておく必要があります。

この公法上の制限の代表的なものとしては、都市計画法に基づく市街化調整区域の指定および建築基準法に基づく制限などがあります。

c　抵当権設定契約の内容

(a)　抵当権設定条項と物権の表示

抵当権設定契約書には、まず、抵当不動産を明確にし、当該不動産に対して抵当権を設定する旨を明らかにする条項が設けられます。抵当不動産は、多数にわたる場合もあるため（共同抵当の場合など）、通常は契約書末尾に一覧表にして表示します。

物件の特定は、土地であれば所在地、地番、地目、地積等を記載することにより、建物であれば所在、家屋番号、種類、構造、床面積等を記載することにより行います。

(b)　被担保債権の表示

また、抵当権設定契約においては、被担保債権を特定することが必要です。被担保債権の特定は、被担保債権にかかる契約の日付、債務者、債権額、利息（利率）、弁済期、遅延損害金等により行います。これらは、抵当権設定登記の登記事項でもあります。

(c)　その他の条項

その他に設けられる条項としては、抵当権設定者の**登記協力義務**を定める条項やいわゆる担保保存義務免除特約に関する条項などがあります。また、抵当不動産が建物の場合には、**火災保険条項**（設定者が、当該建物のために抵当権者が要求する額以上の火災保険契約を締結し、その契約に基づく火災保険金請求権上に質権を設定することなどを定める条項）、抵当権設定者が法人の場合には、設定契約を締結するに際して法令上、定款上その他必要な所定の手続を経ている旨の条項などが設けられることもあります。

d　抵当権設定登記

抵当権は、登記されなくても設定者と債権者の合意により成立します。しかし、登記がなければ、抵当不動産の譲受人や後から抵当権設定登記をした

者などの第三者に対して、当該抵当権を対抗することができません。また、抵当権を実行するために競売申立てをすることもむずかしくなります。

したがって、抵当権設定契約を締結した場合、速やかに登記を行わなければなりません。

抵当権設定登記の申請は、抵当権設定者と抵当権者が共同して行うこととされていますが（不動産登記法60条）、通常は、司法書士に共同して委任することになるでしょう。登記申請には、いわゆる申請情報（「登記の申請に必要な事項として政令で定める情報」同法18条本文）のほか、**登記原因証明情報**（抵当権設定契約書）、**登記識別情報**（登記済権利証）、**資格証明書**（法人の場合）、抵当権設定者の**印鑑証明書**、司法書士への**委任状**などが必要となります。

登記が完了すると登記完了証が発行されますが、それを受け取るだけでなく、抵当不動産についての登記事項証明書を取得して、期待したとおりに登記が行われたどうかを確認することが重要です。登記申請を誤っていたり、登記官の手違いで登記事項に誤りが生じていることがないとはいえないからです。

e　登記をすることができない場合の対応

(a)　仮登記

このように抵当権設定登記を経ることができればよいのですが、実務においてはそれが困難である場合もあります。このとき、金融機関としては、次善の策として仮登記を経ることを交渉することになります。

仮登記とは、すでに物権変動は生じているが、その手続上の不備があるため、本登記をすることができない場合（1号仮登記）や、いまだ物権変動は生じていないが将来物権変動が生じる場合（2号仮登記）の暫定的な登記のことをいいます。

仮登記をしていれば、将来、仮登記に基づいて本登記を経たとき、仮登記をした当初から本登記をしたのと同じ順位で、権利を第三者に主張することができます（順位保全効）。これに加えて、本登記に比べて登録免許税が少額（1物件について1000円）ですむというメリットもあります。このため、本登記をすることが可能な場合であっても、あえて抵当権の権利済証（権利証）

や登記識別情報の添付を省略し、１号仮登記を経るということも実務においては行われています。

　もっとも、実際に抵当権を実行して回収を図るためには、本登記を経る必要があります。しかしながら、いざ本登記をしようとすると、抵当権設定者から本登記手続への協力が得られなかったり、手続自体への協力が得られる場合でも、すでに抵当権設定者や債務者の資金がなく、本登記の登録免許税を抵当権者が負担せざるをえないこともあります。

　そこで抵当権者は、仮登記を受けた場合であっても、本登記申請に必要な書類の提出を受けておき、抵当権者の判断でいつでも本登記ができる状態にしておくことが望ましく、また可能な限り早期に本登記を経ておくべきです。

(b) 登記留保

　抵当権設定者から仮登記についての承諾も得ることができない場合、やむなく登記留保を受け入れるということもあります。この場合であっても、本登記申請の必要書類は常にそろえて、いつでも登記申請をすることができるようにしておくべきです。特に、上記のとおり、印鑑証明書は発行後３カ月以内のものしか使えないので、常に新しいものの提出を受ける必要がありますので注意が必要です。また、抵当権設定者の商号変更などが行われるなど、委任状の差替えを必要とする場合もあります。

　これらの書類に不備がある場合、金融機関から抵当権設定者に対し抵当権設定登記手続を行うよう求める訴訟を提起して、勝訴判決を得なければ、金融機関単独での登記申請は不可能です。なお、この方法には時間がかかるため、先がけて仮処分命令を裁判所に申し立てることも検討すべきでしょう。さらに、無事に登記手続が完了したとしても、債務者の信用が悪化してからの対抗要件の具備であるため、当該債務者が法的整理手続に至った場合に、対抗要件の否認を受けるリスクがあります。

f 根抵当権

(a) 根抵当権とは

　根抵当権は、抵当権の一種ですが、増減変動しつつ継続的に繰り返し行われる融資取引から生ずる不特定の債権を担保したいという要請に応えるため

に生まれたものです。

　根抵当権は、設定契約で定める一定の範囲に属する不特定の債権を極度額の範囲で担保するもので（民法398条の2第1項）、普通抵当権のように特定の債権を担保するものではありません。このため、元本が確定するまでは（元本の確定については後述します）、普通抵当権のような附従性や随伴性はないとされています。したがって、被担保債権がすべて消滅しても根抵当権は消滅せず、被担保債権が譲渡されたからといって、それに伴って根抵当権が移転するということもありません。

(b)　被担保債権の範囲

　前述のとおり、根抵当権は、一定の範囲に属する不特定の債権を担保するものなので、設定契約で**被担保債権の範囲**を定める必要があります。この被担保債権の範囲は、債権者（＝根抵当権者）、債務者および範囲の定めという3つの基準で決定される仕組みとなっているところ、範囲の定め方は次の3種類に法定されており、根抵当権者と債務者との間に「現在および将来発生するいっさいの債務」というような定め方（包括根抵当権）は認められていません。

【根抵当権の被担保債権の範囲の定め方】

> ・債権が生じる取引の種類を定める方法
> ・特定の原因に基づいて継続して生じる債権について、債権発生原因を定める方法
> ・手形上もしくは小切手上の請求権とする方法

　実務においては、通常、一定の種類の取引としての「銀行取引による債権」および「手形・小切手上の債権および電子記録債権」を被担保債権の範囲として定めます。

(c)　極　度　額

　根抵当権においては、設定契約で**極度額**を定めることが必要となります。根抵当権者は、後順位抵当権者その他の債権者がいる場合でも、この極度額

第5節　担　　保　215

の範囲で、被担保債権の元本、利息および損害金のすべてにつき、目的不動産の換価代金から優先弁済を受けることができます（民法398条の3第1項）。極度額の範囲内である限り、普通抵当権のような利息および損害金についての2年分といった制限はありません。

一方、被担保債権のうち極度額を超える部分については、それがたとえ満期となった最後の2年分の範囲内のものであっても担保されません。

したがって、実務上はこの点に注意し、ある程度の余裕をみて極度額を定めるといった対応も考慮されるべきでしょう。

(d) 被担保債権の範囲等の変更

普通抵当権は被担保債権といわば不可分一体の関係にありますので、被担保債権の変更は認められませんが、根抵当権は、元本が確定するまでは、特定の債権と結びついているわけではありませんので、根抵当権者と設定者との合意により、被担保債権の範囲や債務者を変更することができます（民法398条の4第1項）。このとき、後順位抵当権者その他の第三者の承諾は不要ですが（同条2項）、元本が確定するまでに変更の登記をしなければ変更の効力は生じないとされています（同条3項）。

また、根抵当権においては、極度額の変更も可能ですが、この場合は不測の不利益を与えることを防止するため後順位抵当権者等の利害関係者の承諾が必要です（同法398条の5）。

(e) 元本の確定

根抵当権の被担保債権は、定められた範囲内で入れ替わりますが、一定の事由（元本確定事由）が生ずると、被担保債権はその時に存在する債権に特定され（ただし、その債権元本から生じる利息、損害金については、その後に生じるものも含まれます）、その後に発生した元本債権は根抵当権によっては担保されなくなります。これを根抵当権の**元本の確定**といいます。

主な根抵当権の元本確定事由には図表3－4のようなものがあります。

根抵当権の元本が確定すると、被担保債権が消滅・移転すれば、根抵当権もそれとともに消滅・移転することとなったり（附従性・随伴性が生じる）、物上保証人による極度額の減額請求や根抵当権消滅請求ができるようになる

図表3－4　根抵当権の元本確定事由

確定事由	確定時期
元本確定期日の到来	
確定請求権の行使	（設定者が行使した場合）確定請求権の行使から2週間が経過した日
	（根抵当権者が行使した場合）確定請求権を行使したとき
目的不動産の強制的換価	（根抵当権者自身が、目的不動産について競売や担保不動産収益執行、あるいは物上代位による差押えの申立てをした場合）申立て時
	（根抵当権者以外の第三者によって競売手続が開始され、または滞納処分による差押えがされた場合）根抵当権者が競売手続の開始または差押えがあったことを知った時より2週間を経過したとき
	（債務者または根抵当権設定者が破産手続開始の決定を受けた場合）開始決定時
相　　続	（根抵当権者または債務者に相続が開始され、6カ月以内に存続の合意とその登記がされなかった場合）相続開始時
合併・会社分割	（根抵当権者または債務者について合併・会社分割があったことを知ってから2週間を経過するまで、または合併・会社分割から1カ月を経過するまでに根抵当権設定者が確定請求権を行使した場合）合併・会社分割のとき

（民法398条の21、398条の22）といった影響があります。

　元本の確定を把握していないと、根抵当権によって担保されると思って融資を実行したが、実は元本が確定していて担保されなかったといった事態が生じる可能性がありますから、元本の確定の有無は正確に把握しておく必要があります。

　なお、表中の「元本確定期日」とは、根抵当権の担保すべき元本が特定し、それ以後に発生する元本は担保されないこととなる日として、根抵当権設定契約の当事者間で合意した日（ただし、合意の日から5年以内の日）のことをいいますが、実務的にはかかる合意がなされることはまれです。

g 共同根抵当権と累積根抵当権

　複数の不動産に対して債務者および被担保債権の範囲を同じくする根抵当権を設定する場合、**累積式根抵当**（民法398条の18）による方法と、**共同根抵当**（同法398条の16）による方法があります。

　たとえば、土地Ａに極度額4000万円、土地Ｂに極度額6000万円の根抵当権を設定すれば（累積式根抵当）、各物件からそれぞれの極度額まで優先弁済を受けることができます。しかしながら、この場合、土地Ａが8000万円、土地Ｂが2000万円で処分された場合、債権者は、土地Ａからは極度額の4000万円、土地Ｂからは3000万円の合計7000万円しか回収することができません。

　これに対し、各物件に係る極度額、被担保債権の範囲、債務者等を同一とし、根抵当権設定者との間で共同担保とする合意をすることで、設定登記時に共同担保の登記をすれば、共同根抵当の関係が生じることとされています。共同根抵当の関係が生じると、極度額を限度として、各不動産に対してその価格に応じて被担保債権が割り付けられ、その割り付けられた額を当該不動産の売却代金から回収するということになります。

　結局のところ、共同根抵当というのは、たとえば、Ａ土地とＢ土地に極度額１億円の共同根抵当を設定した場合、両物件の価値が合算で１億円を超えている限り、債権者は各物件の価値にかかわらず１億円を回収することができることを意味しますので、担保評価の点では共同根抵当のほうが累積式根抵当よりもメリットが大きいといえます。そのため、先順位に共同根抵当が設定されているときや、各物件が経済的に一体であるときなど、物件ごとの正確な担保評価がむずかしい場合には、共同根抵当を用いるのが適切です。

　なお、共同根抵当とした場合には、その後の極度額等の変更はすべての根抵当権について変更登記を完了して初めて効力を生ずることになりますので、これに協力すべき旨を根抵当権設定契約において念のため合意しておくことも必要となるでしょう。

(2) **動産の担保取得**

　工場の機械器具類や原材料、商品在庫などの動産についても担保目的物と

なります。動産担保については、担保価値の評価がむずかしく、与信期間中の管理が不動産に比べて煩雑となる傾向にあり、また処分・換価が容易でない場合もあるといった理由から、一般的には、不動産などに比べて回収の確実性と管理の容易性に劣ることが多いといえます。もっとも、取引先の商品について十分理解したうえで、適切に管理・処分することができれば、実効的な担保となりうるものです。近年では、特に中小企業等の円滑な資金確保のためにその活用が期待されおり、在庫商品等を担保として、そこから発生する運転資金等を融資する**アセット・ベースト・レンディング**（ABL：Asset Based Lending）も広がりをみせています。ABLについては、経営者保証ガイドラインにおいても、いわゆる経営者保証に依存しない融資の一層の促進といった観点から、経営者保証の機能を代替する融資手法として位置づけられるなど、より注目されるようになってきています。

a 担保権の種類

　動産を担保取得する方法には、目的動産に質権の設定を受ける方法（動産質）と、（担保目的で）譲渡を受ける方法（譲渡担保）があります。

　動産質は、原則として、設定者が質権者に現実に目的物を引き渡して初めてその効力が生じるとされており（要物契約。民法344条）、質権者がその占有を継続することが対抗要件とされているところ（同法352条）、ここでいう引渡しは、**現実の引渡し**、すなわち、質権設定者の手元に目的物が残らないかたちで行わなければならないとされています。換言すれば、**占有改定**、すなわち、今後は相手方のために占有することの意思表示は、動産質の効力要件にはなりません。

　しかしながら、工場機械類や在庫を設定者から取り上げることは実際上不可能であり（取り上げると設定者は営業ができない）、質権者（金融機関等）としても動産の占有には管理コストが生じることから、動産質を利用することは現実的ではありません。

　他方、**動産譲渡担保**は担保権者（譲受人）と担保権設定者（譲渡人）の合意だけで効力を生じます。もっとも、対抗要件を具備するには、目的物の引渡しが必要であるものの、ここでいう引渡しは、占有改定だけで足りるとさ

れています。また、設定者が法人である場合には、後述する動産・債権譲渡特例法に基づく動産譲渡登記を利用する方法もあります。

このため、動産担保では、一般的に動産譲渡担保が用いられます。

b　動産譲渡登記

動産譲渡担保では、設定者が法人の場合、引渡しに代えて**動産譲渡登記**を経る方法によって対抗要件を具備することもできます。すなわち、法人が動産を譲渡した場合において、その動産の譲渡につき動産譲渡登記ファイルに譲渡の登記がされたときは、当該動産について民法178条の引渡しがあったものとみなすとされており（動産・債権譲渡特例法3条1項）、これにより対抗要件が具備される仕組みとなっています。このように、動産譲渡担保においては、引渡しと登記の2種類の対抗要件があることになりますが両者は法的な効果に違いはありません。各動産譲渡担保の優劣は引渡しと登記の早いもの順となります。

一般に、動産譲渡登記は、登記手続に費用と時間を要するので、**占有改定**のほうが簡易迅速といえますが、占有改定では動産担保の存在が周りからわからないという欠点があります。一方、動産譲渡登記を経れば譲渡担保の存在が公示されることになりますから、設定者が二重に譲渡担保を設定することを防ぐ効果があるといわれています。なお、占有改定による引渡しを受けた場合、目的物に譲渡担保権を設定した旨のプレートないしステッカーを貼っておく（**明認方法**）といったことも考えられますが、設定者がこれを承諾するとは限りませんし、明認方法が滅失することもあるので、これも万全の方法とはいえません。

c　集合動産譲渡担保

目的動産が原材料や商品在庫などの場合は、複数の動産をまとめて担保にとることになりますが、目的動産を構成する個々の原材料、商品在庫等は、取引先の事業継続に伴って入れ替わります。そうであるからといって、原材料を消費したり在庫商品を出荷するたびに従前の動産譲渡担保契約を解除し、新たな原材料、在庫商品等が入るたびに新たに動産譲渡担保契約を締結するというのでは、あまりにも煩雑で実務的に対応することはできません。

そこで、このように構成要素の変動する動産については、その種類、所在場所および量的範囲を指定するなどの方法で目的物の範囲が特定される場合には、一個の集合物として譲渡担保を設定することができるとされています（最判昭62.11.1民集41巻8号1559頁・金法1186号5頁）。

集合動産譲渡担保においては、設定者は、「通常の営業の範囲内」で集合物を構成する動産を処分する権限が付与される一方、設定契約で定められた集合物に該当する動産を新たに入手した場合、その動産は集合物の構成要素として自動的に譲渡担保の目的物になるという仕組みとなっています。

なお、集合物の構成要素が変動する状態のままでは譲渡担保を実行することができませんので、譲渡担保の実行にあたっては、集合物の構成要素を固定化することが必要となります。この固定化には、単に債務者による債務不履行の事実だけではなく、譲渡担保権者から設定者に対する通知が必要であると考えられています。固定化がなされると、集合動産譲渡担保は複数の個別の動産譲渡担保に転化し、設定者は動産の処分権限を失う一方、固定化以後に入手した動産は、集合物に加入せず譲渡担保の目的物にはならないことになります。

d　担保取得・管理上の留意点

(a)　所有者等の確認

設定者が目的物の所有者でなければ、動産譲渡担保設定契約を締結したとしてもその契約は無効であり、原則として動産譲渡担保権は生じません。したがって、目的動産の機械器具類に所有権留保が付されている場合やリース物件である場合、商品在庫がいわゆる委託販売商品であり、所有権が納入業者にとどまっている場合などには、譲渡担保権の設定を受けることはできません。また、目的物が設定者の所有物である場合であっても、すでに第三者のために動産譲渡担保権が設定されている可能性があります。このため、目的物について、設定者の所有権の有無や優先する担保権の有無を確認することが必要です。

先行する動産譲渡担保が動産譲渡登記によって対抗要件を具備していれば、登記を確認すればその存在を知ることができますが、占有改定により対

抗要件が具備されている場合には、（明認方法がされていない限り）客観的な方法で確認することは不可能で、結局、所有権や優先する担保権の把握は、設定者に確認するしかありません。このとき、業界慣行などの知識を身につけておくことで、深度のある確認をすることができるでしょう。

(b) 目的物の特定

動産譲渡担保契約では、目的動産の特定が必要です。個々の動産についての譲渡担保契約の場合は、種類（品名）や型番等によって特定することになりますが（動産・債権譲渡特例法7条2項5号、動産・債権譲渡登記規則8条1項1号参照）、流動動産の場合は、目的動産の種類、量的範囲、所在場所等で特定する必要があります（同規則8条1項2号参照）。設定者が、同種の商品について複数の保管場所を有しているときは、設定者が、担保設定の対象となっていない保管場所に優先して在庫を集めるといった事態を防止する必要があることから、できる限りすべての保管場所を押さえることが望ましいでしょう。

(c) 換価容易性の検討

動産譲渡担保を設定したとしても、実際に換価処分をできなければ、絵に描いた餅となってしまいます。動産譲渡担保の実行時には、設定者ではなく譲渡担保権者が処分を行う必要があるので、①処分先が見つかる可能性があるか（本来の販売先に処分できる見込みや同種業者や問屋などに処分できる見込み、オークション市場の有無など）、②その時の売却価格はどの程度なのかについて検討をする必要があります。

また、譲渡担保を実行する時点では、設定者が目的動産の管理をすることが事実上できなくなっていることも想定されますので、特に、動植物のように日常的に管理が必要で管理を怠ると換価価値が急激に毀損されるものが目的物となっている場合には、危機時期における管理方法についてあらかじめ検討しておく必要があるでしょう。管理のために厩舎や倉庫に係る電気代等の立替払いが必要になることもあります。

なお、動産譲渡担保を実行する必要がある場面では、設定者が動産の保管場所である倉庫の使用料の支払をしていないこともしばしばです。その場

合、倉庫業者は倉庫のなかにある動産について商事留置権を行使することができ、担保権者は倉庫使用料を支払わないと目的動産の処分をすることができないこととなりますので、かかる支払についても考慮する必要がある場合もあるでしょう。

(d) 確定日付

動産譲渡担保においては、引渡しまたは動産譲渡登記（設定者が法人の場合）が対抗要件となり、各動産譲渡担保の優劣は、引渡しと登記の早いもの順となります。もっとも、引渡し（特に占有改定）では、登記の場合と異なりいつ引渡しがあったのかが明確にならないので、引渡日の証拠となるように譲渡担保設定契約書に**確定日付**を受ける必要があります。

(e) 集合動産の流入・流出の把握

集合動産譲渡担保では、設定者は、「通常の営業の範囲内」で譲渡担保を構成する動産を処分する権限が付与され、この権限内で処分される限り、処分の相手方は当該動産について譲渡担保権の制限なく確定的に所有権を取得することができる仕組みとなっています。

そこで、債権者（金融機関）においては、「通常の営業」において在庫商品がどのようなかたちで販売され、販売後どのように新たな在庫商品が流入するかを把握しておく必要があります。

(f) 目的動産の即時取得

動産の譲渡担保においては、占有改定によって対抗要件が具備されている場合、設定者が譲渡担保権者に無断で目的動産を譲渡したときには、譲受人は目的動産の所有権を取得しないのが原則です。しかしながら、譲受人が目的動産に譲渡担保権が設定されていることを知らずかつ知らないことについて過失がないという場合も少なくないと思われ、この場合、譲受人は目的物を即時取得することになります（民法192条）。

即時取得が認められる場合、譲渡担保権者は当該目的動産から回収をすることはできません。特に、動産譲渡登記のみによって対抗要件を具備している場合には、譲受人が金融機関であればともかく、通常は、取引の迅速性が要請されることや、一般に買主が売主に登記事項証明書の提示を強制する立

場にないことからすると、必ずしも譲受人に登記の調査義務が認められることはなく、当該譲受人が登記の有無を調査しなかったとしても、即時取得が認められうると考えられていますので注意が必要です。

(3) 指名債権の担保取得

代金支払請求権（売掛金債権、請負代金債権、診療報酬債権等）や、預金債権などの指名債権についても、担保取得をすることができます。ただし、不動産に比べると、目的債権の内容の把握、目的債権からの回収の確実性、債務者・設定者に与える影響の大きさに問題があるため留意が必要です。

a　担保権の種類

債権を担保取得する方法には、目的債権について、質権の設定を受ける方法（債権質）と、(担保目的で)譲渡を受ける方法（債権譲渡担保）があります。

債権質と債権譲渡担保は、実際上の効果はほぼ同様であって、通常はいずれを用いてもさしつかえありません。ただ、同じ債権について、他の担保権者と重ねて担保設定を受ける場合は、債権譲渡担保に「先順位・後順位」や「同順位」という概念がなじむか疑問の余地があるため債権質を選択するほうが無難でしょう。

なお、以下では、便宜上、譲渡担保を前提に解説を行いますが、特に断らない限り債権質についても同様のことが当てはまります。

b　将来債権の担保取得

将来発生する債権については、かつて担保目的物とすることができるのか議論がありましたが、①第三債務者、②債権発生原因、③債権発生時期等によって、目的債権の範囲が当事者間において明確になっている限り、債権質や譲渡担保を設定することが可能であることが明らかにされました（最判平11．1．29民集53巻1号151頁）。ただし、「設定者が現在及び将来有する全ての債権」を目的債権とするなど、設定者の営業活動等に対して社会通念上相当とされる範囲を著しく逸脱する制限を加える場合や、抜け駆け的に担保取得するなど他の債権者に不当な不利益を与えるとみられる場合は、担保設定契約が公序良俗に反して無効とされる危険性があるので、目的債権の範囲を定

めるにあたっては注意が必要です。

民法改正法案においては、将来債権の譲渡性が明文で認められています（改正後民法466条の6）。

なお、後述する**債権譲渡登記**では、譲渡契約の存続期間は、第三債務者がすべて特定されている場合には50年、それ以外は10年までしか登記できないとされていますので（動産・債権譲渡特例法8条3項）、債権譲渡登記を利用する場合には、目的債権の発生時期をこれ以上長期に設定しても、対抗要件を具備することができず、実務的には意味がないということになります。

c 対抗要件

債権に関する対抗要件は2種類あります。1つ目は、第三者（他の担保権者、他の譲受人、差押債権者等）に譲渡を対抗するための第三者対抗要件、2つ目は、第三債務者に譲渡を主張するための債務者対抗要件です。

これらの対抗要件を具備するには、内容証明郵便などの確定日付のある書面によって、第三債務者から債権譲渡について承諾を受けるか、または債権譲渡について譲渡人から第三債務者に通知をする必要があります。なお、確定日付がない通知または承諾は、債務者対抗要件にはなりますが、第三者対抗要件とはなりません。

通知であっても承諾であっても対抗要件を具備できることに変わりはありませんが、承諾によって対抗要件を具備した場合には、①譲渡禁止特約があるときに、担保設定を第三債務者が承諾したことの証跡になり、②承諾に異議がとどめられなければ第三債務者から抗弁事由（目的債権はすでに弁済したであるとか、目的債権は不成立である等）の存在を理由に弁済を拒絶されることを防止することができます（民法468条1項）。そのため、債権者としては、承諾によって対抗要件を備えることが原則となります。

このほか、法人が譲渡担保設定者（譲渡人）である場合には、動産の場合と同様、債権譲渡登記により第三者対抗要件を具備するという方法もあります（動産・債権譲渡特例法4条）。債権を担保に差し入れることは、譲渡人の信用悪化のシグナルととらえられることもあるので、この場合、債権譲渡登記により対抗要件を具備することは、債権譲渡の事実を第三債務者に知られ

る可能性を低くするというメリットがあります。その後、債権担保からの回収が必要になったときには、譲受人（担保権者）は譲渡人（担保権設定者）に登記事項証明書を第三債務者に交付させ債権譲渡の通知を行い（この通知は譲受人（担保権者）が行うこともできます）、債務者対抗要件を具備させたうえで（同条2項）目的債権からの回収を行うことになります。

d 対抗要件の留保

実務においては、譲渡担保権設定者から、債権譲渡登記による対抗要件具備も拒まれる場合があります。その理由としては、第三債務者が登記を確認すれば担保設定の事実がわかってしまうことなどがあげられます。

このような場合、次善の策として、①設定者から日付空欄の債権譲渡（質権設定）の通知書や発送用封筒、ないし②設定者から債権譲渡通知（質権設定通知）を行うことについての委任状を預かり、債権者が債権保全上必要と判断したときに、①上記通知書の日付を債権者において補記して発送するか、②設定者の代理人として債権譲渡通知を発送するかできるようにしておくことがあります。

もっとも、この方法によっては、通知発送までに現れた第三者には対抗できず、また通知を行う時期によっては否認（破産法164条1項等）される可能性もあるので注意が必要です。

e 担保権取得時の注意事項

(a) 譲渡禁止特約

債権者は、自らが有する債権について、原則として自由に債権質を設定したり譲渡したりすることが可能です。

しかしながら、債権者（担保権設定者）は債務者（第三債務者）との間で**譲渡禁止特約**を締結することができ、この場合、債権の譲渡・質入れは無効となりますが、この特約も善意・無重過失の第三者には対抗できないとされています（民法466条2項）。

したがって、金融機関としては、目的債権に係る契約書を確認するなどして、譲渡禁止特約の有無を把握し、譲渡禁止特約があるならば第三債務者の承諾を得るようにする必要があります。

なお、民法改正法案では、譲渡禁止特約に違反して債権が譲渡された場合でも、譲渡の効力自体は有効であるとされました（改正後民法466条2項）。もっとも、債務者（第三債務者）は、特約の存在について悪意または重大な過失によって知らなかった譲受人（担保権者）に対しては、債務の履行を拒絶することができ（同条3項）、悪意または重過失の譲受人に対しては、譲渡人に対する弁済、相殺の効力を主張することができるとされています（同項）。かかる改正に対する実務の対応は、今後検討されていくものと思われますが、目的債権に係る譲渡禁止特約の有無について調査しなければ、結局、第三債務者から目的債権の弁済を拒まれてしまうということになりかねないという点で、現行の民法と変わりありませんので、実務に対する影響は大きくないのではないかと思われます。

(b) 第三債務者の抗弁事由

目的債権に関して、第三債務者が設定者に対し、弁済ずみであるとか、目的債権と相殺可能な反対債権を有している場合、第三債務者は弁済や相殺といった抗弁事由を債権者（担保権者）に対しても主張して弁済を拒むことができます（民法468条2項）。このため、債権譲渡担保の設定を受ける際には、担保取得時に目的債権が現に存在しているかなどを精査することが望ましいのですが、多数の債権を担保取得する場合など、十分な精査が実務的にむずかしい場合もあります。

もっとも、第三債務者が債権者に対し、担保設定について抗弁事由がある旨の異議を述べずに承諾した場合は、第三債務者が抗弁事由を有していても債権者に主張できないとされています（異議をとどめない承諾による抗弁の切断。同条1項）。

そこで、債権者としては、第三債務者から異議をとどめない承諾を取得することが望ましく、対抗要件を第三債務者の承諾によって具備した場合は、その際に第三債務者が特に異議を述べない限り、異議なき承諾が得られたことになりますので、実務においては、原則として第三債務者からの承諾を得るようにするべきといえるでしょう。

なお、民法改正法案においては、異議をとどめない承諾による抗弁の切断

の制度がなくなりました（改正後民法468条参照）。このため、民法が改正された後は、第三債務者が積極的に抗弁放棄の意思表示をしなければ抗弁は切断されないことになります。改正後に用いる承諾書に記載する文言をどうするべきか等、実務対応の方向性については、今後検討が進められることになるでしょう。

(c) 取立てに向けた準備

債権譲渡担保および債権質については、その担保権の実行はいずれも第三債務者に対する直接取立ての方法によることが可能です（債権質につき民法366条1項）。すなわち、担保権者は、目的債権の弁済期到来を待って、自己の債権額に見合う限度で取り立て、弁済に充当することができます。目的債権の弁済期が、被担保債権の弁済期より先に到来したときは、担保権者は、第三債務者に供託を請求することができます（債権質につき同条3項）。

このとき、第三債務者は、債権質や債権譲渡担保について債務者対抗要件が具備されても、二重払いの危険を避けるなどの観点から、担保権者の取立てに応じることに慎重になることがあります。そこで、担保設定当時から、第三債務者から円滑に支払を受けることができるように準備しておくことも重要となります。

たとえば、①目的債権に係る契約書や発注書などの資料の写しを得ておくことや、②第三債務者の担当部署や連絡先を把握しておくこと、③その他取立てに実務上必要なことがないか確認しておくことが考えられます。

(d) 預金担保を取得する場合

預金担保とは、金融機関に対する預金債権に質権（債権質）を設定するもので、実務においては頻繁に利用されています。もっとも、実務において多く利用されているのは、取引先の自行に対する預金債権に質権を設定するものであり、自行預金担保と呼ばれます。このように、自行預金担保は、金融機関が自らに対する債権の質権者になるということですので一見奇妙にも思えますが、判例においても有効に成立することが認められています。

自行預金担保においては、譲渡担保権を設定しようとすると、金融機関が自行に対する預金債権を譲り受けることになり、当該預金債権の債権者と債

務者が同一となってしまうため、混同（民法520条）により消滅すると解されるおそれがあります。そのため、実務では、通常、譲渡担保ではなく質権が用いられます。

　預金担保の目的となるのは、定期預金であることが多いですが、日常的な入出金は自由にできるとしたうえで普通預金に担保権を設定することも行われます。

　自行預金担保の場合、預金者と預金担保設定契約書を交わす（預金担保差入証の提出を受ける）だけで、確定日付ある通知・承諾といった対抗要件は備えないのが通常です。金融機関は、回収自体は、第三者に優先して相殺によって行うことができるのであり、質権は、預金者の預金払戻請求を拒むことができる（逆にいえば債務者において預金口座にある資金を使用する必要があるときは、つどの質権解除を要する）ようにする趣旨で設定しているにすぎないからです。

　なお、預金債権のような一般の指名債権に対する質権の設定は、当事者の合意により効力を生じ、債権証書の交付は不要ですが（同法363条参照）、実務上は、預金者が預金に対して二重に質権を設定することを防止したり、誤って預金者の払戻請求に応じることを防止するといった観点から、通帳や預金証書等を預り、保管することが適当です。

　なお、あまり多くありませんが他行預金を担保にとることもあります。その場合、預金債権には譲渡・質入れ禁止特約がついていますので、必ず第三債務者である他行の承諾を得る必要があります。他行預金担保の場合は、相殺によって回収することはできませんので、承諾書には一般の指名債権と同様、対抗要件具備のために確定日付を得ておく必要があります。

(4) 有価証券担保

　有価証券とは、財産権を表章する証券であって、その財産権の移転（譲渡）あるいは行使（請求）に証券の交付、呈示が必要であるものをいいます。主な有価証券の例としては、以下のようなものがあります。

① 金銭債権を表章するもの：手形、小切手、公社債など

② 株式会社の株主たる地位（株式）を表章するもの：株券
③ 物品の引渡請求権を表章するもの：倉庫証券、船荷証券など

　ここでは、実務において利用が多い、株式および手形の担保取得について解説します。

a　株式担保

(a)　株式担保の意義

　株式とは、株式会社の株主たる地位のことをいい、株式を表章する有価証券が株券です。株式には、普通株式と種類株式、上場株式と非上場株式などの区分がありますが、株式は一般に譲渡または質入れすることが認められており（会社法127条、146条1項）、いずれの株式についても担保目的物となりえます。

　もっとも、担保としての適格性には株式の種類ごとに差異があります。上場株式のように市場性があるものは、相場が変動することから価格の安定性には欠ける面があるものの、担保価値が客観的に決まること、管理・処分が容易であることなどから、一般に担保として適格であるといえます。これに対して、非上場株式は流通性に欠け、一般にその処分は困難ですので、担保として適格であるとはいえないことが多いでしょう。

(b)　株式振替制度

　平成21年1月5日、社債等振替法が施行され、株式振替制度が開始しました（いわゆる**株券の電子化**）。株式振替制度とは、振替法に定められたもので、上場株式に係る株券をすべて廃止し、証券保管振替機構（**振替機関**）および口座管理機関（銀行や証券会社など）に開設された口座において、当該株式に係る権利を電子的に管理する制度です。振替制度の対象となる株式（**振替株式**）については、振替法に一部特則が規定されており、振替法の対象外の株式とは担保取得の方法が異なっています。

　実務において、担保目的物としてよく利用されるのは上場株式であるところ、上記のとおり現在では上場株式はすべて振替株式となっていますので、以下では、まず、**振替株式の担保取得**を解説し、その後振替制度対象外の株式の担保取得について解説することとします。

(c) 振替株式の担保取得

振替株式に対しては、質権および譲渡担保権のいずれの設定も可能です。これらの担保権の設定は、当事者の合意だけでは効力を生じず、口座管理機関に開設された担保権設定者の口座から、担保権者の証券口座へ株式を振り替えることにより初めて効力が生じるとされています。

具体的には、質権の場合は、質権者の口座の「質権欄」に担保株式の増加記録を行うことにより（社債等振替法141条）、譲渡担保の場合は、譲渡担保権者の口座の「保有欄」への担保株式の増加記録を行うことにより（同法140条）効力が生じます。

なお、実務においては、担保権設定契約に流質または任意処分の特約が設けられているのが通常であることから、株式担保における質権と譲渡担保権との差異は、国税徴収法上、譲渡担保権のほうがやや有利に扱われるといった程度しかありません。

(d) 振替株式以外の株式の担保取得

振替株式以外の株式については、それが株券発行会社の株式かどうかによって取扱いが異なります。

株券発行会社とは、その株式につき株券を発行する旨を定款で定めた会社のことで（会社法214条）、株券発行会社の株式については、当事者の合意だけでなく、当該株式に係る株券を交付しなければ、質権設定の効力は生じないとされています（同法146条2項）。そして、質権者による対象株式に係る株券の継続占有が、対抗要件となります（同法147条2項）。

一方、株券発行会社以外の会社の株式については、当事者の合意だけで質権設定の効力が生じ、株主名簿への質権者の登録が対抗要件とされています（同条1項）。

譲渡担保についても同様で、株券発行会社の場合、株券を譲渡担保権者に交付することにより効力を生じ（同法128条1項）、株主名簿への登録は発行会社への対抗要件にすぎません（同法130条2項）。一方、株券発行会社以外の株式の場合、当事者の合意により効力を生じますが、株主名簿への登録が、発行会社その他の第三者への対抗要件となります（同条1項）。

b 手形担保

　手形は、金銭債権を表章する有価証券ですが、実務において担保として取得するのは、商取引に基づいて振り出された手形（商業手形）が通常です。商取引の裏付けのない手形（単なる資金調達のための融通手形）は、不渡りの危険が高く一般には担保とすることはありません。

　手形の担保取得の方法としては、質権を設定する（裏書に「質入のため」といった記載をする）ことも可能ですが、実務では、もっぱら譲渡担保（通常の譲渡裏書をする）が利用されています。したがって、担保取得にあたっては、担保差入証のほか、手形に譲渡裏書をして交付を受けます。これにより対抗要件も備えることになります（民法469条）。

　このとき、手形の成因や手形要件、裏書の連続等に注意しなければなりません。また、振出日、受取人等の手形要件が白地の手形については、そのまま支払呈示をしても提示としての効力はなく、中間裏書人等に対する遡求権を保全できないので、必ず白地を補充しておかなければなりません。

　手形担保においては、各手形の期日に取立てに回し、その取立金を債権の弁済に充当しますが、手続の煩わしさを避けるため、取立金を別段預金等で一定期間プールし、金額のまとまった時点で弁済金に充てるか、または新たな担保手形の差入れと引き換えに、債務者の預金口座に入金するという処理がなされます。

(5) **事実上の担保**

a　代理受領

　国や地方公共団体に対する建設工事請負代金債権などのように譲渡・質入れが禁止されている指名債権については、質権や譲渡担保権の設定を受けることができないので、代理受領という方法がとられることがあります。

　代理受領は、債務者（取引先）が第三者に対して有する金銭債権につき、債権者（金融機関）が代理人として受領する旨の委任を受けるとともに、そのことについて第三者債務者の承諾を得ておくというものです。法的な意味での担保権を設定するわけではありませんが、金融機関は受け取った取立金

の返還債務と金銭（貸金）債権を相殺することにより事実上の優先弁済を受けることができます。

代理受領において金融機関は、取引先との間で、取引先が第三債務者に対して有する債権を直接取立てまたは直接受領することを金融機関に委任する旨の契約（取立委任契約）を締結します。もっとも、取立委任契約において受任者は代金受領の代理権を有するにすぎず、委任者は契約をいつでも解約することができます（民法651条、656条）。そこで、代理受領においては、委任契約において、担保目的であること、委任者の直接取立てを禁じること、受任者の同意なく契約を解除できないこと、他の第三者への委任の禁止などの特約を設けておきます。また、事前に第三債務者に代金取立ての委任を受けていている旨を伝え承諾も受けておきます。

第三債務者が担保目的の代理受領であることを知って承諾に反する支払を行ったときは、代理受領権者に対し、不法行為に基づく損害賠償責任を負うことがあります（最判昭44.3.4民集23巻3号561頁）。

もっとも、代理受領には、あくまでも債権の取立ての委任を受け、取立金を弁済に充てるという債権契約としての効力しかありませんので、対象債権が第三者から差し押さえられたり、債務者が契約に反してその債権を自ら取り立てたり、あるいは他に譲渡したりすると、もはや担保としての効果はなくなることに注意が必要です。

b　振込指定

振込指定は、債務者（取引先）が第三者に対して有する金銭債権の支払方法を、取引先名義の自行預金口座に振り込む方法に限定し、その振込金を貸付債権と相殺することで対象債権を担保取得した場合と同様の効果を得ようとするものです。

振込指定も、代理受領と同じく、質権等の正式担保の承諾を第三債務者から得にくい場合に利用されることが多く、また、どのような金銭債権を目的とすることもできます。

振込指定は、通例、金融機関と取引先が連署した依頼書を第三債務者に提出し、その承諾を受けるという手続で行われます。

振込指定は、債権者が積極的に取立権を行使するものではありませんが、担保目的であることを明示のうえ、対象債権の履行方法を限定することについて第三債務者の承諾を得て、その結果振り込まれる金員から債権回収を行う点では、代理受領と類似した仕組みとなっています。特に、債務者の預金口座ではなく、金融機関の口座宛てに直接振込させる場合は、代理受領とほとんど違いがないといえるでしょう。

　なお、振込指定の合意に反して、対象債権を直接債務者に弁済した第三債務者は、金融機関に対して、不法行為に基づく損害賠償責任を負うことがあります。

第 4 章

債権の管理・回収

第1節 債権の管理

融資を実行したら、その回収が終わるまで融資先の業況、資金繰り等を十分に把握するとともに、担保状況を調査して必要に応じて増担保を要求するなど貸金債権の保全に注意し、回収可能性の確保に努めなければなりません。さらに債務者自身や担保に変動が生じたり、弁済期の延長など契約内容を変更したりすることもあり、また、債権が時効で消滅することのないよう注意する必要もあります。ここでは融資管理のうち法的なことがらについて説明することにします。

1 融資先の変動

(1) 個人融資先の変動

個人の債務者が変動するケースとして、ここでは、本人が死亡して相続が発生する場合、および個人営業を会社組織に変更する法人成りの場合を取り上げます。

a 相続の発生

（a）法定相続人への分割承継

債務者が死亡した場合、被相続人の財産とともに債務も死亡の時から、相続人が法律上当然に承継することになります（民法896条）。相続人が1人の場合には、その相続人が被相続人の債務全額を承継することになりますが、相続人が複数いる場合には、各共同相続人が法定相続分に応じて債務を**分割承継**するものと解されています（最判昭34.6.19民集13巻6号757頁）。相続人の範囲および法定相続分については、第2章第6節3(2)を参照してください。

（b）相続人の確認

個人の債務者が死亡したことを知った場合には、戸籍（除籍）謄本などで死亡の事実および相続人となりうる者の範囲を確認するとともに、これらの者がいかなる相続の方法を選択したかを確認する必要があります。相続の方

法としては、**単純承認、限定承認**および**相続放棄**があり、限定承認および相続放棄は相続の開始があったことを知った時から３カ月の熟慮期間内に選択する必要があります（民法915条１項）。限定承認がされると、相続人は、相続債務に対して相続財産を限度として責任を負うにとどまることになります（同法922条）ので、相続債権者は、相続人の固有財産からの回収を図ることができなくなります。また、相続放棄がされると、その者は初めから相続人とならなかったものとみなされ（同法939条）、その者に対して相続債務の履行を請求することはできなくなります。

(c) 債務承継手続

相続債務が法定相続分によって分割承継されるということは、共同相続人中に資力に乏しい者がいても、債権者である金融機関は、その他の相続人に対し法定相続分を超えて債務の弁済を請求することができないということであり、債権保全の面で支障をきたすこともあります。また、貸金債権が相続人ごとに複数に分割されると、それぞれの債権について時効中断措置をとる必要があるなど、債権管理が煩雑となるといった問題もあります。そのため、実務上は、このような債務承継者の返済能力や債権管理上の利便性、さらには今後の与信取引継続の可能性などを総合的に考慮し、遺言や遺産分割協議における債務承継の内容に従った取扱いを許容し、あるいは、被相続人の営業を承継した者や弁済資力がある者の単独債務としたり、相続人全員の連帯債務としたりするように交渉する場合もあります。

債務承継手続を行う法的な手法としては、通常、債務引受が利用されます。たとえば、分割承継された債務を共同相続人の一部の者に承継させる場合には、引受人が従来の債務者に代わって新たに債務者となる**免責的債務引受**が用いられます。また、共同相続人の全員に共同して債務を承継させる場合には、従来の債務者が残ったまま、引受人も債務者に加わる**併存的債務引受**が利用されます。

なお、現行民法には債務引受の規定はありませんが、民法改正法案では、併存的債務引受および免責的債務引受の要件・効果等に関する規定が新設されています（改正後民法470条〜472条の４）。

(d) 保証と相続

　保証人が死亡した場合、その相続人は保証債務を**包括承継**します。また、主債務者が死亡した場合、保証人は主債務者の相続人が包括承継した債務について引き続き保証債務を負います。

　もっとも、貸金等根保証契約については、主債務者または保証人が死亡したときに元本が確定します（民法465条の4第3号）ので、金融機関は、貸金等根保証契約を締結したときは、新規の貸出し等をする際には、保証人が死亡していないかどうか確認する必要があります。

(e) 担保と相続

　金融機関が、個人との継続的な貸金取引について根抵当権の設定を受けている場合に、債務者の死亡後も特定の相続人（以下「指定相続人」といいます）と継続的な貸金取引を行う可能性があるときは、借入人死亡後6カ月以内に当該根抵当権は指定相続人が新たに負担する債務をも担保することについて抵当権設定者と合意し、かつ、その旨の登記をする必要があります（登記を行わないときは、元本が確定します。民法398条の8第2項・4項）。

　なお、債務者に相続人が複数いる場合、相続開始前に生じた債務は各相続人が共同相続しますが、最終的には、**免責的債務引受**により指定相続人が全相続債務を承継することがあります。この場合、免責的債務引受により承継された債務は、根抵当権によって担保されませんから（同法398条の7第2項）、上記の指定相続人についての合意およびその登記とは別に、当該承継債務を被担保債権の範囲に加える旨の合意とその登記が必要になります（同法398条の4第1項前段・3項）。

(f) 相続人の不存在

　相続が開始したものの、相続人が存在しない場合（相続資格のあるすべての者が、相続放棄などで相続権を有しなくなった場合も含みます）や、相続人がいるかどうか不明であるような場合のことを**相続人不存在**といいます。相続人不存在の場合は、相続財産は法人として扱われ、利害関係人または検察官の請求により相続財産管理人が選任されると、相続人不存在の確定に関する手続と、遺産の清算に関する手続が進められ、相続財産に余りが生じた場合

は、その残余財産は国庫に帰属することになります（民法951条以下）。

　債権者である金融機関としては、相続財産からの回収見込額や、保証機関から代位弁済を受けるための必要性などをふまえて、自ら相続財産管理人の選任を申し立てることを検討することになります。

b　法人成り

　個人の債務者が個人営業を会社組織に変更する例があります。これを一般に**法人成り**といいます。法人成りがされても、個人が有していた債務が当然に会社に引き継がれることはないので、個人から会社に対して貸金債務を移転させる必要があります。その方法としては、①個人から貸金を回収し、会社に対し新規に貸付けを実行する方法、②免責的債務引受による方法（会社のみが債務を負い、個人は債務を免れる）、③併存重畳的債務引受による方法（会社と個人が連帯債務を負う）等が考えられますが、実務上は、会社が免責的債務引受をしたうえで個人から連帯保証を取得する場合が多くみられます。

(2)　**法人融資先の変動**

　株式会社については、貸金ほか権利義務関係の変動が生ずる主な場合として、合併、会社分割、事業譲渡および解散があります。他の法人についても、合併や解散などがあります。本書では、株式会社の合併等について解説します。

　なお、株式会社の組織法上の変動には、株式交換・株式移転もありますが、これらによっても、基本的には権利義務関係の変動は生じません。

a　会社の合併・分割

　(a)　権利義務の包括的承継

　合併（会社法748条以下）とは複数の会社が契約によって1つの会社になることであり、**会社分割**（同法757条以下）は逆に1つの会社が複数の会社に分離することです。合併・会社分割にはそれぞれいくつかの種類がありますが、合併により消滅する消滅会社のいっさいの権利義務は存続会社ないし新設会社が包括的に承継します。会社分割では、分割計画書・分割契約書に記

載された権利義務はそれを吸収する承継会社ないし新設会社が包括的に承継します。すなわち、合併・会社分割では、債権譲渡や債務引受など格別の移転行為がなくとも、権利義務は法律上当然に移転します。

取引先の会社が会社分割をする場合、金融機関は、自らの貸金債権が分割会社と承継会社・新設会社のいずれに帰属しているのかを確認する必要があります（取引先の会社が合併をする場合は、必ず存続会社・新設会社に承継されるので、貸出金の帰属については特に問題は生じません）。金融機関は、分割計画書・分割契約書を閲覧して、自らの貸金債権が承継の対象となるのか確認することになりますが、実際上、その記載ではどちらになるのか明確でない場合も少なくありませんので、その場合には会社分割の当事会社から念書を徴して書面上明確にしておくなどの対応をとる必要があります。

(b) 保証の帰趨

以上のように合併や会社分割では権利義務の包括承継が行われるものであり、従前の権利関係に影響はないのが原則であるものの、担保や保証については注意すべき点があります。

保証のうち**特定債務保証**は、随伴性が認められるので、消滅会社の債務が合併によって存続会社・新設会社に承継される場合、または分割会社の債務が会社分割によって承継会社・新設会社に承継される場合、当該債務を被保証債務とする特定債務保証は承継後の債務もそのまま保証します。

根保証の主債務者が合併をした場合は、主債務者の地位が存続会社・新設会社に承継され、存続会社・新設会社を主債務者とする内容で根保証が継続することになります。ただし、根保証人は、事情変更（債務者の信用状況の変更）を理由に将来に向かって根保証が解約される可能性があるので、実務上は、根保証人から引き続き存続会社・新設会社の債務を保証する旨の念書を徴することが望ましいといえます。

根保証の主債務者が会社分割をした場合、分割契約書・分割計画書等の内容によっては、根保証は引き続き分割後の分割会社の債務を保証するものとして残るので、分割会社の被保証債務が承継会社・新設会社に承継される場合は、もはや当該根保証によって承継後の債務は保証されず、引き続き保証

人に保証させるには、新たに保証を受け入れる必要があります。また、分割会社の債務を保証するかたちで残る根保証についても、事情変更を理由に将来に向かって解約される可能性があるので、合併の場合と同様の念書を徴することが望ましいといえます。

(c) 担保の帰趨

普通抵当権等の担保については、随伴性が認められるので、消滅会社の債務が合併によって存続会社・新設会社に承継される場合、または分割会社の債務が会社分割によって承継会社・新設会社に承継される場合、当該債務を被担保債務とする特定担保権は承継後の債務もそのまま担保します。

根抵当権については、元本確定前の根抵当債務者が合併をした場合、合併時に存在する消滅会社の債務のほか合併後存続会社が新たに負担する債務も担保することとなります（民法398条の9第2項）。もっとも、債務者以外の者が設定者である場合には元本の確定請求が認められているので注意が必要です（同条3項～5項）。また、元本確定前に根抵当債務者が会社分割をした場合、根抵当権は、分割の時に存する債務のほか、分割会社および承継会社・新設会社が分割後に負担する債務を担保します（同法398条の10第2項）。もっとも、この場合も、債務者以外の者が設定者である場合には元本の確定請求が認められているので注意が必要です（同条3項、398条の9第3項～5項）。

(d) 債権者異議手続

合併や会社分割は、会社の財務状況に重大な影響を与える場合があります。たとえば、取引先の会社が財務状態の悪い会社と合併すると、金融機関の貸金債権の回収可能性にも負の影響が生じる懸念があります。そのため、金融機関としては、合併や会社分割の動きを察知した場合には、それらが金融取引に与える影響を検討しておく必要があります。

また、会社法では、合併や会社分割に関して、**債権者異議手続**を定めています。具体的には、合併や会社分割の各当事会社は、①合併（分割）する旨、②他の当事会社（新設合併（分割）の場合は新設会社も）の商号と住所、③全当事会社の計算書類等、④異議のある債権者は一定の期間（1カ月以上）内に述べる旨を官報に公告し、かつ、知れている債権者には個別催告を

する必要があります。ただし、官報公告に加えて日刊新聞紙による公告または電子公告をも行った場合（いわゆるダブル公告）には、知れている債権者への個別催告は不要となります（会社法789条2項・3項等）。

　これに対し、異議を述べた債権者には、合併（会社分割）をしてもその債権者を害するおそれがない場合を除き、弁済・担保提供・弁済用財産の信託のいずれかをしなければならなくなります（同条5項等）。金融機関は、通常、知れている債権者として個別催告を受けると思われますが、かかる個別催告を受けてから短期間で異議申出の要件を検討する必要があることに注意が必要です。なお、会社分割の場合、個別催告を受けなかった債権者は、分割会社に知れているか否かを問わず、分割会社および承継会社等の双方に対して債務の履行の請求をすることができます（同条2項等）。

(e) 詐害的な会社分割

　もっとも、会社分割における債権者保護手続は、原則として、分割会社に対して引き続き債権を有する残存債権者はその対象とされていません（会社法789条1項2号等）。近年、分割会社の残存債権者を不当に害する物的会社分割が行われるようになりました。これに対処するため、会社法の平成26年改正により、分割会社の残存債権者を害する会社分割について新たに債権者を保護する規定が新設されました。具体的には、分割会社が承継会社等に承継されない残存債権者を害することを知って会社分割をした場合には、残存債権者は、承継会社等に対して、承継した財産の価額を限度として、当該債務の履行を請求することができます（会社法759条4項等。ただし、吸収分割において、承継会社が吸収分割の効力が生じたときにおいて残存債権者を害すべき事実を知らなかったときを除きます）。

b　事業譲渡

(a) 事業譲渡の概要

　会社に投下された資本は、事業目的のため組織化された有機的一体として機能する財産として存在し、会社法上、これを事業と呼びます。ここには、財産とそれに係る権利関係、取引先との契約や従業員との雇用契約等の契約関係、得意先関係やノウハウなど経済的価値のある事実関係などが含まれます。

株式会社が、事業の全部または重要な一部の譲渡をする場合には、原則として株主総会の特別決議が必要です（会社法467条1項1号・2号、309条2項11号）。また、譲渡会社はその譲渡の限度に応じて商法16条の競業避止義務を負うものとされています（最判昭40．9．22民集19巻6号1600頁）。他方、株式会社が他の会社の事業全部を譲り受ける場合も、株主総会の特別決議が必要です（会社法467条1項3号、309条2項11号）。

(b)　譲受会社への債務の移転

　事業譲渡では、合併・会社分割とは異なり包括承継がされるわけではないので、債権債務を移転させるには、契約相手方の承諾を得て債権譲渡や債務引受を行う必要があります。つまり、譲渡会社が金融機関から借入れを行っていた場合、それを譲渡の対象に含めるには金融機関からの同意を得る必要があるということです。金融機関としては、かかる同意を融資先から求められたときは、それに応じるか否か、応じるとして追加の保全を求めるかなどの与信判断を行うこととなります。

(c)　詐害的な事業譲渡

　事業譲渡は、本来、会社の事業再編等に用いられるものですが、債務逃れを目的とした第二会社の設立などのために用いられる場合もあります。この場合、もとの取引先は抜け殻となって金融負債だけがそこに残されることになります。

　会社法の平成26年改正では、前記の詐害的な会社分割の場合における残存債権者保護のための規定新設にあわせて、詐害的な事業譲渡についても規定を新設しました。すなわち、譲渡会社が残存債権者を害することを知って事業を譲渡した場合には、残存債権者は、譲受会社に対して、承継した財産の価額を限度として、債務の履行を請求することができます（会社法23条の2第1項。ただし、事業譲渡において、譲受会社が事業譲渡の効力が生じたときにおいて残存債権者を害すべき事実を知らなかったときを除きます）。

　このほかの詐害的な会社分割・事業譲渡に対する対抗手段としては、商号続用者の責任の追及（同法22条1項）、詐害行為取消権の行使（民法424条）、法人格否認の法理による譲受会社への責任追及、債権者破産の申立て（その

うえで破産管財人による否認権の行使を期する)、その他譲渡会社の役員等の個人責任の追及(会社法429条1項)などが考えられます。

c 解　　散

(a) 手続の概要

　株式会社は、株主総会の特別決議により、**解散**することができます(会社法471条3号、309条2項11号)。解散により清算が開始し(同法475条1号)、清算人が①現務の結了、②債権の取立ておよび債務の弁済、③残余財産の分配を行います(同法481条)。清算株式会社が財産を処分し、債権を取り立て、債務を弁済し、株主に残余財産を分配すると、清算事務は終了します。そして、決算報告が株主総会で承認される(同法507条3項)と、清算は結了し、法人格は消滅します。

(b) 債務の弁済

　清算株式会社は、債権者に対し、一定の期間内にその債権を申し出るべき旨を官報に公告し、かつ、知れている債権者には、各別に催告します(会社法499条1項本文)。債権申出期間は、少なくとも2カ月あります(同項ただし書)。清算株式会社は、債権申出期間中は、債務の弁済をすることができませんが、債務不履行による責任を免れるわけではありません(同法500条1項)。知れている債権者を除いて、債権申出期間内にその債権の申出をしなかった債権者は、清算から除斥されます(同法503条1項)。

(c) 金融機関の対応

　債権申出期間中も債権者からの相殺が禁止されているわけではありませんから、清算株式会社に対して貸付けをしている金融機関は、弁済期が到来した貸金債権および請求により期限の利益を喪失させた貸金債権について、預金債務と相殺することができます。

　また、金融機関は、知れている債権者に該当すると考えられますが、無用な紛議を生じさせることがないように、債権申出期間内に債権の申出をしておくべきでしょう。

(d) 特別清算

　清算株式会社に、①清算の遂行に著しい支障をきたすべき事情があると

き、または②債務超過の疑いがあるときは、裁判所は、申立てにより、当該清算株式会社に対し**特別清算**の開始を命じます（会社法510条）。

特別清算手続は、破産手続に準じて、裁判所の監督のもとに行われます。

 2　時効の管理

時効には取得時効と消滅時効の２種類がありますが、銀行の貸金取引について問題となるのは**消滅時効**です。すなわち、銀行が債務者に対して一定の期間権利を行使しない状態が続くと、貸金債権は時効の起算日にさかのぼって消滅し（民法144条）、それと同時に担保や保証も消滅してしまいます。そこで、時効による不利益を防止するため時効の管理を行うことが重要になります。

(1)　時効期間

a　民事消滅時効と商事消滅時効

現行民法では、時効期間は「権利を行使することができる時から進行する」とされています（民法166条１項）。また、債権の消滅時効期間は原則として10年（同法167条１項）、ただし、商行為によって生じた債権については原則として５年とされており（商法522条）、たとえば銀行の顧客への貸金債権についても５年の**商事消滅時効**が適用されます。

なお、現行民法では、**職業別の短期消滅時効**も定められています（たとえば、飲食店の飲食料（飲み屋のツケ）は１年（民法174条４号）、弁護士の報酬は２年（同法172条１項）とされています）。

b　民法改正法案での規律

民法改正法案では、職業別の短期消滅時効の規定と商事消滅時効の規定が削除され、債権の消滅時効の期間について、次のように改められています（改正後民法166条１項）。

①　債権者が権利を行使することができることを知った時から５年間行使しないとき。

② 権利を行使することができる時から10年間行使しないとき。

これは、主観的起算点から5年（上記①）および客観的起算点から10年（上記②）という二元的な構造を採用するものです。

(2) 時効の停止と中断

a 意　義

現行民法は、時効の進行をストップさせる制度として、時効の中断と停止を定めています。**時効の中断**とは、これが発生すると時効の進行がゼロクリアされて、時効期間を白紙に戻して再スタートさせる制度です。**時効の停止**は、時効完成の直前に権利者による時効中断を不可能または著しく困難とする事情が生じた場合に、その事情の消滅後一定期間が経過する時点まで時効の完成を猶予する制度です。

b 時効の中断事由

時効の中断事由には、①請求、②差押え、仮差押え、仮処分、③承認があります（民法147条）。

(a) 請　求

請求には、裁判上の請求と裁判外の請求があります。裁判外の請求は催告とも呼ばれます。

裁判上の請求は、民事訴訟の提起（民法149条）、支払督促の申立て（同法150条）、起訴前和解または調停の申立て（同法151条）、破産手続参加・再生手続参加・更生手続参加（同法152条）等の方法です。

裁判外の請求（催告）は、特別の様式は必要としませんが、6カ月以内に裁判上の請求や差押え、仮差押えまたは仮処分などの強力な手続をとらないと、時効中断の効力を生じません（同法153条）。

(b) 差押え、仮差押え、仮処分

差押えは、強制執行手続における最初の段階として、執行機関が債務者の財産の処分を禁止し、その財産を確保する行為です（民事執行法45条1項等）。これは、権利を強制的に実現するものであるため、時効の中断事由とされています。

また、担保権実行としての競売も、担保された権利を行使する公的手段に訴えたといえ、また競売をする前提として目的物が差し押さえられることから（同法188条、45条1項）、時効中断事由として認められています。

　仮差押え（民事保全法20条以下）および**仮処分**（同法23条以下）は、将来、民事訴訟において勝訴して確定判決による強制執行ができるまでの間、債務者等の財産の現状を維持すべく、その財産の処分を暫定的に禁じるなどの措置を講じる手続です。これは、権利を将来実現するための公的手段を講じたことを意味するため、時効の中断事由とされています。

(c) 承　　認

　承認とは、債務者が、時効によって消滅する権利につき、その権利が存在することを知っている旨を表示することを意味します。承認には、格別の方式はなく、弁済期の延長の合意、担保の供与、利息や元本の一部の支払、代金減額の交渉なども含まれますが、実務上は、書面によって確実な証跡の確保に努めることが必要です。

　承認は、債務者の協力さえ得られるならば、最も簡便な時効中断の方法といえます。もっとも、実務上、債務者が、承認に関する書面の提出に抵抗を示すことも少なくありません。そのため、時効完成まで余裕がある時期（1年前など）から早めに債務者との交渉を開始し、時効中断の必要性や他の中断方法による場合の負担などについて丁寧に説明することが重要です。また、承諾に関して徴する書面の内容についても、債務の支払意思が明確となる内容となっていれば、必ずしも「債務承認書」という題名の書類である必要はなく、たとえば「弁済猶予のお願い」という書面でもかまいませんので、交渉の状況に応じた臨機応変な対応が求められます。

c　時効中断の効果

(a) 新たな時効の進行

　現行民法には、時効の中断事由が定められており、中断の効力が発生した時点で時効の進行が白紙に戻り、中断の事由が終了した時から新たな時効が進行を始めます（民法157条1項）。

　この新たな時効の時効期間は、原則として、従前の時効期間と同じです。

しかし、確定判決等によって確定した権利については、従前の時効期間が10年より短いものであっても、新たな時効期間は10年となります（同法174条の2第1項）。ただし、確定の時に弁済期が到来していない債権については、この特則は適用されません（同条2項）。

(b) 時効中断の効果の消滅事由

時効の中断事由のなかには、時効中断の効果が一定の場合には生じないとされているものもあります。たとえば、裁判上の請求は、訴えの却下または取下げの場合には、時効の中断の効果は生じません（民法149条）。その他、支払督促（同法150条）、和解または調停の申立て（同法151条）、倒産手続参加（同法152条）、差押え、仮差押え、仮処分（同法154条）にも、消滅事由が定められています。

(c) 時効中断の及ぶ人的範囲

中断の効力が及ぶ人の範囲については、当事者およびその承継人（相続や合併等により包括的に権利義務を承継した者、個別の法律行為により特定の債権債務を承継した者）の間においてのみ、その効力を有すると定められています（民法148条）。

ただし、これについてはいくつかの例外が定められています。まず、主たる債務者に対する時効の中断は、保証人に対しても効力を生じます（同法457条1項）。また、判例には、債務者の承認による時効中断の効果は物上保証人にも及ぶとしたものがあります（最判平7．3．10判時1525号59頁）。次に、連帯債務者に対する履行の請求は、他の連帯債務者に対しても効力を生じます（同法434条）。また、連帯保証人に対する履行の請求は、主債務者に対しても効力を及ぼします（同法458条、434条）。

d 時効の停止

前記のとおり、時効の停止は、時効完成の直前に権利者による時効中断を不可能または著しく困難とする事情が生じた場合に、その事情の消滅後一定期間が経過する時点まで時効の完成を猶予する制度です（民法158条～161条）。

たとえば、「天災その他避けることのできない事変」のために時効の中断ができない場合には、「その障害が消滅した時から2週間を経過するまでの

間」は時効は完成しないとされています（同法161条）。

e 民法改正法案における時効の完成猶予と更新

(a) 概念の整理

民法改正法案は、わかりやすい表現とする観点から、「時効の中断」に対応するものとして**時効の更新**という表現を、「時効の停止」に対応するものとして**時効の完成猶予**を用いています。

(b) 実務上の留意点

現行民法と比較した場合、実務上、特に次の点に留意が必要です。

第一に、現行民法では時効の中断事由である仮差押え・仮処分が時効の完成猶予事由とされ、その終了の時から6カ月を経過するまで時効の完成が猶予されるだけになる（改正後民法149条）ため、民事保全手続によって時効の完成を食い止める効果が弱められています。

第二に、権利について協議を行う旨の合意が書面でされた場合、時効の完成が猶予されるという規律が新設されました。この場合、①当該合意があった時から1年を経過した時（通算で最長5年まで延長可）、②当該合意において当事者が協議を行う期間（1年未満）を定めたときは、その期間を経過した時、③当事者の一方から相手方に対して協議の続行を拒絶する旨の通知が書面でされたときは、その通知の時から6カ月を経過した時のいずれか早い時までの間は、時効の完成が猶予されます（改正後民法151条）。

3 期限の利益喪失

(1) 意 義

債権の履行期限が到来していなければ、債務者は履行期限の到来まで弁済をしなくてよい立場にあります。このように、債務者が期限まで弁済を猶予される利益を、債務者の**期限の利益**といいます。

しかし、期限まで待ったのでは債務者が弁済をすることが期待できない場合にまで、債権者が期限まで回収をできないというのは不合理です。そこで、民法は、①債務者の破産手続開始決定、②債務者による担保物件の価値

減少行為、③債務者による担保提供義務違反のいずれかがあった場合には、債権者が債務者に意思表示をすれば、債務者は期限の利益を主張できなくなるとしています（民法137条）。しかし、これだけでは十分ではないため、通常の契約書には、債務者が期限の利益を喪失する場合についての定め（期限の利益喪失条項）が置かれています。

期限の利益を喪失すれば、債務者は直ちに債権全額の弁済をしなければならず、債権者は相殺や担保権の実行等の強制的な回収手段を実行することができます。また、期限の利益喪失の翌日から、約定利息に代わって、遅延損害金が発生します。他方、期限の利益喪失の翌日から当該債権全額の消滅時効が進行を開始します（同法166条1項）。

(2) 種　　類

期限の利益の喪失には、当然喪失と請求喪失があります。

当然喪失は、一定の事由（当然喪失事由）が生じれば、債権者の意思表示がなくても、当然に期限の利益が失われるというものです。注意を要するのは、一定の事由が生じれば、それを債権者が認識していなくても、期限の利益喪失の効力が生じ、債権についての消滅時効も進行を開始するということです。

請求喪失は、一定の事由（請求喪失事由）が生じただけでなく、債権者が債務者に対して期限の利益を喪失させる意思表示（請求）をして初めて期限の利益が喪失されるというものです。

(3) 期限の利益喪失の判断

a　基本的な考え方

期限の利益喪失事由に該当する場合かどうかの判断（融資先が返済期限に貸金を返済できないことの見極め）は、与信開始時の判断（融資先が返済期限の貸金の返済をできることの見極め）の裏返しであり、与信判断にほかなりません。そのため、融資先の事情を肌身で知ることのできる現場の部署（銀行でいえば営業店）が、まずは与信判断として方針を主体的に定めるべきものと

いえます。もっとも、期限の利益喪失の判断は、限られた情報のなかで迅速に行うことが求められることが少なくないうえに、債権者にも債務者にも重大な影響をもたらすので、むずかしい判断となる場合も少なくありません。そこで、判断に迷う場合には、上司や本部の部署と協議して決することが適切です。

ここで、期限の利益の請求喪失事由が生じている場合に、これを喪失させるか否かの判断において考慮すべき事項をあげれば、次のようなことになると思われます。

① 期限の利益の喪失は、すでに債務の弁済が困難な状況にある債務者の資金繰りを完全に破綻させかねません。
② 債務者が他の債権者との間で締結している借入契約や取引等に、いわゆるクロス・デフォルト条項があれば、あわせてこれら他の債権者の有する債権についても期限の利益が失われることになる可能性があります。
③ 債権者が債権回収に着手することが予測されることから、債務者は、場合によっては資産の隠匿に走る可能性が生じます。

そのため、期限の利益の喪失は、通常、①期限の利益を喪失させることで、回収につながる仮差押え等の保全処分や有効な回収手段をとることが可能になる、②預金その他の相殺に供することが可能な債権の流失を阻止する必要があるといった、期限の利益喪失後にとるべき具体的な措置を念頭に置いて、判断されるべきものといえます。また、実際には、期限の利益の喪失事由が生じていることを示しつつ、債務者に任意の弁済や保全強化への協力を求めるといったことも検討する必要があります。

換言するならば、期限の利益の喪失は、債権者にとっては、その後にとるべき有効な手段が用意されていないのであれば、必ずしも債権の回収可能性を向上させるものではないことに十分に留意しなければならないし、期限の利益喪失事由が生じているからといって、必ずしも請求喪失をしなければならないものではなく、上記の事項等に基づき総合判断するのが適切です（ひとまずは事業を継続させたほうが、全体としての回収見込みが高まる場合には、期限の利益喪失を行わないと判断することも考えられます）。

なお、保証協会などの機関保証が付されている場合には、期限の利益喪失事由が生じれば保証会社等への報告をすることが義務づけられていることがあり、この報告を怠ると保証免責により保証履行を受けられない可能性があるので注意を要します。

以下では、一般的な銀行取引約定書における期限の利益喪失事由のうち「支払の停止」および「債権保全を必要とする相当の事由」について解説します。

b 支払の停止（当然喪失事由）

(a) 意　義

支払の停止とは、取引先が、金銭債務の全部または大部分を支払うことができなくなり、その状態が容易に解消されない状態にあること（一時的な資金不足ではない）を、口頭や行動で明示または黙示に表明すること（単なる債権者の予測ではない）をいいます。たとえば、取引先の本店や営業所のシャッターが締め切られ、「業況の悪化に伴い、営業を停止しました」との張り紙がある場合などは、一般的には支払の停止に該当します。

(b) 実務上の対応

支払の停止は、期限の利益の当然喪失事由となるだけでなく、法的整理に入る場合の相殺などに関しても重要な意味をもちます。したがって、支払の停止と思われる事態を認識した場合は、認識した日時（時間・分も必要です）も含め、詳細に証跡を残すことが必要です。

また、支払の停止と認定するには、第三者にも納得してもらえる確固たる証跡が必要です。もちろん、実務の現場では、倒産の懸念が高まっていたとしても、支払の停止と断定までできるか判断に迷う場合もあります。そういう場合には、①期限の利益喪失という面では、「支払の停止」に当たらないとされる可能性に備えて、請求喪失通知を出しておき、②倒産法上の相殺の禁止という面では、「支払の停止」に当たるとされる可能性に備えて、（相殺は実行したうえで）倒産手続で相殺の効力が否定されるリスクがあることを前提に与信管理を行うという、両面において保守的な対応をしておくことが手堅いといえます。

(c) 手形不渡

1回目の手形不渡があった場合は、支払の停止に該当しないかどうか、支払の停止に該当しないとしても請求喪失事由に該当しないかどうかなどを検討する必要があります。

1号不渡事由（取引なし、資金不足）による不渡りは、返済能力の欠如の現れであり、支払の停止に該当する可能性もありますが、単なる経理事務上の過誤や、一時的な資金不足による不渡りであり、支払の停止とまではいえない場合も考えられます。そこで、直ちに取引先を訪問するなどして、不渡りの発生理由について詳細に聴取し、また今後の資金繰りや資金余力について確認を行う必要があります。

なお、**2号不渡事由**（偽造、債務不履行、詐欺、紛失、形式不備等）による不渡りは、返済能力の欠如を原因とする不渡りではないので、支払の停止と判断することはできず、事情を聴取したうえで請求喪失の当否を検討することになります。

(d) 債務整理の受任通知

弁護士や司法書士から、取引先について、債務整理受任通知が送付されることがあります。**債務整理受任通知**には、通常、①債務整理を準備している旨の通知、②融資先の債務の内容の開示の要請、③今後の交渉は取引先でなく弁護士等と行うことの要請といった内容が記載されています。

①債務整理の内容について、たとえば、「債務の弁済が困難であり、近日中に破産手続開始の申立てをする予定です」と記載されていれば、「支払の停止」に当たると判断できます。

c 債権保全を必要とする相当の事由（請求喪失事由）

債権保全を必要とする相当の事由という期限の利益喪失事由は、他の具体的な期限の利益喪失事由には該当しないが、それに匹敵する重大な事象が生じ、債務者が期限に弁済をすることを期待できない場合に適用されるものです。この条項の適用が問題となる典型例としては、債務者における、粉飾決算の発覚、取引先の倒産、信用状況を大きく悪化させるような会社の組織再編行為や資産売却などがあります。

期限の利益喪失は取引先に重大な影響を及ぼすので、期限の利益喪失の判断もそれに見合う慎重さが求められ、「債務者が期限に弁済をすることを期待できない」と、主観や憶測でなく客観的な根拠に基づき、しかも相当の確実性をもっていえる必要があります。言い換えれば、誰に対しても「債務者が期限に弁済をすることを期待できない」と確実に説得できるだけの材料が必要であるということです。

(4) 期限の利益の再付与

　期限の利益の再付与とは、期限の利益喪失後または期限の徒過後に、債務者が返済を継続できると判断し、再度、返済の期限を設定し直すことを指します（なお、再付与とは呼んでいますが、性質としては、債権者と債務者との合意です）。

　債務者の預金債権等への仮差押えがあれば、一般的には当然喪失事由に該当しますが、仮差押えが、取引先と第三者とのトラブルなどを起因して偶発的な事情で発せられた場合には、取引先の弁済能力に懸念が生じているわけではありませんから、期限の利益の再付与を検討することになります。

第 2 節　債権の回収

　主債務者の弁済

(1) 主債務者の弁済とは

　金融機関は、本来、貸金債権の弁済期に融資先が自ら弁済することを期待して貸出しを実行しているのであり、実際にも、ほとんどの場合には期日弁済が励行されています。このように、融資先が期日に弁済をしてくれることが貸金債権の回収上、最も望ましいことはいうまでもありません。

(2) 債権証書の返還や受取証書の交付

貸金債権の弁済があった場合には、銀行として、各種の債権証書を処理したり、融資先に対して受取証書を交付したりする必要があります。

a 全額弁済の場合

(a) 債権証書・受取証書

貸金債権（元本のほか、利息・損害金・費用を含みます）の全部を弁済した者は、金融機関に対して**債権証書の返還**（民法487条）や**受取証書の交付**（民法486条）を請求することができます。

b 一部弁済の場合

貸金債権が一部弁済されたのであれば、債権証書を返還する必要はありませんが、もし融資先の請求があれば、債権証書にその旨を記入し（民法503条2項）、かつ受取証書を交付しなければなりません（同法486条類推）。

(3) 弁済の充当

a 弁済の充当とは

金融機関の貸金債権が数口あったり、元金と利息があるときなどに、融資先が、これらの債権の全額を満足させるだけの弁済の提供をしなかったときは、それをどの貸金債権に充当するかを決める必要があります。これが**弁済の充当**の問題です。

b 民法の弁済充当

民法の原則によれば、弁済につき民法488条以下が適用されます。その内容を簡略化して示せば図表4－1のようになります。

図表4－1の**法定充当**というのは、元本債権の他に利息債権や費用債権がある場合には、「費用→利息→元本」の順に充当し（民法491条）、費用相互間、利息相互間および元金相互間では一定の順序で充当するものをいいます（同法489条）。

なお、民法改正法案によって弁済充当の規定も改正されますが、上記のルール自体の実質的な変更はありません。

図表4－1　民法の原則に従った弁済の充当

```
               弁済者による充当指定
              ┌──────┴──────┐
              有                無
              │                │
              │         弁済受領者による充当指定
              │          ┌──────┴──────┐
              │      弁済者の異議            無
              │      ┌───┴───┐          │
              │      無       有          │
              │      │        │          │
         弁済者の充当指  弁済受領者の充  法定充当
         定による弁済    当指定による弁
                        済
```

c　特約による弁済充当

　貸付実務においては、貸金債権が数十口に及ぶことも異例ではなく、弁済充当について民法の規定に従うと、充当手続が複雑化して無用なトラブルを招く懸念もあります。また、貸金債権の回収上不利になったり、不都合をきたすことも明らかです。

　そこで、実務上は、融資先との間で、たとえば、「弁済が債務全額を消滅させるに足りないときは、金融機関が適当と認められる順序方法により充当することができ、その充当に対しては異議を述べません」といった合意を行うことが通常です。これにより、金融機関は、無担保債権等、回収に懸念のある債権から先に充当することができます。

d　特約の限界

　ただし、このような特約は、その効力の限界などいくつかの留意すべき点があります。

　第一に、金融機関がどの債権に充当するのかを指定するには、融資先に対

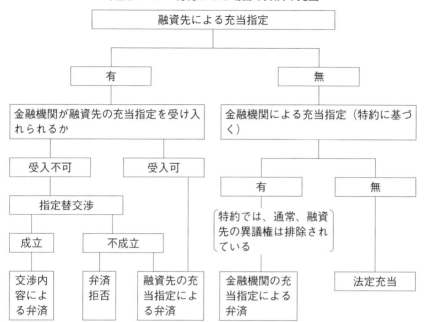

図表4−2 特約がある場合の弁済の充当

する意思表示を欠くことができません（民法488条3項）。なお、融資先が充当指定をせずに弁済をしてきた場合、金融機関が弁済受領後遅滞なく充当指定の意思表示をしないときは、法定充当になるので留意が必要です。

　第二に、融資先のほうから特定の債務に充当することを指定して弁済の提供をした場合には、金融機関は融資先の指定を無視して金融機関の認める充当をすることはできないと解されているので、融資先と交渉をして金融機関からの指定充当について合意を得る必要があります。かかる指定替交渉が成立しない場合には、特約により銀行はその受領を拒絶するか、受領して申出どおりの充当をするほかありません。この点をふまえて、特約がある場合の充当指定のフローを整理すれば、図表4−2のとおりとなります。

2　第三者による弁済

(1) 第三者弁済の要件

a　現行民法

民法上、原則として、債務の弁済は第三者もできるとされていますが、例外として、次のような場合には**第三者による弁済**はできないとされています（民法474条）。

① 債務の性質が第三者による弁済を許さないものであるとき
② 当事者が反対の意思を表示したとき
③ 「利害関係を有しない第三者」の弁済で、それが債務者の意思に反するとき

このうち、実務では、上記①および②は通常問題となりませんので、上記③のみが問題となります。換言すれば、第三者弁済をすることができる第三者とは、弁済をなすことに利害関係を有する第三者と、（利害の関係を有しないが）第三者弁済をすることにつき債務者の意思に反しない者ということになります。

b　民法改正法案

民法改正法案でも、上記のルールは基本的に維持されていますが、上記a③に関連して若干のルールの変更・追加が行われています。すなわち、現行民法の上記a③の規律では、第三者からの弁済を受けた後になって、その弁済が債務者の意思に反していたと判明すると、弁済が無効となって弁済金を第三者に返還する必要が生じますが、これでは債権者が不安定な立場に置かれます。そこで、民法改正法案では、次の改正を行いました。

すなわち、「弁済をすることに正当な利益を有する者でない第三者は、債務者の意思に反して弁済をすることができない」という前記a③の規律自体は残しつつ、「債務者の意思に反することを債権者が知らなかったとき」には弁済を有効とするという例外を設けました（改正後民法474条2項ただし書）。

また、「弁済をすることに正当な利益を有する者」でない第三者は、債権者の意思に反して弁済をすることができないが、その第三者が債務者の委託

を受けて弁済する場合において、そのことを債権者が知っていたときは、債権者の意思に反しても弁済できる旨の規定が新設されました（改正後民法474条3項）。これは、債務者の意思に反するかどうか確認できないまま受領を要請された場合に、債権者において受領を拒絶することで、不安定な立場に置かれることを防ぐ選択を認めたものです。もっとも、金融機関が債務の意思に反することを知っていたか否かの争いが発生することを防ぐため、必要に応じて、債務者から同意書を徴するなどの対応をしたほうがよい場合もあると思われます。

c 利害関係を有する第三者の範囲

利害関係を有する第三者であれば、債務者の意思に関係なく有効に弁済をすることができます。

この利害関係を有する第三者とは、債務を弁済することに法律上の利害関係を有する者、換言すれば、債権者の権利の実行により、その有する法律上の利益を喪失し、または減少することとなるおそれのある者をいいます。具体的には、①**物上保証人**、②**担保物件の第三取得者**、③**後順位担保権者**、④**保証人**、⑤**連帯債務者**などがこれに含まれると解されています。

他方、単に親族や知人であるなどの事実上の利害関係があるだけでは、仮に第三者が感情的苦痛や道義的責任を感じていても、利害関係があることにはなりません。

(2) 弁済による代位への協力義務

第三者から弁済を受けた場合も、弁済一般に適用される規定に従い、第三者との間の債権に関する証書（たとえば保証約定書）を返還し（民法487条）、また受取証書（代位弁済証書）を交付する必要があります（同法486条）。

加えて、弁済による代位が認められる場合には、全部の弁済を受けた債権者は代位弁済者に対し、債権に関する証書および債権者が占有する担保物を交付しなければなりません（同法503条1項）。また、債権の一部について代位弁済を受けた場合は、債権者は、債権証書にその一部代位の旨の記入をなし、かつ代位弁済者に自己の占有下にある担保の保存を監督させなければな

りません（同法503条2項）。これは、弁済による代位が認められる場合には、弁済によって消滅すべきであった債権およびこれに随伴する担保権等が、求償権の範囲内で法律上当然に弁済者に移転するところ、債権者は、代位弁済者に対し、代位された権利の行使を容易にするための**協力義務**を負うということです。

3 弁済による代位

(1) 意　義

　第三者が弁済をする理由はさまざまですが、第三者としては、後日、自分が出捐した金額を債務者から返してもらう（求償する）ことを予定していることが多いと思われます。そのため、法律上も、第三者が債務者に求償をすることが認められています。具体的には、保証人、物上保証人、連帯債務者については民法に規定があります（民法459条以下、351条、372条、442条）。その他の第三者も、債務者の委託を受けて弁済をしたものであれば、委任事務処理の費用として求償を行い（同法650条）、また委託を受けずに債務者のためを思って弁済したのであれば事務管理の費用等として求償を行う（同法702条）ことができます。

　民法は、この**求償権**の実現を確保するために、債権者の有していた権利、すなわち、弁済によって消滅すべきであった債権およびこれに随伴する担保権等が、求償権の範囲内で、法律上当然に弁済者に移転することとしています（同法499条以下）。これを**弁済による代位**（代位弁済）といいます。

(2) 要　件
a　現行民法

　第三者が弁済により債権者に代位するには、前記の第三者弁済の要件を満たすことが前提となります。このうち、「弁済をするについて正当な利益を有する者」は、この前提条件だけで法律上当然に代位を生じます（**法定代位**：民法500条）。

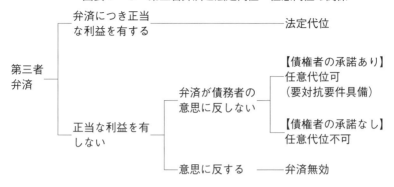

図表4-3 第三者弁済と法定代位・任意代位の関係

　他方、「弁済をするについて正当な利益」をもたない者が債務者のために弁済した場合には、債権者の承諾を得ないと代位の効果を生じません（任意代位：同法499条1項）。また、この代位の効果を債務者に対抗するためには、債権譲渡と同じように、弁済を受けた債権者から債務者へ通知するか、または債務者の承諾が必要となります。さらに、債務者以外の第三者に対抗するためには、この通知または承諾を確定日付のある証書をもってすることが必要となります（同条2項、467条）。つまり、任意代位では、①債権者の承諾が代位の要件となる点、②通知または承諾による対抗要件が必要となる点において、法定代位と異なります。

　なお、「弁済をするについて正当な利益を有する者」は、第三者による弁済の箇所で述べた「利害関係を有する第三者」とほぼ同一であると解されており、たとえば、①物上保証人、②担保物件の第三取得者、③後順位担保権者、④保証人、⑤連帯債務者などがこれに含まれます。

　現行民法における第三者弁済と法定代位・任意代位の関係を図示すれば図表4-3のとおりです。

b　民法改正法案

　民法改正法案では、任意代位と法定代位の制度は維持したうえで、任意代位について債権者の同意という要件を削除しました。その結果、任意代位と法定代位の違いは、債権譲渡の対抗要件を具備しなければ、代位の事実を

もって債務者・第三者に対抗することができない点のみになりました（改正後民法499条、500条）。

(3) 効　果

弁済による代位の効果は、法定代位・任意代位を問わず同一であり、①自己の権利に基づき求償できる範囲内で、②弁済によって消滅すべきであった債権およびこれに随伴する担保権等が移転し（確定前の根抵当権のように随伴性がない担保権等は移転しません）、弁済者はこれらの権利を行使することができます。以下、弁済による代位の効果についての留意点を説明します。

a　求償権の範囲等

代位のできる範囲は**求償ができる範囲**に限られます。その求償できる範囲については、弁済者と債務者との関係によって決まってきます。

たとえば、委託を受けた保証人（物上保証人を含む。民法351条）であれば、債務者に対して弁済した金額および弁済日以降の法定利息、避けることのできなかった費用その他の損害につき求償できます（民法459条2項、442条2項）。それに対し、委託を受けない保証人（物上保証人を含む）が、①主たる債務者の意思に反せず保証をなした場合は、代位弁済の当時主たる債務者が利益を受けた限度において（同法462条1項）、また②主たる債務者の意思に反して保証をなした場合は、主たる債務者が現に利益を受けている限度において（同条2項）のみ求償をすることができます。

b　一部弁済と代位

民法502条1項は、「債権の一部について代位弁済があったときは、代位者は、その弁済をした価額に応じて、債権者とともにその権利を行使する」と規定しています。この規定の文理上は、たとえば、抵当権付きの主債務の一部を保証人が弁済した場合、保証人は、債権の一部とともに、抵当権をも債権者と準共有して、①その範囲で独立して抵当権を行使でき、かつ、②本来の債権者と同順位で配当を受けられるようにみえます。

これでは、債権者が残債権を回収するうえで大きな支障が生じるため、実務では、保証契約書等において、①金融機関と債務者との取引継続中は、代

位弁済者は金融機関の同意がなければ権利行使ができず、また、②金融機関が代位弁済者の得た権利自体の譲渡請求権と権利の順位の譲渡請求権を有する旨の特約がされています。

その後、判例では、②債権者と代位弁済者の配当割合という点では、代位弁済者は配当について債権者に劣後するとされました（最判昭60．5．23民集39巻4号940頁、最判昭62．4．23金法1169号29頁）。他方、①代位弁済者が単独で権利行使をできるのかという点については、これを肯定する古い判例が現在まで残っている状況になっています（大決昭6．4．7民集10巻535頁）。

これに対し、民法改正法案は、上記の古い判例を変更して、代位弁済者は債権者とともにしか権利行使をすることができないと明記するとともに（改正後民法502条1項。なお、債権者は単独でその権利を行使することができるとされています（同条2項））、②債権者と代位弁済者の配当割合という点では、債権者が代位弁済者に優先するという上記の判例法理を明文化しました（同条3項）。

(4) 担保保存義務

a 意 義

民法は、法定代位をなしうる者は、債権者が故意または過失によってその担保を喪失し、または減少させたときは、それによって償還を受けることができなくなった限度において、その責任を免れるとしています（民法504条）。これは、いわゆる**担保保存義務**を定めたものです。

たとえば、抵当権が設定されている債務を保証した者は、保証債務を履行すれば、その弁済によって当然債権者に代位し、その抵当権の実行によって自己の求償権の満足を受けられることになります。ところが、債権者がこの保証後に抵当権を任意に放棄することができるとすれば、保証人は保証債務を履行しても、債権者に代位して抵当権によって債務者から償還を受けられるすべを失い、保証人の期待は裏切られてしまいます。担保保存義務は、かかる保証人の期待を裏切らないようにするためのものといえます。

b 代位弁済者が免責を受けるための要件

　代位弁済者が免責を受けるための要件は、「弁済をするについて正当な利益を有する者」（法定代位権者）であること、債権者が担保を喪失または減少したこと、担保の喪失または減少が債権者の故意または過失によることです。以下、留意点を説明します。

(a) 法定代位権者の範囲

　免責を主張しうる者は、「弁済をするについて正当な利益を有する者」（**法定代位権者**）であり、その具体的な範囲については前述のとおりです。

　担保物件の第三取得者については、その取得後の解除のみならず、その取得前の担保解除についても、免責を主張することができるかはかつて争いがありましたが、判例は、取得前の担保解除についても免責を主張することができるとしています（最判平３.９.３民集45巻７号1121頁）。

　そして、民法改正法案では、この規律を明文化しています（改正後民法504条１項後段）。

(b) 担保の範囲

　民法504条でいう担保とは、一般には、抵当権、質権等の物的担保や保証等の人的担保を指します。それ以外の一般財産は含まれないので、債務者の一般財産に対する差押えを解除しても保証人等の免責は生じません。

　なお、確定前の根抵当権等の随伴性がない担保権については、民法504条の適用を否定する見解もありますが、確定された後の弁済により代位できるとの法定代理権者の期待を保護すべしとして、同条の適用を肯定する見解もありますので、金融機関の実務としては、後者の見解に従っておくほうが無難といえます。

(c) 故意過失による担保の喪失・減少

　ここでいう故意または過失とは、法定代位の対象となる担保の喪失または減少に対する故意または過失であって、免責を生ずる関係についての故意または過失ではないとされています。

　故意による担保の喪失・減少は、積極的な担保解除がその典型です。また、過失による担保の喪失・減少の例としては、抵当権設定契約後その登記

手続を怠っていたために担保物件が他に売却された場合（大判昭6.3.16民集10巻157頁、大判昭16.3.11民集20巻176頁）や、質権設定の予約があったのに質物の引渡しを受ける機会を逸した場合（大判昭8.7.5民集12巻2191頁）のように、保存の懈怠による権利の喪失があります。

ただ、実務上は、故意過失による担保の喪失・減少に形式上当たりそうな場合でも、取引上の社会通念に照らして合理的な理由がある場合もあるところ、そのような場合まで一律に担保保存義務違反を認めるのは適切ではありません。そこで、故意過失による担保の喪失・減少の有無は、担保について債権者として一般取引上要求される適当な処置を欠いたか否かという観点から具体的に判断をされるものとされてきました。

民法改正法案では、このような従前の理解に即して、「債権者が担保を喪失し、又は減少させたことについて取引上の社会通念に照らして合理的な理由があると認められるとき」は、法定代位権者の免責効果は発生しないと明記しています（改正後民法504条2項）。

c　免責の効果

(a)　免責の内容

担保保存義務違反があると、法定代位権者はその責任を免れます。具体的には、保証人のように債権者に債務を負う者は、債務の全部または一部を免れ、物上保証人や第三者取得者のように債権者に債務を負担しない者は、その担保についての責任の全部または一部を免れることになります。

(b)　免責の数額

法定代位権者は、喪失または減少した担保物から償還を受けることができた額だけ免責されるのであって、まず債務者の一般財産から求償し、それが十分に行われない数額について免責されるのではありません。

たとえば、債権者が100万円の債権に対して有する債務者所有不動産（70万円）に係る抵当権を放棄したときは、保証人の債務は70万円だけ減額され、保証人は30万円だけ弁済をすれば足りることになります。また、債務100万円につき2人の物上保証人がいる場合に、債権者が物上保証人の1人に対して責任を免除すると、物上保証人には各財産の価格に応じた負担部分

があるので、担保不動産の価格が同額であるとすると、残った物上保証人は、100万円のうち50万円につき当然に責任を免れることになります。

d　担保保存義務免除特約

(a)　意　義

　現実の金融機関の与信取引では、担保（人的担保を含む）は継続的取引についての担保が少なくなく、その間に担保の変更や解除を必要とする事態を完全に回避することは困難です。そして、具体的な事案において免責の要件が満たされるか否かは微妙で判断の困難なことが少なくありません。

　そこで、一般に、金融機関は、保証人や物上保証人との間で、「(物上)保証人は、金融機関がその都合によって他の担保もしくは保証を変更、解除しても免責を主張しません」という旨のいわゆる**担保保存義務免除特約**を締結しています。

(b)　有効性とその限界

　判例は、このような特約を有効としつつ（最判昭48.3.1金法679号34頁）、その効力が信義則違反や権利濫用となる場合があることを認め（最判平2.4.12金法1255号6頁）、その基準として、債権者の行為が「金融取引上の通念から見て合理性を有し、保証人等が特約の文言等にかかわらず正当に有し、又は有し得べき代位の期待を奪うものとはいえないとき」には、特約の効力の主張は、原則として、信義則違反ないし権利濫用とはならないとしています（最判平7.6.23民集49巻6号1737頁・金法1427号31頁）。

　金融機関としては、担保の変更や解除について保証人等の法定代位権者の個別の同意がなくても、変更や解除が金融取引上の通念からみて合理性を有するものであれば、担保保存義務違反を問われることはありません（ただし、当該合理性については、後日の立証に耐えるだけの記録を残す必要があります）。とはいえ、法定代位権者からの個別の同意については、それを取得できるのであればそれに越したことはありません。特に、融資先に信用悪化の徴候がある時期に、担保の変更や解除をする場合は、債権者の注意義務が加重されるとも考えられますし、また現実問題として、法定代位権者の代位弁済を期待せざるをえない状況ですので、担保保存義務免除特約の効力に頼る

ことなく、法定代位権者からの個別の同意を取得するべきです。

(c) 第三取得者との関係

物上保証人と担保保存義務免除特約を締結した担保提供を受けた後、その担保物件につき第三取得者が生じた場合において、当該特約が担保物件の第三取得者に効力を及ぼすか問題となります。

判例は、債権者が他の担保を喪失・減少させたものの、特約の効力によって免責の効果が生じなかった場合に、その後、担保物件について第三取得者が登場したとしても、第三取得者は、免責の効果が生じていない状態の担保の負担がある物件を取得したことになり、債権者に対し、免責の効果を主張することはできないとしました（前掲最判平7.6.23）。

他方、担保物件を第三者が取得した後に他の担保・保証を解除した場合の問題は、上記判例の射程外となります。この問題については、債権者と当初の物上保証人との担保権設定契約において締結された特約は、担保物件の第三取得者には効力を及ぼさない（契約の相対効）ため、債権者としては第三取得者に特約の効力を主張しえないとも解されます。そのため、このような状況のもとで他の担保や保証の解除に応じる場合には、第三取得者から同意を得たうえで、これを行うようにするのが適切です。

4 相　殺

(1) 意　義

相殺とは、2人が互いに同種の目的を有する債務（金銭債権等）を有している場合において、一方当事者が他方当事者に対する一方的な意思表示（通知）によって、双方の債権を対当額で消滅させることができる制度です。

たとえば、金融機関が100万円の貸金債権を有している一方、その債務者の預金が70万円あるという場合、金融機関は70万円の預金債務を負っていることになるので、両者を相殺すれば、金融機関が負っていた預金債務はすべて消滅する一方、貸金債権も30万円に減少することになります。

なお、相殺の意思表示をする者の有する債権を**自働債権**といい、相殺の意

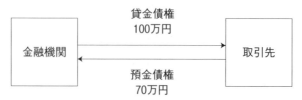

図表4-4 相殺の仕組み

⇒相殺により、貸金債権と預金債権の双方が70万円の限度で消滅する

思表示を受ける者の有する債権を**受働債権**といいます。また、一方の債権からみて他方の債権を反対債権ということもあります。

(2) **相殺の機能**

相殺には、当事者がそれぞれの債務を弁済する手間を省くという機能がありますが、実務上重要なのは、相殺は債権の回収方法となり、ひいては担保的に機能するという点です。

前記の例に即していえば、仮に融資先が不誠実で貸金債務の弁済をしない場合、銀行としては、預金債務と相殺をすることで、実質的に貸付金債権を回収することができます。また、融資先について倒産手続が開始した場合に、金融機関が負う預金債務は全額取り立てられるのに対し、金融機関が有する貸金債権は倒産債権となって、わずかな回収しかできないことになります。しかし、対立する債権債務がある場合、当事者は、債権債務が重なり合う範囲では債権は消滅していると期待しているはずであり、その期待を裏切って一方当事者（金融機関）のみが不利益を被るのは不公平です。この場合にも、金融機関が預金債務と相殺をすれば、実質的に預金から貸金債権を回収することができます。このように、無資力者との相殺をするということは、金融機関が無資力者の他の債権者に先んじて優先して独占的に回収ができることを意味し、いわば貸金債権に担保が付されているのと同様となります。これを、**相殺の担保的機能**といいます。

(3) 相殺適状

相殺をするには、双方の債権が相殺の要件を備えることが必要です。相殺の要件を備えることを**相殺適状**といい、具体的には次の要件を満たすことをいいます。

① 同一当事者間において、相対立する債権が存在すること
② 双方の債権が同種の目的を有すること
③ 双方の債権が弁済期にあること
④ 双方の債権（特に受働債権）が相殺禁止債権でないこと

このうち、③について補足をします。金融機関が相殺をする場合、自働債権たる貸金債権が弁済期にない場合には、期限の利益喪失の手続を行って、融資先の債務の弁済期が到来した状態をつくりださなければ、相殺を行うことができません。他方、受働債権たる預金債権については、期限未到来であっても、金融機関は自らの期限の利益を放棄することで相殺をすることができます。通常、金融機関の取引約定書では、取引先が金融機関に有する受働債権の期限のいかんにかかわらず、いつでも相殺をすることができる旨を定めていますので、金融機関は、期限の利益の放棄について特段の手続をせずに相殺を行うことができます。

(4) 相殺の意思表示

a 意思表示の必要性

民法は、当事者の一方から相手方に対する意思表示によって相殺がなされるものとしています（民法506条1項）。この意思表示は、相手方に到達して初めて効力を発生します（同法97条1項）。

b 意思表示の相手方

相殺の意思表示は、受働債権の債権者（預金者）、かつ、自働債権の債務者たる融資先に対して行えばよく、一般には相殺の意思表示の相手方が問題となることはありません。

もっとも、預金者が預金の管理処分権限を失うなど、特殊な場合もあります。各場合の意思表示の相手方は以下の表のとおりです。

① 預金債権につき差押えがなされた場合	預金者。ただし、差押債権者が取立権を取得した後は、差押債権者に対しても可能。もっとも、実務上は、いずれの場合でも、トラブル防止のため双方に対し行うことが多い。
② 転付命令がなされた場合	転付債権者
③ 仮差押えがなされた場合	預金者
④ 預金者につき破産手続が開始した場合	破産管財人
⑤ 預金者につき民事再生・会社更生手続が開始した場合	預金者。ただし、管財人が選任されている場合は、管財人

c 意思表示の方法

相殺の意思表示は、口頭で行っても効力が生じますが、実務上は、後日の立証の観点から、**相殺通知書**を配達証明付内容証明郵便で送付するのが通常です。仮に、やむをえず、通知書を手交したり、口頭で意思表示したりする場合であっても、通知書を2通作成して1通に融資先自身から受領文言の記載や受領印を受け、当日中に公証役場において確定日付を受けたり、意思表示に複数の行員で立ち会い、その状況を詳細に記録したうえ、後日書面を追送したりするなど、証跡の確保に万全を期します。

相殺通知書には、①相殺適状にあること、②自働債権・受働債権の内容、③対当額で相殺をする旨の意思表示、④相殺充当の方法を記載します。相殺通知は、相殺により消滅する債権を明確に特定する必要があります。

(5) 合意による相殺

以上では、民法が規定する相殺（法定相殺）に関する要件を述べてきましたが、相殺は、当事者間の合意により行うこともできます。また、法定相殺を行う場合にも、合意によって、相殺適状を満たす条件を緩和する合意をすることもあります。これらの**合意による**相殺は、次の4種類に整理すること

ができます。
① 確定的相殺契約

既存の債権債務について、または、将来の一定期間に発生する債権債務について、相殺をする合意です。

② 停止条件付相殺契約

将来一定の事由が生じたときに、当然に相殺の効力が生じることにする合意です。

③ 相殺予約

将来一定の事由が生じたときに、当事者が予約完結権を行使することにより、相殺の効力が発生するという合意を指します。

④ 弁済期に関する合意

将来一定の事由が発生したときに、自働債権の弁済期が到来する合意（いわゆる期限の利益喪失条項）や、受働債権はその債務者が相殺をする場合には弁済期が到来したものとする旨の合意です。これは、法定相殺を前提にしつつ、「双方の債務が弁済期にある」という状態をつくりだせるようにする合意をすることで、相殺適状を満たす条件を緩和するものといえます。

なお、相殺予約という言葉は、狭義には上記③を指しますが、金融実務上は上記④を指して用いられることが多いので、注意が必要です。

(6) 相殺の効果

a 債権の遡及的消滅

民法は相殺の効果として遡及効を認めています（民法506条2項）。この遡及効の制度は、相殺適状にあったものについては、その後相殺をすることによって、その債権債務が適状時にさかのぼって清算されたものと考えるのが当事者の意思に合致するものであるということによって認められた制度です。

b 相殺の充当

自働債権と受働債権の一方または双方が複数の債権である場合、相殺がなされると、どの債権に充当すべきかという問題が生じます。これについて

は、民法上、弁済の充当の規定が準用されています（民法512条、488条～491条）。もっとも、金融機関の実務上は、相殺の場合も、弁済の場合と同様に、金融機関と融資先の合意によって、相殺により金融機関が債権全額を回収することができない場合には、金融機関の指定する債権に充当できるものとし、債務者はこれに対して異議を述べることができない旨の特約をしているのが通常です。これによって、金融機関は、相殺の意思表示とともに、自己のどの債権が充当されるかの指定を自由にすることができます。逆にいえば、相殺通知書において充当関係を明確にしておかないと、法定充当となってしまいますので、相殺通知書には充当関係が明らかになるように記載をすることが必要です。

(7) 実務上の注意を要する場合

a　外貨建債権と相殺

円貨貸金と外貨預金とを相殺する場合、あるいは、インパクトローンと円貨預金とを相殺する場合のように、一方の債権が外貨建債権であるのに対し、反対債権が円貨建債権である場合に相殺ができるのか、できるとして換算レートをどうするのか、という点を整理します。

第一に、外貨建債権と円貨建債権については、外国通貨自体の給付が明示的に条件とされている場合を除き、一方の債権が外貨建債権であるのに対し、反対債権が円貨建債権である場合も、相殺をすることができると解されています（民法403条。最判昭50．7．15民集29巻6号1029頁）。

第二に、換算レートの問題ですが、金融機関の実務では、このような相殺をする際の外国為替相場に関して、金融機関の計算実行時の相場を適用するものとする旨の特約をしているのが通常です。

b　差押禁止債権と相殺

差押禁止債権とは、種々の政策的考慮から個別の法律で差押えが禁止されている債権であり、たとえば、使用者に対する給与債権や退職手当請求権等の4分の3相当額（民事執行法152条）、政府に対する年金受給請求権（厚生年金保険法41条）、地方公共団体に対する生活保護金品受給権（生活保護法58

条)、地方公共団体に対する東日本大震災関連義援金受給権（東日本大震災関連義援金に係る差押禁止等に関する法律）などがあります。民法510条により差押禁止債権を受働債権とする相殺は禁じられています。

　これらの差押禁止債権も、いったん振込入金により預金にかたちを変えてしまえば、債務者の責任財産に混入し識別不能となる（お金に色はない）ため、当該入金に係る預金払戻請求権自体は差押禁止債権とはならず、法的には、金融機関がこれを受働債権として相殺を行うことは原則として可能です（最判平10.2.10金法1535号64頁）。しかし、とりわけ年金や生活保護受給金については、相手の生活に対する配慮が強く要請されるところといえます。また、預金債権が差し押さえられた場合に、債務者の差押禁止債権の範囲変更の申立て（民事執行法153条）に基づき厚生年金等の給付部分に係る差押命令の取消しを認めた裁判例（東京地判平15.5.28金法1687号44頁）も現れています。そのため、差押禁止債権を原資とする預金を相殺に充てるかについては、もともとの差押禁止債権の趣旨・性質、預金者の生活状況等をふまえ、慎重に判断を行う必要があるといえます。

　ｃ　相殺権の濫用
　形式的には相殺の要件を満たしているが、実質的にみて、相殺が恣意的なものであったり、公平の理念に反するような場合には、例外的に、相殺権の濫用として相殺が認められないことがあります。金融実務に関して、伝統的に、**相殺権の濫用**の成否が論じられてきた場面には、次のようなものがあります。

① 狙い撃ち相殺

　預金のうち一部を差し押さえられた場合に、その差押預金のみを「狙い撃ち」して相殺を行い、残預金を債務者に払い戻す場合（大阪地判昭49.2.15金法729号33頁（相殺権の濫用を肯定した事例））。

② 同行相殺

　割引手形の振出人が不渡りとなった場合に、割引依頼人に割引手形の買戻しを請求するのでなく、振出人の預金との相殺により手形債権を回収する場合（振出人の一般債権者の利益を害するようにみえる点が問題となる）（最

判昭53.5.2判時892号58頁（銀行の選択の自由を認めた事例））。

③ 駆込み相殺

　銀行の預金取引先が振り出した手形の所持人が、当該預金取引先の経営状況悪化の情報を得たとき、銀行が、当該所持人の依頼により、手形債権と振出人の預金との相殺を行うことを予定して当該手形の割引を行い、当該手形が不渡りになった段階で相殺を行う場合（債務者倒産を知った後の回り手形が根抵当権によって保全されないこととの均衡上から（民法398条の3第2項）、相殺権の濫用とする見解があります）。

④ 担保付債権との相殺

　十分な担保が設定されているにもかかわらず、債権が差押えを受けた場合に、担保からの回収をせずに、相殺によって回収をする場合（最判昭54.3.1金法893号43頁は、それだけでは権利濫用にはならないとしています）。

(8) 差押えと相殺

a　差押え後に取得した債権

　債権の差押えによって支払の差止めを受けた第三債務者は、その後に取得した債権を自働債権とする相殺をもって、差押債権者に対抗することができません（民法511条）。

　なお、民法改正法案では、第三債務者が差押え後に取得した債権であっても、それが差押え前の原因に基づいて生じたものであるときは、その第三債務者は、その債権による相殺をもって差押債権者に対抗することができる（ただし、第三債務者が差押え後に他人の債権を取得したときは、この限りでない）という規定が新設されます（改正後民法511条2項）。これは、破産法における相殺権の保護の規律を参考に、相殺への期待の保護を拡張するものといえます。

b　制限説・無制限説

　民法511条では、受働債権が差し押さえられた場合に、第三債務者が差押債権者に相殺を対抗するためには、自働債権と受働債権の弁済期の先後が問題となるかという点は、必ずしも条文上明確ではありません。

この点、最判昭45.6.24民集24巻6号587頁は、差押え前に取得した債権を自働債権とする限り、受働債権との弁済期の先後を問わず、差押債権者に相殺を対抗することができるという説（無制限説）をとりました。

　民法改正法案では、この無制限説をとる現在の判例法理を明文化しています（改正後民法511条1項）。

5　担保権の実行

(1)　意　義

　債権者が、債務者または第三者の資産に担保権の設定を受けている場合、他の債権者に優先して当該担保物件（の処分価値）から自己の債権を回収することができます。

(2)　回収に向けての事前措置

　担保物件については、対抗要件を適切に具備している限り、担保権者が優先して回収をすることができます。

　とはいえ、実際に回収を具体的に検討する局面に入ったときは、①契約書類をあらためて精査し、担保権設定契約の有効性等に疑義がないか確認すること、②当該担保権につき、対抗要件が具備されているかをあらためて確認すること、③担保物件の現況を把握し、担保価値に大きな変動が生じていないかなどをあらためて確認する必要があります。最後の現況の把握は、担保物件は、契約締結時からの時間の経過により、権利関係や具体的状況が大きく変わっていることも多く、かかる変化が、将来の担保権実行上の障害となることもあることから必要とされるものです。

　このような確認をすることで、担保物件の換価処分に必要な措置を迅速にとれるとともに、債権総額のうち担保物件による回収ができる見込額を適切に把握し、不足分について債権回収（保全）のための手段の実行につなげていくこともできます。

(3) 不動産担保からの回収

a 抵当権の実行手続

　抵当権者は、抵当不動産から他の債権者に優先して弁済を受ける権利を有します（民法369条）。抵当権は、被担保債権が債務不履行となっていれば、その実行が可能となります。

　抵当権の実行方法としては、**担保不動産競売**と**担保不動産収益執行**があります。また、担保不動産収益執行と類似する方法として、抵当権に基づく物上代位による賃料に対する差押えがあります。さらに、関係者の同意があれば、任意売却によることもできます。以下、これらの概要を順次解説します。

(a) 担保不動産競売

　担保権（抵当権）の実行方法としては、多くの場合において、競売が選択されます。競売手続の流れを時系列に沿って説明すると、次の表のとおりとなります。なお、図表中の①から⑧までに、9カ月から1年程度の期間を要するのが一般的です。

①	申立て	抵当権者は、まず、担保不動産の所在地を管轄する地方裁判所に競売の申立てを行う（民事執行法188条、44条）。 申立書には、担保権の存在を証明する文書（同法181条1項1号）を添付することとされており、通常の場合、登記事項証明書（同項3号）を添付する。
②	競売開始決定および差押え	裁判所は申立書を審査し、申立てを適法と認めると、競売開始決定を行い、担保不動産を差し押さえる旨を宣言する（民事執行法188条、45条1項）。これを受けて、裁判所書記官は直ちに、当該競売開始決定に係る差押えの登記の嘱託をし（同法48条1項）、登記完了後に、決定正本を担保不動産の所有者（債務者または物上保証人）に送達する（同法45条2項）。 差押えにより、担保不動産の所有者は、当該不動産に関するいっさいの処分行為が禁止される。
③	配当要求の終期の決定および債権届出の催告	裁判所書記官は、差押えの効力が生じると、配当要求（差押登記後に登記された仮差押債権者等、一定の資格を有する者が、担保不動産の処分代金から配当を受けることを要求すること）の終期を定め（民事執行法188条、49条1項）、

		これを公告する（同条2項）。 　また、裁判所書記官は、差押登記前に登記された他の抵当権者等の利害関係人および公租公課庁に対して、債権の存否、原因および額を届け出るよう催告する（同項）。
④	現況調査命令および評価命令	裁判所は、執行官に対し、担保不動産の形状、占有関係その他の現況について調査を命じ（民事執行法188条、57条1項）、現況調査報告書を作成させるとともに、評価人（不動産鑑定士）に対し、担保不動産の評価を命じ（同法58条1項）、評価書を作成させる。
⑤	売却基準価額の決定および物件明細書の作成	裁判所は、現況調査報告書および評価書をもとに、売却基準価額（競売物件の買受申出額は、この80パーセント以上でなければならない）を決定する（民事執行法188条、60条1項・3項）。 　また、裁判所書記官は、買受希望者に対し競売物件の権利関係に影響を及ぼすような重大な情報を提供することを目的として、物件明細書を作成する（同法62条1項）。
⑥	売却の実施および売却許可決定	売却基準価額が決定され、物件明細書が作成されると、売却実施の手続に移る。売却は、通常の場合、入札期間を定め当該期間内に入札を行う期間入札の方法による。 　裁判所書記官は、入札期間等の公告をし（民事執行法188条、64条5項）、また、現況調査報告書、評価書および物件明細書の写しを裁判所に備え置いて、競売物件の買受希望者の閲覧に供する（同法62条2項、民事執行規則173条1項、31条、36条）。そして、開札期日において、最高価格で買受けを申し出た者が決定し（同規則49条、42条）、裁判所は、この者が売却不許可事由（民事執行法71条）に該当しない限り、売却決定期日に売却許可決定をする（同法69条）。
⑦	代金の納付	売却許可決定の確定後、買受人は、代金納付期限までに代金を納付し、競売物件について権利を取得する（民事執行法188条、79条）。
⑧	配当の実施	代金が納付されると、裁判所はこれを財源として、抵当権者等に対する配当を実施する（民事執行法188条、84条）。

(b) 担保不動産収益執行

　この制度は、抵当権者の申立てにより、執行裁判所が担保不動産収益執行の開始決定をして目的不動産を差し押さえ、管理人を選任して、当該不動産

の管理および収益（賃料）の収受を行わせ、当該収益中から随時抵当権者等に対する配当を行わせる、というものです（民事執行法188条、93条1項、94条1項、107条）。しかし、この制度の利用には、物件の維持管理費や管理人報酬、公租公課等の相当程度のコストがかかるため、金融機関の実務上大半を占めると思われる小規模物件に対する担保権実行の方法としては不向きであると考えられます。

(c) 物上代位による賃料差押え

抵当権の効力は、目的不動産から生み出される果実にも及ぶ（民法371条）ところ、目的不動産の賃料もこの果実に当たると解されている（最判平元.10.27民集43巻9号1070頁）ため、抵当権者は、当該賃料債権を差し押さえて、優先弁済を受けることができます。この方法は、第三債務者（賃借人）が誰であるか明確であり、かつ賃料が比較的高額である場合には、有益であるといえます。

b 任意売却

(a) 意　義

担保不動産の**任意売却**とは、担保権者が、競売等の法的手続によらず、担保不動産の所有者にこれを任意に売却させ、その代金から債権を回収して担保権を解除することをいいます。競売等の法的手続と比較した場合の任意売却のメリットとしては、①競売の場合、競売物件には不測のリスクがあると思われるために売却価格は時価より相当程度低くなってしまうが、任意売却による場合は時価による売却が期待できる、②競売のように決まった手続があるわけではないため、関係者の合意さえ得られれば、相当程度迅速に手続を進めることができる、③担保不動産の所有者の同意に基づいて行われるため、後に禍根を残さないといった点が考えられます。

このように、任意売却は、競売等の法的手続に比して、担保権者、担保不動産の所有者、双方にとってメリットが大きいのであって、不動産を担保にとっている債権者が、当該不動産からの債権回収を考えるにあたっては、何よりもまず任意売却の可能性を探り、可能な限り任意売却を実現させるよう努力するべきです。

(b) 任意売却検討時の留意点
① 売却価額の妥当性の検証

　　任意売却の場合、売却基準価額が設定される競売と異なり、関係者が合意さえすれば、いくらであっても売却できることにはなりますが、債権回収の極大化や、後述する後順位担保権者等の同意の取得のためには、売却価額は、時価相当額またはこれに準じる妥当な水準でなければなりません。

② 後順位担保権者等との配分に係る協議

　　担保不動産に後順位担保権者等がいる場合、売却価格は後順位担保権者等があずかれる配当にも影響しますので、後順位担保権者等は、担保不動産の売却価額に関心を有し、高額での売却（および当該売却価額を前提とする分配）を要求してくることがままあります。

　　この点、後順位担保権者等からも、担保権設定登記の抹消への合意が得られなければ買受人がつかず、任意売却は頓挫してしまうため、先順位担保権者において一定程度の譲歩をせざるをえない場合もありえます。通常、競売による売却見込価額（およびこれによった場合の回収額）との差額を考慮しながら、後順位抵当権者等と売却価額の配分について協議することになります。

　　なお、競売によれば無剰余が明らかであり、本来配当にあずかれないはずの後順位抵当権者等に対しても、登記抹消への合意を得るために、いわゆる**ハンコ代**として一定の金額を支払うことが、実務上慣行的に行われています。

c　現地調査

　担保権の実行を準備するにあたっては、登記の確認のみならず、担保不動産の所在地に赴き、その現状を確認することも必須です。

① 建物の滅失

　　建物に担保権の設定を受けてても、担保権の目的となる建物が滅失した場合、当該建物上の担保権は当然に消滅します。そのため、当該建物のみを担保取得していた場合は、担保不動産が失われることになるし、敷地もあわせて担保取得していた場合は、当該敷地を更地と考え、あらためてそ

の担保価値を評価しなければならず、いずれにせよ、債権保全の状況は従前の想定とは変わってくることになります。

② 建物の第三者による占有

　建物を第三者が占有している場合もあります。この点、当該第三者が、建物所有者から当該建物を有効に賃借していたとしても、それが当該建物の抵当権設定登記よりも後に行われたものであれば、当該第三者はその賃借権を抵当権者に対抗することができず、後に抵当権が実行された場合は、競売手続における買受人の買受けの時から6カ月間の明渡猶予期間の経過後、当該建物を明け渡さなければなりません（民法395条）。もっとも、賃借人とは名ばかりで、実態は執行妨害目的を有する第三者が建物を占有している場合（反社会的勢力による占有等）には、後の競売手続において買受希望者が現れにくくなり、売却価額が大幅に減少してしまうおそれがあります。このような場合、担保権者たる債権者としては、**売却のための保全処分**（民事執行法188条、55条）を申し立て、当該第三者を建物から退去させること等を検討する必要があります。

③ 建物の無断築造

　土地（更地）に抵当権の設定を受けていた場合に、その後当該土地上に、抵当権者たる債権者に無断で建物が築造されていた、ということもありうるところです。土地の抵当権設定登記の後に当該土地上に建物が建築された場合、当該建物の所有者は抵当権者に対抗することはできず、後に抵当権が実行されれば、当該建物は収去せざるをえませんが、建物の収去請求の実際的負担は買受人が負うことになるため、当該建物の存在は売却価額の減価要因とならざるをえません。

　これを避けるために、土地の抵当権者たる債権者は、当該担保土地上の建物も、当該担保土地と一括して競売に付すことができます（民法389条）。**一括競売**が行われた場合、抵当権者は土地および建物の売却代金のうち土地の売却代金相当額のみから配当を受けることになり、建物の売却代金相当額については、建物の所有者（当該建物上に担保権を有する者がいれば、その者）に交付されます。また、執行妨害目的により担保土地上に

建物が築造された場合（反社会的勢力がプレハブ小屋を建ててこれを占有している場合等）は、一括競売によっても買受希望者が現れにくくなることが考えられますが、このような場合は、担保土地の競売のみを申し立てるとともに、**売却のための保全処分**により、あらかじめ建物を収去させることもできます。

(4) 指名債権担保からの回収

前述のとおり、指名債権を担保取得する方法としては、債権質と譲渡担保の2つがあります（第3章第5節6(3) a 参照）。

a 債権質

(a) 実行の方法

債権質の実行方法としては、次の2つの方法があります。

第一に、質権者は、担保の目的となる債権（目的債権）が金銭債権であるときは、第三債務者から直接に目的債権を取り立て、そのまま被担保債権の弁済に充てることができます（民法366条1項）。第二に、民事執行法に基づく執行手続による方法があります（民事執行法193条）。これは、債権に対する強制執行の手続に準じて行われます。金融実務上は、通常、直接取立ての方法が用いられます。民事執行法に基づく執行手続による方法は、手続が煩雑であり、また費用を要するからです。

(b) 特　　約

直接取立ての方法による場合、民法上は、被担保債権の範囲に限って取り立てることができるとされています（民法366条2項）。また、目的債権の弁済期が被担保債権の弁済期前に到来したときは、質権者は、第三債務者にその弁済をすべき金額を供託させることができ、この場合においては、質権は、その供託金について存在することになります（同法366条3項）。

しかし、金融実務では、通常、担保設定契約書上に、目的債権の全額の取立てが可能である（被担保債権を超える金額は後で清算する）旨の特約や、被担保債権の弁済期いかんにかかわらず、金融機関が任意に取り立てたうえ、弁済に充当できる旨の特約を置き、その特約に従って回収をしています。

b　譲渡担保権

　質権実行の場合と異なり、譲渡担保権者は、目的債権の債権者となっているので、その弁済期が来れば、第三債務者から全額の支払を受け、被担保債権の弁済に充当したうえで、被担保債権を超える金額は清算をする処理を行います。なお、譲渡担保権は典型担保ではなく、民事執行法に実行方法の定めはありません。

　被担保債権の弁済期が到来している場合はもちろん、未到来の場合でも、目的債権の弁済期が到来した場合には、全額を取立受領することができますが、実務上は、担保設定契約書上に、被担保債権の弁済期のいかんにかかわらず、金融機関が任意に取り立てたうえ、弁済に充当できる旨の規定を確認的に入れています。

⑸　**動産担保からの回収**

　前述のとおり、動産を担保取得する方法としては動産質と譲渡担保の２つがあるものの、金融実務上、動産質を利用することは現実的ではありません（第３章第５節６⑵ａ参照）。そこで、以下では、譲渡担保の実行手続について解説します。

a　概　　要

　動産譲渡担保は典型担保ではなく、その実行は民事執行法が本来予定するものではないため、譲渡担保設定契約に基づき、被担保債権の債務不履行を条件として、いわゆる私的実行によって回収を図ることになります。

　譲渡担保の実行の基本的な仕組みは、「譲渡担保権を設定した場合において、債務者が債務の履行を遅滞したときは、債権者は、目的不動産を処分する権能を取得し、この権能に基づき、目的不動産を適正に評価された価額で確定的に自己の所有に帰せしめるか又は第三者に売却等をすることによって、これを換価処分し、その評価額又は売却代金等をもつて自己の債権（換価に要した相当費用額を含む。）の弁済に充てることができ、その結果剰余が生じるときは、これを清算金として債務者に支払うことを要する」というものです（最判昭62.2.12民集41巻１号67頁）。

b　清算方法

　譲渡担保権者が満足を得る方法は２つあります。第一は、担保を実行した場合に目的物が完全に譲渡権者に帰属して、あたかも代物弁済が行われたかのように目的物評価額によって被担保債権を消滅させ、剰余が出た場合はこれを清算金として設定者に支払うというものです（**帰属清算型**）。第二は、担保を実行するに際して目的物を第三者に処分し、その売却代金を被担保債権の回収に充て、剰余が出た場合には清算金として返還することを内容とするものです（**処分清算型**）。動産譲渡担保では、実際に処分をしてみないと、実際に処分をできるか否か、処分価格がいくらになるかわからないので、処分清算型によらざるをえないことが少なくありません。

　また、判例は、担保設定契約において帰属清算型の合意がされている場合でも、処分清算型の処理をすることを認めています（最判平６．２．22民集48巻２号414頁）。つまり、担保設定契約において清算方法を定めなければ、その清算方法をとることができないというわけではありません。実務上は、担保権者が円滑に実行を行うことができるように、清算方法とその詳細な規律について、特約を設けているのが通常です。

c　清算義務と担保目的物引渡義務

　譲渡担保権は、形式的には担保目的物の所有権は譲渡担保権者に移転しており、かつ、通常の場合はその対抗要件も具備されているから、このままでは、担保目的物の価額が被担保債権より著しく高い場合でも、債務不履行によって譲渡担保権者が「丸取り」できることになりかねません。しかし、このような「丸取り」が許されるべきではありませんので、債権者は、剰余部分について担保設定者に清算をする義務を負うとされています（最判昭46．３．25民集25巻２号208頁）。これは、**帰属清算型**であるか**処分清算型**であるかを問いません。

d　担保実行のプロセス

　以上で述べたことを前提に、動産譲渡担保の実行の具体的な手順について述べていきます。

　動産譲渡担保の実行は、債務不履行によって自動的に開始するわけではな

く、設定者に対する担保権実行の意思表示（担保実行通知）によって始まるとされています。担保実行通知は、担保目的物の使用・処分を禁止するとともに、債権者の指示するところに従って、担保目的物を債権者やその指定する者に引き渡すことを求めるものです。

　その後、担保動産を第三者に処分してその処分代価を被担保債権の弁済に充当する（処分清算）、あるいは、動産を適正価額で評価したうえで、自らその所有権を取得し、評価額を被担保債権の弁済に充当する（帰属清算）ことにより、被担保債権を回収することになります。なお、動産譲渡担保の場合、債権者にとって目的物の評価や処分は困難である場合が多く、むしろ債務者のほうが売却先に当てがある場合も多いので、実務的には、設定者が協力的なのであれば、債務者との間で任意売却の交渉を行うのが適切な場合も少なくありません。

e　担保目的物の保全

　実際には、担保実行通知で目的物の引渡請求をしたとしても、設定者がそれに協力をしない場合もあります。また、動産は、一般に隠匿・処分がされやすいところ、当該目的物そのものからは担保権の存在が明らかではないため、目的物が債務者により無断で第三者に売却された場合等に、当該第三者に即時取得（民法192条）が成立する可能性も高いところです。

　そのため、担保権者は、担保の実行通知をしても担保設定者が目的物の引渡しに応じない場合や、担保動産の隠匿・処分の危険性が特に高いと判断する場合には、占有移転禁止の仮処分、処分禁止の仮処分、断行の仮処分等の民事保全手続をする必要があります。

　なお、担保権者が自ら動産を引き揚げるという自力救済については、民事上は不法行為（民法709条）、刑事上は窃盗罪（刑法235条）が成立するおそれがあり、金融機関としては、違法の疑義を生ぜしめるような引揚げは控えるべきだと思われます。

f　実行準備段階の留意点

　動産担保を設定したとしても、実際に換価処分をできなければ、絵に描いた餅となってしまいます。動産担保の実行時には、設定者ではなく譲渡担保

権者が処分を行う必要があるので、①処分先が見つかる可能性があるか（本来の販売先に処分できる見込み、同種業者や問屋などに処分できる見込み、オークション市場の有無など）、②その時の売却価格はどうかについて検討をする必要があります。また、譲渡担保を実行する時点では、設定者が目的動産の管理をすることが事実上できなくなっていることがあります。目的動産が、動植物のように、日常的に管理が必要で管理を怠ると換価価値が急激に毀損される場合には、危機時期における管理方法についてあらかじめ検討しておく必要があります（管理にあたって電気代等の立替払いが必要になることもあります）。

⑹ 有価証券担保からの回収

有価証券担保のうち、実務上特に重要と思われる株式担保と手形担保の実行につき簡単に解説します。

a 株式担保の実行

株式担保の実行の方法としては、当該担保権が譲渡担保である場合には、任意処分がなされるのが通常です。また質権である場合であっても、法律上は競売によるのが原則であるものの（民事執行法170条以下）、実際上は任意処分がなされています。

任意処分は、上場株式であれば証券会社を通じて市場において株式を売却するのが一般的です。他方、非上場株式であれば、適宜の株主に市場外で売却せざるをえないということになります。なお、いうまでもありませんが上場株式の任意処分にあたってはインサイダー取引規制（金融商品取引法166条等）に十分留意する必要があります。

b 手形担保の実行

前述のとおり（第3章第5節6⑷b参照）、手形担保の取得方法としては譲渡担保が一般的です。そして、その実行方法としては、期日において手形を呈示することで取立てを行ったうえ、被担保債権に充当することによって行うことが一般的です。

第2節 債権の回収　285

6　仮差押え・仮処分

(1)　仮差押え・仮処分の種類

権利関係を暫定的に保全する手続として、民事保全法により**仮差押え・仮処分**が認められています。

仮処分は、さらに、①係争物に関する仮処分（民事保全法23条1項）、②仮の地位を定める仮処分（同条2項）の2種類に分かれます。①係争物に関する仮処分とは、特定物につき給付請求権等を有する場合に当該特定物につき現状を維持するために行われるものであり、②仮の地位を定める仮処分とは、争いがある権利関係につき暫定的に法律上の地位を定めるものです。これらの仮処分と仮差押えの違いは、前者は保全される債権・権利関係が金銭債権以外のものであるのに対し、後者は金銭債権である点です。

これらのうち、金融実務上特に重要な仮差押えにつき、簡単に説明します。

(2)　仮差押えの意義

債権者が債務者に対して貸金債権等を有するときであっても、すぐに債務者の財産から強制的に債権を回収することはできず、支払督促の申立てや訴訟の提起によって債務名義を取得して強制執行により回収をする必要があります。しかし、債務名義を取得し強制的な回収を実現するには相応の期間を要するため、その間、債務者が自己の財産を第三者に譲渡、担保設定、隠匿などをしないようにする必要があります。そのための手続が仮差押えです。

(3)　仮差押えの手続の流れ

仮差押えの手続は、以下のような流れで進行します。

手　続	備　考
①　申立て	本案の管轄裁判所または仮差押えをすべき物の所在地を管轄する地方裁判所に対して行います（民事保全法12条1項）。申立書において、被保全権利および保全の必要性を疎明する必要があります（同法13条）。

②	担保の提供	民事保全法14条1項。実務上はほとんどすべてのケースにおいて担保の提供が求められています。
③	仮差押命令発令	仮差押命令は当事者に送達されます（民事保全法17条）。
④	仮差押えの執行	仮差押えの方法は、目的となる財産の種類によって異なります。たとえば、不動産の場合、仮差押えの登記によって執行がなされます（民事保全法47条1項）。

(4) 仮差押えの効力

　仮差押えの効力は、**仮差押えの執行が完了したとき**に生じます。仮差押えの効力が生じた場合には、債務者がその仮差押命令に違反して行った処分行為等は、仮差押債権者に対しては対抗できず、債権者が後日、債務名義を取得して強制執行（本執行）を行う場合には、仮差押命令に違反する処分行為等はなかったものとして扱われます。

　仮差押えは、債務者が自分の資産を処分（売却等）できなくなる点では差押えと同じですが、差押えとは異なり、上記のように処分の禁止の効力を生じるところまでで終わり、その後の換価まではされません（別途、強制執行の手続が必要となります）。

7　債務名義の取得

　仮差押えの手続が終了したのであれば、差押え（強制執行）により具体的な債権回収の実現を図ることとなりますが、差押えを行うには、債権者が債務名義を取得することが必要となります。**債務名義**とは、債権者が債務者に対して債権を有していること（債権の存在）を裁判所などの国家機関が公的に証明した文書のことです。

(1) 債務名義の種類

　主な債務名義の種類は、次のとおりです（民事執行法22条）。

【主な債務名義の種類】
① **確定判決**（裁判に勝訴して、その判決が確定したもの）
② （仮執行宣言付）**支払督促**（民事訴訟法に基づく裁判所を通じた督促手続）
③ **和解調書・調停調書**（裁判上の和解、調停のなかで債権が認められたもの）
④ **執行証書**（強制執行認諾文言入りの貸付契約を公正証書で締結したもの等）

(2) **債務名義の取得**

　裁判所に訴訟等を提起する場合でも、相手方の態度、債権の種類、債権の額等によって、どの裁判所や裁判制度を利用するかを検討する必要があります。主なものは、支払督促、通常の民事訴訟、少額訴訟、手形訴訟や民事調停ですが、実務上は、支払督促と通常の民事訴訟が多く利用されているので、この２つについて説明します。

a　**支払督促**

　支払督促とは、簡易・迅速・低廉な特別の訴訟手続です。

　支払督促は、原則として債務者の住所地を管轄する簡易裁判所（民事訴訟法383条１項）に郵送や出頭により申し立てます。

　支払督促に対して債務者が異議の申立てをすると通常の民事訴訟に移行しますが（同法395条）、債務者からの異議の申立てがなければ、裁判所書記官の仮執行の宣言（同法391条１項）によって支払督促は執行力を具備し、この**仮執行宣言付支払督促**を債務名義として、強制執行の手続をとることができます。

　注意すべき点としては、債務者が行方不明である場合や国内に居所・就業場所など送達できる場所がない場合には、支払督促の申立てはできないということです（同法388条）。また、債務者からの異議申立てにより通常の訴訟に移行した場合には、支払督促の手続を経ている時間分だけ、債務名義取得にかえって時間がかかることになりますし、異議申立てによる移行後の通常訴訟は、債務者の住所地を管轄する裁判所になり（同法383条１項、395条）、最初から通常訴訟を提起した場合より余計にコストがかかることも考えられます。債務を争う余地はない事案においても、債務者は「とりあえず」異議

を出すということが多いので、軽々に支払督促手続を選択し、その後に通常訴訟手続に移行して思わぬ負担を生じることになったという例は珍しくありませんので、注意を要します。

　b　通常の民事訴訟

　支払督促等簡易な訴訟を利用できない場合や簡易な訴訟手続を利用することが妥当ではない場合は、通常の民事訴訟を提起することとなります。その際には、①土地管轄（どの地にある裁判所に訴えを提起するべきかという問題）と、②事物管轄（最初に訴えを提起すべき裁判所が地方裁判所か簡易裁判所かという問題）とを確認する必要があります。

①　**土地管轄**は、原則として、被告（債務者）の住所地を管轄する裁判所にあります（普通裁判籍。民事訴訟法4条1項）。その他、財産権上の訴え等についての特則として、義務履行地、手形・小切手については手形・小切手の支払地を管轄する裁判所にも土地管轄が認められます（特別裁判籍。同法5条1号・2号）。

　実務上は、契約書や銀行取引約定書において、債権者の本店等の所在地を管轄する裁判所を管轄裁判所とする旨の合意管轄が規定されており、かかる合意による土地管轄も認められます（合意管轄。同法11条）。

②　**事物管轄**は、原則として請求金額が140万円を超えるときは地方裁判所、140万円以下のときは簡易裁判所です（裁判所法33条1項1号）。

8　強制執行

(1)　強制執行の意義

強制執行とは、債務者が債務を弁済できない場合に、債権者の申立てにより、国家機関（裁判所・執行官）が債務者の財産を強制的に処分する（＝競売）などして、その代り金で債権を回収する法的な手続です。

(2)　強制執行の要件

強制執行の申立てには、原則として、①債務名義の取得、②執行文の付

与、③送達証明書の添付という3つの要件を満たす必要があります。

②の**執行文**とは、債務名義に記載された請求権が、特定の債務者に対して執行できるものであることを公証する文言をいいます。債権者が裁判所書記官や公証人に対して申し立て、確定判決や公正証書等の債務名義の正本の末尾に付記する方法で付与することになっています（民事執行法26条）。

③の**送達証明書**は、債務名義が債務者に送達されていることの証明書であり、裁判所や公証役場に申請して入手したものを申立書に添付する必要があります（同法29条）。

(3) 強制執行の対象財産

強制執行の手続が開始すると、財産の種類に応じて、裁判所によって大要次の「差押え」と「換価」の手続がとられ、債務者は自分の財産の処分（売却等）ができなくなり、強制競売等によって換価され回収に充てられます。強制執行の対象となる財産は、大きく不動産、動産、債権の3種類に区分することができます。

金銭債権の強制執行は、不動産の強制管理を除き、いずれも、①債権者の申立て→②差押え→③強制換価→④配当等の実施（満足）という共通の流れとなります。手続の流れの概要は、以下のとおりです（なお、後述のとおり、不動産の強制競売における手続の流れは、抵当権実行の場合とほとんど同様ですので、第4章第2節5(3)a(a)をご参照ください）。

手続		備考
①	申立て	所定の事項を記載した申立書を執行官または裁判所に提出して行います。
②	差押え	動産については、執行官の占有または差押えの表示によって行われます（民事執行法123条1項・3項）。 債権については、第三債務者への差押命令の送達によって行われます（同法145条）。
③	換価	動産については、競売等が行われます（民事執行法134条）。 債権については、差押債権者が第三債務者から直接取立てを行う（同法155条）か、転付命令によって債権自体が差押債権者に移転し

④	配当	動産については、執行官による簡易な分配手続によってなされる場合（民事執行法139条）と、執行裁判所による不動産の強制競売における配当の手続に準じた手続によってなされる場合（同法142条）があります。 債権については、配当の手続が行われるのは例外的な場合ですが、配当による場合には、不動産強制競売における配当の手続が準用されます（同法166条2項）。

（上表続き）ます（同法159条）。

⑷ 強制執行の財産の選択

強制執行手続の配当は、申立てをした債権者が優先的に受けられるわけでなく、対抗要件を具備する担保権者がいれば、当該担保権者に対して優先的に配当がなされます。また、その他の一般債権者が独自の差押え（二重差押え）や配当要求（すでに開始されている執行手続において、差押債権者以外の債権者が執行裁判所に対して配当等を求めること）をすれば債権額に応じて平等に配当がなされます。

もっとも、配当要求の資格や配当要求の終期について厳格な制限がされているため、他の債権者にとっては執行への参加が容易でないこともあります。

債権者は、目的財産が存在する可能性、目的財産の余剰価値、他の債権者から競合や配当要求がされる可能性などを考慮し、強制執行の目的財産を選択します。実務上は、余剰価値の見込むことのできる不動産や預金債権などあれば、それに対する強制執行がされることが多いといえます。

⑸ 不動産の強制競売

不動産に対する強制執行（不動産執行）には、**不動産強制競売**と**不動産強制管理**の方法がありますが（民事執行法43条1項）、不動産強制管理は、担保不動産収益執行と同様に手続コストがかかるため、原則として強制競売手続を選択すべきだと思われます。不動産強制競売は、執行裁判所が債務者の不動産を売却し、その代金をもって債務者の債務の弁済に充てる執行手続であり、手続の流れは、抵当権の実行手続とほぼ同様です。

(6) 動産執行

　動産執行は、法律上可能ではあるものの、手続にかかるコストを上回るほどの価値をもつ動産を債務者が所有していることは多くないこと等により、金融機関において利用することは実際上むずかしいといえます。

(7) 債権執行

　債権執行は、債務者の第三債務者に対する債権を差し押さえ、これを換価して債務者の債務の弁済に充てる執行手続です。

　給料・賞与といった給与債権等は、その支払期に受けるべき給付の４分の３に相当する部分（ただし、上記残額が月額44万円を超えるときは一律33万円）は、差し押さえることができません（差押禁止債権。民事執行法152条１項）。退職手当についても、その給付の４分の３に相当する部分は、差し押さえてはならない（同条２項）とされています。

9　債権譲渡

(1) バルクセール

　債権譲渡とは、譲渡人の債務者に対する債権を、その同一性を維持しながら、契約によって譲受人に移転させることをいいます。

　金融機関は、自らの有する債権を一定の対価で第三者に譲渡することで、その債権の回収を図ることがあります。具体的には、**バルクセール**（bulk sale）というかたちで、回収困難な不良債権を集合的に一括売却することが行われています。このような債権譲渡を行う目的は、債権譲渡の対価によって回収を図るという目的もありますが、実務上は、回収困難な債権を譲渡することにより損失を確定し、税務会計上の処理を行うという目的も重要な意味をもちます。

　バルクセールも債権譲渡であることから、債務者対抗要件や第三者対抗要件を具備しなければ、債務者や第三者に対抗することができません。対抗要件としては、確定日付のある書面によって通知または承諾を受ける方法が簡

便と思われます。この通知承諾は、法的には、債務者との間で行えば足りますが、実務上は、無用なトラブルを回避するため、保証人や物上保証人にも通知を行っておくことが適切と思われます。

なお、バルクセールの買受人は、その債権額の全額を回収することは困難であるし、長期にわたって回収するのではコストに見合わないことから、早期回収のため、買取価格に一定の上乗せがあれば一括弁済を受けて残債務を免除（ディスカウントペイオフ）することも少なくありません。そのため、近年では、かえって、サービサーへの債権売却を希望する債務者も現れています。

(2) **債権回収会社（サービサー）**

債権の回収業務は、法律事件の法律事務の処理に該当し、弁護士法により、弁護士以外の者が行うことが禁止されています（弁護士法72条、73条）。これに対し、債権管理回収業に関する特別措置法（サービサー法）により、法務大臣から許可（サービサー法3条）を得た株式会社は、弁護士法の特例として債権管理回収業を営むことができます。これが、**債権回収会社**であり、一般に**サービサー**と呼ばれています。サービサーの取り扱うことができる債権は、特定金銭債権と呼ばれるものに限定されており、「特定金銭債権」とは、銀行等の金融機関が有する貸付債権等とされています（同法2条）。

債権管理回収業として行う業務は、大別すると、債権の管理と回収に分かれますが、債権の管理は回収のために行われるものであることから、債権回収がその主要な業務となります。サービサーの事業形態は、債権者からいわゆる不良債権を買い取って、これを回収する場合と、債権者から不良債権の回収を受託する場合があります。買取りは、先述したバルクセールがその代表的なものです。他方、受託の場合には、買取り（バルクセール）のように、債権者において損失の確定等の効果はありませんが、不良債権の回収に専門知識やノウハウを有する専門会社がこれを行うという効果があります。大手の金融機関においては、子会社としてサービサーを設立している場合が少なくありません。

第 3 節 倒産手続

1 倒産手続とは何か

(1) 意　義

　債務者が多数の債権者に対して多額の債務を負担し、全財産をもってしてもその全額を弁済することができないような状態になったときは、往々にして早い者勝ちの回収が行われ、公平な弁済は実現できません。倒産処理とは、債務者の資力が不足して弁済期の到来した債権を弁済することが不可能または困難な場合に、債権者間の公平・平等を確保するために、債務者の財産から複数の債権者に対する公平な割合的弁済を実現するものです。

(2) 清算型手続と再建型手続

　倒産処理には、**清算型手続**と**再建型手続**という2つの種類があります。法的倒産手続でいえば、破産手続と特別清算手続が清算型手続、民事再生手続と会社更生手続が再建型手続となります。
　法人事業者を例にとれば、清算型では、債務者の従前の事業活動は停止され、全財産が処分換価されたうえで、その換価金から債権者に按分弁済が行われ、処理の完了とともに法人格が消滅します。他方、再建型では、債務者の採算事業については事業活動の継続が予定され、そこからの収益を弁済原資とするとともに、遊休資産や撤退する不採算事業に係る財産の換価金をもって、弁済計画に従って分割弁済が行われるのが一般的です。この弁済計画では、通常、債務者が数年ないし十数年かけて長期的に割合的な弁済を行い、残余の債務については免除を受けることになります。もっとも、債務者の事業の全部または重要な一部を譲渡し、譲受人のものと事業が継続される一方、債務者は譲渡代金で一括ないし短期で割合的弁済を行うようなハイブリッド型のケースもあります。

(3) 法的倒産手続と私的整理

法的倒産手続は、債権者全員の同意を得ず、法律の規定に基づいて、債権者の個別の権利行使を制約する一方、債務者の財産の管理処分権を制約しながら、裁判所の監督・関与のもとに倒産処理を行う手続です。もっとも、債務者の積極財産の処理や債権者の債権内容の調査、およびそれに基づく割合的弁済などが、債権者同士の合意によってなされるならば、法的倒産手続によらなくても倒産処理は可能です。このように、債権者と債務者との合意に基づく裁判所外の倒産処理手続を**私的整理**（任意整理）といいます。

2　破産手続の概要

(1) 破産手続の目的

破産手続は、支払不能または債務超過にある債務者の財産等の清算に関する手続を定めること等により、債権者その他の利害関係人の利害および債務者と債権者との間の権利関係を適切に調整し、もって債務者の財産等の適正かつ公平な清算を図るとともに、債務者について経済生活の再生の機会の確保を図ることを目的とする手続です。

(2) 進行の概略

破産手続は、債務者または債権者が裁判所に対して破産手続開始の申立て（破産法18条、19条）を行い、裁判所が破産手続開始決定をする（同法30条）ことで開始されます。破産手続開始決定をするには、債務者に破産手続開始原因があることが必要ですが、これには**支払不能**と**債務超過**があります（債務超過は法人の場合に限ります。同法15条1項、16条）。一般に、債務者が申し立てる場合を**自己破産**、債権者が申し立てる場合を**債権者破産**と呼んでいます。

原則として、破産手続開始決定と同時に**破産管財人**が選任され（同法31条1項柱書）、債務者の財産の管理処分権が債務者から剥奪されて破産管財人に専属し（同法78条1項）、破産管財人が分配対象となる財産を管理・換価することになります。また、**破産債権**（破産者に対し破産手続開始前の原因に基

づいて生じた債権等。同法2条5項)についてみると、破産手続開始決定以後は、個別の弁済や権利行使は認められず、裁判所への届出（同法111条以下）が唯一可能な権利行使方法となり（届出をしなければ配当との関係で失権します）、調査を経て、調査の過程で争いがあれば最終的には確定判決を経て（同法115条以下)、破産債権が実体的に確定されます。

破産管財人は、換価すべき財産をすべて換価する（同法184条以下）一方、債権の内容が確定した後、債権者に配当（同法193条以下）を行います。配当は、債権の優先順位に従い、優先順位が同じものは債権額の按分により行われます。

なお、破産手続開始決定時に破産者の財産が破産手続を遂行する費用をまかなうに足りないときは、破産手続開始決定と同時に裁判所の決定によって破産手続は廃止され、破産管財人が選任されることなく破産手続は終結します（同法216条)。これを**同時廃止**と呼んでいます。また、破産管財人を選任して手続が進行したものの、その途中で破産財団が破産手続を遂行する費用をまかなうに足りないことが判明した場合も、破産手続は廃止されて終了します（同法217条)。これを**異時廃止**と呼んでいます。

3 特別清算手続の概要

特別清算とは、株式会社がすでに解散して清算に入ったものの、清算の遂行に著しい支障があり、または債務超過の疑いがある場合に、一般債権者を保護するために、裁判所の厳重な監督のもとに特別な清算方法をとる制度です（会社法510条以下）。ここでいう特別の清算方法とは、簡単にいえば、清算人が協定条件を立案して債権者集会にかけ、法定多数の同意ならびに裁判所の許可を得て、これにより清算を行うというものです。

特別清算手続は、清算中の株式会社について破産原因が存する疑いが生じたような場合において、厳格な破産手続によらずに、それに伴う費用と時間を節約するために制定された簡易な手続ということができます。

4　民事再生手続の概要

(1)　民事再生手続の目的

民事再生手続は、経済的に窮境にある債務者が、その業務遂行権および財産管理処分権を原則として維持しながら再生計画案を立案し、その債権者の法定多数の同意による可決および裁判所の認可を受けた再生計画に基づいて、債権者との間の民事上の権利関係を適切に調整しつつ、債務者の事業または経済生活の再生を図ることを目的とする手続です。

(2)　進行の概略

民事再生手続は、裁判所に対して再生手続開始の申立て（民事再生法21条）が行われ、裁判所が再生手続開始決定をする（同法33条）ことで開始されます。再生手続開始決定をするには、債務者に再生手続開始原因があることが必要ですが、これには「債務者に破産手続開始の原因となる事実の生ずるおそれがあること」と「債務者が事業の継続に著しい支障をきたすことなく弁済期にある債務を弁済することができない」ことがあります。前者の原因がある場合は、債権者にも再生手続開始の申立権が認められていますが、実際上はほとんどの場合は債務者が申立てをしています。

民事再生手続では、再生手続開始決定後も、原則として、債務者は財産の管理処分権および業務遂行権を失いません（同法38条1項）。もっとも、債務者は債権者に対して公平誠実義務を負い（同条2項）、裁判所は、裁判所の許可がないとできない行為を指定できます（同法41条）。また、裁判所は、必要に応じて、**監督命令**（同法54条）あるいは**管理命令**（同法64条）を出すこともできます（管理命令は債務者が法人の場合に限ります）。監督命令が出されると、監督委員の同意がないとすることのできない行為が指定されます。他方、管理命令が出されると、財産の管理処分権・業務遂行権が債務者から剥奪されて管財人に専属します（同法66条）。実務上は、管理命令が出されることは少なく、多くの場合は監督委員が選任されています。

再生債権（再生債務者に対し再生手続開始前の原因に基づいて生じた債権等。

同法84条）の届出とその実体的確定については基本的に破産手続の場合と同様です。民事再生は、原則として、将来収益からの割合的弁済を予定しているものであり、再生債権の届出とその確定の後、再生債権の一部免除と期限の猶予を主な内容とする再生計画を成立させ、その再生計画に従って弁済が行われることになります。再生計画案は、債権者集会での法定多数による決議（同法169条以下）と、裁判所による認可（同法174条以下）によって成立します。

もっとも、再生手続の簡易迅速な進行という要請から、民事再生手続においては、個々の再生債権の実体的確定を伴わない簡易再生・同意再生という制度が用意されています。**簡易再生**（同法211条以下）とは、法定多数の再生債権者の同意があれば、再生債権の調査および確定を経ずに、直ちに再生計画案の決議に進むというものです。**同意再生**（同法217条以下）とは、再生債権者全員の同意がある場合に再生計画案の決議も行わないという手続です。

(3) 民事再生手続の特則

民事再生法では、個人債務者のみを対象として、簡易迅速な再生手続の特則として小規模個人再生手続および給与所得者等再生手続、ならびに住宅ローン債権の特別扱いの特則（住宅資金貸付債権の特則）が設けられています。

小規模個人再生手続（民事再生法221条以下）は、再生債権の総額が5000万円を超えておらず、また将来において継続的にまたは反復して収入を得る見込みがある個人債務者を対象としています。これは、債務者がその収入を原資として原則3年（最長5年）を弁済期間として、3カ月に1回以上の割合で債務を分割弁済する再生計画を作成し、これを遂行することで残債務の免除を受けるという手続で、手続が通常の再生手続よりも簡略化されています。たとえば、再生計画案の決議は、再生債権者の議決権行使方法が書面等投票に限られ、再生計画案に同意しないものだけが回答するという消極的同意のかたちがとられています（同法230条3項・4項・6項、169条2項2号）。

給与所得者等再生手続（同法239条以下）は、小規模個人再生手続の対象者のうち、給与またはこれに類する定期的な収入を得る見込みがあり、かつそ

の額の変動の幅が小さいと見込まれる者を対象としています。小規模個人再生手続に比べ、再生計画の認可要件に一定の加重がされる（同法241条2項）一方、消極的同意のかたちですら再生計画案の決議は不要とされています。

住宅資金貸付債権の特則（同法196条以下）は、住宅ローンを抱えた個人債務者が、できる限り住宅を手放さずに経済的再生を図ることができるようにするとともに、債権者としても破産の場合よりも多くの債権回収を図ることができるようにすることを目的とするものです。この特則の対象となる住宅資金貸付債権とは、住宅の建設もしくは購入に必要な資金または住宅の改良に必要な資金の貸付けに係る分割払いの定めのある再生債権であって、当該債権または当該債権の債務の保証人（保証会社）の主たる債務者に対する求償権を担保するための抵当権が住宅に設定されているものとされています（同法196条3号）。この特則が適用される場合は、再生計画において、住宅資金貸付債権についての特別の条項（住宅資金特別条項。同条4項）を設けて、この債権のみを対象とする権利変更を定めることができます。住宅資金特別条項では、債権者の同意がある場合を除き、住宅資金貸付債権の完全な満足を保障する内容となります（同法199条。元本全部の猶予や元利遅延損害金の一部減免を定めることはできません）。他方、このような完全な満足を受けられることを反映して、手続上も一定の特別な扱いが規定されています。たとえば、再生計画の認可見込みがある場合には、裁判所は、住宅資金貸付債権や保証会社の求償権を担保するための抵当権の実行の一時的な中断を命ずることができるとされています（同法197条1項・2項）。

5　会社更生手続の概要

(1) 会社更生手続の目的

会社更生手続は、窮境にあるが再建の見込みのある株式会社について、更生計画の策定およびその遂行に関する手続を定めること等により、債権者、株主その他の利害関係人の利害を適切に調整し、もって当該株式会社の事業の維持更生を図ることを目的とする手続です（会社更生法1条）。

(2) 進行の概略

　会社更生手続は、裁判所に対して更生手続開始の申立て（会社更生法17条）が行われ、裁判所が再生手続開始決定をする（同法41条）ことで開始されます。申立権は、株式会社自身のほか、資本金の額の10分の1以上に当たる債権を有する債権者や、総株主の議決権の10分の1以上を有する株主もできます（同法17条2項）。更生手続開始決定をするには、債務者に更生手続開始原因があることが必要ですが、これには「破産手続開始の原因となる事実が生ずるおそれがある場合」と「弁済期にある債務を弁済することとすれば、その事業の継続に著しい支障をきたすおそれがある場合」があります（同法17条1項）。

　更生手続開始決定と同時に更生管財人が選任され（同法42条1項）、財産の管理処分権が債務者から剥奪されて**管財人**に専属します（同法72条1項）。**更生債権**の届出とその実体的確定については基本的に破産手続の場合と同様です。ただし、更生手続では、会社の財産に対して担保権を有する債権者といえども担保権の実行は禁止され（同法50条1項、24条1項2号）、**更生担保権**として一般の更生債権と同様、債権の届出をしないと更生計画認可決定と同時に債権・担保権ともに消滅する（同法204条1項1号）ことに注意が必要です。

　管財人は事業の執行をしながら、再建の見込み、再建の方法、債権者への返済可能見込額などを確認し、それによって裁判所の定める期間内に更生計画案を作成して裁判所へ提出します。更生計画案が裁判所に提出されると、裁判所は、これを決議に付する旨の決定をします。更生計画案の決議は、更生債権者と更生担保権者の2つの組に分けて行われるのが通常であり、原則として、各組において法定多数を満たした場合には、裁判所は、更生計画認可の決定をします。そうすると、この計画に従って債務の弁済や事業の遂行が行われることになります。

(3) 民事再生手続との相違点

　民事再生手続と会社更生手続は、共に再建型の法的倒産手続ですが、主に次のような相違点があります。

第一に、民事再生手続は利用資格に限定がなく、自然人、株式会社その他のすべての法人が利用できます。他方、会社更生手続は株式会社しか利用することができません。

　第二に、民事再生手続では、担保権者は別除権者として手続によらないで権利を行使することができます。他方、会社更生手続では、担保権を有する債権者も更生担保権者として手続の拘束に服し、更生計画による権利変更の対象となります。

　第三に、民事再生手続は、原則として、債務者が財産の管理処分権・業務遂行権を維持したまま、裁判所の後見的な監督を受けて手続が進行していく、後見型ないしDIP（debtor in possession）型の手続です。他方、会社更生手続は、手続開始と同時に必ず更生管財人が選任され、財産の管理処分権・業務遂行権は管財人に専属する管理型の手続です。管財人の権限は原則として更生計画認可後も更生計画が遂行されるまで継続します。ただし、一定の場合は、現経営陣のなかから選任された事業家管財人のもとで手続を進めることで、更生手続をDIP型に運用することも可能です。

 6　私的整理の概要

(1)　典型的な流れ

　債権者と債務者との合意に基づく裁判所外の倒産処理手続を**私的整理**（任意整理）といいます。

　私的整理のプロセスはさまざまですが、法人や個人事業者の場合は、典型的には、債権者もしくは債務者（の代理人である弁護士）の申出によって債権者集会が開催され、債務者の財産の調査や債権者からの債権届出が行われ、清算型ないし再建型の割合的弁済に関する基本契約が締結されるという流れで進みます。消費者の場合は、債務者の代理人である弁護士や司法書士が、私的整理案を金融債権者に送付して、個別に同意を得ていく場合が多くみられます。

(2) 事業再生への活用

　近時、金融債権者のみを対象とする事業再生目的の私的整理が広く活用されるようになっています。具体的には、一般の取引債権者に対しては全額弁済することによって企業価値を維持しつつ、金融債権者は、個別の権利行使を控え、清算価値を超える割合的弁済を受ける一方、弁済期間の延長や一部の債務免除に応じるというものです。かかる私的整理のためのさまざまな取組みもなされているところであり、平成13年には、「私的整理に関するガイドライン」が公表されました。また、平成19年には、産業競争力強化法の改正によって**事業再生ADR制度**が導入されました。さらに、整理回収機構（RCC）や中小企業再生支援機構が関与する場合もあります。以下、私的整理に関するガイドライン、事業再生ADRについて解説します。

(3) 私的整理に関するガイドライン

　私的整理に関するガイドラインとは、平成13年4月の政府の緊急経済対策において、経営困難企業の再建およびそれに伴う債権放棄に関する原則の確立があげられたことを契機に、金融界・産業界を代表する者が、中立公平な学識経験者などとともに、活発に議論を重ねて公表されたものです。このガイドラインは、法的な拘束力をもつものではなく、いわば紳士協定的なものにすぎません。また、このガイドラインは、私的整理の全部を念頭に置いたものではなく、多数の金融機関等がかかわる再建型の私的整理の主なものについて一定の基準を示したものということができます。具体的には、私的整理が開始され、それを受けて金融機関が自発的に個別的な権利行使や債権保全措置を控え、主要な金融機関の関与のもとに再建計画を成立させるプロセスについての指針が示されています。

　なお、ガイドラインによって債権放棄が行われた場合の税務処理は、原則として、法人税基本通達上の合理的な再建計画に基づく債権放棄に該当し、債権放棄額は税務上の損金算入がされるとされています（平成13年9月26日課税部長回答）。

(4) 事業再生ADR制度

事業再生ADRとは、経済産業大臣の認定を受けた公正・中立な第三者が関与することにより、過大な債務を負った事業者が法的整理手続によらずに債権者の協力を得ながら事業再生を図ろうとする取組みを円滑化する制度です。

事業再生ADR制度を利用しようとする債務者企業は、特定認証紛争解決事業者の認定を受けた中立な専門家に整理の利用を申請します。なお、現在、特定認証紛争解決事業者として認定を受けているのは事業再生実務家協議会のみです。

この申請が受理されると、特定認証紛争解決事業者が債務者と連名で金融機関等に対して債権回収を控える旨を要請する一時停止の通知が発せられます。半面、商取引債権には全額の弁済が続けられます。

債務者が金融機関等の有する権利の減免・猶予を主たる内容とする事業再生計画案を作成し、金融機関等の債権者がこれに全員同意すれば、私的整理が成立することになります。事業再生計画案の成立過程では、債権者会議で選任された手続実施者（弁護士・公認会計士等）が、事業再生計画案が公正かつ妥当で経済的合理性を有するものであることについて専門的見地から意見を述べることとされています。

7 法的倒産手続における担保権の処遇

(1) はじめに

法的倒産手続においては、債務者の資産は、すべての債権者の債権に対する責任財産として換価され、公平な配当の原資とされるのが原則です。しかし、特定の債権者に対する担保として供されているものについては、そもそも債務者の一般財産からでは満足を受けることが困難な場合を想定して、債務者の特定の資産を換価して優先的に回収を図るために設定するものですから別異の取扱いがされます。

破産手続および民事再生手続においては、一部の担保権者は、別除権とし

て手続外で自由に担保権を行使し、自己の債権について優先的な回収を図ることができます。これに対し、会社更生手続においては、事業再建のための必要性が特に重視されており、担保権を有する者も、手続外で個別に権利行使をすることは原則としてできません。

(2) 破産手続での処遇

a 別除権

破産手続においては、一部の担保権については、**別除権**として破産手続外での権利行使が認められています。

別除権の基礎となる担保権には、抵当権、質権、特別の先取特権（破産法65条2項）のほか、譲渡担保、所有権留保などの非典型担保も含まれます。また、商事留置権は特別の先取特権とみなされます（同法66条1項）。他方、一般の先取特権は、被担保債権が優先的破産債権とされるにとどまり（同法98条1項）、また民事留置権は失効します（同法66条3項）。

破産管財人は第三者たる性格があるので、担保権者がその権利を破産管財人に主張するには、破産手続開始決定時において第三者対抗要件を具備している必要があります。

b 担保目的物の処分と担保権の消滅

別除権の目的物が破産財団に属する財産である場合、破産管財人の換価権が及ぶので、破産管財人は換価をすることができます。破産管財人による換価は、民事執行法等の法令による方法によることもできます（破産法184条2項）が、迅速かつ高額な換価が可能な任意売却による方法が通常となっています。破産管財人は、別除権者の同意がなくても任意売却をすることが可能です（登記のされた担保権の目的である不動産については、任意売却の2週間前までに担保権者に対して任意売却をする旨や相手方の氏名・名称を通知する必要があります。破産規則56条）。別除権がついたまま任意売却がされた場合、追及効のある担保権は任売売却後も目的物上に存続しますが、その場合にも第三取得者は抵当権等の消滅請求（民法379条）によって担保権を消滅させることができます。

実務上は、破産管財人と別除権者と買主となろうとする者との合意によって、破産管財人が別除権の目的物の受戻しと任意売却を一括で行うという取扱いが多くみられます。**受戻し**とは、別除権の目的物の価格相当額について被担保債権を弁済して、担保権を消滅させて担保権の負担のない財産を回復することです。なお、受戻しや不動産の任意売却には、裁判所の許可が必要とされています（破産法78条2項1号・14号）。この場合、担保権者には、目的物の売却価格から、売却手数料や先順位担保権者の回収額に加え、後順位担保権のハンコ代や、財団組入額を控除した残額が弁済されます。このような受戻し・任意売却は、通常、別除権者が担保権実行をする場合よりも、（一定のハンコ代や財団組入れを認めたとしても）別除権者の回収額が大きくなりますので、別除権者にとってもメリットになるものです。

　もっとも、かかる取扱いは、あくまでも合意に依拠しているため、別除権者（後順位担保権者を含む）との協議が調わなければ実施できません。このように合意が調わないときの制度的手当として、破産法は、**担保権消滅許可制度**（同法186条以下）を用意しています。これは、破産管財人が、担保権の目的となっている財産を任意売却する場合に、裁判所の許可を得て、当該財産につき存在するすべての担保権者を消滅させ、また、任意売却により取得できる金銭の一部を担保権者への配当に充てずに破産財団に組み入れ、破産債権者への配当の原資とすることを可能とするものです。担保権者が売価や財団組入額に不服であるときは、対抗手段として、担保権者の実行の申立てをすること、あるいは買受けの申出をすること（売得金5％増での買受申出をして代物にて債権回収をする方法）が認められています。

　なお、商事留置権については、担保権一般の消滅制度とは別に、その目的財産を回復することが破産財団の維持・増殖に資するときは、破産管財人が、裁判所の許可を得て、価格相当額の弁済を行うことで商事留置権を消滅させる旨を請求することができるという制度が用意されています（商事留置権消滅請求制度。同法192条）。

c　破産債権の行使

　破産手続において、別除権者は、別除権の行使によって満足を受けられな

い部分についてのみ、手続中で権利を行使する（配当を受ける等）ことができます（不足額責任主義。破産法108条）。そのため、別除権者が債権を届け出る際には、通常の債権届出事項のほか、別除権の目的である財産および別除権の行使によって弁済を受けることができないと見込まれる債権の額（予定不足額）の届出を要します（同法111条2項）。そして、一定期間内に、不足額を証明できなかったときは配当から除斥されることから、不足額を明らかにするためにも、別除権の行使時期には注意を要します。

(3) 民事再生手続での処遇

a　別除権

民事再生手続においても、一部の担保権については、別除権として破産手続外での権利行使が認められています。

別除権の基礎となる担保権には、抵当権、質権、特別の先取特権、商事留置権（民事再生法53条1項）のほか、譲渡担保、所有権留保などの非典型担保も含まれます。破産法と異なり、商事留置権を特別の先取特権とみなす規定はありません。一般の先取特権は、一般優先債権として再生手続によらず随時弁済を受けられます（同法122条1項・2項）。また、民事留置権については、破産手続の場合と同様に別除権とはなりませんが、破産手続のように失効する旨の規定もないので、留置権により弁済を促す効果はないものの、留置的効力のみが残って留置権者が目的物を留置し続ける状態となります。

担保権を再生債務者あるいは管財人（以下「再生債務者等」といいます）に対抗するには第三者対抗要件の具備が必要である一方、再生債務者等も担保権者に対して担保価値維持義務を負うという点は、破産手続と同様です。

b　担保目的物の処分と担保権の消滅

再生債務者等も、破産管財人と同様に、破産財団に属する財産の管理処分権限を有しているので、別除権の目的物を任意売却することができます。なお、破産法と異なり、民事執行法等の法令による方法により換価することができる旨の規定は設けられていません。実務上は、破産手続の場合と同様に、担保権が設定されたまま任意売却をすることは事実上困難なので、再生債務

者等と別除権者と買主となろうとする者との合意によって、再生債務者等が別除権の目的物の受戻しと任意売却を一括で行うという取扱いが多くみられます。なお、受戻しや不動産の任意売却には、通常は裁判所の許可または監督委員の同意が必要とされます（民事再生法41条1項1号・9号、54条2項）。

他方、目的物が再生債務者の事業継続に欠くことのできない財産であるなど、再生債務者等が事業継続のために目的物の継続使用が必要な場合もあります。仮に、そのような目的物について担保権を実行すれば、債務者の再生は困難となりますし、また、そのような負担があるままでは、事業の継続および再生のための見通しが立ちません。そこで、再生手続上、担保権の実行手続の中止命令や担保権消滅許可制度が用意されています。

担保権の実行手続の中止命令制度とは、再生手続開始の申立てがあった場合において、再生債権者の一般の利益に適合し、かつ、競売申立人に不当な損害を及ぼすおそれがないものと認めるときは、利害関係人の申立てまたは職権にて、裁判所は相当期間について担保権の実行手続の中止を命じることができるというものです（同法31条）。

担保権消滅許可制度とは、再生手続開始の時において再生債務者の財産に担保権が存する場合において、当該財産が再生債務者の事業の継続に欠くことのできないものであるときは、再生債務者等は、裁判所に対し、当該財産の価額に相当する金銭を裁判所に納付して当該財産につき存するすべての担保権を消滅させることについての許可を申し立てることができ、決定を得て再生債務者等が申出額に相当する金銭を裁判所の定める期限までに納付したときは、申立書に消滅すべき担保権として記載された担保権は消滅するというものです（同法148条以下）。

もっとも、これらの制度には限界があります。すなわち、担保権の実行手続の中止命令は、担保権の実行を一時的に中断するものにすぎませんし、担保権消滅許可制度は、別除権の目的物の価額に相当する金銭を一括して納付する必要があるため、その原資を用意できる再生債務者等は限られています。そこで、再生債務者等と別除権者の合意をもって、別除権の目的物の評価額とその弁済方法（分割弁済の態様）を合意し、弁済を継続している間は

別除権の実行を猶予し、弁済が完了した場合には担保権の解除を行う旨の合意（別除権協定）を締結することが多くみられます。別除権協定は一種の和解契約であり、その締結には、通常は裁判所の許可または監督委員の同意が必要とされます（同法41条1項6号、54条2項）。

c 再生債権の行使

　別除権者は、破産手続と同様に、別除権によって担保されない部分について再生債権者として権利行使をすることができ（不足額責任主義。民事再生法88条）、債権届出にあたっては予定不足額についても届け出る必要があります（同法94条2項）。他方、破産手続と異なり、将来にわたり継続的に計画弁済を行う再生手続においては、再生計画成立までに不足額が確定していない場合でも、配当から除斥されるということはありません。その代わり、再生計画では、別除権不足額が確定していない再生債権者について、不足額が確定した場合における再生債権者としての権利行使に関する適確な措置を定めなければならないとされています（同法159条）。適確な措置には、不足額確定までの弁済原資の留保や、確定時の弁済方法などが含まれます。

　なお、別除権協定では、別除権の目的物の評価額を超える部分について、被担保債権額から除外する旨の合意をすることが少なくありません。この場合は、別除権協定によって不足額が確定し、別除権者は除外された部分は再生債権者として権利行使をするこができますが、別除権協定による弁済が履行されずに担保権実行に至った場合、換価金額のいかんにかかわらず被担保債権額を超える部分の回収はできなくなります。不足額を確定させて再生計画による弁済を受けるか、担保実行時の回収最大化の可能性の余地を残すかは、別除権者の判断次第となります。

(4) 会社更生手続での処遇

a 更生担保権

　会社更生手続においては、事業再建のための必要性が特に重視されており、担保権を有する者も、更生手続外で個別に権利行使をすることは原則としてできず、更生手続に組み込まれて、更生計画の定めるところにより弁済

を受けることになります。

更生担保権には、抵当権、質権、特別の先取特権、商事留置権の被担保債権（会社更生法2条10項）のほか、譲渡担保、所有権留保などの非典型担保の被担保債権も含まれます。一般の先取特権は、共益債権または更生担保権に該当するものを除き、優先的更生債権として一般の更生債権に優先する順位が与えられます（同法168条1項2号）。民事留置権は、更生担保権の基礎とはなりませんが、留置的効力は残ります。

b　担保目的物の処分と担保権の消滅

更生手続においては、手続の開始によって担保権の実行は禁止され、すでに行われている手続は中止されます（会社更生法50条、24条1項2号）。そのため、民事再生手続と異なり、担保権の実行によって事業の継続に必要な資産が流出するということは生じません。もっとも、更生計画によって担保権が消滅しない限り、目的物の上には担保権が設定されたままになります。そうすると、事業譲渡をすることで更生会社の事業に資することから、更生会社が更生計画認可前の早期の段階で事業を譲渡しようとするといった場合に、譲渡対象財産に担保権が設定されていると、事実上事業譲渡が困難となります。そのため、更生会社の事業のために必要であると認めるときは、裁判所は、管財人の申立てにより、当該財産の価額に相当する金銭を裁判所に納付して当該財産を目的とするすべての担保権を消滅させることを許可する旨の決定をすることができ、決定を得て管財人が申出額に相当する金銭を裁判所の定める期限までに納付したときは、申立書に消滅すべき担保権として記載された担保権は消滅するという**担保権消滅許可制度**が用意されています（同法104条以下）。対象となる担保権は、抵当権、特別の先取特権、質権、商事留置権です（民事再生手続と同様に、非典型担保にも適用できるかについては議論があります）。

c　更生債権の行使

更生手続開始時において、更生会社の財産に設定された担保権の被担保債権が、更生会社に対する債権である場合には、更生担保権とならない部分は更生債権となります。

手続上は、更生担保権者は、更生債権の届出とともに、更生担保権の届出をしなければなりません（会社更生法138条）。届出を怠れば、当該更生担保権者は更生計画において考慮されず、更生計画の認可決定によって担保権が消滅してしまいます（同法204条1項1号）。届け出られた更生担保権につき、管財人は、その内容や担保権の目的財産の価額等について、認否を行います（同法146条）。更生担保権者たる金融機関は、管財人との間で担保権の目的財産の価額について評価が分かれ、管財人から届出に係る更生担保権を認められなかった場合には、更生担保権査定の申立ておよび当該財産に係る価額決定の申立て（同法151条以下）を裁判所に対して行い、評価額を争うことになります。

(5) 特別清算手続での処遇

　特別清算手続でも、破産法における別除権と同様に、担保権は手続外で実行することができます。また、破産手続と同様に、清算株式会社も、民事執行法等の法令による方法によって目的物を換価することができ、あるいは任意売却をすることもできます。実務上は、通常、裁判所の許可を得て、担保権者と合意をすることにより担保権の処理が行われています。

法的倒産手続における相殺

(1) 相殺権の保障

　取引先に法的倒産手続（破産手続、民事再生手続、会社更生手続および特別清算手続）が開始した場合は、相殺の担保的効力の意義が最も発揮される場面といえます。そのため、法的倒産手続でも、債権者には、その有する担保的利益を保護するため、倒産手続によらないで相殺を行い、それを通じて優先的に満足を受ける権利が認められており、これを相殺権と呼びます。

⑵ 相殺禁止

a 意　義

　相殺権が認められるのは、法的倒産手続の開始時点において相殺の合理的期待が生じている以上、それを保護すべきであるという考えに基づきます。逆にいえば、かかる合理的な期待が認められない場合には、相殺権を認める基礎を欠くといえます。

　かかる合理的な期待が認められない場合とは、相殺の対象となる債権債務の対立関係が、倒産手続開始後に生じた場合が典型です。また、倒産手続開始前の危機時期の段階でも、危機時期にある者に対する債権者が、相殺の受働債権となる債務者に対する債務を取得し、それをもって相殺をして優先的に回収を図る場合や、逆に、危機時期にある者に対する債務者が、危機時期にある者への債権者から債権を安く買い集め、相殺権の濫用的に相殺をするような場合は、相殺の合理的期待が見出せないといえます。

　そこで、法的倒産手続では、債権債務の対立状況がつくりだされた時期および態様に着目した相殺の制限が設けられています。以下、破産手続に関する相殺の制限の内容を解説していきますが、相殺禁止およびその除外事由については、民事再生手続（民事再生法93条、93条の2）、会社更生手続（会社更生法49条、49条の2）、特別清算（会社法517条、518条）でも同様の規律が設けられています。

b 受働債権の負担時期に関する制限

⒜ 相殺の制限

　破産債権者は、破産手続開始決定後に債務を負担したときや、支払の停止など危機時期にあることを知って債務を負担したときは、相殺をすることができません（破産法71条1項）。もっとも危機時期にあることを知っているときでも、危機時期にあることを知った時より「前に生じた原因」に基づいて債務を負担したときなど一定の場合には例外的に相殺が有効になります（同条2項）。

⒝ 「前に生じた原因」

　実務上、特に、金融機関が破産者に対し預金債務を負担しているとき、当

図表4－5　受働債権の負担時期による相殺禁止とその例外

	(例外要件)
(客観要件) ・もっぱら相殺を目的とする破産者の財産処分を内容とする契約による負担、または、 ・他人の債務を引き受ける契約による負担 (主観要件) ・契約締結当時、支払不能を認識	・法定の原因によるものであること（相続等） ・支払不能、支払停止または破産手続開始申立てを認識したときよりも前に生じた原因に基づくとき ・破産手続開始申立てがあった時より1年以上前の原因に基づくとき
(客観要件) ・支払停止（支払不能でないときを除く）後の債務負担 (主観要件) ・負担当時、支払停止を認識	
(客観要件) ・申立て後の債務負担 (主観要件) ・負担当時、破産手続開始申立てを認識	
(客観要件) ・開始決定後の債務負担	(例外要件) なし

支払不能　支払停止　破産手続開始申立て　破産手続開始決定

該預金債務を負担したのが「前に生じた原因」によるものであり、相殺できるかどうかが重要になります。

「前に生じた原因」といえるためには、相殺への期待を直接かつ具体的に基礎づけるものでなければならないと解されています。

具体的には、普通預金契約や当座勘定取引契約を締結していたというだけでは、間接または抽象的に相殺が期待されるにとどまり、「前に生じた原因」があるとは認められません（最判昭60.2.26金法1094号38頁）。

他方、金融機関・融資先・融資先の債務者の三者が、融資先の債務者は代金を金融機関の融資先名義の口座に振り込む旨の振込指定契約をしており、それに基づき破産手続開始決定前の危機時期に預金入金があった場合には、

金融機関としては回収確保の手段として振込指定契約を締結しているものにほかならず、入金により相殺適状が生じる蓋然性も高いことから、「前に生じた原因」に基づく債務負担として相殺が許容されます（名古屋高判昭58．3．31判時1077号79頁）。なお、振込指定契約に基づくものであっても、破産手続開始決定後の入金については、「前に生じた原因」の例外規定はありませんので、相殺は禁止されます。

c　自働債権の負担時期に関する制限

(a)　相殺の制限

破産者に対して債務を負担する者は、破産手続開始決定後に他人の破産債権を取得したときや、支払の停止など危機時期にあることを知って破産債権を取得したときは相殺することができません（破産法72条1項）。もっとも、危機時期にあることを知って破産債権を取得した場合であっても、危機時期にあることを知った時より「前に生じた原因」に基づいて債権を取得したときなど一定の場合には、例外的に相殺が有効になります（同条2項）。

(b)　「前に生じた原因」

実務上、特に、金融機関が破産者に対し債権を有しているとき、当該債権を取得したのが「前に生じた原因」によるものであり、相殺できるかどうかも重要になります。

たとえば、銀行が買戻しの特約を含む手形割引契約に基づき手形を割り引いた後、割引依頼人の支払停止を理由として同人に対し当該手形の買戻請求をした場合に取得した割引依頼人に対する買戻代金債権は、手形割引契約という支払停止を知る「前に生じた原因」に基づき取得したものとされています（最判昭40.11.2民集19巻8号1927頁）。

(3)　相殺権行使の時的制限

民事再生手続および会社更生手続においては、再生計画や更生計画を定める前提として積極財産および消極財産の規模を確定させる必要があるため、債権者から相殺を行うことができる場合を、債権届出期間満了前に相殺適状が生じており、かつ、債権届出期間内に意思表示を行った場合に限定してい

ます（民事再生法92条、会社更生法48条）。

　他方、破産手続においては、相殺を行う時期について明確な制限は設けられていません。もっとも、配当すべき破産債権や換価（取立て）すべき破産財団所属の債権の確定が遅れると手続の迅速な進行を害することから、破産管財人の催告権（破産法73条）が認められています。

第 5 章

為　替

第1節 内国為替の概要

1 内国為替の意義・仕組み

(1) 為替とは

為替とは、隔地者間における金銭債権・金銭債務の決済または資金の移動を、直接現金の輸送によらずに金融機関を介して決済する仕組みです。隔地者間の債権債務を現金を移動して決済すれば、盗難や紛失の危険が生じるほか、時間的・経済的なコストが発生します。そのため、為替による資金の移動の社会的需要は高く、為替は銀行の主要業務の一つとなっています。

為替には、債権者・債務者がともに国内にいる場合の内国為替と、国をまたがる場合の外国為替があります。外国為替の場合、通貨を異にする金銭の決済を要しますので、為替相場の問題が生じます。本節では、まず、内国為替について説明をしていきます。

(2) 為替取引の種類

為替取引は、大別すると、①送金、②振込み、③代金取立てに分類されます。

a 送　金

送金とは、依頼人から資金を受け入れた銀行が、受取人の居所の最寄銀行を支払人として、受取人にその資金を支払う方法をいいます。

送金には、①支払手段として送金小切手を使用する**普通送金**、②同様に電報を使用する**電信送金**、③諸官庁が民間の債権者に国庫金を支払うために支払手段として国庫金送金通知書を使用する**国庫送金**があります。現在では送金の取扱量は必ずしも多くないため、本書では詳細な説明を割愛します。

b 振込み

振込みとは、依頼人が、振込みを依頼する銀行（以下「**仕向銀行**」といいます）を通じて、受取人の取引銀行（以下「**被仕向銀行**」といいます）にある受取人の預金口座への一定金額の入金を委託する為替取引です。詳細は、後記

3で説明します。

c　代金取立て

　代金取立てとは、手形・小切手等の証券類の所持人から依頼を受けた銀行（以下「**委託銀行**」といいます）が、支払期日において支払場所とされた銀行（以下「**受託銀行**」といいます）に証券類の取立てを行い、その代り金を依頼人の預金口座に入金する為替取引です。詳細は、後記4で説明します。

d　その他の観点からの分類

　(a)　送金為替と取立為替

　前記のaないしcは為替取引の内容に着目した分類ですが、その他の観点からの分類として、**送金為替**（順為替）／**取立為替**（逆為替）という分類もあります。これは、為替資金の流れる方向に着目をした分類になります。

　すなわち、送金為替（順為替）は、為替取引の依頼人から金融機関を介して受取人に対して資金が移動する取引を指します。これに対して、取立為替（逆為替）は、為替取引の依頼人（小切手などの所持人）が金融機関を介して支払人から債権を取り立てる取引を指し、資金は支払人から依頼人へと移動します。

　前記の送金と振込みは送金為替（順為替）に分類され、代金取立ては取立為替（逆為替）に分類されます。

　(b)　本支店為替と他行為替

　本支店為替とは、同一の金融機関内の為替取引をいい、**他行為替**は他の金融機関にまたがる為替取引をいいます。

　本支店為替の場合、その取扱方法は、同一金融機関内の事務ルールとして定めておけば足りることになります。これに対し、他行為替の場合、為替取引の円滑のためにその取扱方法をあらかじめ金融機関の間で合意しておくことが必要になります。こうした合意を金融機関ごとに締結していくことは煩雑なので、後記2に記載の全国銀行内国為替制度に加盟する金融機関の間では、集団的にこのような為替取引契約が成立したものとして取り扱われています。

2　全国銀行内国為替制度

(1) 全国銀行内国為替制度とは

全国銀行内国為替制度（以下「全銀内国為替制度」といいます）とは、日本国内の異なる金融機関の間の内国為替取引を一定の手続に基づき円滑に処理することを目的とした統一的な制度で、昭和48年4月に施行されました。

全銀内国為替制度は、資金決済に関する法律に基づき設立された一般社団法人全国銀行資金決済ネットワーク（以下「**全銀ネット**」といいます）によって運営されています。

現在では全国の銀行のほか、信金中央金庫、信用金庫、全信組連、信用組合、農林中金、県信連、信漁連、農業協同組合、労働金庫のほか一部の在日外国銀行が加盟しており、これらの各金融機関が全銀センターに設置された全国銀行データ通信システム（以下「**全銀システム**」といいます）と呼ばれる為替オンラインシステムを介して為替取引を取り扱うことができます（図表5－1参照）。

たとえば、振込みにおいては、振込金額、受取人名、振込先の預金種目・口座番号等の情報を、仕向銀行から被仕向銀行に連絡する必要があります。

図表5－1　全銀システムの仕組み

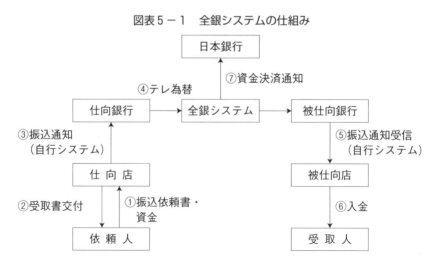

このような内国為替取引の内容を含む通知（後記(3)で説明する**為替通知**です）を全銀システムを介して各金融機関の間で授受することで他行為替取引が行われます。また、為替通知は全銀センターのホストコンピュータに取引日ごとに記録・集計され、当日の取引終了後に加盟銀行および日本銀行に速やかに送信されます。為替取引によって生じる加盟銀行相互間の貸借の決済は、この送信結果に基づき、取引当日の午後4時15分に、全銀ネットが日本銀行本店に設けた当座勘定と、加盟銀行が日本銀行本店または支店に設けている当座勘定の間で行われます。

(2) 全銀内国為替制度のルール

全銀内国為替制度は、異なる金融機関の間での為替を実現するための仕組みですから、そのルールを金融機関の間で決めておく必要があります。この点、全銀内国為替制度への加盟にあたって、金融機関は、全銀ネットの定める「内国為替取扱規則」および「全銀システム利用規則」等の諸規則や全銀ネットの決定事項を承諾することに同意しており、このような集団的な契約方式により統一的なルールの適用が確保されています。

(3) 為替通知

異なる金融機関の間で為替取引を実現するためには、金融機関の間で為替取引の内容を相互に授受することが必要になり、為替通知の発信・受信によりこれを行っています。全銀システムにおいて利用可能な為替通知は、①テレ為替、②MTデータ伝送、③新ファイル転送、④文書為替の4つの取扱方式になります。

このなかで最も一般的なものはテレ為替であり、加盟金融機関の為替通知を全銀システムのテレ為替機能を利用して、為替取引1件ごとに電文を授受します。

3 振込み

(1) 振込みとは

振込みとは、依頼人が、仕向銀行に対して、被仕向銀行にある受取人の預金口座への一定金額の入金を委託し、これを受けた被仕向銀行が受取人の預金口座に当該金額を入金する為替取引です。

振込依頼人は、振込依頼書に受取人名、口座番号など所定事項を記載し、仕向銀行は、振込金と手数料の交付を受けて振込金受取書を発行します。振込金を受け付けた仕向銀行は、**電信扱い／文書扱い、至急扱い／普通扱い**などの依頼の区分に従い、被仕向銀行に対して遅滞なく振込通知を発信（または振込票を送付）します。被仕向銀行は、振込通知等を受け、受取人名義の預金口座に振込金を入金します。

振込みは、隔地者間の資金の移動を現金の輸送なくして実現するための手段ですから、まさに為替の中核をなす取引といえます。

(2) 当事者間の法律関係

a 依頼人と仕向銀行の関係

依頼人と仕向銀行との間には、振込契約、すなわち、依頼人が仕向銀行に対して受取人の口座への入金に係る振込事務を委任する内容の委任契約が成立します（厳密には法律行為ではなく事務を委任する契約は**準委任契約**といいますが、委任契約に関する民法の規定が準用されますので（民法656条）、本書では区別せずに委任契約といいます）。仕向銀行は、振込契約に基づき、依頼人に対し、受任者として**善良なる管理者の注意**をもって振込事務を処理する義務を負います（同法644条）。このような義務を、**善管注意義務**といいます。

仕向銀行の善管注意義務の具体的な内容は、要すれば、被仕向銀行に対し、振込依頼書の記載内容に基づき振込通知を正確かつ迅速に発信することであると考えられます。仕向銀行が善管注意義務に違反して依頼人に対して損害を与えた場合には、依頼人に対して債務不履行責任（同法415条）を負います。

なお、依頼人と仕向銀行との間の振込みに関する権利・義務関係を定めたものとして振込規定がありますので、この点については後記(3)で説明します。

b　仕向銀行と被仕向銀行

仕向銀行と被仕向銀行は、前記2(2)に記載のとおり、全銀内国為替制度の加入にあたり、全銀ネットの定める内国為替取扱規則等に従う旨を承認しています。したがって、他行為替の場合、仕向銀行および被仕向銀行の間には、内国為替取扱規則等に従い、仕向銀行が、被仕向銀行に対し、受取人の預金口座に振込金額の入金を委託する旨の為替取引契約が成立します。

仕向銀行と被仕向銀行との間の為替取引契約は委任契約であると解されているため、被仕向銀行は、振込事務の処理にあたり、仕向銀行に対して委任契約の受任者として善管注意義務を負います。したがって、被仕向銀行が善管注意義務に違反して仕向銀行に対して損害を与えた場合には、仕向銀行に対して債務不履行責任（民法415条）を負います。

なお、本支店為替の場合には、同一金融機関内での事務処理になりますので、仕向銀行と被仕向銀行との間の法律関係は生じません。

c　被仕向銀行と受取人

振込みにおいては、**受取人**が被仕向銀行に預金口座を開設していること、すなわち、被仕向銀行と受取人の間には預金契約が存在することが前提になりますが、振込みにあたって新たに法律関係は生じません。預金規定において、被仕向銀行は為替による振込金を預金として受け入れることを包括的に約しています。したがって、被仕向銀行が振込通知を受領した場合、預金者に対する関係でもこれに従い入金処理をする義務を負い、被仕向銀行において受取人の預金口座に入金記帳した時点で受取人の預金債権が成立します。被仕向銀行がこのような入金処理に関する義務を怠り、受取人に対して損害を与えた場合には、受取人に対して預金契約に基づき債務不履行責任（民法415条）を負います。

d　その他

仕向銀行と受取人の間や、被仕向銀行と依頼人の間には、契約上の関係が

ありません。そのため、仕向銀行の故意・過失により受取人に損害が生じた場合や被仕向銀行の故意・過失により依頼人に損害が生じた場合には、債務不履行責任（民法415条）ではなく、不法行為責任（同法709条）の成否が問題となります。

(3) 振込規定

　振込事務の増加に伴い、振込依頼人と仕向銀行たる金融機関との間の権利義務関係の明確化を目的として、全銀協では、平成6年3月に振込規定ひな型（本項において、以下「振込規定」といいます）を制定しました。この振込規定の適用範囲は、振込依頼書または振込機によって振込依頼をする本支店為替および他行為替による国内本支店宛ての振込取引とされています（振込規定1条）。主な条項は以下のとおりです。

a　振込契約の成立（振込規定3条）

　依頼人と仕向銀行との間の振込契約の成立時点について、振込依頼書による場合には、「銀行が振込の依頼内容を承諾し振込資金等を受領した時に」、また振込機による場合には、「銀行がコンピュータシステムにより振込の依頼内容を確認し振込資金等の受領を確認した時に」、それぞれ振込契約が成立すると規定し、契約の成立時点を明確にしています。

b　振込通知の発信（振込規定4条）

　振込契約成立後の仕向銀行における振込通知発信義務について規定しています。電信扱いの場合には、依頼日当日に振込通知を発信するとしています（当日発信の原則）。本条項があることにより、仕向銀行が本条項に定める時期までにその責めに帰すべき事由により発信をしなかった場合には、仕向銀行が発信遅延の責任を負うことが明確化されたといえます。

c　取引内容の照会等（振込規定6条）

　仕向銀行は、振込依頼人に対して委任契約の受任者として、委任者である振込依頼人から請求があったときは振込事務の処理状況を報告する義務を負います（民法645条）。

　これに対し、振込規定6条は、受取人の預金口座に振込金の入金が行われ

ていない場合に限り、依頼人から照会を受けた仕向銀行に対し、調査・回答義務を課しています。また、振込依頼人に対して、仕向銀行から依頼内容について照会があった場合に回答義務を課すとともに、この回答が相当の期間内になかった場合等に、これにより損害が生じても仕向銀行は責任を負わない旨も規定しています。

d　組戻し、取消し・訂正（振込規定7条、8条）

　電子資金取引の場合には、取引が瞬時に処理されることなどから、その撤回をすることが可能な時期を明確化する必要があるとの指摘がなされていました。そこで、振込規定7条は依頼内容の変更について、8条では組戻しの手続について定め、これを明確にしています。

e　災害等による免責（振込規定11条）

　災害、事変等による損害についての仕向銀行の免責について規定しています。

(4)　組戻しおよび取消し・訂正

a　組戻しとは

　組戻しとは、依頼人が一度取り組んだ為替取引の取りやめを申し出たときに、仕向銀行がとる手続をいいます。つまり、依頼人の事情により為替取引を取りやめるケースです。代金取立てにも組戻しの手続はありますが、後記(5)の誤振込みと関連して主に振込みについて問題となることが多いため、ここで説明します。

　組戻しは、法的には、依頼人による依頼人と仕向銀行との間の委任契約の解除に当たります。

　組戻しの理由については、振込みの原因関係となった取引（たとえば、受取人との間の売買契約）の解除・無効や、依頼人による振込情報の誤記載等が考えられます。

b　仕向銀行における組戻手続

　仕向銀行が依頼人から組戻依頼を受けた時点において、仕向銀行が被仕向銀行に対して振込通知を発信していない場合には、仕向銀行が依頼人からの

組戻依頼に応じて手続を停止することで足ります。

　これに対し、仕向銀行が依頼人から組戻依頼を受けた時点において、すでに仕向銀行が被仕向銀行に対して振込通知を発信していた場合には、仕向銀行は、全銀システムを利用して被仕向銀行に組戻依頼をして、被仕向銀行からの回答に基づき処理をします。

　c　被仕向銀行の組戻手続

　仕向銀行から組戻依頼を受けた時点において、被仕向銀行が当該振込みについて受取人の預金口座に振込金を入金記帳していない場合、被仕向銀行は組戻依頼に応じます。この場合、被仕向銀行は、仕向銀行に対し、全銀システムにより「組戻承諾兼資金返送電文」を発信して、組戻承諾の旨を回答し、振込金を返却します。

　これに対し、仕向銀行から組戻依頼を受けた時点において、被仕向銀行が当該振込みについてすでに受取人口座への入金記帳を終えている場合には、被仕向銀行の振込事務の処理が終了しているので、被仕向銀行は直ちに組戻依頼に応じることはできません。このような場合には、被仕向銀行が受取人に組戻依頼があったことを連絡して、受取人の承諾を得られたときは仕向銀行に対して組戻依頼を承諾し、承諾を得られないときは仕向銀行に対して組戻依頼に応じられない旨を回答します。

　この点、受取人口座への入金記帳後に被仕向銀行が受取人の承諾を得ずに組戻しに応じた場合において、被仕向銀行に対して受取人への預金払戻しを命ずる判例も存在することに留意が必要です（最判平12．3．9金法1586号96頁）。

　d　取消し・訂正とは

　取消し・訂正は、内国為替取扱規則に規定される制度です。

　取消しとは加盟銀行が事務処理の誤りによって発信した為替通知の全内容を取り消すことと定義されています。つまり、組戻しが依頼人の事情に起因するのに対し、取消しは仕向銀行の誤りに起因するものです。取消原因は、①重複発信、②受信銀行名・店名相違、③通信種目コード相違、④金額相違、⑤取扱日相違の5つの事由に限定されています。これらの誤りがあった場合には、全銀センターが集中計算する加盟銀行間の為替貸借の決済額を修

正します。

　訂正は、上記の取消原因以外の加盟銀行の誤りまたは依頼人の誤り（たとえば振込みの受取人名の誤り）によって、すでに発信した為替通知の内容の一部を修正する手続です。

(5) 誤振込みの問題

a 総説

　依頼人や仕向銀行のなんらかのミスにより、振込金が正当な受取人以外の者の預金口座に入金されてしまうことがあります（以下「誤振込み」といいます）。このような場合には、前記(4)で説明した組戻しや取消しの手続により是正しますが、受取人が組戻しに応じないことや、受取人の預金について差押えや相殺がなされているために、組戻しを実現できないことがあります。こうした場合に、誤振込金に係るリスクを誰が負担するのかが問題になります。以下、誤振込みが実現した原因が依頼人にある場合、仕向銀行にある場合、被仕向銀行にある場合に分けて説明します。

b 依頼人の過失による誤振込み

(a) 誤振込みと預金契約の成否

　依頼人が誤振込みにより正当な受取人ではない者（便宜上、**誤振込受取人**といいます）の預金口座に振込みをした場合、当該誤振込金について誤振込受取人と被仕向銀行との間に預金契約は成立するのでしょうか。

　過去の学説や下級審裁判例（名古屋高判昭51．1．28金法795号44頁等）は、被仕向銀行と受取人との間において、振込みに係る原因関係が存在する場合についてのみ預金契約を成立させることが合意されていると解すべきであるとして誤振込みによる預金契約の成立を否定してきました。

　これに対して、最判平8．4．26（民集50巻5号1267頁。以下「平成8年判決」といいます）は、①被仕向銀行と受取人の間に適用される普通預金規定には振込みに係る普通預金契約の成否を振込依頼人と受取人との間の原因関係の有無に係らせていることをうかがわせる定めはないこと、②振込みは安全・安価・迅速に資金を移動する手段であって、多数かつ多額の資金移動を

円滑に処理するために振込依頼人と受取人との間の原因関係にかかわらずこれを遂行する仕組みがとられていること等を指摘し、「振込依頼人から受取人の銀行の普通預金口座に振込みがあったときは、振込依頼人と受取人との間に振込みの原因となる法律関係が存在するか否かにかかわらず、受取人と銀行との間に振込金額相当の普通預金契約が成立し、受取人が銀行に対して右金額相当の普通預金債権を取得する」と判示し、誤振込金について誤振込受取人と被仕向銀行との間に預金契約が成立するという立場をとりました。

平成8年判決の事案を敷衍して説明しましょう。「㈱東辰」と「㈱透信」がいずれも「(カ) トウシン」と表記されることから、振込依頼人が「㈱東辰」に対する支払を誤って「㈱透信」に振り込んだところ、「㈱透信」の債権者が誤振込みに係る預金債権を差し押さえたという事案において、振込依頼人は第三者異議の訴えを提起して預金債権に対する強制執行の排除を求めました。原審は誤振込受取人である「㈱透信」の預金契約の成立を否定し、依頼人は、誤振込金の「実質的帰属者たる地位に基づき」差押えの排除を求めることができると判示して振込依頼人の請求を認めました。

これに対して、平成8年判決は、上記のとおり、誤振込金について受取人と被仕向銀行との間に預金契約の成立を肯定し、振込依頼人には差押えを排除する権利はないと判断しました。

したがって、あくまでも振込依頼人は誤振込受取人に対して不当利得の返還請求をする必要があり、誤振込受取人の無資力のリスクを負うことになります。

もっとも、金融機関の側からみた場合、日々大量に行われる振込みについて、その原因となる法律関係が存在するか否かにより預金契約の成否が影響されるとすれば、振込みの法的安定性が害されるため、平成8年判決の結論は支持されるものと考えられます。

平成8年判決は第三者異議の訴えの事案ではありますが、上記のとおり、一般に誤振込金について受取人と被仕向銀行との間に預金契約が成立する旨を述べています。そのため、その後の判例において、平成8年判決を前提としつつ、最高裁や下級審は個々の事案において調整を図っているようにみえ

ます。以下では、こうした流れについてみていきましょう。
　(b)　誤振込受取人による誤振込金の払戻しの正当性

　刑事事件における判例（最決平15.3.12刑集57巻3号322頁）は、誤振込みを受けた受取人は、被仕向銀行に対してこれを告知する義務を負っており、誤振込みであることを知って被仕向銀行から払戻しを受けた場合には、詐欺罪が成立するとしています。したがって、誤振込金について、受取人と被仕向銀行の間に預金契約が成立するとしても、受取人において払戻しを受けることが常に許容されているわけではありません。

　民事事件においても、最判平20.10.10民集62巻9号2361頁は、振込みの原因関係が存在しない場合における受取人の払戻請求について、「払戻しを受けることが当該振込に係る金員を不正に取得するための行為であって、詐欺罪等の犯行の一環をなす場合であるなど、これを認めることが著しく正義に反するような特段の事情があるときは、権利の濫用に当たる」と判示し、一定の場合には受取人による払戻請求が権利の濫用に当たり許容されないとしています。もっとも、当該事案は、夫Ａと妻Ｂの預金通帳が窃盗犯に窃取され、夫Ａの預金が妻Ｂの口座に振り込まれた後（妻Ｂには原因関係の存在しない振込金について預金契約が成立します）、妻Ｂの口座から窃盗犯により払戻しがされたという事実関係のもと、妻Ｂが金融機関に対して、窃盗犯に払い戻された預金について払戻請求をしたというケースであったため、妻Ｂによる払戻請求について、「受取人（注：妻Ｂ）が振込依頼人（注：夫Ａ）に対して不当利得返還義務を負担しているというだけでは、権利の濫用に当たるということはできない」と判示しています。

　(c)　誤振込金に係る預金と被仕向銀行による相殺

　平成8年判決のとおり誤振込金について誤振込受取人と被仕向銀行との間に預金契約が成立するのであれば、被仕向銀行が誤振込受取人に対して貸金債権を有している場合、かかる貸金債権と預金を相殺することにより債権回収することも考えられます。もっとも、下記の裁判例①ないし③のように、被仕向銀行がかかる相殺を行った場合に、振込依頼人から被仕向銀行に対する不当利得返還請求を認容する下級審の裁判例がみられます。

裁判例①（名古屋高判平17．3．17金法1745号34頁）は、受取人が組戻しを承諾していたのにもかかわらず被仕向銀行が相殺を実行した事例において、誤振込金について、正義・公平の観念に照らし、預金契約が成立していないのと同様に構成すべきであり、振込依頼人の損失によって被仕向銀行に誤振込金相当額の利得が生じたといえるとして不当利得返還請求を認容しました。

裁判例②（東京地判平17．9．26金法1755号62頁）は、振込依頼人が組戻しを依頼したが受取人と連絡がとれず、その承諾を得られない状況下で受取人が事実上倒産状態となり、被仕向銀行が相殺を実行した事例において、被仕向銀行が、「振込依頼人から受取人の所在が不明であって組戻しの承諾を得ることができない事情について相当の説明を受けていながら、誤振込みの事実の有無を確認することのないまま、受取人に対する債権をもって当該振込みに係る預金債権を相殺して、自らの債権回収を敢行したような場合には、この債権回収は、振込依頼人に対する関係においては、法律上の原因を欠き、不当利得となるものと解するのが公平の理念に沿うものといえる」と判示して不当利得返還請求を認容しました。

裁判例③（名古屋高判平27．1．29金判1468号25頁）は、被仕向銀行が誤振込みであることを認識しながら振込依頼人に対して誤振込みか否か確認して組戻しの依頼を促すなど対処すべきであったにもかかわらず、たまたま誤振込みがあったことを奇貨として実行した相殺は被仕向金融機関としては不誠実な対応であったといわざるをえないとして、誤振込金につき不当利得返還請求を認容しました。

c　仕向銀行の過失による誤振込み

仕向銀行は、依頼人の指示に基づき被仕向銀行に振込依頼する義務を負うので、自らの過失により誤振込みが生じた場合、引き続き指示どおりの振込依頼をする義務を負います。仕向銀行は、誤振込みを是正するために、被仕向銀行に対して、取消しや訂正の手続をとります。

この点、被仕向銀行では、預金規定において、「この預金口座への振込について、振込通知の発信金融機関から重複発信等の誤発信による取消通知があった場合には、振込金の入金記帳を取り消します」といった規定が置かれ

ているため、仕向銀行が被仕向銀行に取消依頼をすれば、受取人の承諾を得ることなく、当該振込金の入金の取消し・訂正が実現します。もっとも、すでに払い戻されている等の事情により残高不足で返送できない場合には、仕向銀行が受取人に対して不当利得の返還請求をする必要があり、仕向銀行がその回収リスクを負います。

d 被仕向銀行の過失による誤振込み

被仕向銀行は、仕向銀行からの振込通知に基づき受取人の預金口座へ入金手続をする義務を負うので、自らの過失により誤振込みが生じた場合、引き続き振込通知に従って入金手続をする義務を負います。

また、受取人との関係では、誤振込の入金記帳を取り消しますが、すでに払い戻されている等の事情により残高不足で返送できない場合には、被仕向銀行が受取人に対して不当利得の返還請求をする必要があり、被仕向銀行がその回収リスクを負うことになります。

(6) 振り込め詐欺をめぐる問題

a 被害者から被仕向銀行に対する返還請求の方法

依頼人が振込みを行った場合、前記(5)のとおり、振込みの原因行為と受取人の預金契約の成否は切り離して考えるのが判例の立場です。そうすると、振り込め詐欺の被害者が詐欺行為によって振込みをした場合にも、受取人と被仕向銀行の間に預金契約が成立し、被仕向銀行にはなんらの利得もないことから、振り込め詐欺の被害者は被仕向銀行には不当利得返還請求をすることができず、あくまでも、受取人に対して不当利得の返還請求する必要があります。しかしながら、被仕向銀行の預金口座に預金残高が残っている場合に、所在もわからない口座名義人を相手に不当利得返還請求をしなければならないとすれば、被害者の救済に欠けることは明らかです。そこで、詐欺被害者たる依頼人の受取人に対する不当利得返還請求権を保全するために、受取人の預金払戻請求権を債権者代位権に基づき代位行使することを認め、依頼人から被仕向銀行に対する金銭請求を認容する裁判例（東京地判平17．3．30金判1215号6頁）があります。**債権者代位権**とは、債権者が自己の

債権を保全するため、債務者に属する権利を行使することができる権利です（民法423条1項）。

b 振り込め詐欺被害者救済法

多発する振り込め詐欺の救済を図るため、「犯罪利用預金口座等に係る資金による被害回復分配金の支払等に関する法律」（以下「振り込め詐欺被害者救済法」といいます）が平成20年2月21日から施行されました。その概要は以下のとおりです。

① 金融機関は、捜査機関から預金口座の不正な利用に関する情報の提供があること等により犯罪利用預金口座等である疑いがあると認めるときは、当該預金口座に係る取引の停止の措置をとり（振り込め詐欺被害者救済法3条1項）、預金保険機構に対し、当該預金口座に係る預金債権（以下「対象預金債権」といいます）について、消滅手続の開始に係る公告を行うことを求めます（同法4条1項）。

② 預金保険機構は、口座名義人等による権利行使期間（60日以上）等の法定事項を公告します（同法5条1項）。期間内に権利行使がなく、かつ、対象預金口座等が犯罪利用預金口座等でないことが明らかになるといった事情もない場合には、対象預金債権は消滅します。

③ 預金保険機構は、消滅した対象預金債権を支払原資とする被害回復分配金の申請方法に関する公告をします（同法11条）。被害者は公告に定められた支払申込期間内に、金融機関に対して、支払申請をします（同法12条）。

④ 金融機関は、申請書等に基づき申請人が被害者回復分配金を受けることができる者に該当するか否かを決定し（同法13条）、決定を行ったときはその内容を記載した書面を申請人に送付します（同法14条）。

⑤ 上記④の決定後、金融機関は遅滞なく申請人に対して支払を行います。なお、犯罪被害の総額が消滅した対象預金債権の額を超えるときは、被害額の割合で案分した金額を支払います（同法16条）。

4 代金取立て

(1) 代金取立てとは

代金取立てとは、金融機関が取引先や自行の本支店あるいは他の金融機関から手形、小切手、その他の証券類の取立依頼を受け、これを支払人に請求して代金を取り立てる為替取引をいいます（図表5－2参照）。代金取立制度は、手形交換制度と並んで手形、小切手等の証券類の決済制度として重要な役割を果たしています。手形交換制度が手形交換地域という一定地域内の制度であるのに対して、代金取立は遠隔地間の決済制度として為替業務に位置づけられています。

取引先から代金取立ての委託を受けた金融機関（委託銀行）は、支払地所在の自行の店舗や他の金融機関（受託銀行）にその証券類を送付して、取立てを委託します。

委託銀行から証券類の送付を受けた受託銀行は、期日に支払人に対して証券類の取立てを行ったうえ、その結果を為替通知によって委託銀行に通知します。そして、証券類が不渡りになった場合には、受託銀行は直ちに証券類を委託銀行に返却します。特に、証券類の不渡りは、支払人の信用状況がきわめて悪化していることを示すものであり、債権者たる取立依頼人にとっては重要な情報になることに留意する必要があります。

なお、委託銀行と受託銀行の間の資金決済は、振込みの場合と同様に為替通知に基づき全銀センターで集中計算され、日本銀行当座預金の振替えにより決済されます。

図表5－2　代金取立ての流れ

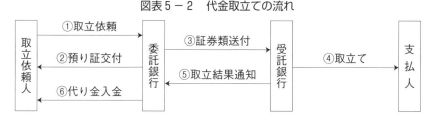

(2) 代金取立ての取立方式

　代金取立ての取立方式は、銀行間の取立事務の合理化を図る観点と取引先の利便を図る観点から検討・改善がされており、全銀内国為替制度のもとでは、①集中取立て、②期近手形集中取立ておよび③個別取立ての3つの方式が一般的な取立方式となっています。これらのうち集中取立てが原則的な取立方式であり、期日が差し迫っているものなど集中取立てによって取り扱うことができないものに限り、期近手形集中取立てまたは個別取立てによることとなっており、事務の効率化が図られています。

a　集中取立て（集手）

　集中取立ては、手形の支払期日に受託銀行から委託銀行宛てに、期日を同じくする手形の合計金額の為替通知を発信して受託銀行から委託銀行へ資金の付替えを行い、不渡りになった手形のみ個別に為替通知を発信して受託銀行から委託銀行へ資金の請求を行うという仕組みです。手形の不渡発生率が低いことに着目して、取立結果1件ごとの為替通知の発信を省略し、事務を効率化するための仕組みといえます。

　委託銀行は、支払期日に依頼人の預金口座へ入金処理し、支払期日の翌営業日の不渡通知期限までに不渡通知がなければ決済が確認できたものとして支払資金とし、不渡通知を受けた場合は、依頼人の預金口座から入金金額を引き落とし、その旨を直ちに依頼人に連絡します（代金取立規定7条）。

b　期近手形集中取立て（期近集手）

　期近手形集中取立ては、集中取立ての対象にならない期日の切迫した手形および小切手を集中取立ての取扱いに準じて取り立てる方式です。取扱いに先立ち、金融機関の間で特約を結んだうえで行います。この特約の主な内容は、相互に集中店を1カ所定め、取立手形の授受や諸連絡などの窓口とすることや対象手形の支払地の範囲を定め相互に通知することです。取立手形は期日の前営業日に授受し、受託銀行は期日に支払地において支払呈示をします。資金決済の方法や不渡りの取扱いは集中取立ての場合に準じます。期近集手は受託銀行の行内搬送体制によって対象地域が制約されますので、地域単位での実施となります。

c 個別取立て

個別取立ては、取立依頼を受けた証券類を1件ごとに委託銀行から受託銀行に送付し、受託銀行は証券類1件ごとに入金報告または不渡通知を委託店に対して発信する取立方式です。その対象となる証券類は集中取立ての対象にならないすべての証券類です。

個別取立てにおいて、受託銀行は、その証券類が自店払いの場合には支払人の預金口座から引落しをしたうえで為替通知を発信し、手形交換で取り立てる場合には、不渡返還時限経過後に為替通知を発信します。為替通知を受信した受託銀行は、入金報告である場合には依頼人の預金口座に入金し即座に支払資金とし、不渡通知である場合には、その旨を依頼人に連絡します。

(3) 当事者間の法律関係

a 依頼人と委託銀行との関係

取立依頼人と委託銀行の間には、証券類の取立事務についての委任契約が成立します。したがって、委託銀行は委任者たる依頼人に対して、善管注意義務を負い（民法644条）、取立てが終了または不渡りにより目的が不達成となった場合には、その結果を取立依頼人に報告する義務を負います（同法645条）。

また、取立依頼人は委託銀行に対して、取立委任裏書（手形や記名式小切手の場合）等により取立事務の処理に必要な取立権限を付与することになるので、本人と代理人の関係が生じるといわれています。

さらに、取立てが完了したときは取立代り金を依頼人の預金口座に入金することになりますので、準消費寄託契約（条件付預金契約）の関係も含むことになります。

b 委託銀行と受託銀行との関係

委託銀行と受託銀行が異なる金融機関である場合、委託銀行と受託銀行との間には、内国為替取扱規則に基づく委任契約が成立します。したがって、受託銀行は、委託銀行に対して善管注意義務を負います。

委託銀行は、受託銀行に証券類の取立てを委託することによって取立権限

を授与することになるため（手形、記名式小切手の場合には取立委任裏書（通常は取立委任印の押印）または取立委任の目的をもってする譲渡裏書、その他の証券類の場合には取立委任印の押印等）、両者は取立依頼人に対する関係で代理人と復代理人（代理人がさらに代理権を授与した者）の立場にあると解されています。その事務処理にあたっては、お互いに信義誠実の原則に立ち、内国為替取扱規則に定めのない事項についても、相互に誠意と信頼をもって対処することが義務づけられています。

c　受託銀行と支払人との関係

受託銀行は取立依頼人の復代理人として、証券上の権利などを行使して支払人に代金の支払を請求します。一方、支払人はその請求に応じて支払をする義務を負うという関係にあります。

(4) 代金取立規定

取立依頼人と委託銀行の間の権利義務関係等を定めたものとして代金取立規定があります。この代金取立規定は、銀行が多数の取引先を相手に、大量の代金取立てを短時間かつ正確に処理するため、代金取立事務の合理化、サービスの向上ならびに契約の適正化を図るものとして、昭和48年4月に全銀協において制定された「代金取立規定」のひな型が使われています。

① 取扱いの対象証券類（代金取立規定1条）

手形、小切手、公社債、利札、配当金領収書、その他の証券類のうち、直ちに預金口座に入金できない証券類は代金取立てとして取り扱うこととしています。

② 要件の補充等（代金取立規定2条）

手形要件、小切手要件の白地は、取立依頼人があらかじめ補充すべき旨を定めるとともに、銀行には白地を補充する義務はないとしています。また、裏書を必要とする証券類については、取立依頼人がその手続をすませること等を定めています。

③ 発送（代金取立規定4条）

銀行が取立依頼を受けた証券類の取立てのための発送について、その時

期、方法は銀行が適当と認めるところによる旨を定めています。
④ 引受けのない為替手形等の取扱い（代金取立規定5条）

引受けのない為替手形や手形交換によって支払呈示のできない証券類については、引受けおよび支払のための呈示をする義務を負わない旨等を定めています。
⑤ 取立代り金の入金等（代金取立規定6条）

代金取立手形の資金化の時期について定めています。すなわち、「期日入金手形」（前記(2)の「集中取立て」「期近手形集中取立て」で扱ったもの）は、手形金額を預金元帳に入金記帳するが、当該金額は支払期日の翌営業日の不渡通知時限までに不渡通知を受信しなかったときに取立てが確認され、この確認後に支払資金とすることを定めています。また、「期日入金手形」以外の証券類（前記(2)の「個別取立て」で扱ったもの）については、銀行間における入金報告を得て、決済を確認のうえ、入金記帳してから支払資金とすることを定めています。
⑥ 証券類の不渡り（代金取立規定7条）

取立依頼を受けた証券類が不渡りになった場合の取扱いについて、不渡通知を届出の住所宛てにすること、「期日入金手形」についてはその金額を預金元帳から引き落とすこと、不渡証券類の返却は受入店舗にて行うこと、不渡証券類の権利保全手続はあらかじめ書面による依頼があったものに限り行うこと等を定めています。

第 2 節　外国為替

　外国為替の基礎

(1) 外国為替とは

a　外国為替の種類

第1節では、為替（隔地者間における金銭債権・金銭債務の決済または資金の

移動)のうち、すべての当事者が国内にいる内国為替について説明しました。本節では、当事者の一方が外国に所在しており、金銭債権・金銭債務の決済または資金の移動が国境を越える外国為替について説明していきます。

主要な外国為替取引には、①外貨両替、②外国送金、③輸出為替、④輸入為替があります。本書では、②ないし④を取り上げます。

b 外国為替の特徴

外国為替は、国境を越える取引になるため、内国為替と比べいくつかの点で違いがあります。

第一に、国内の内国為替制度のような統一の決済制度がないため、資金決済の方法が内国為替に比べ複雑になります。

第二に、通常、当事者の使用する通貨が異なるため、1つの通貨を他の通貨に交換しなければならず、外貨の売買が必要になります。こうした外貨の売買のためのレートが外国為替相場になります。

第三に、外国為替及び外国貿易法(以下「外為法」といいます)等による規制が存します。

(2) 外国為替の決済の方法

第1節で説明したとおり、内国為替取引では、全銀内国為替制度に加盟する金融機関の間では、為替取引に関する契約が自動的に成立し、かつ、為替取引に関する金融機関の間の資金決済は日本銀行に開設する預け金口座を通じて行うことが可能です。

これに対して、外国為替取引においては、基本的に、それぞれの銀行の間で外国為替取引に関する契約(**コルレス契約**といいます)を締結しています。コルレス契約を締結している相手方金融機関を**コルレス先**といい、これを締結しない相手方金融機関を**ノン・コルレス先**といいます。ノン・コルレス先との間では外国為替取引を直接行うことはできません。

コルレス契約においては、両者間の資金決済の方法について合意する必要があります。外国為替取引の取扱銀行の多くは、**SWIFT**(Society for Worldwide Inter-bank Financial Telecommunication)との間で、外国為替取引に関

する通信手段について合意をしています。そこで、コルレス契約には資金決済のためのSWIFTのキー照合に関する条項が含まれています。

コルレス先のなかでも、一方の金融機関（または双方の金融機関）が相手方の金融機関に決済用勘定を開設している場合には、当該決済用勘定を通じて外国為替取引に関する資金決済を行うことができますが、双方共に相手方の金融機関に決済用勘定を開設してない場合には、直接資金決済を行うことができませんので、双方の金融機関が決済用勘定を開設している第三者の金融機関を通じて行うことになります。この決済を行う第三者の金融機関を**決済銀行**といいます。

(3) 外国為替相場

為替相場とは、ある国の通貨と、他の国の通貨との交換比率のことを指します。為替相場は、大別すると、市場相場と対顧客相場に分かれます。

市場相場は、為替ブローカーや金融機関等との間で行われる外貨の売買によって形成されるもので、インターバンク相場とも呼ばれます。東京外国為替市場の実勢相場もその一例となります。

対顧客相場は金融機関と顧客との間の外国為替取引に適用される為替相場で、通常、各金融機関は、外国為替取引の種類ごとにこれを決定しています。

(4) 外為法等による規制

外為法1条は、同法の目的について、「対外取引に対し必要最小限の管理又は調整を行うことにより、対外取引の正常な発展並びに我が国又は国際社会の平和及び安全の維持を期し、もつて国際収支の均衡及び通貨の安定を図るとともに我が国経済の健全な発展に寄与すること」と規定しています。この「対外取引に対し必要最小限の管理又は調整」のために、金融機関または顧客に対して課される義務として、①報告、②本人確認、③適法性の確認等があります。

外為法上、居住者／非居住者という区分により規制が課されていますので、簡潔に説明します。**居住者**とは、日本国内に住所または居所を有する自

然人および日本国内に主たる事務所を有する法人をいいます。**非居住者**とは、居住者以外の自然人および法人をいいます。なお、非居住者の日本国内の支店、出張所その他の事務所は、居住者とみなされます。

　①の報告は、居住者による日本から外国へ向けた3000万円を超える支払等（ただし輸出入代金の支払は除きます）について居住者に対して報告義務が課されており、金融機関を経由した支払等の場合には、金融機関が居住者から報告書の提出を受け、日本銀行経由で財務大臣に提出します（外為法55条）。

　②の本人確認は、10万円を超える外国への送金等を依頼された場合（外為法18条）や外貨預金口座・非居住者預金口座の開設等の資本取引に係る契約を締結する場合（同法22条の２）等について、金融機関に取引相手の本人確認が義務づけられています。

　③の適法性の確認は、金融機関は、顧客から支払等の申込みを受けた場合、これらが外為法上の許可・承認を必要とする取引に該当しないことを確認する義務を課されています（外為法17条）。

　また、外為法のほかにも、「内国税の適正な課税の確保を図るための国外送金等に係る調書の提出等に関する法律」（国外送金等調書法）や「犯罪による収益の移転防止に関する法律」（犯収法）においても、金融機関に対して本人確認や取引時確認等の義務が課されています。

2　外国送金

(1) 総　説

　外国送金とは外国への送金である仕向送金と外国からの送金である被仕向送金を総称したものです。外国送金は、輸入代金の決済のほか、貿易外取引でも利用されます。

　なお、外国送金に際しては、異なる通貨の両替が発生することが多くなりますが、送金する外貨に代わって円貨を外国銀行に対して支払う場合に適用される外国為替相場が**電信売相場**（TTS）であり、外国から送金された外貨を受取人が円貨で受け取る場合に適用される外国為替相場が**電信買相場**

(TTB) です。

(2) 仕向送金

仕向送金の場合、コルレス契約を締結している被仕向銀行に支払指図書を送り、支払を依頼することによって行いますが、その手段には①電信送金（T/T：Telegraphic Transfer）、②郵便付替（M/T：Mail Transfer）、③送金小切手（D/D：Demand Draft）の3つの方法があります。

電信送金とは、送金依頼人の委託を受けた送金銀行が、外国の銀行に対し、SWIFTまたはテレックス・ファクシミリ等により代金を受取人により支払うよう指図する方法です。実務上はSWIFTを利用した外国送金が最も一般的です。

郵便付替えとは、送金銀行から外国銀行に対する電信送金と同様の指図を、航空郵便により行う方法です。

送金小切手とは、送金依頼人の委託に基づき送金銀行が作成した小切手で、外国の銀行を支払人とし受取人を指定したものです。送金依頼人からの郵送等により送金小切手を受け取った受取人は、これを支払銀行に呈示して代金の支払を受けます。

いずれにしても、送金は、送金人の依頼を受けた金融機関が自行と取引のある銀行に対し、送金人の指定する受取人への支払を委任する取引ということになります。

(3) 被仕向送金

被仕向送金は、仕向送金の場合と逆の流れになり、被仕向銀行が外国銀行からの送金依頼を受け、受取人に対して支払をすることになります。被仕向銀行は外国銀行から支払の委任を受けた者として、正当な受取人に送金額を支払う義務を負います。

特に、郵便送金や送金小切手については、金額や受取人の記載を偽造・変造されるリスクがあり、送金小切手にはさらに不正裏書のリスクもあるので、受取人の信用によっては、支払に先立って、仕向銀行に発行確認を行う

などの慎重な対応が必要です。

3　輸出為替

(1) 貿易取引の基本事項

a　総　　説

　貿易には輸出と輸入があります。輸出者の取引金融機関として取引に関与する場合が**輸出為替**であり、輸入者の取引金融機関として取引に関与する場合が**輸入為替**ですが、両者はどちらの取引当事者の立場から取引をみるかの違いですから、取引全体の基本的な流れは変わりません。

　そこで、輸出為替の個別的な説明に入る前に、まずは、輸出為替・輸入為替に共通する貿易取引の基本事項について説明します。

b　荷為替手形による貿易代金の決済

　貿易代金の決済方法としては、**送金**によるものと、**荷為替手形**によるものがあります。送金は前記2で説明した送金為替によって資金決済するものですので、本項では荷為替手形によるものを説明していきます。

　為替手形とは、輸出者が支払人宛てに振り出す手形で、受取人その他の手形所持人に対して一定金額を、その請求に応じて支払うことを書面をもって指図し委託する有価証券になります。荷為替手形とは為替手形のうち、付帯貨物を表示する書類（船積書類）を伴うものを指します。輸出者は金融機関に荷為替手形の取立てを依頼するか、買取りをしてもらうことにより代金を回収します。

　輸入者が貨物を受け取るためには船荷証券を船会社に呈示する必要がありますが、船積書類は荷為替手形の取立依頼を受けた取立銀行または信用状発行銀行に送付され、輸入者は輸入代金の決済をしないとこれを受領することができません。

　前記2の送金為替による決済の場合、商品の到着前に輸入者が決済を行うとすれば、輸入者が商品入手リスクを負うことになり、商品到着の後に決済を行うとすれば、輸出者が代金回収リスクを負うことになるのに対し、荷為

替手形による決済の場合、船積書類の引渡しや輸入代金の決済に銀行が介在するため、輸入者と輸出者の上記リスクを平準化することができます。

c　船積書類

貿易取引に使用する荷為替手形には船積書類の添付が必要となります。船積書類の種類としては、①**インボイス**（商業送り状）、②**船荷証券**、③**航空貨物運送状**、④**保険証券**等があります。

(a)　インボイス（Invoice）

インボイスとは、輸出者が輸入者に宛てた出荷案内兼請求書で、当事者、商品名、数量、単価、船積港／出発空港、陸揚港／到着空港等の取引の基本条件が記載されています。

(b)　船荷証券（B/L：Bill of Lading）

船荷証券とは、海上運送人が貨物の受取りおよび船積みを証明し、券面上の条件に従って海上運送を行い、指定の陸揚港において貨物を正当な所持人に引き渡すことを約束した有価証券です。つまり、船荷証券を占有することは貨物を占有することと同義になります。

船荷証券は、①裏書によって譲渡できる、②船荷証券によらなければ貨物の引渡しを請求できない、③証券の呈示があれば貨物を引き渡さなければならない、といった有価証券としての特性を備えています。

(c)　航空貨物運送状（Air Waybill）

貨物を空輸する場合に航空会社は**航空貨物運送状**を発行します。これは輸出者から貨物を受領したことを示す受取証であるとともに、運送契約の締結や運送条件を証明する証拠書類ですが、船荷証券のような有価証券ではありません。

(d)　保険証券（Insurance Policy）

保険証券は、貨物の運送中の事故によって生ずる損害をてん補することを目的とする貨物保険契約について、その成立および内容を証明する証拠書類になるものであり、有価証券ではありません。しかし、商慣習により英文海上保険証券は、証券の裏書譲渡によって保険金請求権の譲渡を行うことができます。

d 信用状

(a) 信用状の意義

前記のとおり、貿易代金の決済は、輸出者が為替手形を振り出す方法によりますが、このように債権者である輸出者が債務者である輸入者に対して銀行を通じて債権の取立てを行う為替の仕組みを逆為替といいます（第1節1(2) d(a)参照）。輸出者は、荷為替手形の取立てを金融機関に依頼することになりますが、金融機関が当該荷為替手形を買い取ってくれれば、輸出者はより早期に代金の回収をできます。他方、金融機関は買取りをすれば代金回収リスクを負いますので、輸入者の信用力が重要になります。そこで、信用状という仕組みが利用されています。

信用状（L/C：Letter of Credit）とは、信用状発行銀行がその記載に従って支払をなすこと等を約束する書状です。貿易取引においては、輸入者の取引銀行たる信用状発行銀行が一定の条件（信用状発行銀行に到着した船積書類が信用状条件に合致していること）のもとで、受益者（＝輸出者）に対して一定金額の支払を約束する信用状が一般的であり、**荷為替信用状**と呼ばれます。

荷為替信用状の発行銀行は、信用状条件に合致する船積書類の呈示があれば、当該信用状に係る主たる債務者として支払を行うことになります（つまり、保証債務ではありません）。

輸入者の所在地の信用のある金融機関による荷為替信用状付きの荷為替手形であれば、輸出者は、当該手形を金融機関に買い取ってもらうことが容易になり、早期の資金回収に資することになります。

(b) 信用状の種類

荷為替信用状は、性質や利用目的などによっていくつかの種類に分かれていますが、最も広く利用されているのは**取消不能信用状**（Irrevocable Credit）です。信用状発行銀行は、関係者全員の同意がない限り、取消不能信用状の支払確約等の取消し・変更をすることができません。なお、後述する信用状統一規則にのっとって作成されている信用状については、特段の記述がない場合は取消不能信用状とみなされることになっています。

このほか、よく利用されるものに、**スタンドバイ信用状**（Stand-by Creditit）があります。スタンドバイ信用状は、債務不履行を担保することを目的とする信用状で、たとえば、本邦企業の現地法人が現地の外国銀行から融資などの与信を受けるに際して、その債務の弁済を担保するため、本邦銀行が当該外国銀行に差し入れるなど、貿易外取引にも利用されます。

(c) 信用状統一規則と取立統一規則

国際商業会議所（ICC：International Chamber of Commerce）は、信用状取引に関して「荷為替信用状に関する統一規則および慣例」（2007年改訂。以下「**信用状統一規則**」といいます）、手形の取立てに関して**取立統一規則**（1995年改訂）というルールを定めており、法律や条約に該当するものではないものの、実務上、これが世界的に広く受け入れられています。

もっとも、法律等ではありませんので、信用状統一規則や取立統一規則に準拠する旨の当事者の合意が必要になります。信用状統一規則への準拠については、通常、信用状にその採択文言が記載されています。

信用状統一規則には、信用状発行銀行や通知銀行の責任や義務の範囲、船積書類の記載や取扱い等について規定されており、取立統一規則には、手形の呈示、支払、引受けおよび引渡し等について規定されています。

(2) 信用状付輸出為替

信用状付輸出為替の取引の具体的な流れは次のとおりです。

なお、以下の説明では、特に断らない限り、「信用状」とは荷為替信用状を意味するものとします。

a 取引の流れ

① 輸出者と輸入者との間で商品の売買契約を締結します。
② 輸入者は自己の取引銀行（信用状発行銀行）に対し、信用状の発行を依頼します。
③ 信用状発行銀行は輸入者の依頼を受けて信用状を発行し輸出者に信用状発行を通知します。
④ 輸出者は輸出貨物を船会社に引き渡します。
⑤ 船会社は輸出者に対して船荷証券を発行します。

⑥ 輸出者は船積書類を作成し、これを添付のうえ、買取銀行に対して荷為替手形を買取依頼します。
⑦ 買取銀行は、荷為替手形を買い取り、添付された船積書類も受領して、輸出者に対して買取代り金を支払います。
⑧ 買取銀行は、荷為替手形および船積書類を信用状発行銀行に対して送付し、信用状に基づく代金決済請求をします。
⑨ 信用状発行銀行は送付を受けた船積書類が信用状で指定した条件と一致していることを確認のうえで、輸入者に対して船積書類の到着案内をします。
⑩ 輸入者は信用状発行銀行に対して荷為替手形代金を支払います。

図表5－3　信用状付輸出為替の流れ

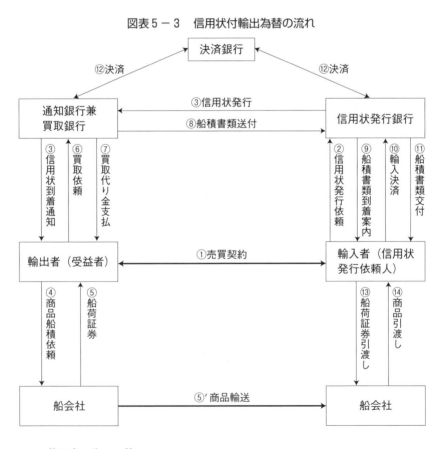

⑪ 信用状発行銀行は船積書類を輸入者に交付します。
⑫ 一方の金融機関（または双方の金融機関）が相手方の金融機関に決済用勘定を開設している場合にはこれを通じて、決済用勘定がない場合には決済銀行を通じて、信用状発行銀行と買取銀行の間で輸入代金を決済します。
⑬ 輸入者は船会社に対して船荷証券（貨物引渡指図書）を提出し、輸入貨物の引渡しを受けます。

b　ドキュメント・チェック

輸出者から船積書類および荷為替手形の呈示および買取依頼を受けた金融機関は、これらの書類が信用状や信用状統一規則に合致しているか、また、船積書類相互間に矛盾がないかを点検します。この作業を**ドキュメント・チェック**といいます。

ドキュメント・チェックで問題がなければ買取銀行は船積書類および荷為替手形を買い取ります。買取りにあたり、買取銀行は、手形金額を当日の為替相場で円貨換算し、郵送料等を差し引いたうえ、輸出者口座に入金します。買取銀行は、買い取った書類を海外へ発送し代金決済を要求しますが、そこで決済を受けるまでの期間、輸出者のために銀行が立て替えたのと同様になりますので、与信行為となります。

c　ディスクレの対処

荷為替手形・船積書類と信用状条件との間の不一致を**ディスクレ**（Discrepancy）といいます。ディスクレがある場合、信用状発行銀行は支払義務を負いませんので、支払を拒絶される可能性があります。

買取依頼人たる輸出者による不備事項の訂正が可能な場合には、輸出者に対してこれを求めます。

これに対し、ディスクレの内容が輸出者による修正が不可能なものである場合には、①輸出者から依頼を受けた輸入者による信用状発行銀行への信用状条件の変更の依頼、②買取銀行から信用状発行銀行に対する電信による買取可否の照会（**ケーブル・ネゴ**と呼ばれています）といった方法により、ディスクレの解消や支払拒絶の回避を模索することが考えられます。

また、ディスクレの内容が軽微で、かつ、輸出者の信用が十分である場合には、信用状発行銀行による支払が拒絶されたときは輸出者が手形を買い戻す旨の保証書を差し入れさせたうえで、買取りを行う場合もありえます。

買取りに応じられない場合には、後記(4)の取立ての方法によることになります。

(3) 信用状なし輸出為替

信用状の裏付けがない売買契約に基づき輸出者が振り出した荷為替手形であっても、輸出者の信用が高い場合や、独立行政法人日本貿易保険（NEXI）の運営する**輸出手形保険**（保険契約者および被保険者は買取銀行となり、荷為替手形の額面金額を保険価格として、発生した損失の95％がNEXIより支払われます）を利用できる場合には、荷為替手形の買取りに応ずることがあります。

この場合の取引の流れは、信用状による支払確約がない点を除いて前記(2)の信用状付輸出為替の買取りの場合とおおむね同じです。

なお、信用状なし荷為替手形には、①荷為替手形の送付を受けた取立銀行が、輸入者による手形の支払と引き換えに船積書類を交付する**D/P**（Documents against Payments）と②期限付荷為替手形の送付を受けた取立銀行が、輸入者による手形引受と引き換えに船積書類を交付する**D/A**（Documents against Acceptance）があります。

(4) 輸出為替の取立て

前記(2)、(3)の場合のほかに、信用状の裏付けがなく、輸出者の信用が高くもなく、かつ、輸出手形保険も利用できない場合や、船積書類に重大なディスクレがある場合があります。このような場合には、金融機関は荷為替手形を買い取らずに、代金取立手形として扱うことがあります。代金取立てにおいて、金融機関の取立依頼人に対する支払は、取立委任を受けた代金取立手形が支払地で取り立てられ、取立銀行から代り金の振込みがあった後に行うことになります。かかる代金取立てに関しては、前記(1) d (b)に記載のとおり、取立統一規則が存在します。

なお、取立依頼人と依頼を受けた金融機関の間には委任契約が成立しますので、当該金融機関は取立依頼人に対して善管注意義務を負います。

4　輸入為替

(1) 総　論

輸入為替は、輸出為替の取引を輸入者からの観点からみることになるものの、その取引の流れは輸出為替とおおむね変わりません。大きく分けると、**信用状付輸入為替**と**信用状なしの輸入為替**に分かれます。

(2) 信用状付輸入為替

信用状付輸入為替の取引の流れは、前記3⑵に記載の信用状付輸出為替の取引の流れと同様です。輸入為替の場合には、輸入者が日本におり、日本の銀行が輸入者の依頼に基づき輸出者宛てに信用状を発行するケースが想定されます。輸入者が銀行と信用状付輸入為替取引を行うには、銀行に対して**信用状取引約定書**を差し入れる必要があります。

銀行が、輸入者の依頼に基づいて輸出者を受益者とする信用状を発行した場合、銀行は、輸出者の提示する船積書類が信用状条件を満たすことを条件に、輸出者や輸出者が指図した者に対して、手形の支払を確約することになります。信用状発行銀行が受益者に対する支払義務を履行した場合、信用状発行依頼人に対して償還請求権を取得します。

なお、信用状発行段階で、輸入貨物が日本に到着して代金支払義務が発生したときに、輸入者自身が直ちに手元資金で決済をするのか、または、後記⑷bの輸入ユーザンスを利用するのか、さらに、輸入ユーザンスを利用するとして、ユーザンス期限における支払を手元資金や販売代金で行うのか、またははね返り金融を利用するのかなどについても決定します。

(3) 信用状なし輸入為替

輸入者サイドが信用状を発行しない場合、輸入者の取引銀行は、前記3⑷

の裏返しとして、海外の銀行から荷為替手形の代金取立ての依頼を受けることが多いと思われ、これを被仕向取立手形といいます。

　仕向銀行たる海外の銀行と被仕向銀行たる輸入者の取引銀行は、為替取引契約（コルレス契約）を締結していることが前提になります。したがって、両者は委任の関係にありますので、仕向銀行は被仕向銀行に対して善管注意義務を負います。被仕向銀行は、仕向銀行からの取立委任に基づき、支払人たる輸入者に対し支払請求をなし、仕向銀行の指図に従い支払を受けた代金を送金するなどの事務を行います。

(4) 輸入金融
a　輸入金融の必要性

　輸入者は、原則として船積書類などの輸入書類が到着した時点で代金を支払う義務を負います。しかしながら、輸入者が引渡しを受けた貨物を国内で販売し、代金を回収するまでには時間を要するため、輸入書類の到着時点で直ちに自己資金でこれを支払うことができるとは限りません。このような場合には、輸入者が販売代金を回収するまでの間、資金調達が必要になります。その方法は支払の猶予（ユーザンス）によることになり、一般に**輸入ユーザンス**と呼称されています。

b　輸入ユーザンスの種類

　金融機関の提供するユーザンスの種類として、①**自行ユーザンス**（本邦ユーザンス、本邦ローンなどとも呼ばれています）、②**外銀ユーザンス**、③**自行アクセプタンス**があります。

① 　自行ユーザンス

　　輸入者の取引銀行が自己の資金で輸入者に代わって輸入代金の対外決済を行うことで、輸入代金の支払を一定期間猶予する方法です。信用状で振出しを要求する為替手形は一覧払いです。図表５－３のなかの⑩の輸入決済に先立って、⑫の決済が行われることになります。なお、この自行ユーザンスの供与には、後記ｄの荷物貸渡しを伴います。

② 　外銀ユーザンス

外銀ユーザンスは期限付手形の振出しを条件とする信用状の発行を前提とします。

　信用状発行銀行は、あらかじめニューヨークやロンドンのコルレス先の銀行との間で手形引受の契約を締結し、当該コルレス先の銀行を手形の引受人とした期限付為替手形を振り出すことを認める信用状を発行します。輸出者は、信用状条件に従い、コルレス先の銀行を引受人とした期限付為替手形を振り出したうえ、取引銀行経由で引受銀行に引受け・割引を依頼します。引受銀行は、手形を引き受け、かつ、割り引いたうえで、手形の期日において、信用状発行銀行名義の口座から引き落として資金の回収をします。このように、輸入者は引受銀行が信用状発行銀行名義の口座から引落しをするまでの間、信用状発行銀行に対して支払をする必要が生じないため、支払の猶予を得ることができます。

③　自行アクセプタンス

　信用状の条件として、信用状発行銀行を手形の引受人・支払人とする期限付為替手形の振出しを要求し、信用状発行銀行は、信用状条件どおりの船積書類が到着した場合、手形を引き受けて期日の支払を確約します。輸入者は、信用状発行銀行による支払期日までの間、同行に対する支払をする必要がありませんので、支払の猶予を得ることができます。

c　はね返り金融

　上記bのユーザンスの期間内に輸入者が代金回収することができれば問題は生じませんが、航海に多くの日数がかかる、原材料を輸入した後、加工販売するために日数がかかる等の理由により、ユーザンスの期間内に輸入者の代金回収が実現しない場合もあります。このような場合、ユーザンスの期間終了後に、引き続き取引銀行が円融資を行う場合があり、これを**はね返り金融**と呼んでいます。

d　荷物貸渡し

　信用状取引約定書の規定により、信用状取引で輸入された貨物は、輸入者による決済までの間、譲渡担保として信用状発行銀行に所有権が帰属します。船積書類の到着後に輸入者が直ちに輸入代金を決済することができれ

ば、貨物は担保ではなくなり、貨物の引渡しを受けることができますが、前記ｂに記載のとおり、輸入者が必ずしも直ちに決済できるとは限りません。その場合、輸入ユーザンスを利用することが一般的であることはすでに述べたとおりですが、輸入ユーザンスは、あくまでも輸入代金の決済を一定期間猶予するのみであり、これにより貨物の所有権が銀行から輸入者に移転するわけではありません。

　もっとも、輸入ユーザンスの利用目的は、貨物を引き取って販売するまでの間の金融を得ることにあるのですから、輸入者が貨物の引渡しを受けることができなければ、その目的を達することができません。

　そこで、銀行が、貨物の所有権を保有したまま、輸入決済前に当該貨物を輸入者に貸し渡し、輸入者が銀行に対し、輸入担保荷物保管証を差し入れるという取引が行われており、これを**荷物貸渡し**（T/R：Trust Receipt）といいます。

　荷物貸渡しの法的性質については、銀行が輸入者に輸入貨物を寄託して、輸入者は銀行の代理人として貨物を売却するといった見解や、銀行が輸入者に貨物の売却を寄託して自己の名義で貨物を売却するといった見解がみられます。いずれにしても、銀行は輸入者の手元に貨物がある間は取戻権の行使により貨物を取り戻すことができますが、これが善意無過失の第三者に売却された場合には、民法192条の即時取得の規定により当該第三者が所有権を取得するため、銀行は貨物を取り戻すことができなくなります。

e　荷物引取保証

　台湾、香港、韓国などの近隣諸国からの輸入の場合、輸出者の作成した船積書類が買取銀行から信用状発行銀行に送付されるよりも先に、輸入貨物が日本に到着するケースがあります。こうした場合、輸入者としては船積書類の到着を待たずに、貨物の引渡しを受け、これを国内で販売したいというニーズがあります。しかし、輸入者が貨物の引渡しを受けるためには、船会社に対して、船積書類として送付される船荷証券を呈示する必要があります。

　そこで、このような場合に、輸入者と銀行が連名で**荷物引取保証状**（L/G：Leter of Guarantee）を発行し、船会社にこれを差し入れることで、

船会社が貨物を輸入者に引き渡すという商慣習があります。これを**荷物引取保証**といいます。

荷物引取保証状には、①船荷証券は未着であるが、船荷証券を呈示することなく貨物を引き渡してほしいこと、②船荷証券の呈示なくして貨物を引き渡したことにより船会社に損害が生じた場合、輸入者と銀行が連帯して損害を賠償することを記載します。

信用状発行銀行が船積書類の送付を受けた場合には、輸入者を通じて、船荷証券を船会社に引き渡し、そのかわりに荷物引取保証状を回収します。これにより銀行の保証は解除されます。

第 6 章

付随業務・その他の業務

第1節 金融機関が行う業務の分類

1 固有業務

「銀行」とは、内閣総理大臣の免許を受けて銀行業を営む者をいいます（銀行法2条1項）。「銀行業」とは、①預金または定期積金の受入れと資金の貸付けまたは手形の割引とを併せ行うこと、②為替取引を行うことのいずれかを行う営業をいいます（同条2項）。

したがって、銀行が、①預金または定期積金等の受入れ、②資金の貸付けまたは手形の割引、③為替取引を業務として行えることはいうまでもありません（同法10条1項）。これらの業務は、「**固有業務**」と呼ばれています。

しかし、銀行が「固有業務」以外の業務を行うことは、銀行法により制限されています。なぜならば、銀行は、多数の一般公衆から預金を受け入れ、これを原資として融資を行うとともに、隔地者間の資金授受を媒介するという公共的使命を担っており、その経営の健全性が求められるからです。

銀行が、固有業務以外に行うことができる業務は、付随業務（同条2項）、他業証券業務等（同法11条）、法定他業（同法12条）に分類されます。

2 付随業務

付随業務とは、銀行業に付随する業務、すなわち、固有業務と関連性や親近性のある業務をいいます。

付随業務の範囲は、銀行法10条2項各号に列挙されていますが、同項柱書には「次に掲げる業務その他の銀行業に付随する業務」と定められています。つまり、同項各号は、付随業務を例示したにすぎません。付随業務の外延は確定的なものではなく、社会経済の変化に伴って、広がっていくことが想定されています。

付随業務の詳細については、第2節にて解説します。

3 他業証券業務等

(1) 総　説

他業証券業務等とは、固有業務にも付随業務にも当たらないものの、固有業務の遂行を妨げない限度において行うことができる業務です（銀行法11条）。銀行は、金融仲介機能を発揮して、国民経済の健全な発展に寄与することが求められているため、他業証言業務等は、あくまで副次的な業務であり、固有業務の遂行を妨げない限度において行うことができると定められているのです。

他業証券業務等には、①投資助言業務（同条１号）、②有価証券関連業務（同条２号）、③自己信託に係る事務に関する業務（同条３号）、④地球温暖化対策関連業務（同条４号）があります。

(2) 投資助言業務

投資助言業務とは、有価証券の価値等または金融商品の価値等の分析に基づく投資判断に関し、口頭、文書その他の方法により助言を行うことを約し、相手方がそれに対し報酬を支払うことを約する契約（投資顧問契約）を締結し、当該契約に基づいて助言を行う業務のことです（金商法28条６項・３項１号、２条８項11号）。

なお、銀行が投資助言業務を行うには、内閣総理大臣の登録を受ける必要があります（同法33条の２柱書）。

(3) 有価証券関連業務

有価証券関連業とは、有価証券の売買またはその媒介、取次ぎもしくは代理、有価証券関連デリバティブ取引などをいいます（金商法28条８項）。

銀行は、原則として、有価証券関連業を行うことができません（同法33条１項本文）。しかし、銀行は、例外的に、一定の範囲の有価証券関連業を行うことができます（同条２項各号）。この場合、内閣総理大臣の登録を受ける必要があります（同法33条の２第２号）。

なお、例外的に許容される有価証券関連業のすべてが他業証券業務等とされるのではなく、その一部は、付随業務と位置づけられています。
　例外的に銀行に許容された有価証券関連業の詳細については、第3節に解説しています。

(4) 自己信託に係る事務に関する業務

　自己信託とは、特定の者（委託者）が一定の目的に従い自己の有する一定の財産の管理または処分およびその他の当該目的の達成のために必要な行為を自ら受託者として行うことをいい、その旨の意思表示は公正証書等によって行う必要があります（信託法3条3号）。
　自己信託に係る事務とは、自己信託による信託の受託者として事務を行うことをいいます。具体的には、銀行が保有する貸付債権などを自己信託し、信託財産を受益者のために管理・処分すること等がこれに当たります。
　なお、自己信託による信託の受益権を50名以上が取得することができる場合には、内閣総理大臣の登録を受ける必要があります（信託業法50条の2第1項本文、同法施行令15条の2）。また、この登録は、3年ごとに更新する必要があります（信託業法50条の2第2項、7条2項ないし4項）。

(5) 地球温暖化対策関連業務

　地球温暖化対策関連業務とは、算定割当量を取得し、もしくは譲渡することを内容とする契約の締結またはその媒介、取次ぎもしくは代理を行う業務をいいます（銀行法施行規則13条の2の5）。
　なお、算定割当量（いわゆる排出権）とは、地球温暖化対策の推進に関する法律2条6項に定義されている算定割当量のことであり、温室効果ガスについて二酸化炭素1トンを表す単位により表記されるものをいいます。

4 法定他業

(1) 他業禁止

銀行は、固有業務、付随業務、他業証券業務等および他の法律により営むことができる業務のほか、他の業務を営むことはできません（銀行法12条）。

(2) 他の法律により認められる業務

他の法律により認められる業務としては、①担保付社債信託法による担保付社債信託業務、②兼営法による信託業務、③保険業法による保険募集業務、④当せん金付証票法による宝くじに関する業務などがあります。

このうち、①の**担保付社債信託業務**とは、物上担保付社債を発行しようとする会社と信託契約を締結し、信託財産である担保権を総社債権者のために取得、管理、保全、実行する業務です（担保付社債信託法36条）。また、受託会社は、担保付社債の管理に関して、社債管理者と同一の権限を有し、義務を負います（同法2条2項、35条）。つまり、受託会社は、社債権者のために、弁済の受領、債権の保全その他の社債の管理を行います。その一方、受託会社は、発行会社のために、募集に関する事務等も行います。担保付社債に関する信託事業は、内閣総理大臣の免許を受けた会社でなければ営むことができませんが（同法3条）、兼営法の免許を受けた銀行は、担保付社債に関する信託事業の免許を受けたものとみなされます(担保付社債信託法4条)。

なお、②の信託業務の詳細については第5節に、③の保険募集業務の詳細については第6節に、それぞれ解説しています。

5 銀行以外の金融機関が行うことができる業務

商工組合中央金庫および協同組織金融機関が行うことができる業務も、銀行と同様に、固有業務、付随業務、他業証券業務等に区分されています。

第 2 節　付随業務

銀行法に列挙された付随業務

銀行法10条2項各号に列挙された付随業務の内容は、次のとおりです。

(1) 債務の保証・手形の引受け

債務の保証・手形の引受け（銀行法10条2項1号）とは、取引先の委託に基づいて、取引先が第三者に対して負担する債務を保証する業務のことであり、「支払承諾」と総称されます。取引先は銀行の保証によって自らの信用を補完することができ、その半面、銀行は取引先から保証の対価として保証料を得ることができます。

支払承諾を行った銀行は、当初は資金を使用する必要がありませんが、取引先が第三者に対する債務を履行できないときには、取引先に代わって第三者に対して債務を履行しなければなりません。その場合には、銀行は求償権を取得し、取引先にその弁済を求めることになります。つまり、支払承諾も与信取引の一種です。

(2) 有価証券の売買・有価証券関連デリバティブ取引

有価証券の売買・有価証券関連デリバティブ取引（銀行法10条2項2号）とは、銀行が自ら投資の目的でまたは書面取次ぎ行為として、有価証券の売買または有価証券関連デリバティブ取引を行うことです。なお、本号にいう有価証券には、後記(5)の金銭債権と(7)の短期社債等は含まれません。

投資の目的での有価証券の売買とは、資産の運用として、有価証券の購入・売却等を行うことをいいます。銀行は、預金業務等により受け入れた資金をもとに融資を行いますが、融資に回らなかった資金を国債・株式・社債等の有価証券の投資等に振り向けるのは当然であると考えられています。

有価証券関連デリバティブ取引は、有価証券を原資産とし、または有価証

券の価格・利率等を参照指標とするデリバティブ取引です（銀行法10条4項、金商法28条8項6号）。有価証券関連デリバティブ取引は、有価証券の価格変動リスクをヘッジしたり、有価証券の価格変動を利用して利益を得たり（アービトラージ）することができるため、経済的には有価証券の売買と同等であるといえます。

　書面取次ぎ行為とは、顧客の書面による注文を受けてその計算において有価証券の売買または有価証券関連デリバティブ取引を行うことをいいますが、銀行が顧客に対して勧誘しまたは銀行が行う投資助言業務に関して顧客から注文を受けて行われるものは、除かれます（銀行法10条4項、金商法33条2項）。つまり、受動的な立場で、かつ、書面によって顧客の意思を確認して行われる場合に限り、銀行は有価証券の売買等の取次ぎをすることができることになります。

(3) 有価証券の貸付け

　有価証券の貸付け（銀行法10条2項3号）とは、銀行が国債などの有価証券を取引先に貸し付けることであり、**貸付有価証券**と呼ばれる取引です。銀行は、取引先から貸付料を得ることができる半面、貸し付けた有価証券が返却されないリスクを負担することになります。

(4) 売出し目的のない公共債の引受け・募集の取扱い

　「売出しの目的をもってしない引受け」とは、有価証券の全部または一部につき他にこれを取得する者がない場合にその残部を取得することを内容とする契約をすることを意味します（金商法2条6項2号参照）。

　したがって、売出し目的のない公共債の引受け・募集の取扱い（銀行法10条2項4号）とは、銀行が新たに発行される国債、地方債もしくは政府保証債について、国、地方公共団体等の発行体のために募集の取扱いを行った後、売れ残った公共債を自ら買い取ることです。

　なお、「政府保証債」とは、政府が元本の償還および利息の支払について保証している社債その他の債券をいいます（同法10条5項）。

(5) 金銭債権の取得・譲渡

　金銭債権の取得・譲渡（銀行法10条2項5号）とは、取引先が有する金銭債権を銀行が買い取ることや、銀行が有する金銭債権を他の金融機関や投資家に譲渡することです。

　金銭債権は、売掛債権だけでなく、譲渡性預金（NCD）、コマーシャル・ペーパー（CP）、貸付債権信託の受益権証書、抵当証券など証書をもって表示されるものが含まれ（銀行法施行規則12条）、金商法上の有価証券に該当するものもあります。

　なお、ここでいう「取得または譲渡」には、銀行が投資の目的で行う売買に限らず、顧客間の売買をあっせんする行為までも広く含むと解されています。このため、証書をもって表示される金銭債権のうち有価証券に該当するものについては、金商法上の売買・市場デリバティブ取引、それらの媒介・取次ぎ・代理・引受け等に該当する行為も、銀行法上の付随業務であることが明確化されています（銀行法10条6項）。

(6) 売出し目的のない特定社債等の引受け・募集の取扱い

　売出し目的のない特定社債等の引受け・募集の取扱い（銀行法10条2項5号の2）とは、銀行が、新たに発行される特定社債等について、特定目的会社等のために募集の取扱いを行った後、売れ残った特定社債等を自ら買い取ることです。

　特定社債とは、資産の流動化に関する法律（以下「資産流動化法」といいます）に基づいて設立される特定目的会社が発行する特定社債のことです（銀行法10条7項）。**特定目的会社**は、いわゆるSPCの一つであり、あらかじめ定められた資産流動化計画に基づいて、資金を調達し、その資金をもって資産を取得し、その資産から生じた収益を投資家に分配する業務しか行いません。本号の業務の対象となる特定社債は、指名金銭債権または指名金銭債権を信託する信託の受益権のみを取得するためのものに限られます。

(7) 短期社債等の取得・譲渡

短期社債等の取得・譲渡（銀行法10条2項5号の3）とは、社債等振替法66条1号に規定する**短期社債**（いわゆる電子CP）など（銀行法10条3項）を取得または譲渡することです。

なお、ここでいう「取得または譲渡」には、銀行が投資の目的で行う売買に限らず、顧客間の売買をあっせんする行為までも広く含むと解されています。短期社債等は金商法上の有価証券に該当しますが（金商法2条2項柱書・1項5号など）、売買・市場デリバティブ取引、それらの媒介・取次ぎ・代理・引受け等に該当する行為も、銀行法上の付随業務であることが明確化されています（銀行法10条6項）。

(8) 有価証券の私募の取扱い

私募の取扱い（銀行法10条2項6号）とは、有価証券を発行する者（発行体）のために、私募を行うことをいいます（同条8項、金商法2条3項）。なお、本号にいう有価証券には、前記(5)の金銭債権と(7)の短期社債等は含まれません。

「募集」と「私募」の区別については、第3節に解説しています。

(9) 地方債または社債等の募集・管理の受託

地方債または社債等の募集・管理の受託（銀行法10条2項7号）のうち、**募集の受託**とは、社債等の発行・利払い・償還を円滑に行うため、募集に関する事務等を行うことを意味します。具体的には、銀行は、発行体の委託を受けて、起債に伴う各種契約書、申込書、発行要項等の作成、払込金の取扱いなどを発行体に代わって行います。

また、**管理の受託**とは、社債管理者として、社債権者のために、弁済の受領、債権の保全その他の社債の管理を受託することをいいます。社債管理者は、社債権者のために社債に係る債権の弁済を受け、または社債に係る債権の実現を保全するために必要ないっさいの裁判上または裁判外の行為をする権限を有しますが（会社法705条1項）、その半面、社債権者に対して、公平

誠実義務（同法704条1項）および善管注意義務（同条2項）を負います。このため、銀行は、融資先が発行した社債について社債管理者になることはできますが、当該融資先が社債の償還もしくは利息の支払を怠り、もしくは支払を停止した後またはその前3カ月以内に、当該融資先から担保の供与や弁済を受けたときなどには、社債権者に対して損害賠償義務を負います（同法710条2項）。

(10) 代理業務

代理業務（銀行法10条2項8号）とは、銀行その他金融業を行う者の業務の代理または媒介を行うことです。

具体的には、次の業務の代理または媒介が**代理業務**としてあげられています（銀行法施行規則13条）。

① 銀行等の業務の代理等（同条1号）。

この業務のうち、預金等の受入れ、資金の貸付け等または為替取引を内容とする契約の締結の代理または媒介を行う営業は**銀行代理業**ですが（銀行法2条14項）、銀行が他の銀行のために銀行代理業を営む場合には、許可は不要であり、内閣総理大臣への届出をすればよいことになっています（同法52条の61第1項・3項）。

② 農協等の信用事業の代理等（銀行法施行規則13条2号）

③ 資金決済に関する法律（以下「**資金決済法**」といいます）2条3項に規定する資金移動業者が営む資金移動業の代理等（同条2号の2）

④ 信託会社または信託兼営金融機関が営む業務の代理等（同条3号）

信託契約の締結の代理または媒介を行う営業は信託契約代理業であり、これを営むには内閣総理大臣の登録を受ける必要があります（信託業法2条8項、67条1項、兼営法2条2項）。

⑤ 投資顧問契約・投資一任契約の締結の代理等（銀行法施行規則13条3号の2）

投資顧問契約または投資一任契約の締結の代理または媒介を業として行うことは、投資助言・代理業に該当し（金商法28条3項、2条8項13号）、

これを行うには内閣総理大臣の登録を受ける必要があります（同法33条の2柱書）。

⑥ 保険会社等の資金の貸付けの代理等（銀行法施行規則13条4号）

保険会社は、保険料として収受した金銭等の運用として金銭の貸付けをすることができます（保険業法97条2項、同法施行規則47条5号）。この業務は、銀行が保険会社の委託を受けて、貸付けの代理・媒介を行うものです。

⑦ 法律の定めるところにより、予算について国会の議決を経なければならない法人で、金融業を行うものの業務の代理等（銀行法施行規則13条5号）

具体的には、日本政策金融公庫、沖縄振興開発金融公庫の代理業務がこれに当たります。

⑧ 特別の法律により設立された法人で、特別の法律により銀行に業務の一部を委託しうるものの資金の貸付けその他の金融に関する業務の代理等（同条6号）

具体的には、独立行政法人住宅金融支援機構、独立行政法人中小企業基盤整備機構などの代理業務がこれに当たります。

⑾ 外国銀行代理業務

外国銀行代理業務（銀行法10条2項8号の2）とは、外国銀行の業務の代理または媒介を行うことです。国際的に事業展開する企業の利便性向上や外国銀行の国内参入を容易にするために、認められたものです。その一方、外国銀行の業務の代理・媒介を無制限に認めると、マネー・ローンダリングなど不正な取引に利用されるおそれがあるため、委託元である外国銀行は当該銀行と親子関係または兄弟関係にあり、かつ、委託される業務は本邦銀行法の固有業務または付随業務に該当するものに限られます（同法施行規則13条の2第1項）。

外国銀行代理業務を営むには、所属外国銀行ごとにあらかじめ内閣総理大臣の認可を受ける必要があります（銀行法52条の2第1項）。ただし、銀行または銀行持株会社が所属外国銀行を子会社とすることについて認可を受けて

いる場合には、外国銀行代理業を営むことについての認可は不要であり、内閣総理大臣への届出をすればよいことになっています（同条2項、同法施行規則34条の2の2第1項）。

⑿　金銭収納業務

　金銭収納業務（銀行法10条2項9号）とは、国、地方公共団体、会社等の金銭の収納その他金銭に係る事務を取り扱うことです。

　具体的には、①国税、地方税の収納事務、②地方公共団体の公金収納事務、③日本銀行代理店としての国庫金・国債収入金等の出納事務、④電気、ガス等の公共料金の収納事務、⑤株式払込金の受入れ、株式配当金や社債等元利金の支払事務などがあります。

⒀　保護預り

　保護預り（銀行法10条2項10号）とは、顧客のために、有価証券、貴金属その他の物品を有償で預かる業務です。

　具体的には、①開封預り、②封緘預り、③セイフティ・ケース、④貸金庫があります。**開封預り**とは、利用者が銀行に目的物の種類・数量を明示して保管を依頼するものです。**封緘預り**とは、利用者が目的物の種類・数量を明示しないで封緘した封筒の保管を依頼するものです。**セイフティ・ケース**とは、利用者が銀行所定のケースまたはバッグに目的物を入れて施錠し、その施錠したケース等の保管を銀行に依頼するものです。**貸金庫**とは、銀行の建物内に独立して施錠可能な多数の金庫を備え付け、そのうちの特定の金庫を利用者に貸し出すものです。

⒁　振替業

　振替業（銀行法10条2項10号の2）とは、社債等振替法2条4項に規定する口座管理機関として行う振替業をいいます（銀行法10条9項）。

　社債等振替法が定める振替業とは、同法および振替機関（国債については日本銀行、その他社債等については株式会社証券保管振替機構）が定める業務規

程の定めるところにより行われる社債等の振替に関する業務をいいます（同法3条1項、8条）。その具体的な内容は、顧客の申出により口座を開設し、振替口座簿を備え、振替口座簿の加入者ごとの口座の増額または減額の記録をし、振替口座簿の記録を管理するなどです。

⒂　両　　替

両替（銀行法10条2項11号）とは、通貨と通貨を交換することです。本邦の高額紙幣を小額紙幣や硬貨に交換すること（円貨両替）や本邦通貨と外国通貨を交換すること（外貨両替）がこの業務に当たります。

⒃　デリバティブ取引

デリバティブ取引（銀行法10条2項12号ないし17号）とは、投資の目的でまたは書面取次ぎ行為として行われる有価証券関連デリバティブ取引（同項2号）以外のデリバティブ取引に係る業務です。

デリバティブ取引の詳細については、第4節に解説しています。

⒄　ファイナンス・リース業務

ファイナンス・リース業務（銀行法10条2項18号）とは、機械類その他の物件を使用させる取引のうち、**ファイナンス・リース**といわれるものを行う業務です。

対象となるリース契約は、①リース期間の中途において契約の解除をすることができないもの、または中途解除の場合には未経過期間に係る使用料のおおむね全部を支払うこととなっているものであること（銀行法施行規則13条の2の4第1項）、②リース物件の取得価額から残価見込額を控除した額および固定資産税に相当する額、保険料、利子、手数料の合計額を対価として受領することを内容とするものであること（同条2項）、③リース期間満了後、リース物件の所有権またはリース物件の使用および収益を目的とする権利が相手方に移転する旨の定めがないこと、という要件を満たすものに限られます。

⒅ **ファイナンス・リース業務の代理・媒介**

　ファイナンス・リース業務の代理・媒介（銀行法10条2項19号）とは、銀行が他のリース会社から委託を受けて、当該リース会社と顧客との間の⒄のリース契約締結の代理・媒介を行うものです。

2　その他の付随業務

⑴　監督指針に例示された業務等

　旧大蔵省の事務連絡では、銀行法10条2項各号に例示された付随業務以外の付随業務として、①信用状に関する業務、②トラベラーズ・チェックの発行、③クレジットカード業務、④金地金の売買などがあげられていました。これらの業務は、いまなお「その他の付随業務」に含まれると考えられています。

　これらに加えて、主要行等向けの総合的な監督指針（Ⅴ－3－2）および中小・地域金融機関向けの総合的な監督指針（Ⅲ－4－2）（本節においてあわせて「監督指針」といいます）において、①コンサルティング業務、②ビジネスマッチング業務、③M&Aに関する業務、④事務受託業務、⑤市場誘導業務（銀行が取引先企業に対し株式公開等に向けたアドバイスを行い、または引受金融商品取引業者に対し株式公開等が可能な取引先企業を紹介する業務）、⑥勧誘行為をせず単に顧客を金融商品取引業者に対し紹介する業務、⑦個人の財産形成に関する相談に応ずる業務、⑧電子マネー（オフラインデビットにおける電子カードを含む）の発行に係る業務、⑨イスラム金融（顧客またはその関係者の宗教を考慮して、資金の貸付け等と同様の経済的効果を有する取引）に関する業務があげられています。

　そして、監督指針は、顧客保護や法令等遵守の観点から、次の態勢を整備することを求めています。

①　優越的地位の濫用として独占禁止法上問題となる行為の発生防止等法令等の厳正な遵守に向けた態勢

②　提供される商品やサービスの内容、対価等契約内容が書面等により明示

される態勢
③　付随業務に関連した顧客の情報管理について、目的外使用も含め具体的な取扱基準が定められ、それらの行員等に対する周知徹底について検証することができる態勢

(2) 例示された業務以外の業務

上記(1)に例示された業務以外の業務(余剰能力の有効活用を目的として行う業務を含む)について、監督指針は、銀行法12条により他業が禁止されていることに十分留意し、以下のような観点を総合的に考慮した取扱いとなっているかどうかをふまえて、「その他の付随業務」の範疇にあるかどうか判断するものとしています。
①　当該業務が固有業務および銀行法10条2項各号に掲げる付随業務に準ずるか。
②　当該業務の規模が、その業務が付随する固有業務の規模に比して過大なものとなっていないか。
③　当該業務について、銀行業務との機能的な親近性やリスクの同質性が認められるか。
④　銀行が固有業務を遂行するなかで正当に生じた余剰能力の活用に資するか。

(3) 事業用不動産の賃貸等

銀行が保有または賃借している営業店舗などの事業用不動産に余剰スペースが生じたものの、当該余剰部分のみについて売却や賃貸借契約の解約をすることができない場合には、過剰能力の有効活用の観点からは当該余剰部分を賃貸・転貸するのが合理的です。しかしながら、不動産の売買や賃貸は、銀行業務とは機能的な親近性やリスクの同質性があるとはいえないため、監督指針は、次のような要件が満たされていることについて、銀行自らが十分挙証できるよう態勢整備を図る必要があるとしています。
①　行内的に業務としての積極的な推進態勢がとられていないこと。

② 全行的な規模での実施や特定の管理業者との間における組織的な実施が行われていないこと。
③ 当該不動産に対する経費支出が必要最低限の改装や修繕程度にとどまること。ただし、公的な再開発事業や地方自治体等からの要請に伴う建替えおよび新設等の場合においては、必要最低限の経費支出にとどまっていること。
④ 賃貸等の規模が、当該不動産を利用して行われる固有業務の規模に比較して過大なものとなっていないこと。

なお、リストラにより、事業用不動産であったものが業務の用に供されなくなったことに伴い、短期の売却等処分が困難なことから、将来の売却等を想定して一時的に賃貸等を行わざるをえなくなった場合においても、上記①、②および③の本文の要件を満たすことが求められています。

(4) 銀行法等改正と仮想通貨交換業

情報通信技術の進展等の環境変化に対応するための銀行法等の一部を改正する法律（平成28年法律第62号。以下「銀行法等改正法」といいます）により、銀行法、資金決済法などが改正されました。銀行法等改正法は公布日（平成28年6月3日）から起算して1年を超えない範囲内において政令で定める日から施行されます。

改正後の資金決済法では、**仮想通貨**が、①物品を購入し、もしくは借り受け、または役務の提供を受ける場合に、これらの代価の弁済のために不特定の者に対して使用することができ、かつ、不特定の者を相手方として購入および売却を行うことができる財産的価値（電子機器その他の物に電子的方法により記録されているものに限り、本邦通貨および外国通貨ならびに通貨建資産を除く）であって、電子情報処理組織を用いて移転することができるもの、②不特定の者を相手方として前号に掲げるものと相互に交換を行うことができる財産的価値であって、電子情報処理組織を用いて移転することができるものと定義されました（同法2条5項）。また、**仮想通貨交換業**が、①仮想通貨の売買または他の仮想通貨との交換、②仮想通貨の売買・交換の媒介、取次

ぎまたは代理、③これらの行為に関して、利用者の金銭または仮想通貨の管理をすることのいずれかを行として行うことと定義されました（同条7項）。

改正後の銀行法には、銀行の付随業務に**仮想通貨交換業**が含まれるかどうかについての明文の規定はありませんが、上記(2)に示された基準に則して判断されることになると思われます。

第3節　証券業務

1　有価証券関連業

(1)　有価証券関連業とは

有価証券関連業とは、次の行為のいずれかを業として行うことをいいます（金商法28条8項）。

① 有価証券の売買またはその媒介、取次ぎもしくは代理
② 取引所金融商品市場または外国金融商品市場における有価証券の売買の委託の媒介、取次ぎまたは代理
③ 有価証券関連デリバティブ取引またはその委託の媒介、取次ぎまたは代理
④ 有価証券の売買、有価証券関連デリバティブ取引等に係る有価証券等清算取次ぎ
⑤ 有価証券の引受け
⑥ 有価証券の売出しまたは特定投資家向け売付け勧誘等
⑦ 有価証券の募集・売出し・私募・特定投資家向け売付け勧誘等の取扱い

これらの行為のいずれかを業として行うことは、本来は金融商品取引業に該当しますが、金融機関が行う行為は金融商品取引業から除外されています（同法2条8項柱書）。

(2) 有価証券とは

有価証券とは、財産権を表章する証券であって、その権利の移転および行使に証券が必要とされるものをいいますが、金商法の適用対象となるのは、投資性のある有価証券であり、次のとおりです（金商法2条1項）。

① 国債証券
② 地方債証券
③ 特別の法律により法人の発行する債券
④ 資産流動化法に規定する特定社債券
⑤ 社債券（相互会社の社債券を含む）
⑥ 特別の法律により設立された法人の発行する出資証券
⑦ 協同組織金融機関の優先出資に関する法律に規定する優先出資証券
⑧ 資産流動化法に規定する優先出資証券または新優先出資引受権証券
⑨ 株券または新株予約権証券
⑩ 投資信託または外国投資信託の受益証券
⑪ 投資証券、新投資口予約権証券、投資法人債券、外国投資証券
⑫ 貸付信託の受益証券
⑬ 資産流動化法に規定する特定目的信託の受益証券
⑭ 受益証券発行信託の受益証券
⑮ CP（コマーシャル・ペーパー：法人が事業に必要な資金を調達するために発行する約束手形のうち、内閣府令で定めるもの）
⑯ 抵当証券
⑰ 外国または外国の者の発行する証券または証書で①から⑨までまたは⑫から⑯までに掲げる証券または証書の性質を有するもの
⑱ 外国貸付債権信託の受益証券
⑲ オプションを表示する証券または証書
⑳ 前各号に掲げる証券または証書の預託を受けた者が当該証券または証書の発行された国以外の国において発行する証券または証書で、当該預託を受けた証券または証書に係る権利を表示するもの
㉑ 政令で定めるもの（外国CD（譲渡性預金証書）、学校債券（金商法施行令1条））

ペーパーレスの振替制度が進展してきたことにより、「証券」が発行されないことがありますが、その場合でも、①～㉑の各有価証券に表示されるべき権利（＝**有価証券表示権利**）は有価証券とみなされ、金商法の適用を受けます（金商法 2 条 2 項柱書前段）。

　また、有価証券ではないものの、投資者保護の観点から、次の投資性のある金融商品は有価証券とみなされ、金商法の適用を受けます（金商法 2 条 2 項柱書後段）。

㉒　信託の受益権（同項 1 号）
㉓　外国の者に対する権利で㉒の性質を有するもの（同項 2 号）
㉔　合同会社または一定の合名会社・合資会社の社員権（同項 3 号）
㉕　外国法人の社員権で㉔の性質を有するもの（同項 4 号）
㉖　集団投資スキーム持分（組合契約、匿名組合契約、投資事業有限責任組合契約、有限責任事業組合契約などに基づき、出資者が出資または拠出する金銭を充てて行う事業から生ずる収益の配当または財産の分配を受けることができる権利。同項 5 号)
㉗　外国の法令に基づく権利であって㉖の性質を有するもの（同項 6 号）
㉘　政令で定める権利（学校法人に対する貸付等（同項 7 号、金商法施行令 1 条の 3 の 4 ））

　①～㉑に掲げる有価証券または有価証券表示権利は**第一項有価証券**と呼ばれます。また、㉒～㉘に掲げるみなし有価証券は**第二項有価証券**と呼ばれます（金商法 2 条 3 項柱書）。

(3)　有価証券関連業に係る具体的な行為

a　売買またはその媒介、取次ぎ、代理

　売買とは、一方当事者が相手方に財産権を移転することを約し、相手方がその代金を支払うことを約することをいいます（民法 555 条参照）。たとえば、顧客が保有する株式を証券会社が自己の計算で買い取ることや、証券会社が保有する株式を顧客に譲渡することは、有価証券の売買に当たります。

媒介とは、他人の間に立って、他人を当事者とする法律行為の成立に尽力することをいいます（商法543条参照）。たとえば、証券会社が、顧客間の株式売買契約の成立に尽力することは、有価証券の売買の媒介に当たります。

　取次ぎとは、自己の名をもって他人の計算において法律行為をすることを引き受けることをいいます（商法551条参照）。たとえば、東京証券取引所の取引参加者である証券会社が、顧客から委託を受けて、東京証券取引所において、自己の名をもって株式の売買を行うことは、有価証券の売買の取次ぎに当たります。

　代理とは、代理権の授与を受けて、他人のためにすることを示して、他人の計算において法律行為を行うことをいいます。

b　有価証券の売買の委託の媒介、取次ぎ、代理

　取引所金融商品市場または外国金融商品市場における有価証券の売買の委託とは、取引所金融商品市場または外国金融商品市場の会員等（会員・取引参加者）である者に対して、当該市場での売買における有価証券の売買を依頼することをいいます。

　金融商品市場とは、有価証券の売買または市場デリバティブ取引を行う市場をいいます（金商法2条14項）。**取引所金融商品市場**とは、金融商品取引所の開設する金融商品市場をいい（同条17項）、東京証券取引所などがこれに当たります。**外国金融商品市場**とは、取引所金融商品市場に類似する市場で外国に所在するものをいい（同条8項3号）、ニューヨーク証券取引所などがこれに当たります。

　有価証券の売買の委託の「媒介・取次ぎ・代理」の意義は、aに記載したところと同じです。

　たとえば、東京証券取引所の取引参加者ではない証券会社が、顧客から委託を受けて、自己の名をもって、取引参加者である証券会社に対して東京証券取引所における株式の売買を依頼することは、取引所金融商品市場における有価証券の売買の委託の取次ぎに当たります。

c　有価証券関連デリバティブ取引またはその委託の媒介、取次ぎ、代理

有価証券関連デリバティブ取引とは、有価証券に関連する市場デリバティブ取引、店頭デリバティブ取引および外国市場デリバティブ取引をいいます（金商法28条8項6号）。「市場デリバティブ取引」「店頭デリバティブ取引」「外国市場デリバティブ取引」の意義については、第4節に解説しています。

有価証券関連デリバティブ取引の「媒介・取次ぎ・代理」の意義については、aに記載したところと同じです。

有価証券に関連する市場デリバティブ取引または外国市場デリバティブ取引の「委託の媒介・取次ぎ・代理」の意義については、bに記載したところと同じです。

d　有価証券等清算取次ぎ

有価証券等清算取次ぎとは、金融商品取引清算機関または外国金融商品取引清算機関の清算参加者が、非清算参加者の委託を受けて、自己の名をもって、非清算参加者・一般顧客の計算において、有価証券の売買やデリバティブ取引などに基づく債務をこれらの清算機関に負担させることをいいます（金商法2条27項）。

「金融商品取引清算機関」および「外国金融商品取引清算機関」とは、内閣総理大臣の免許または承認を受けて金融商品債務引受業を行う者をいいます（同条29項）。「金融商品債務引受業」とは、金融商品取引業者等を相手方とし、有価証券の売買やデリバティブ取引などに基づく債務を引受け、更改などの方法により負担することを業として行うことをいいます（同条28項）。

e　有価証券の引受け

有価証券の引受けとは、有価証券の募集・売出し・私募・特定投資家向け売付け勧誘等に際し、次のいずれかを行うことをいいます（金商法2条6項・8項6号）。

① 当該有価証券を取得させることを目的として当該有価証券の全部または一部を取得すること（買取引受け（総額引受け））
② 当該有価証券の全部または一部につき他にこれを取得する者がない場合にその残部を取得することを内容とする契約をすること（残額引受け）

③ 当該有価証券が新株予約権証券である場合において、当該新株予約権証券を取得した者が当該新株予約権証券の全部または一部につき新株予約権を行使しないときに当該行使しない新株予約権に係る新株予約権証券を取得して自己または第三者が当該新株予約権を行使することを内容とする契約をすること（コミットメント型ライツ・オファリング等）

f 有価証券の売出しまたは特定投資家向け売付け勧誘等

有価証券の売出しとは、すでに発行された有価証券の売付けの申込みまたはその買付けの申込みの勧誘（以下「売付け勧誘等」といいます）のうち、一定の要件に該当するものをいいます（金商法2条4項）。一定の要件は、かなり複雑に設定されています。

特定投資家向け売付け勧誘等とは、第一項有価証券に係る売付け勧誘等であって、特定投資家のみを相手として行う場合であって、一定の要件に該当するものをいいます（同条6項柱書、2条4項2号ロ）。

なお、**特定投資家**とは、①適格機関投資家、②国、③日本銀行、④金融商品取引法第2条に規定する定義に関する内閣府令（以下「定義府令」といいます）23条各号に掲げる法人をいいます（金商法2条31項）。

このうち、**適格機関投資家**とは、有価証券に対する投資に係る専門的知識および経験を有する者として定義府令10条1項各号に掲げる者をいいます（金商法2条3項1号）。

g 有価証券の募集・売出し・私募・特定投資家向け売付け勧誘等の取扱い

有価証券の**募集**および**私募**とは、新たに発行される有価証券の取得の申込みの勧誘（以下「取得勧誘」といいます）であり、募集に当たらないものが、私募であると定義されています（金商法2条3項柱書）。

第一項有価証券については、「私募」には、①適格機関投資家私募、②特定投資家私募、③少人数私募の3つがあります。これらの①〜③に該当しない取得勧誘が、「募集」であるといえます。

① **適格機関投資家私募**とは、適格機関投資家のみを相手方として行う取得勧誘であって、当該有価証券が適格機関投資家以外の者に譲渡されるおそれが少ないものとして定められている要件（転売制限要件）が満たされる

ものをいいます（同項2号イ、金商法施行令1条の4）。

② **特定投資家私募**とは、特定投資家のみを相手方として行う取得勧誘であって、転売制限その他一定の要件が満たされるものをいいます（金商法2条3項2号ロ、金商法施行令1条の5の2）。

③ **少人数私募**とは、49名以下の者を相手方として行う取得勧誘があって、転売制限要件が満たされるものをいいます（金商法2条3項2号ハ、同法施行令1条の6、1条の7）。

取扱いとは、有価証券の発行者など他人のために、勧誘を代行する行為をいいます。したがって、**有価証券の募集の取扱い・私募の取扱い**とは、新たに発行される有価証券について、発行者のために取得勧誘を代行することです。また、有価証券の**売出しの取扱い・特定投資家向け売付け勧誘等の取扱い**とは、すでに発行された有価証券について、当該有価証券の保有者のために売付け勧誘等を代行することです。

2　金融機関と有価証券関連業

(1) 銀証分離

金融機関は、原則として、有価証券関連業を行うことができません（金商法33条1項本文）。これが、いわゆる**銀証分離**規定です。

銀証分離の目的は、①預金の受入れを業務とする金融機関が危険の大きい証券業を併営することによってその財産状態が悪化し、預金者の利益を害することを未然に防止すること（利益相反の防止）、②金融機関の経済への過度の支配を排除すること（優越的地位の濫用の防止）にあるとされています。

もっとも、金融機関は、投資の目的をもって、または信託契約に基づいて信託をする者の計算において、有価証券の売買もしくは有価証券関連デリバティブ取引を行うことができます（同法33条1項ただし書）。利益相反や優越的地位の濫用という弊害がないと考えられるからです。これらの行為については、内閣総理大臣の登録を受ける必要はありません。

(2) 例外的に許容される有価証券関連業

金融機関は、内閣総理大臣の登録を受けて（金商法33条の2第1号・2号）、例外的に次の有価証券関連業を行うことが認められています。

a 書面取次ぎ行為（金商法33条2項柱書）

金融機関は、顧客の書面による注文を受けてその計算において有価証券の売買または有価証券関連デリバティブ取引を行うことができます。ただし、当該注文に関する顧客に対する勧誘に基づき行われるもの、および当該金融機関が行う投資助言業務に関しその顧客から注文を受けて行われるものは除かれます。

b その他の有価証券関連業（金商法33条2項各号）

金融機関は、次表の有価証券関連業を行うことができます。

	対象となる有価証券	許容される行為
1号	① 国債証券 ② 地方債証券 ③ 特別の法律により法人の発行する債券（政府保証債および電子CPに限る） ④ 特定社債券 ⑤ 社債券（政府保証債および電子CPに限る） ⑥ 資産流動化法に規定する優先出資証券または新優先出資引受権証券 ⑦ 短期投資法人債券等 ⑧ 貸付信託の受益証券 ⑨ 特定目的信託の受益証券 ⑩ 受益証券発行信託の受益証券 ⑪ CP（発行日から償還日までの期間が1年未満のものに限る） ⑫ 抵当証券 ⑬ 振替外債 ⑭ 外国貸付債権信託の受益証券 ⑮ 外国CD（発行日から償還日ま	① 売買、市場デリバティブ取引、外国市場デリバティブ取引 ② ①の媒介・取次ぎ・代理 ③ ①の委託の媒介・取次ぎ・代理 ④ 引受け ⑤ 売出し・特定投資家向け売付け勧誘等 ⑥ 募集・売出し・私募・特定投資家向け売付け勧誘等の取扱い

	での期間が1年未満のものに限る） ⑯　第二項有価証券	
2号	①　投資信託・外国投資信託の受益証券 ②　投資証券・新投資口予約権証券・投資法人債券（短期投資法人債等を除く）・外国投資証券	①　売買、市場デリバティブ取引、外国市場デリバティブ取引 ②　①の媒介・取次ぎ・代理 ③　①の委託の媒介・取次ぎ・代理 ④　募集・私募の取扱い
3号	外国国債証券	①　市場デリバティブ取引、外国市場デリバティブ取引 ②　①の媒介・取次ぎ ③　①の委託の媒介・取次ぎ・代理 ④　私募の取扱い ⑤　金融商品仲介行為 　●売買の媒介 　●売買の委託の媒介 　●募集・売出し・特定投資家向け売付け勧誘等の取扱い
4号	1号～3号以外の有価証券	①　私募の取扱い（株券等に係るオプションを表示するカバード・ワラントに係るものを除く） ②　金融商品仲介行為 　●売買の媒介 　●売買、市場デリバティブ取引、外国市場デリバティブ取引の委託の媒介 　●募集・売出し・私募・特定投資家向け売付け勧誘等の取扱い
5号	1号の有価証券	①　店頭デリバティブ取引 ②　①の媒介・取次ぎ・代理
	2号～4号の有価証券	①　店頭デリバティブ取引（差金決済のものに限られ、多数の者を相手方として行う者を除く） ②　①の媒介・取次ぎ・代理
6号	有価証券の売買および有価証券関連デリバティブ取引等に係る有価証券等清算取次ぎ	

なお、**金融商品仲介行為**とは、①有価証券の売買の媒介（PTS（私設取引システム）取引を除く）、②取引所金融証券市場における有価証券売買・市場デリバティブ取引および外国金融商品市場における有価証券売買・外国市場デリバティブ取引の委託の媒介、③有価証券の募集・売出し・私募・特定投資家向け売付け勧誘等の取扱い、④投資顧問契約・投資一任契約の締結の媒介をいいます（金商法2条11項、66条の11柱書）。そして、金融商品仲介行為を行う業務を**金融商品仲介業務**といいます（金商業等府令1条4項13号）。

3　その他の証券業務

　金融機関は、2に記載した有価証券関連業のほか、内閣総理大臣の登録を受けて、自己募集・私募、投資助言・代理業、有価証券等管理業務を行うことができます（金商法33条の2柱書・4号）。

① **自己募集・私募**とは、一定の有価証券について自ら募集または私募を行うことです（同法2条8項7号）。

② **投資助言・代理業**とは、投資顧問契約を締結して、同契約に基づいて助言を行う行為（同項11号）、または、投資顧問契約または投資一任契約の締結の代理・媒介を行う行為（同項13号）のいずれかを業として行うことをいいます（同法28条3項）。

③ **有価証券等管理業務**とは、有価証券の売買等に関して、顧客から金銭または証券等の預託を受ける行為（同法2条8項16号）、または、社債等振替法に基づいて社債等の振替を行うために口座の開設を受けて社債等の振替を行うこと（同項17号）を業として行うことをいいます（同法28条5項・1項5号）。

　これらの業務はいずれも金融商品取引業に該当しますが、金融商品取引業者としての登録は不要です（同法33条3項柱書）。

　また、兼営法の認可を受けて本体で信託業務を行う金融機関に限り、資産運用業（同法28条4項）を行うことは禁止されていません（同法33条の8第1項、33条1項本文）。

4　内閣総理大臣への登録

　金融機関が有価証券関連業を行うためには、投資目的での有価証券の売買または有価証券関連デリバティブ取引を除き、内閣総理大臣の登録を受ける必要があります（金商法33条の2第1号・2号）。

　また、金融機関が、自己募集・私募、投資助言・代理業、有価証券等管理業務を行うためにも、内閣総理大臣の登録を受ける必要があります（同条柱書・4号）。

　資産運用業を行うためにも内閣総理大臣の登録を受ける必要がありますが、金銭等を信託財産として行う委託者非指図型投資信託に係る運用（同法2条8項14号）および自己運用（同項15号）については、登録不要とされています（同法33条の8第1項、33条の2柱書）。

　登録を受けた金融機関は**登録金融機関**と定義されます（同法2条11項参照）。そして、金融商品取引業者または登録金融機関は、**金融商品取引業者等**と定義されます（同法34条）。

5　銀行法等との関係

　金商法は、金融機関が内閣総理大臣の登録を受けるなどして一定の範囲の証券業務を行うことを例外的に許容していますが、金融機関が当該業務を行うことができるかは、当該金融機関を規制する金商法以外の業法の業務範囲規制に適合するかどうか別途検討する必要があります。

　銀行が金商法上行うことができる証券業務については、次表のとおり付随業務、他業証券業務等または法定他業に該当すると考えられます。

業務の種類	銀行法上の根拠	金商法上の根拠	登録の要否
投資目的での有価証券の売買・有価証券関連デリバティブ取引	付随業務 10条2項2号	有価証券関連業 33条1項ただし書	不要 33条の2第2号（カッコ書）
信託契約に基づく有価証券の売買・有価証券関連デリバティブ取引	法定他業12条 （兼営法に基づく信託業務）		
書面取次ぎ行為	付随業務 10条2項2号	有価証券関連業 33条2項柱書	必要 33条の2第1号
公共債の引受け・募集の取扱い	付随業務 10条2項4号	有価証券関連業 33条2項1号	必要 33条の2第2号
金銭債権の取得・譲渡	付随業務 10条2項5号		
特定社債等の引受け・募集の取扱い	付随業務 10条2項5号の2		
短期社債等の取得・譲渡	付随業務 10条2項5号の3		
有価証券の私募の取扱い	付随業務 10条2項6号	有価証券関連業 33条2項1号〜4号	
その他の有価証券関連業	他業証券業務等 11条2号	有価証券関連業 33条2項1号〜6号	
自己募集・自己私募	—	第二種金融商品取引業 33条3項	必要 33条の2第4号
投資顧問契約・投資一任契約の締結の代理等	付随業務 10条2項8号 施行規則13条3号の2	投資助言・代理業 33条3項	必要 33条の2柱書
保護預り	付随業務 10条2項10号	有価証券等管理業務	

振替業	付随業務 10条2項10号の2	33条3項	
投資助言業務	他業証券業務等 11条1号	投資助言・代理業 33条3項	
信託財産に係る運用	法定他業12条 （兼営法に基づく信託業務）	投資運用業 33条の8第1項・ 33条1項ただし書	不要 33条の8第1項・ 33条の2柱書（カッコ書）
その他の運用業務	－		必要 33条の8第1項・ 33条の2柱書

6 行為規制

(1) 登録金融機関業務

　金融機関は、内閣総理大臣の登録を受けて、有価証券関連業その他の証券業務および第4節に述べるようにデリバティブ業務を行うことができますが、登録に係る証券業務およびデリバティブ業務は**登録金融機関業務**と定義されます（金商法33条の5第1項3号）。

(2) 行為規制

　登録金融機関が登録金融機関業務を行うにあたっては、金商法上の**行為規制**が課せられます（金商法36条の3参照）。行為規制の主な内容は、次のとおりです。

a　顧客に対する誠実義務

　金融商品取引業者等ならびにその役員および使用人は、顧客に対して誠実かつ公正に、その業務を遂行しなければなりません（金商法36条1項）。顧客に対する誠実義務は、すべての行為規制の根底にあるといえます。

b　広告等の規制

　金融商品取引業者等は、業務の内容について広告等をするときは、①商

号、②金融商品取引業者等である旨および登録番号のほか、顧客の判断に影響を及ぼすこととなる重要なものを表示する必要があります（金商法37条1項）。

　また、金融商品取引業者等は、業務に関して広告等をするときは、**金融商品取引行為**（同法2条8項各号に掲げる行為をいいます（同法34条））を行うことによる利益の見込み等について、著しく事実に相違する表示をし、または著しく人を誤認させるような表示をすることが禁止されます（同法37条2項）。

c　契約締結前の書面の交付

　金融商品取引業者等は、**金融商品取引契約**（顧客を相手方とし、または顧客のために金融商品取引行為を行うことを内容とする契約をいいます（金商法34条））を締結しようとするときは、あらかじめ、顧客に対し、①商号、②金融商品取引業者等である旨および登録番号、③当該金融商品取引契約の概要、④顧客が支払うべき対価、⑤金利、通貨の価格、金融商品市場における相場その他の指標に係る変動により損失が生ずることとなるおそれがあるときはその旨、⑥損失の額が顧客が預託すべき委託証拠金等の額を上回るおそれがあるときはその旨、⑦業務の内容に関する事項であって、顧客の判断に影響を及ぼすこととなる重要なものとして内閣府令で定める事項を記載した書面を交付する義務があります（同法37条の3第1項）。

d　契約締結時等の書面の交付

　金融商品取引業者等は、金融商品取引契約が成立したときなどに、遅滞なく、内閣府令で定めるところにより、書面を作成し、これを顧客に交付する義務があります（金商法37条の4第1項）。

e　虚偽告知・断定的判断の提供等の禁止

　金融商品取引業者等またはその役員もしくは使用人は、①金融商品取引契約の締結またはその勧誘に関して、顧客に対し虚偽のことを告げる行為、②顧客に対し、不確実な事項について断定的判断を提供し、または確実であると誤解させるおそれのあることを告げて金融商品取引契約の締結の勧誘をする行為、③その他、投資者の保護に欠け、取引の公正を害し、または金融商品取引業・登録金融機関業務の信用を失墜させる行為をすることが禁止されます（金商法38条）。

f 損失補てん等の禁止

　金融商品取引業者等は、自らまたは第三者をして、有価証券売買取引等につき、①事前の損失保証・利益保証のための顧客または第三者への財産上の利益提供の申込み・約束、②事後の損失補てん・利益追加のための顧客または第三者への財産上の利益提供の申込み・約束、③事後の損失補てん・利益追加のための顧客または第三者への財産上の利益提供（損失補てんの実行）をすることが禁止されています（金商法39条1項）。顧客がこのような損失補てん等の要求をすることも禁止されています（同条2項）。損失補てん等は、顧客の自己責任に基づく投資を妨げ、市場の価格形成機能をゆがめ、金融商品取引業者等の市場仲介者としての中立性・公平性を損なうからです。

　そのような弊害がない場合、すなわち、「事故」による損失の全部または一部を補てんするために行うものである場合については、損失補てん等の申込み、約束または提供が例外的に許容されます（同条3項本文）。「事故」とは、金融商品取引業者等またはその役員もしくは使用人の違法または不当な行為であって当該金融商品取引業者等とその顧客との間において争いの原因となるものであり、未確認売買、誤認勧誘などがあります（金商業等府令118条）。もっとも、金融商品取引業者等と顧客とが馴れ合って、「事故」を理由に損失補てん等を行うおそれがないとはいえません。そこで、事故による損失補てん等ができるのは、金融商品取引業者等があらかじめ内閣総理大臣の確認を受けている場合や、裁判所の確定判決を受けている場合などに限られます（金商法39条3項ただし書、金商業等府令119条1項）。

　なお、損失補てん等の禁止に準じて、金融商品取引業者等が、金融商品取引契約につき、顧客もしくはその指定した者に対し、特別の利益の提供を約し、または顧客もしくは第三者に対し特別の利益を提供する行為（第三者をして特別の利益の提供を約させ、またはこれを提供させる行為を含む）も禁止されます（金商法38条8号、金商業等府令117条1項3号）。

g 適合性の原則

　金融商品取引業者等は、顧客の知識、経験、財産の状況および金融商品取引契約を締結する目的に照らして不適当と認められる勧誘を行って投資者の

保護に欠けることのないように、その業務を行わなければなりません（金商法40条1号）。

7 特定投資家制度

(1) 特定投資家制度とは

特定投資家制度とは、特定投資家（いわゆるプロ）、すなわち、知識・経験・財産の状況等からみて金融取引に関する適切なリスク管理を行うことができる者と、それ以外の一般投資家（いわゆるアマ）とを区分し、アマに対する関係では投資家保護の観点から金商法の行為規制を全面的に適用するのに対して、プロに対する関係では一定の行為規制を適用しないとする制度です。

(2) プロとアマの区分

プロとアマとは、知識・経験・財産の状況等の属性と移行の可否によって、4つの類型に区分されます。

① **特定投資家（一般投資家への移行不可）**

特定投資家のうち、(i)適格機関投資家、(ii)国、(iii)日本銀行は、申し出て一般投資家になることはできません。

② **特定投資家（一般投資家への移行可能）**

特定投資家のうち、定義府令23条各号に掲げる法人は、申し出て一般投資家になることができます（金商法34条の2）。

③ **一般投資家（特定投資家への移行可能）**

一般投資家のうち、①、②以外の法人と、純資産額3億円以上かつ投資金融資産3億円以上などの要件を満たす個人は、申し出て特定投資家になることができます（同法34条の3、34条の4）。

④ **一般投資家（特定投資家への移行不可）**

③以外の個人は、特定投資家になることはできません。

(3) 特定投資家に適用されない行為規制

特定投資家に対する関係では、金融商品取引業者等には、広告等の規制、取引態様の事前明示義務、契約締結前の書面の交付、契約締結時等の書面の交付、適合性の原則等は、適用されません（金商法45条1号・2号）。

換言すれば、資本市場の公正確保をも目的とする損失補てんの禁止等の規制は、特定投資家に対する関係でも課されます。

8 外務員登録制度

(1) 外務員

外務員とは、勧誘員、販売員、外交員その他いかなる名称を有する者であるかを問わず、金融商品取引業者等の役員または使用人のうち、その金融商品取引業者のために次の行為を行う者をいいます。

① 第一項有価証券に関する売買等または市場・外国市場デリバティブ取引等に関する販売・勧誘行為（金商法64条1項1号）
② 店頭デリバティブ取引に関する販売・勧誘行為または有価証券の引受け等に関する行為（同項2号）
③ ①以外の市場・外国市場デリバティブ取引に関する販売・勧誘行為（同項3号、同法施行令17条の14）

(2) 外務員登録

金融商品取引業者等は、有価証券またはデリバティブ取引の販売・勧誘行為が適正に行われるのを確保し、投資者保護を図る観点から、外務員について外務員登録原簿に登録を受ける必要があります（金商法64条1項柱書）。金融商品取引業者等は、登録を受けた者以外の者に外務員の職務を行わせてはいけません（同条2項）。

なお、内閣総理大臣は、外務員の登録事務を委任することができ（同法64条の7第1項）、これに基づいて日本証券業協会が外務員の登録事務を行っています。

9 弊害防止措置

(1) 総論

　金商法は、金融商品取引業者等の受託者責任を基礎として、利益相反の防止などを目的として、**弊害防止措置**を設けています。弊害防止措置は、①金融商品取引業者等が２つの種別の金融商品取引業・登録金融機関業務を行う場合の規制、②金融商品取引業者等が金融商品取引業・登録金融機関業務以外の業務を行う場合の規制、③親法人等または子法人等が関与する行為に関する規制に分かれます。③の規制は、ファイアーウォール規制と呼ばれています。

(2) ２つ以上の種別を行う場合の禁止行為

　金融商品取引業者等またはその役員もしくは使用人は、２以上の業務の種別に係る金融商品取引業・登録金融機関業務を行う場合には、次に掲げる行為をすることが禁止されます。

① 投資助言を受けた顧客の取引等に関する情報や投資運用業で運用している取引等に関する情報を利用して、有価証券の売買やその媒介・取次ぎ・代理の申込みを勧誘すること（金商法44条１号）

② 投資助言業務・投資運用業以外の業務による利益を図るため、その行う投資助言業務に関して取引の方針、取引の額もしくは市場の状況に照らして不必要な取引を行うことを内容とした助言を行い、またはその行う投資運用業に関して運用の方針、運用財産の額もしくは市場の状況に照らして不必要な取引を行うことを内容とした運用を行うこと（同条２号）

③ その他投資者の保護に欠け、もしくは取引の公正を害し、または金融商品取引業・登録金融機関業務の信用を失墜させるものとして内閣府令で定める行為（同条３号、金商業等府令147条）

(3) 登録金融機関業務以外の業務に係る禁止行為

　登録金融機関またはその役員もしくは使用人は、登録金融機関業務以外の

業務を行う場合には、次に掲げる行為をすることが禁止されます。
① 金銭の貸付けその他信用の供与をすることを条件として有価証券の売買の受託等をする行為（投資者の保護に欠けるおそれが少ないと認められるものとして内閣府令で定めるものを除く）（金商法44条の2第2項1号）
② 登録金融機関業務以外の業務による利益を図るため、その行う投資助言業務に関して取引の方針、取引の額もしくは市場の状況に照らして不必要な取引を行うことを内容とした助言を行い、またはその行う投資運用業に関して運用の方針、運用財産の額もしくは市場の状況に照らして不必要な取引を行うことを内容とした運用を行うこと（同項2号）
③ その他登録金融機関業務以外の業務に関連して行う登録金融機関業務に係る行為で投資者の保護に欠け、もしくは取引の公正を害し、または登録金融機関業務の信用を失墜させるものとして内閣府令で定める行為（同項3号、金商業等府令150条）

(4) ファイアーウォール規制
a 金融商品取引業者に対する規制

金融商品取引業者またはその役員もしくは使用人は、次に掲げる行為をすることが禁止されます。登録金融機関またはその役員もしくは使用人は、この禁止規定の名宛人ではありませんが、親法人等・子法人等である金融商品取引業者において同規制に違反する行為が行われることがないよう注意する必要があります。

(a) アームズ・レングス・ルール

通常の取引の条件と異なる条件であって取引の公正を害するおそれのある条件で、親法人等または子法人等と有価証券の売買その他の取引または店頭デリバティブ取引を行うこと（金商法44条の3第1項1号）。

(b) 信用供与等に関する抱合せ販売

当該金融商品取引業者との間で金融商品取引に関する契約を締結することを条件としてその親法人等または子法人等がその顧客に対して信用を供与していることを知りながら、当該顧客との間で当該契約を締結すること（金商

法44条の3第1項2号)。

　(c)　グループ会社の図利を目的とした投資助言・投資運用

　親法人等または子法人等の利益を図るため、その行う投資助言業務に関して取引の方針、取引の額もしくは市場の状況に照らして不必要な取引を行うことを内容とした助言を行い、またはその行う投資運用業に関して運用の方針、運用財産の額もしくは市場の状況に照らして不必要な取引を行うことを内容とした運用を行うこと(金商法44条の3第1項3号)。

　(d)　その他の行為(金商法44条の3第1項4号)

　この禁止行為の主なものは、次のとおりです。

① 利益相反に関する不開示

　親法人等または子法人等に対して借入金に係る債務を有する者が発行する有価証券の引受人となる場合であって、当該有価証券に係る手取金が当該債務の弁済に充てられることを知っているときに、その旨を顧客に説明することなく当該有価証券を売却等すること(金商業等府令153条1項3号)

② 引受制限

　親法人等または子法人等が発行する有価証券(一定の例外あり)の引受けに係る主幹事会社となること(同項4号)

③ バック・ファイナンス

　有価証券の引受人となった日から6カ月を経過する日までの間において、親法人等または子法人等がその顧客に当該有価証券の買入代金につき貸付けその他信用の供与をしていることを知りながら、当該顧客に当該有価証券を売却すること(同項5号)

④ 転売制限

　有価証券(国債証券等を除く)の引受人となった日から6カ月を経過する日までの間において、親法人等または子法人等に当該有価証券を売却すること(一定の例外あり)(同項6号)

⑤ 非公開情報の授受・利用

　第1章第4節4(2)に詳述したとおり(同項7号・8号)。

⑥ 優越的地位の濫用

親銀行等または子銀行等の取引上の優越的な地位を不当に利用して金融商品取引契約の締結またはその勧誘を行うこと（同項10号）
⑦　別法人であることの不開示
　　親銀行等または子銀行等とともに顧客を訪問する際に、当該金融商品取引業者がその親銀行等または子銀行等と別の法人であることの開示をせず、同一の法人であると顧客を誤認させるような行為を行うこと（同項11号）

b　登録金融機関に対する規制

登録金融機関またはその役員もしくは使用人は、次に掲げる行為をすることが禁止されます。

(a)　アームズ・レングス・ルール
　a (a)と同じ（金商法44条の３第２項１号）。

(b)　信用供与等に関する抱合せ販売

親法人等または子法人等との間で金融商品取引に関する契約を締結することを条件として当該登録金融機関がその顧客に対して信用を供与しながら、当該顧客との間で金融商品仲介行為をすること（金商法44条の３第２項２号）。

(c)　グループ会社の図利を目的とした投資助言・投資運用
　a (c)と同じ（金商法44条の３第２項３号）。

(d)　その他の行為（金商法44条の３第２項４号）

この禁止行為の主なものは、次のとおりです。

① バック・ファイナンス
　　親法人等または子法人等が有価証券の引受人となった日から６カ月を経過する日までの間において、顧客に当該有価証券の買入代金の貸付けその他信用の供与をすることを約して、当該顧客に対し当該有価証券に係る金融商品仲介業務を行うこと（金商業等府令154条3号）。

② 非公開融資等情報の授受・利用
　　第１章第４節4(3)に詳述したとおり（同条４号・５号）。

第4節 デリバティブ

1 デリバティブとは

(1) 意　義

デリバティブ（derivative）とは、金融派生商品と邦訳されているように、通貨、商品、債券、株式等の現物取引から派生した取引のことであり、原資産の想定される将来価格に基づく取引（先物取引）、原資産から生じるキャッシュフローを変換する取引（スワップ取引）、これらの取引や現物取引を成立させる権利を設定する取引（オプション取引）などの総称です。

(2) 取引の目的

デリバティブは、原資産の価格または指標が将来的に変動することによるリスクをヘッジする目的で行われます。このような取引をヘッジ取引といいます。

また、原資産の理論価格と市場価格との間に一時的に生じた乖離を利用した裁定取引や、将来の価格変動を予想して利益確保を目的とする投機的なスペキュレーション取引もあります。

2 金商法上の分類

(1) 取引の場所

金商法上、**デリバティブ取引**とは、市場デリバティブ取引、店頭デリバティブ取引または外国市場デリバティブ取引をいうとされています（金商法2条20項）。

市場デリバティブ取引とは、金融商品市場において、金融商品市場を開設する者の定める基準および方法に従い行う取引をいいます（同条21項）。

外国市場デリバティブ取引とは、外国金融商品市場において行う取引で

あって、市場デリバティブ取引と類似の取引をいいます（同条23項）。

店頭デリバティブ取引とは、金融商品市場および外国金融商品市場によらないで行うデリバティブ取引をいいます（同条22項）。

(2) 取引の対象

デリバティブ取引の類型は、①現物取引の対象となる資産を参照するもの、②それ自体は現物取引の対象とならない数値を参照するもの、③それ以外のものに分類することができます。

①の取引類型で参照される原資産は、**金融商品**と呼ばれます。「金融商品」とは、(i)有価証券、(ii)預金等の金銭債権、(iii)通貨、(iv)商品（政令で指定するものに限られます）、(v)金融商品取引所が設定した標準物などとされています（金商法2条24項）。

②の取引類型で参照される数値は、**金融指標**と呼ばれます。「金融指標」とは、(i)金融商品の価格・利率等、(ii)気象観測数値、(iii)地象・地動・地球磁気・地球電気・水象の観測数値、(iv)一定の国内および外国統計数値などがあります（同条25項、同法施行令1条の18、定義府令21条の2）。

③の取引類型では、法人の信用状態に係る事由が発生した場合に金銭を支払うことを約するものがあります。

(3) 取引の具体的な種類

a　金融商品先物取引

金融商品取引市場において、売買の当事者が将来の一定の時期において金融商品およびその対価の授受を約する売買であって、当該売買の目的となっている金融商品の転売または買戻しをしたときは差金の授受によって決済することができる取引をいいます（金商法2条21項1号）。

b　金融商品先渡取引

金融商品市場および外国金融商品市場によらないで、売買の当事者が将来の一定の時期において金融商品およびその対価の授受を約する売買であって、当該売買の目的となっている金融商品の売戻し、買戻しまたは契約の解

除をしたときは差金の授受によって決済することができる取引をいいます（金商法2条22項1号、同法施行令1条の16）。

c　金融指標先物取引

当事者があらかじめ金融指標として約定する数値（約定数値）と将来の一定の時期における当該金融指標の数値（現実数値）との差に基づいて算出される金銭の授受を約する取引で、市場デリバティブ取引として行われるものをいいます（金商法2条21項2号）。

d　金融指標先渡取引

当事者があらかじめ金融指標として約定する数値（約定数値）と将来の一定の時期における当該金融指標の数値（現実数値）との差に基づいて算出される金銭の授受を約する取引またはこれに類似する取引で、店頭デリバティブ取引として行われるものをいいます（金商法2条22項2号）。

また、いわゆる天候デリバティブ取引や地震デリバティブ取引は、気象や地象の観測数値を参照する金融指標先渡取引に当たります。

e　オプション取引

当事者の一方の意思表示により当事者間において一定の取引を成立させることができる権利を、相手方が当事者の一方に付与し、当事者の一方がこれに対して対価を相手方に支払うことを約する取引またはこれに類似する取引をいいます（金商法2条21項3号・22項3号・4号）。

オプションによって成立させることができる一定の取引は、金融商品の売買や各種のデリバティブ取引です。金融商品などを買う権利は**コール・オプション**、売る権利は**プット・オプション**と呼ばれます。また、オプションを取得した者がこれを付与した者に対して支払う対価はオプション料と呼ばれます。

f　スワップ取引

当事者が元本として定めた金額（想定元本）について、当事者それぞれがその相手方に対して、取り決めた金融商品の利率等または金融指標の約定した期間における変化率に基づいて金銭を相互に支払うことを約する取引またはこれに類似する取引をいいます（金商法2条21項4号・22項5号）。

スワップ取引には、固定金利の支払債務と変動金利の支払債務とを交換するなどの**金利スワップ取引**や、異なる通貨間のキャッシュフローを交換する**通貨スワップ取引**などがあります。

g　クレジット・デリバティブ取引

当事者の一方が相手方に金銭を支払い、これに対して当事者があらかじめ定めた事由が発生した場合には、相手方が金銭を支払うことまたは金融商品等を移転することを約する取引またはこれに類似する取引をいいます（金商法2条21項5号・22項6号）。

クレジット・デリバティブ取引の典型が、**クレジット・デフォルト・スワップ**（CDS：Credit Default Swap）です。CDSは、通常は、定期的な金銭（「プレミアム」といいます）の支払と引き替えに、一定の国や企業（「参照組織」といいます）の債務の想定元本額に対する信用リスクのプロテクションを購入する（すなわち、信用リスクを移転する）取引です。具体的には、プロテクションの買い手はプレミアムを支払い、プロテクションの売り手は、参照組織の倒産など信用リスクの顕在化を示す一定の事由（「クレジット・イベント」といいます）が発生した場合に、一定の方法で特定された参照組織に対する債権等（「参照債務」といいます）について、あらかじめ合意したところに従って、現物決済、現金決済またはオークション決済を行います。現時点では、オークション決済が一般的な方法です。

3　金商法上の規制

(1)　金融商品取引業との関係

金商法上、次の行為は、金融商品取引業に該当します。

① 市場デリバティブ取引（商品関連市場デリバティブ取引を除く）または外国市場デリバティブ取引（金商法2条8項1号）

② 市場デリバティブ取引または外国市場デリバティブ取引の媒介・取次ぎ・代理（同項2号）

③ 市場デリバティブ取引または外国市場デリバティブ取引の委託の媒介・

取次ぎ・代理（同項3号）

④　店頭デリバティブ取引またはその媒介・取次ぎ・代理（同項4号）

　これらの行為は、「デリバティブ取引等」と総称されます（同法33条3項）。また、デリバティブ取引等のうち、有価証券に係るものを「有価証券関連デリバティブ取引等」といいます（同法33条3項柱書）。

(2) 登録金融機関業務

　金融機関は、内閣総理大臣の登録を受けて、デリバティブ取引等のうち有価証券関連デリバティブ取引等以外のもの、有価証券等清算取次ぎのうち有価証券関連業に当たるもの以外のものを業として行うことができます（金商法33条の2第3号）。これらの業務については、金融商品取引業者としての登録は不要です（同法33条3項）。

　これに対し、有価証券関連デリバティブ取引等は有価証券関連業に該当するため（同法28条8項3号ないし6号）、金融機関は原則として有価証券関連デリバティブ取引等を行うことができません（同法33条1項本文）。

　もっとも、例外的に一定の有価証券関連デリバティブ取引等を行うことができることについては、第3節に述べたとおりです。

4　銀行法上の規制

(1) 付随業務

　銀行が付随業務として取り扱うことができるデリバティブ取引は、次のとおりです。

①　投資の目的でまたは書面取次行為として行う有価証券関連デリバティブ取引（銀行法10条2項2号）

②　有価証券関連デリバティブ取引以外の金商法上のデリバティブ取引（銀行法10条2項12号、同法施行規則13条の2の2）

③　②のデリバティブ取引の媒介・取次ぎ・代理（同法10条2項13号、同法施行規則13条の2の2）

④ 金融等デリバティブ取引（同法10条2項14号、同法施行規則13条の2の3第1項・2項）
⑤ 金融等デリバティブ取引の媒介・取次ぎ・代理（同法10条2項15号、同法施行規則13条の2の3第3項）
⑥ 有価証券関連店頭デリバティブ取引（同法10条2項16号・10項、金商法28条8項4号）
⑦ 有価証券関連店頭デリバティブ取引の媒介・取次ぎ・代理（銀行法10条2項17号・10項、金商法28条8項4号）

(2) **他業証券業務等**

銀行は、その他の有価証券関連デリバティブ取引等も、金商法33条2項各号に許容された限度で、いわゆる他業証券業務等として行うことができます（銀行法11条2号）。

5 デリバティブ取引に係る契約書

(1) ISDAの標準契約書

金融機関同士が相対で行う店頭デリバティブ取引については、契約書作成事務の効率化、リスク管理のための権利義務関係の標準化などの観点から、ISDA（International Swaps and Derivatives Association, Inc.）が作成した標準契約書が使用されることが一般的です。金融機関と大企業あるいは外資系企業の日本法人との間の店頭デリバティブ取引で使用されることもあります。

この標準契約書の構成は、①**基本契約書**（Master Agreement）、②**個別契約書**（Confirmation）、③**定義集**（Definitions）から成り立っています。

Master Agreementは、本文標準条項（定型的文書）とSchedule（付属文書）から成り立っています。Scheduleは、当事者が本文標準条項の各規定の適用の有無や本文標準条項に定めのない事項などを相対で個別的に定めるものです。

Confirmationは、具体的な店頭デリバティブ取引について、想定元本、取

引期間、金利・価格等の合意内容を定めるものです。

　Definitionsは、取引の種類ごとに、取引に適用される条件や用語を定義するものです。2006 ISDA Definitions、1998 FX and Currency Option Definitions、2014 ISDA Credit Derivatives Definitionsなどがあります。

　個々の店頭デリバティブ取引に関して各文書の規定間に矛盾抵触がある場合には、特別法が一般法に優先するのと同様に、Confirmation＞Schedule＞本文標準条項の順序で優先されます。なお、個別取引についてDefinitionsが適用されるか否か、および、適用される場合におけるDefinitionsとConfirmationとの優先関係については、通常はConfirmationで規定します。

(2) CSA

　CSA（Credit Support Annex）とは、ISDA Master Agreementの付属契約で、店頭デリバティブ取引から生じる信用リスクを極小化するために、与信額（Exposure）に応じて、必要担保金額（Credit Support Amount）を定期的に見直して、相互に担保を追加または返却することを内容とする契約です。

　現時点では、大手金融機関相互の店頭デリバティブ取引について、CSAもあわせて締結されることが多いのですが、リーマン・ショックを契機とした国際的な規制強化の動きのなかで、今後、CSAの様式が変更されることや、その他の金融機関や非金融機関等との店頭デリバティブ取引についてもCSA締結が一般化してくることが予想されます。

(3) 和文マスター契約

　金融機関と非金融機関との間の店頭デリバティブ取引については、各金融機関が独自に作成した日本語の基本契約書を使用する例もあります。このような契約書は、和文マスター契約などと呼ばれています。

6 ネッティング

(1) 問題の所在

ISDA Master Agreementなどの基本契約書では、クローズアウト・ネッティング（一括清算）についての規定が置かれています。**クローズアウト・ネッティング**とは、契約当事者の一方に期限の利益喪失事由（Event of Default）または解約事由（Termination Event）が生じた場合に、未履行または未決済の個別契約上の債権債務のすべてを、現在価値に引き直し、当事者があらかじめ定めた通貨建ての一つの債権債務にすることをいいます。

クローズアウト・ネッティング条項については、事実上優先的な担保機能があることから、管財人等の双方未履行双務契約についての選択権（破産法53条1項、民事再生法49条1項、会社更生法61条1項）に優先するか否かという議論がありました。

(2) 一括清算法

クローズアウト・ネッティング条項の法的な有効性は、金融機関等が行う特定金融取引の一括清算に関する法律（以下「**一括清算法**」といいます）の制定によって、確認されました。

一括清算とは、特定金融取引の当事者について破産手続開始等の申立てがあった場合、クローズアウト・ネッティング条項によって、当事者双方の意思にかかわらず、当該申立ての時において、特定金融取引のそれぞれについて算出した評価額を合算して得られる純合計額が、一つの債権または債務になることをいいます（一括清算法2条6項）。そして、一括清算によって生じた一つの債権または債務は、破産手続等においても、一つの債権または債務として取り扱われます（同法3条）。このため、管財人等が特定金融取引の一部のみに関して双方未履行双務契約についての選択権を行使することはできないことになります。

なお、**特定金融取引**とは、店頭デリバティブ取引（金商法2条22項）や金融等デリバティブ取引（銀行法10条2項14号）などやこれらの担保取引をい

います（一括清算法2条1項、同法施行規則1条）。

(3) 破産法等の改正

一括清算法の対象となるのは、金融機関等（銀行、証券会社、保険会社など（一括清算法2条2項、同法施行令））を一方当事者とする特定金融取引に限られていますが、破産法等の改正により、金融機関等ではない者を双方当事者とするデリバティブ取引についても、クローズアウト・ネッティング条項が有効であることが確認されました。

具体的には、市場の相場がある商品の取引を継続して行うために締結された基本契約において、その基本契約に基づいて行われるすべての取引に係る契約につき生ずる損害賠償の債権または債務を差引計算して決済する旨の定めをしたときは、請求することができる損害賠償の額の算定については、その定めに従うものとされています（破産法58条5項、民事再生法51条、会社更生法63条）。

第5節 信託業務

1 信託とは

(1) 信託の意義

信託とは、受託者が一定の信託の信託目的に従い、信託財産の管理または処分およびその他の当該目的の達成のために必要な行為をすべきものとすることをいいます（信託法2条1項）。

信託を設定する行為は、**信託行為**と呼ばれます。信託行為には、①信託契約、②遺言、③書面または電磁的記録による意思表示（自己信託）があります（同条2項、3項）。

信託により管理または処分をすべきいっさいの財産を**信託財産**といいます（同法2条3項）。信託行為によって信託をするものを**委託者**といいます（同

条4項)。信託行為の定めに従い、信託財産に属する財産の管理または処分およびその他の信託の目的の達成のために必要な行為をすべき義務を負う者を**受託者**といいます（同条5項）。①の信託契約と②の遺言では、委託者と受託者とは別人ですが、③の自己信託では、委託者と受託者とは同一人ということになります。

信託行為に基づいて受託者が受益者に対し負う債務であって信託財産に属する財産の引渡しその他の信託財産に係る給付をすべきものに係る債権およびこれを確保するためにこの法律の規定に基づいて受託者その他の者に対し一定の行為を求めることができる権利を**受益権**といいます（同条7項）。そして、受益権を有する者が**受益者**です（同条6項）。

(2) 信託財産

a 信託財産の統一性（物上代位性）

信託が成立する段階での信託財産は、信託行為において信託財産に属すべきものと定められた財産です。しかし、受託者が信託財産の管理、処分等により信託成立後に得た財産なども信託財産に属します（信託法16条）。これを、**信託財産の統一性**や**物上代位性**と呼びます。

b 信託財産の独立性

信託財産は形式的には受託者に属していますが、受益者のための財産ですから、受託者の固有財産とは区別され、受託者個人から独立しています。このことを**信託財産の独立性**といいます。

信託財産の独立性により、受託者に対する債権に基づいて、信託財産に対して、強制執行、仮差押え、仮処分もしくは担保権の実行、競売または国税滞納処分等をすることはできません（信託法23条1項）。もっとも、受託者に対する債権が信託財産責任負担債務に係る債権である場合は、債権者は強制執行等をすることができます。信託財産責任負担債務とは、受益債権（信託財産に属する財産の引渡しその他の信託財産に係る給付をすべきものに係る債権。同法2条7項)、信託前に生じた委託者に対する債権であって、当該債権に係る債務を信託財産責任負担債務とする旨の信託行為の定めがあるもの（たと

えば、信託財産の移転とともに引き受けた委託者の債務)、信託財産のためにした行為であって受託者の権限に属するものによって生じた権利(たとえば、受託者が信託の目的のために行った借入れに係る権利)などの権利に係る債務をいいます(同法21条1項)。

また、受託者の固有財産のみを引当てとする債権に係る債権者は、原則として、当該債権をもって信託財産に属する債権を受働債権として相殺をすることができません(同法22条1項本文)。

さらに、受託者が破産手続・再生手続・更生手続の開始の決定を受けた場合であっても、信託財産に属する財産は、破産財団・再生債務者財産・更生会社財産等に属しません(同法25条1項・4項・7項)。

c 信託財産の公示

信託財産は形式的には受託者に属しているため、登記または登録をしなければ権利の得喪および変更を第三者に対抗することができない財産については、信託の登記または登録をしなければ、当該財産が信託財産に属することを第三者に対抗することができません(信託法14条)。

このため、不動産については、信託の登記の手続が定められています(不動産登記法97条ないし104条の2)。また、振替社債、振替国債、振替株式などについても、信託財産に属する旨を振替口座簿に記載・記録することが、第三者対抗要件とされています(社債等振替法75条1項、100条1項、142条1項)。

(3) 受託者の義務

受託者は、信託財産に属する財産の管理または処分およびその他の信託目的の達成のために必要な行為をすることができます。その半面、受託者は、次のような義務を負います。

a 善管注意義務

受託者は、信託の本旨に従い、信託事務を処理しなければなりません(信託法29条1項)。そして、受託者は、信託事務を処理するにあたっては、信託行為に別段の定めがない限り、善良な管理者の注意をもって行う必要があります(同条2項)。

b　忠実義務

受託者は、受益者のため忠実に信託事務の処理その他の行為をする義務を負います（信託法30条）。このため、例外規定に該当しない限り、受益者との利益が相反する取引をすることができません（同法31条1項・2項）。また、例外規定に該当しない限り、受益者と競合する行為をすることもできません（同法32条1項・2項）。

c　公平義務

受益者が2人以上ある信託においては、受託者は、受益者のために公平にその職務を行わなければなりません（信託法33条）。

d　分別管理義務

受託者は、信託財産に属する財産と固有財産および他の信託の信託財産に属する財産とを、信託行為に別段の定めがない限り、分別して管理しなければなりません（信託法34条1項）。

e　信託事務の処理の委託に関する義務

受託者は、信託行為に定めがある場合、定めがなくても信託の目的に照らして相当であると認められる場合などには、信託事務の処理を第三者に委託することができます（信託法28条）。この場合、受託者は、別段の定めがない限り、当該第三者に対し、信託の目的の達成のために必要かつ適切な監督を行うなどの義務を負います（同法35条1項・2項）。

もっとも、受託者が信託事務の処理を委託した第三者が、①信託行為において指名された第三者である場合、②信託行為の定めに基づき委託者または受益者が指名した第三者である場合には、受託者は責任を負いません（同条3項）。

f　帳簿等作成・報告義務

受託者は、信託財産に係る帳簿等を作成し、また、貸借対照表、損益計算書等を作成して受益者に報告し、さらにこれらの書類や信託財産に属する財産の処分に係る契約書などを10年間保存する義務を負います（信託法37条）。受益者は、受託者に対し、上記の帳簿等や契約書などの閲覧・謄写を請求することができます（同法38条）。

g 損失てん補責任等

受託者がその任務を怠ったことによって信託財産に損害が生じた場合等には、受益者は、当該受託者に対し、当該損失のてん補等を請求することができます（信託法40条）。

2 信 託 業

(1) 信託業とは

信託業とは、信託の引受けを行う営業をいいます（信託業法2条1項）。**信託の引受け**とは、受託者の立場からみて、委託者の信託の設定の意思表示に対してこれを引き受ける旨の意思表示を行い、信託関係を発生させることをいいます。信託業は、内閣総理大臣の免許を受けた者でなければ、営むことができません（同法3条）。

なお、信託業のうち、①委託者または委託者から指図の権限の委託を受けた者のみの指図により信託財産の管理または処分が行われる信託、または、②信託財産につき保存行為または財産の性質を変えない範囲内の利用行為もしくは改良行為のみが行われる信託のみの引受けを行う営業を**管理型信託業**といいます（同法2条3項）。管理型信託業を営むには、内閣総理大臣の免許を受ける必要まではありませんが、内閣総理大臣の登録を受ける必要があります（同法7条1項）。

(2) 信託会社の義務等

信託業の免許を受けた者または管理型信託業の登録を受けた者を**信託会社**といいます（信託業法2条2項）。信託会社は、信託法上の受託者と比べて、負担すべき義務が厳格化されています。

a 善管注意義務

信託会社の善管注意義務について、信託行為に別段の定めを設けて、これを軽減することはできません（信託業法28条2項）。

b　忠実義務

　受託会社は、信託の本旨に従い、受益者のため忠実に信託業務その他の業務を行う義務を負います（信託業法28条1項）。信託会社の利益相反取引禁止については、信託会社の利害関係人と信託財産との間の取引も禁止されています（同法29条2項1号）。また、利益相反取引が例外的に許容されるには、信託行為に定めがある場合、または当該取引に関する重要な事実を開示してあらかじめ書面もしくは電磁的方法による受益者の承認を得た場合であり、かつ、受益者の保護に支障を生ずることがない場合として内閣府令で定める場合に限られます（同項柱書）。

c　分別管理義務

　信託会社は、個々の信託財産について分別管理義務を負うほか、信託財産に属する財産と固有財産および他の信託の信託財産に属する財産とを分別して管理するための体制その他信託財産に損害を生じさせ、または信託業の信用を失墜させることのない体制を整備する義務を負います（信託業法28条3項）。

d　信託事務の処理の委託に関する義務

　信託会社は、①信託業務の一部を委託することおよびその信託業務の委託先（委託先が確定していない場合は、委託先の選定に係る基準および手続）が信託行為において明示すること、②委託先が委託された信託業務を的確に遂行することができる者であること、という要件をすべて満たす場合に限り、その受託する信託財産について、信託業務の一部を第三者に委託することができます（信託業法22条1項）。ただし、信託財産の保存行為や性質を変えない範囲の利用・改良行為等については、信託行為に定めがなくても第三者に委託することができます（同条3項）。

　信託会社は、信託会社が委託先の選任につき相当の注意をし、かつ、委託先が委託を受けて行う業務につき受益者に加えた損害の発生の防止に努めたときを除き、信託業務の委託先が委託を受けて行う業務につき受益者に加えた損害を賠償する責めを負います（同法23条1項）。もっとも、委託先が信託行為等により選任された者であって、委託者と密接な関連を有し、信託会社

とは密接な関連を有しない者である場合は、信託会社は責任を免れます（同条2項）。

(3) 信託会社の行為準則

a　禁止行為

委託者の利益を保護し、また、信託会社の業務の適確な運営を確保するため、信託会社は、信託の引受けに関して、次に掲げる行為を行うことが禁止されています。

① 虚偽告知（信託業法24条1項1号）
② 断定的判断等の提供（同項2号）
③ 特別の利益提供（同項3号）
④ 元本補てん等（同項4号）
⑤ 重要事項に関する誤認事項の提供（同法施行規則30条1号）
⑥ バック・ファイナンス（同条2号）
⑦ 法令違反行為（同条3号）

b　適合性の原則

信託会社は、委託者の知識、経験、財産の状況および信託契約を締結する目的に照らして適切な信託の引受けを行い、委託者の保護に欠けることのないように業務を営まなければなりません（信託業法24条2項）。

c　説明義務

信託会社は、信託契約による信託の引受けを行うときは、委託者の保護に支障を生ずることがない場合として内閣府令で定める場合を除き、あらかじめ、委託者に対し当該信託会社の商号、信託の目的、信託財産に関する事項、信託契約の期間に関する事項、信託財産の管理または処分の方法に関する事項などを説明する義務を負います（信託業法25条）。

d　信託契約締結時の書面交付

信託会社は、信託契約による信託の引受けを行ったときは、遅滞なく、委託者に対し、上記cに記載した事項を明らかにした書面を交付する必要があります（信託業法26条1項）。

(4) 特定信託契約についての行為規制

特定信託契約とは、金利、通貨の価格、金融商品市場における相場その他の指標に係る変動により損失が生ずるおそれがある信託契約をいいます（信託業法24条の2）。

具体的には、①公益信託、②元本補てん特約付信託、③信託財産を預金等のみによって運用する信託、④管理型信託、⑤金銭・有価証券等以外の物の信託以外の信託契約が、特定信託契約です（同法施行規則30条の2第1項）。

特定信託契約は投資性の強い信託であることから、その引受けについては、次の金商法の行為規制等が準用されます（信託業法24条の2）。

① 広告等規制（金商法37条）
② 契約締結前の書面の交付（同法37条の3）
③ 禁止行為（同法38条8号）
④ 損失補てん等の禁止（同法39条）
⑤ 特定投資家制度（同法34条～34条の4、45条）

3 金融機関が営むことができる信託業務

(1) 信託業務の兼営

銀行その他の金融機関は、他の法律の規定にかかわらず、内閣総理大臣の認可を受けて、信託業およびこれに関連する業務（**信託業務**と呼ばれます）を営むことができます（兼営法1条1項柱書）。

銀行にとっては、信託業務は「他の法律により営む業務」、すなわち、法定他業に当たります（銀行法12条）。

(2) 信託業務の範囲

a 信託の制限

金融機関は、ごく一部の例外を除き、土地もしくはその定着物、地上権または土地の賃借権（以下「土地等」といいます）を含む財産の信託であって、

土地等の処分を信託の目的の全部または一部とするものの信託をすることができません（兼営法施行令3条1号）。

また、金融機関は、そのような信託ではなくても、信託財産の管理または処分において、宅地・建物の売買、交換等を行う信託もすることができません（同条4号、同法施行規則3条1項1号）。

b　併営業務

兼営の免許を受けた金融機関は、信託業のほか、次の業務を行うことができます。

(a)　信託契約代理業（兼営法1条1項1号）

信託契約代理業とは、信託契約の締結の代理または媒介を行う営業をいいます（信託業法2条8項）。ただし、上記aの信託に係るものは、除かれます（兼営法施行令3条2号・4号、同法施行規則3条2号）。

(b)　信託受益権売買等業務（兼営法1条1項2号）

信託受益権売買等業務とは、(i)信託受益権の売買またはその代理もしくは媒介、(ii)信託受益権の売出し・特定投資家向け売付け勧誘等または募集・売出し・私募・特定投資家向け売付け勧誘等の取扱いをいいます（金商法65条の5第1項）。

(c)　財産の管理（兼営法1条1項3号）

上記aに係る信託財産と同じ種類の財産の管理はできません。

(d)　財産に関する遺言の執行（兼営法1条1項4号）

(e)　会計の検査（兼営法1条1項5号）

(f)　財産の取得、処分または貸借に関する代理・媒介（兼営法1条1項6号）

もっとも、不動産の売買および貸借の代理および媒介は、除かれます（兼営法施行令3条3号）。

(g)　次に掲げる事項に関する代理事務（兼営法1条1項7号）

　(i)　(c)の財産の管理

　(ii)　財産の整理または清算

　(iii)　債権の取立て

　(iv)　債務の履行

c　併営業務から除外される業務

次の業務も、兼営の免許を受けた金融機関が営むことができる併営業務から除外されています（兼営法施行令3条4号）。
① 不動産の鑑定評価（兼営法施行規則3条3号）
② 不動産に係る投資に関し助言を行う業務（同条4号）
③ 商品投資顧問業に該当する業務（同条5号）

d　既存信託銀行の業務範囲

平成16年12月30日に現に兼営法の認可を受けていた金融機関が営む信託業務については、上記a～cのような制限はありません（兼営法附則（平成16年12月3日法律第154号）16条7項）。

(3) 信託業法・金商法の準用

a　信託業法の準用

信託会社の義務等、信託会社の行為準則に関する規定等は、金融機関が信託業務を営む場合について準用されます（兼営法2条1項）。

b　金商法の準用

金融機関が行う特定信託契約による信託の引受けについては、信託会社と同様に、金商法の規定が準用されます（兼営法2条の2）。

(4) 営業信託の分類

金融機関が引き受ける信託は、一般に、当初信託財産などにより、次のように分類されています。

a　当初信託財産による分類
① 金銭の信託
　(i) 金銭信託（信託財産を処分して受益者に金銭を交付）
　(ii) 金外信託（信託財産を現状有姿のまま受益者に交付）
② 金銭債権の信託
③ 有価証券の信託
④ 動産の信託

⑤ 不動産の信託
⑥ 知的財産権の信託
⑦ 包括信託（2種類以上の財産を1つの信託契約で受託）
b 運用方法による分類
(a) 指定運用
　金銭をどのような財産で運用することができるかについては信託契約で定められますが、その範囲内で受託者が銘柄、数量、時期等について裁量権を行使することができる信託です。
　信託ごとに信託財産を運用する**指定単独運用**と複数の信託の信託財産を合同して運用する**指定合同運用**があります。
(b) 特定運用
　信託財産の運用方法が委託者によって特定される信託です。

第6節　保険募集業務

　銀行法上の位置づけ

　銀行法上は、銀行が保険募集業務を行うことができると定めた規定はありません。その一方、保険業法は、銀行等（銀行または協同組織金融機関をいいます。保険業法施行規則20条の3）が内閣総理大臣の登録を受けて保険募集を行うことができるとしています（保険業法275条2項）。
　したがって、銀行にとって、保険募集は「他の法律により営む業務」、すなわち、法定他業に当たります（銀行法12条）。

　保険募集をすることができる者

(1) 保険募集とは
保険募集とは、保険契約の締結の代理または媒介を行うことをいいます

（保険業法2条26項）。

　代理とは、保険会社の名において保険会社のために保険契約の締結を行うことをいい、**媒介**とは、保険会社と契約者との間の保険契約の締結に向けて仲介・斡旋を行うことをいいます。

　なお、①保険契約の締結の勧誘、②保険契約の締結の勧誘を目的とした保険商品の内容説明、③保険契約の申込みの受領も保険募集に含まれると考えられています（保険会社向けの総合的な監督指針Ⅱ－4－2－1(1)②）。

⑵　**保険募集をすることができる者**

　保険会社の役員や使用人以外に保険募集をすることができる者は、次の4つに分類されています（保険業法275条1項）。

a　生命保険募集人

　内閣総理大臣の登録を受けた**生命保険募集人**（保険業法2条19項）は、その所属保険会社等のために行う保険契約の締結の代理または媒介を行うことができます（同法275条1項1号）。もっとも、生命保険募集人である銀行等またはその役員もしくは使用人が募集することができる保険は限定されており、かつ、後述する弊害防止措置を講じる必要があります（同法施行規則212条）。

　所属保険会社等とは、保険募集を行う保険契約の保険者となるべき保険会社（外国保険会社等を含む）または少額短期保険業者をいいます（同法2条24項）。

　少額短期保険業者とは、内閣総理大臣の登録を受けて少額短期保険業を行う者をいい（同条18項）、**少額短期保険業**とは、保険業のうち、保険期間が2年以内の政令で定める期間以内であって、保険金額が1000万円を超えない範囲内において政令で定める金額以下の保険のみの引受けを行う事業をいいます（同条17項）。

b　損害保険代理店もしくはその役員・使用人

　内閣総理大臣の登録を受けた損害保険代理店もしくはその役員もしくは使用人は、その所属保険会社等のために行う保険契約の締結の代理または媒介を行うことができます（保険業法275条1項2号）。もっとも、損害保険代理店である銀行等またはその役員もしくは使用人が募集することができる保険

は限定されており、かつ、後述する弊害防止措置を講じる必要があります（同法施行規則212条の2）。

　損害保険代理店とは、損害保険会社の委託を受け、または当該委託を受けた者の再委託を受けて、その損害保険会社のために保険契約の締結の代理または媒介を行う者で、その損害保険会社の役員または使用人でないものをいいます（同法2条21項）。

　なお、損害保険会社の役員もしくは使用人、損害保険代理店またはその役員もしくは使用人を**損害保険募集人**といいます（同条20項）。

c　特定少額短期保険募集人・少額短期保険募集人

　特定少額短期保険募集人または内閣総理大臣の登録を受けた少額短期保険募集人は、その所属保険会社等のために行う保険契約の締結の代理または媒介を行うことができます（保険業法275条1項3号）。もっとも、少額短期保険募集人である銀行等またはその役員もしくは使用人が募集することができる保険は限定されており、かつ、後述する弊害防止措置を講じる必要があります（同法施行規則212条の4）。

　少額短期保険募集人とは、少額短期保険業者のために保険契約の締結の代理または媒介を行うものをいいます（同法2条22項）。

　また、**特定少額短期保険募集人**とは、少額短期保険募集人のうち、損害保険契約、疾病・傷害保険契約または海外旅行傷害保険契約のみに係る保険募集を行う者で、少額短期保険業者の委託を受けた者でないもの（＝委託を受けた者の役員・使用人）をいいます（同法275条1項3号、同法施行規則212条の3）。

d　保険仲立人

　内閣総理大臣の登録を受けた保険仲立人またはその役員もしくは使用人は、保険契約の締結の媒介をすることができます（保険業法275条1項4号）。もっとも、保険仲立人である銀行等またはその役員もしくは使用人が募集することができる保険は限定されており、かつ、後述する弊害防止措置を講じる必要があります（同法施行規則212条の5）。

　保険仲立人とは、保険契約の締結の媒介であって生命保険募集人、損害保険募集人および少額短期保険募集人がその所属保険会社等のために行う保険

契約の締結の媒介以外のものを行う者をいいます（同法 2 条25項）。つまり、保険仲立人とは、所属保険会社等のためではなく、所属保険会社等から独立した立場で、顧客のために保険契約の締結の媒介を行う者ということができます。

(3) 登録等

特定保険募集人、すなわち、生命保険募集人、損害保険代理店または少額短期保険募集人は、内閣総理大臣の登録を受けなければなりません（保険業法276条）。また、保険仲立人も、内閣総理大臣の登録を受けなければなりません（同法286条）。

銀行等は、所属保険会社等との間で募集代理店委託契約といった代理店契約を結びますが、生命保険募集人または少額短期保険募集人となるための内閣総理大臣の登録は、銀行のみならずその役員・使用人も受ける必要があります。

これに対して、損害保険代理店または保険仲立人となるための登録は、銀行のみ受ければよいことになります。もっとも、銀行が登録を受けて損害保険代理店または保険仲立人となった場合は、保険募集を行わせようとする役員または使用人について、氏名および生年月日を内閣総理大臣に届け出る必要があります（同法302条）。

3 弊害防止措置

(1) 総論

銀行等は、預金・貸金業務等を通じて、顧客の資金状況を正確に把握することができ、とりわけ、融資先の顧客に対しては強い影響力を及ぼす可能性がないとはいえません。このため、銀行等がこれらの情報や影響力を不当に利用して保険募集を行い、顧客（保険契約者）の利益を損なうおそれがないともいえません。

そこで、銀行等が保険募集を行うにあたっては、このような弊害が生じないように防止措置を講じることが求められています。

(2) 全商品共通の弊害防止措置

銀行等は、すべての保険契約の保険募集に関して、次の弊害防止措置を講じることが求められています（保険業法施行規則212条〜212条の５）。

① 非公開情報保護措置
　（ⅰ）保険募集の業務において取り扱う顧客に関する非公開金融情報（その役員または使用人が職務上知りえた顧客の預金、為替取引または資金の借入れに関する情報その他の顧客の金融取引または資産に関する公表されていない情報）が、事前に書面その他の適切な方法により当該顧客の同意を得ることなく保険募集に係る業務に利用されないことを確保するための措置
　（ⅱ）保険募集に係る業務において取り扱う顧客に関する非公開保険情報（その役員または使用人が職務上知りえた顧客の生活、身体または財産その他の事項に関する公表されていない情報で保険募集のために必要なもの）が、事前に書面その他の適切な方法により当該顧客の同意を得ることなく資金の貸付けその他の保険募集に係る業務以外の業務に利用されないことを確保するための措置

② 保険募集指針の作成・公表等
③ 法令等遵守責任者・統括責任者の配置

(3) 追加的に取扱いが解禁された商品についての弊害防止措置

銀行等は、平成17年12月以降に取扱いが解禁された保険契約のうち一定の保険募集に関して、次の弊害防止措置を講じることが求められています。

① 融資先関係者に対する保険募集の制限
② 適正な業務運営の確保
③ 融資業務担当者と保険募集担当者の分離

(4) 中小金融機関等に関する特例

① 地域密着型の金融を志向する中小金融機関については、メガバンクに比べて中小企業等に対する影響力が弱いと考えられることから、保険募集指針に所定の事項を記載することによって「特例地域金融機関」（保険業法

施行規則212条4項）となることにより、(3)①の融資先募集規制や同③の担当者分離規制が緩和されます。

② 協同組織金融機関は、保険募集指針に所定の事項を記載することにより、(3)①にかかわらず、当該協同組織金融機関の会員または組合員に対して保険募集を行うことができます。

保険募集等に関する禁止行為

(1) 一般的な禁止規定

保険契約者等の保護の観点から、保険募集の公正を確保するため、保険募集人（生命保険募集人、損害保険募集人または少額短期保険募集人をいいます（保険業法2条23項））または保険仲立人もしくはその役員もしくは使用人に対する禁止行為が定められています（同法300条1項）。その主要なものは、次のとおりです。

① 虚偽告知・重要な事項の不告知（同項1号）
② 告知義務違反を勧める行為（同項2号・3号）
③ 不利益事実を説明しない乗換募集行為（同項4号）
④ 特別の利益の提供（同項5号）
⑤ 誤解のおそれのある比較説明等（同項6号）
⑥ 断定的判断の提供（同項7号）

(2) 銀行等による保険募集に係る禁止行為

銀行等による保険募集については、銀行等が影響力を及ぼして不適切な保険募集を行わないように、特定保険募集人もしくは保険仲立人である銀行等またはその役員もしくは使用人に対する禁止行為が定められています。その主要なものは、次のとおりです。

① 当該銀行等が行う信用供与の条件として保険募集をする行為その他の当該銀行等の取引上の優越的な地位を不当に利用して保険募集をする行為（保険業法300条1項9号、同法施行規則234条1項7号）

②　融資先募集規制の対象となる保険契約について、顧客またはその密接関係者が当該銀行等に対し資金の貸付けの申込みを行っていることを知りながら、当該顧客またはその密接関係者に対し、保険募集をする行為（保険業法300条1項9号、同法施行規則234条1項10号）

5　特定保険契約についての行為規制

(1)　特定保険契約とは

特定保険契約とは、金利、通貨の価格、金融商品市場における相場その他の指標に係る変動により損失が生ずるおそれがある保険契約をいいます（保険業法300条の2）。

具体的には、①運用実績連動型保険契約等の特別勘定を設けなければならない保険契約、②解約による返戻金の額が、金利、通貨の価格、金融商品市場における相場その他の指標に係る変動により保険料の合計額を下回ることとなるおそれがある保険契約、③外貨建保険契約（ただし、事業者を保険契約者とする損害保険で、保険者がてん補すべき損害の額を外国通貨により表示するものを除く）が「特定保険契約」に該当します（同法施行規則234条の2）。

(2)　金商法の準用による行為規制

特定保険契約は投資性の強い保険であることから、その保険募集については、次の金商法の行為規制等が準用されます（保険業法300条の2）。

①　広告等規制（金商法37条）
②　契約締結前の書面の交付（同法37条の3）
③　契約締結時等の書面の交付（同法37条の4）
④　不招請勧誘・再勧誘の禁止（同法38条4号～6号）
⑤　損失補てん等の禁止（同法39条）
⑥　適合性の原則等（同法40条）
⑦　特定投資家制度（同法34条～34条の4、45条）

第7節 電子記録債権

1 電子記録債権とは

(1) 概　説

電子記録債権とは、磁気ディスク等をもって作成される記録原簿への電子記録をその発生・譲渡等の効力要件とする金銭債権です。

商取引等によって受領した手形は、金融機関に割り引いてもらうことにより、現金化することができますが、紛失・盗難のリスクがあります。他方、商取引等によって取得した売掛債権には、譲渡禁止特約が付されていることが多く、また、金融機関には二重譲渡リスクがあるため、必ずしも資金調達のために利用しやすいとはいえません。

そこで、電子的な手段による債権譲渡を推進することによって中小企業等の資金調達環境を整備するといった目的で制定されたのが、電子記録債権法（以下本節では単に「法」といいます）です。

(2) 特　徴

電子記録債権は、その発生または譲渡について電子記録を要件とする金銭債権です（法2条1項）。つまり、電子記録債権を発生させ、または譲渡するには、その旨を電子記録しなければならないのであり、単に合意をしただけでは、発生や譲渡といった法律効果を生じません。したがって、権利の変動は記録原簿上の記録によって定めるため、二重譲渡リスクはありません。電子記録債権は、民法上の指名債権とも手形法上の手形債権とも異なる新たな金銭債権ということができます。

また、電子記録債権の内容は、**債権記録**の記録によって定まります（法9条1項）。当然のことながら、債権記録には、債権者および債務者の氏名または名称および住所も記録されています。したがって、電子記録債権を取得しようとする者は、債権記録の記録内容を確認することにより、債権者およ

び債務者が誰であるか、その他の電子記録債権の内容がどのようなものであるかを確認することができます。つまり、電子記録債権は、可視的であるということができます。

電子記録債権法の概要

(1) 通 則

電子記録は、電子債権記録機関が記録原簿に記録事項を記録することによって行います（法3条）。電子記録は、法令に別段の定めがある場合を除き、当事者の請求または官庁もしくは公署の嘱託に基づいて行われます（法4条1項）。

電子記録の請求は、原則として、電子記録権利者（電子記録をすることにより、電子記録上、直接に利益を受ける者のことをいいます。法2条7項）および電子記録義務者（電子記録をすることにより、電子記録上、直接に不利益を受ける者のことをいいます。同条8項）双方がしなければなりませんが（法5条1項）、共同申請である必要はありません（同条3項参照）。

(2) 電子記録債権の発生、譲渡等

a 電子記録債権の発生

電子記録債権は、**発生記録**をすることによって生じます（法15条）。

発生記録に係る記録事項としては、①債務者が一定の金額を支払う旨、②支払期日、③債権者の氏名または名称および住所、④債務者の氏名または名称および住所などの必要的記録事項（法16条1項各号）と、分割払いの定めや利息等の定め、期限の利益の喪失事由などの任意的記録事項（同条2項各号）があります。

記録番号および電子記録の年月日以外の必要的記録事項のいずれかの記録が欠けているときは、電子記録債権は、発生しません（同条3項）。

b 電子記録債権の譲渡

電子記録債権の譲渡は、**譲渡記録**をしなければ、その効力を生じません

(法17条)。

　譲渡記録に係る必要的記録事項としては、①電子記録債権の譲渡をする旨、②譲受人の氏名または名称および住所などがあります（法18条1項）。

　譲渡記録の請求により電子記録債権の譲受人として記録された者は、仮に電子記録名義人（債権記録に電子記録債権の債権者または質権者として記録されている者をいいます。法2条6項）が真の権利者ではなかったとしても、当該譲受人に悪意または重大な過失がない限り、原則として当該電子記録債権を取得します（**善意取得**。法19条1項）。電子記録名義人は、電子記録に係る電子記録債権についての権利を適法に有するものと推定されており（法9条2項）、その権利の外観を信頼した者の取引安全を保護する必要があるからです。

　また、電子記録債権に係る債務者は、電子記録債権の譲受人に対して、当該電子記録債権の譲渡人に対する人的関係に基づく抗弁をもって、原則として当該譲受人に対抗することができません（**人的抗弁の切断**。法20条1項本文）。譲受人を保護し、電子記録債権の流通性を高める必要があるからです。逆にいえば、譲受人が、債務者を害することを知って当該電子記録債権を取得したときは、譲受人の利益を保護する必要はありませんから、債務者は人的抗弁をもって譲受人に対抗することができます（同項ただし書）。

c　電子記録債権の消滅

　電子記録債権は、弁済、相殺などの「支払等」によって消滅します。電子記録債権が消滅したときは、支払等記録をすることができます。発生や譲渡等とは異なり、支払等記録は電子記録債権消滅の効力要件ではなく、電子記録債権の消滅を電子記録債権の譲受人その他の第三者に主張するための要件であるにすぎません。

　支払等記録に係る記録事項は、①債務を特定するために必要な事項、②支払等をした金額その他の当該支払等の内容、③支払等があった日、④支払等をした者の氏名または名称および住所などです（法24条）。支払等記録の請求は、債務者が単独で、または債務者の同意を得た弁済者が単独ですることができます（法25条1項・2項）。

　なお、電子記録債権の消滅時効期間は、3年です（法23条）。

d　電子記録債権の内容等の変更

　電子記録債権またはこれを目的とする質権の内容の意思表示による変更は、変更記録をしなければ、その効力を生じません（法26条）。

e　電子記録保証

　電子記録債権に係る債務を主たる債務とする保証を行う場合において、その保証に係る保証債務履行請求権を電子記録債権とするためには、**保証記録**をする必要があります（法32条）。逆にいえば、保証債務履行請求権を電子記録債権とする必要がないのであれば、民法上の保証をすれば足りることになります。電子記録債権に係る債務を主たる債務とする保証であって、保証記録をしたものを**電子記録保証**といいます（法2条9項）。

　保証記録に係る記録事項としては、①保証をする旨、②保証人の氏名または名称および住所、③主たる債務者の氏名または名称および住所その他主たる債務を特定するために必要な事項などの必要的記録事項（法32条1項各号）と、保証の範囲を限定する旨、遅延損害金または違約金についての定めなどの任意的記録事項（同条2項各号）があります。

　電子記録の年月日以外の必要的記録事項のいずれかの記録が欠けているときは、電子記録保証に係る電子記録債権は、発生しません（同条3項）。

　電子記録保証債務は、その主たる債務者として記録されている者がその主たる債務を負担しない場合においても、その効力を妨げられません（電子記録保証の独立性。法33条1項）。

　電子記録保証人が出捐をして、主たる債務である電子記録債権を消滅させ、その旨の支払等記録がされたときは、当該電子記録保証人は、主債務者に対して電子記録債権（特別求償権）を取得します（法35条1項）。

f　電子記録債権に対する質権

　電子記録債権を目的とする質権の設定は、**質権設定記録**をしなければ、その効力を生じません（法36条1項）。

　質権設定記録に係る記録事項としては、①質権を設定する旨、②質権者の氏名または名称および住所、③被担保債権の債務者の氏名または名称および住所、被担保債権の額などの必要的記録事項（法37条1項各号）と、被担保

債権の遅延損害金または違約金についての定めなどの任意的記録事項（同条2項各号）があります。根質権の質権設定記録も同様です（同条3項・4項）。

　g　電子記録債権の分割

　電子記録債権は、分割をすることができます（法43条1項）。分割は、分割をする電子記録債権が記録されている債権記録（原債権記録）および新たに作成する債権記録（分割債権記録）に分割記録をし、それと同時に原債権記録に記録されている事項の一部を分割債権記録に記録することによって行います（同条2項）。

　分割記録の請求は、分割債権記録に債権者として記録される者だけですることができます（同条3項）。

　h　電子記録債権に対する強制執行等

　電子債権記録機関は、電子記録債権に関する強制執行、滞納処分その他の処分の制限がされた場合において、これらの処分の制限に係る書類の送達を受けたときは、遅滞なく、強制執行等の電子記録をする必要があります（法49条1項）。

　電子記録債権に対する差押命令では、①債務者（電子記録債権の債権者）に対する処分または電子記録の請求の禁止、②第三債務者（電子記録債権の債務者）に対する弁済禁止、③電子債権記録機関に対する電子記録の禁止が命じられます（民事執行規則150条の10第1項）。

　差押債権者は、電子記録債権の取立て（同規則150条の15第1項、民事執行法155条1項本文）のほか、差押債権者への譲渡命令または第三者への売却命令によって債権の回収を図ることができます（民事執行規則150条の14）。

(3)　電子債権記録機関

　電子記録を行うのは、**電子債権記録機関**と呼ばれる株式会社です（法2条2項）。電子債権記録機関は、法および当該会社の業務規程の定めるところにより、電子記録債権に係る電子記録に関する業務（電子債権記録業）を行います（法56条）。電子債権記録業を行うには、主務大臣である法務大臣および内閣総理大臣の指定を受ける必要があります（法51条1項、91条）。な

お、電子債権記録機関は、電子債権記録業およびこれに附帯する業務のほか、他の業務を営むことができません（法57条）。

　現在のところ、主務大臣の指定を受けた電子債権記録機関は、メガバンク100％の子会社である日本電子債権機構株式会社、SMBC電子債権記録株式会社およびみずほ電子債権記録株式会社、一般社団法人全国銀行協会の100％子会社である株式会社全銀電子債権ネットワーク（でんさいネット）ならびに株式会社Densaiサービスです。

(4) 口座間送金決済等

　電子記録債権は支払等により消滅しますが、その旨の支払等記録がされるまでの間、当該支払等は人的抗弁にとどまるため、債務者は、電子記録債権の消滅を第三者に対抗することはできません。したがって、第三者が債務者を害することを知って当該電子記録債権を取得した場合でない限り、債務者は第三者に対して電子記録債権に係る債務の弁済を余儀なくされることになります。

　このような二重払いを防ぐため、債務者など支払をする者は、債権者に対し、当該支払をするのと引き換えに、単独で支払等記録の請求をすることについての承諾を請求することができます（法25条3項）。とはいえ、債権者と債務者とが面前で現金と承諾書とを授受することは、実務上必ずしも容易ではなく、さりとて、振込みにより支払をするのでは、債務者が債権者に対して同時履行的に承諾を求めることはできません。

　そこで、確実に電子債権記録機関によって支払等記録が行われるようにし、債務者の二重払いリスクを排除するために、法は2種類の方法を用意しています。

　1つは、口座間送金決済に関する契約を締結する方法です。口座間送金決済とは、電子記録債権に係る債務について、電子債権記録機関、債務者および債権者が預金口座を開設している銀行等（銀行、協同組織金融機関などをいいます。法58条1項）の合意に基づき、あらかじめ電子債権記録機関が当該銀行等に対し債権記録に記録されている支払期日、支払うべき金額、債務者

口座および債権者口座に係る情報を提供し、当該支払期日に当該銀行等が当該債務者口座から当該債権者口座に対する払込みの取扱いをすることによって行われる支払をいいます（法62条2項）。電子債権記録機関は、債務者および銀行等と口座間送金決済に関する契約をあらかじめ締結します（同条1項）。当該契約を締結した旨ならびに債務者口座および債権者口座が債権記録に記録されているときは、電子債権記録機関は、銀行等に対して、支払期日、支払うべき金額、債務者口座および債権者口座に係る情報を提供します（法63条1項）。口座間送金決済を行った旨の通知を銀行等から受けたときは、電子債権記録機関は、遅滞なく、当該口座間送金決済についての支払等記録をします（同条2項）。

　もう1つは、電子債権記録機関、債権者および債務者が預金口座を開設している銀行等が、支払に関する契約を締結する方法です。口座間送金決済は債務者口座のある銀行等が起点となる方法であるのに対して、この方法は債権者口座のある銀行等が起点になるものといえます。当該契約についての債権記録への記録や、電子債権記録機関に対する通知、電子債権記録機関の支払等記録については、口座間送金決済と同様です（法64条、65条、電子記録債権法施行規則26条）。

　口座間送金決済に関する契約や支払に関するその他の契約の締結とその旨の電子記録によって、支払等と支払等記録の同期性を確保することができ、債務者は二重払いリスクから保護されることになります。

(5) 記録事項の開示

　債権記録に債権者または債務者である旨記録されている者などは、自己に必要な範囲内で、電子債権記録機関に対して、記録事項の開示を請求することができます（法87条1項）。

　したがって、電子記録債権を譲り受けようとする者などは、債権記録の記録事項を確認しようとする場合には、電子債権記録機関に対して直接に記録事項の開示を請求することはできず、電子記録名義人を通じて必要な情報を得る必要があります。

3 銀行と電子記録債権

(1) 業務範囲規制

a　銀行法との関係

電子記録債権は金銭債権ですが、銀行は付随業務として金銭債権の取得または譲渡をすることができます（銀行法10条2項5号）。

b　金商法との関係

電子記録債権のうち、流通性その他の事情を勘案し、社債券その他の前項各号に掲げる有価証券とみなすことが必要と認められるものとして政令で定めるものは、当該電子記録債権を当該有価証券とみなすとされています（金商法2条2項柱書中段）。いまのところ、政令で有価証券とみなす旨定められた電子記録債権（金商法上「**特定電子記録債権**」と呼ばれます）は、ありません。

なお、特定電子記録債権は、第一項有価証券に含まれます（同条3項柱書）。今後、政令で特定電子記録債権に指定された場合、金融機関は、投資の目的をもって特定電子記録債権の売買を行うことができますが（同法33条1項ただし書）、それ以外の売買の媒介等については、金商法が許容する範囲で（同条2項4号）、内閣総理大臣の登録を受けて行うことになります（同法33条の2第2号）。

(2) 現状の利用状況

a　でんさいネット

でんさいネットは、これまでの手形交換制度に準じたかたちで、資金決済のインフラを提供しています。このインフラには、ほぼすべての金融機関が参加しています。

でんさいネットを利用しようとする支払企業と納入企業は、それぞれ取引金融機関を通じて、でんさいネットと利用契約を締結したうえ、取引金融機関を通じてでんさいネットに発生記録や譲渡記録の請求をします。支払期日が到来したときは、支払企業（債務者）の取引金融機関から納入企業またはその譲受人（債権者）の取引金融機関に対して口座間送金が行われ、でんさ

いネットは当該電子記録債権について支払等記録を行います。

でんさいネットでは、手形交換所の不渡制度と同様に、支払不能制度を採用しています。債務者が支払期日に電子記録債権に係る債務を弁済できなかったときは、でんさいネットから全参加金融機関に対して、支払不能通知がなされます。支払不能事由としては、手形不渡制度と同様に、第0号（債務者の信用に関しない事由等）、第1号（債務者の信用に関する事由）および第2号（これら以外の事由。契約不履行。不正作出など）があります。第2号支払不能事由については、債務者は所定の期間内に異議申立預託金を取引金融機関に預け入れて異議申立てをすることができます。

支払不能通知がなされるのは、第1号支払不能事由があった場合、または第2号支払不能事由があった場合で所定の期間内に異議申立てがなかったときです。6カ月以内に2回、支払不能通知がなされたときは、でんさいネットは債務者に対して取引停止処分を科します。

取引停止処分を受けた者に対して、参加金融機関は、2年間、新規の貸出取引をすることができません。なお、取引停止処分を受けた者と当座取引をすることができるかどうかは、各参加金融機関の定めるところによります。

このように、でんさいネットは、手形交換制度と同様の決済インフラを提供していますが、手形割引、手形貸付、担保手形差入れに代わる「でんさい割引」「でんさい貸付」「でんさい担保」も可能であるとしています。

b　メガバンク系電子債権記録機関等

メガバンク系電子記録債権機関は、親会社であるメガバンクまたはその関連会社もしくは提携金融機関が提供するファクタリング・サービスなどのために、電子記録債権業を行っています。株式会社Densaiサービスも同様に、ファクタリング・サービスのために電子記録債権業を行う予定です。

具体的には、納入企業（主に中小企業）が支払企業（主に大企業）に対して有する売掛債権を電子記録債権化し、メガバンク等が当該電子記録債権を支払期日の前に買い取るものです。納入企業は、電子記録債権を早期に売却して、現金化することができます。

なお、メガバンクなどは、電子記録債権の買取りなどに備えて、銀行取引

約定書に所要の変更を加えています。

(3) 今後の課題
a 利用者利便の向上

メガバンク等によるファクタリング・サービスは、基本的には、債権者である納入企業（主に中小企業）の信用力ではなく、債務者である支払企業（主に大企業）の信用力に基づいて、行われているのではないかと指摘されています。

債権流動化によって債権者が円滑に資金調達をすることができるようにし、また、電子記録債権の普及を図る観点からは、どの電子債権記録機関に記録されたかにかかわらず、納入企業が取引金融機関で電子記録債権の割引を受けられるような環境が整備されることが望ましいといえます。そのための1つの策としては、支払企業の取引金融機関が参加している電子債権記録機関で発生記録がされた電子記録債権を納入企業の取引金融機関が参加している電子債権記録機関に移動させることが考えられます。

しかしながら、いったんある電子債権記録機関において発生した電子記録債権を異なる電子債権記録機関に移動させることは、現行法のもとでは想定されていません。

そこで、銀行法等改正法により、電子債権記録機関間での電子記録債権の移動を可能とするため、電子債権記録機関の記録を他の電子債権記録機関に移行するための手続等についての規定（改正後の法47条の2～47条の5）が新設されました。

b 地方自治体における電子記録債権の活用

現在、公的機関の支払に際して電子記録債権は活用されていません。受注企業（納入企業）の資金繰りの円滑化や、電子記録債権の普及促進の観点から、公的機関がその事業等において、受注企業（納入企業）に対して電子記録債権を発生させることが期待されます。

おわりに

　金融機関は、経済活動を支えるインフラです。そして、インフラとして十全に機能するためには、金融機関が行う金融取引の法的安定性が確保されることが重要です。その法的安定性は、法令や判例によってもたらされるものであることは、いうまでもありません。

　しかしながら、金融取引に係る法令や判例は、これからも社会・経済の進展に応じて変化していくものですし、その変化が金融取引のあり方に影響を及ぼすことは避けられません。たとえば、債権法改正によって、約款の取扱いや預金取引・融資取引等について見直すべき点が出てくるでしょう。法制審議会民法（相続関係）部会での議論の結果をふまえて相続関係についての法改正があれば、金融機関における相続預金の取扱いには大きな影響が生じることが予想されます。また、法務大臣の諮問により法制審議会民事執行法部会が設置され、裁判などで確定した養育費や損害賠償金の支払を確実にするため、金融機関に対して債務者の預金口座に関する照会への回答を義務づける新たな制度の導入について審議が開始されます。このような制度が導入された場合、金融機関に対して膨大な数の照会が寄せられる可能性があります。

　FinTechの動向に目配りする必要もあります。FinTechの要素には、ビッグデータ分析、人工知能（AI）、UI（User Interface）、UX（User Experience）、ブロックチェーン技術などがあるとされていますが、それらが預金業務、融資業務、為替業務などにどのような影響を及ぼすかについて、現時点で見通すことはできません。

　金融法務に携わる者には、金融機関をめぐる社会・経済環境の変化に注意を払い、法令の改正や判例の動向について不断に研究し、その研究をふまえて変化を先取りしていくことが求められているといえるでしょう。

平成28年11月

　　　　　　　　　　　　　　　　　　　著者を代表して　**藤瀬　裕司**

事項索引

英字

ADR ……………………………… 61
ADR法 …………………………… 62
CDS ……………………………… 393
Confirmation …………………… 395
CSA ……………………………… 396
CSR ……………………………… 12
D/A ………………………… 346, 347
Definitions ……………………… 395
Discrepancy …………………… 345
D/P ………………………… 346, 347
FATF ……………………………… 43
FINMAC ………………………… 64
ICC ……………………………… 343
International Chamber of
　Commerce …………………… 343
Irrevocable Credit …………… 342
ISDA …………………………… 395
L/C ……………………………… 342
Letter of Credit ……………… 342
Leter of Guarantee …………… 350
L/G ……………………………… 350
Master Agreement …………… 395
ＭＴデータ伝送 ……………… 319
Stand-by Credit ……………… 342
SWIFT ………………………… 336
TDnet …………………………… 39
TOB ……………………………… 40
T/R ……………………………… 350
Trust Receipt ………………… 350
TTB ……………………………… 339
TTS ……………………………… 338

あ

アセット・ベースト・レンディ
　ング …………………………… 219
アド・オン方式 ………………… 180
アレンジャー …………………… 175

い

異議申立預託金 ………………… 120
遺言執行者 ……………………… 143
遺産分割協議 …………………… 137
意思能力 ………………………… 65
異時廃止 ………………………… 296
遺贈 ……………………………… 133
委託銀行 ………………………… 317
委託者 …………………………… 398
１号不渡事由 …………………… 253
一覧払い ………………………… 115
一括競売 ………………………… 280
一括清算 ………………………… 397
一括清算法 ……………………… 397
一般財団法人 …………………… 79
一般社団法人 …………………… 78
一般線引小切手 ………………… 116
一般投資家（特定投資家への移
　行可能）……………………… 384
一般投資家（特定投資家への移
　行不可）……………………… 384
委任状 …………………………… 213
印鑑証明書 ……………………… 213
インサイダー取引 ……………… 36
インサイダー取引規制 ………… 36
インターネット・バンキング …… 84
インボイス ……………………… 341

う

受取証書の交付 255
受取人 321
受戻し 305
疑わしい取引の届出 50
裏書の連続 112
売出しの取扱い 375

え

営利法人 74
エージェント 176

お

オプション取引 392
オプトアウト制度 36
親会社等 35
親銀行等 34
親法人等 34

か

カードローン 180
外貨建債権と相殺 272
外貨預金口座・非居住者預金口座の開設等の資本取引に係る契約を締結する場合 338
外貨両替 336
回金義務 172
外銀ユーザンス 348
外国銀行代理業務 363
外国金融商品市場 372
外国金融商品取引清算機関 373
外国市場デリバティブ取引 390
外国送金 336, 338
解散 244
会社関係者 38
会社更生手続 299
会社分割 239

回収金の按分充当義務 172
開封預り 364
外務員 385
外務員登録 385
買戻請求権 164
確定判決 288
確定日付 223
確認記録 49
火災保険条項 212
貸金庫 364
貸金等根保証 186
貸付義務 174
貸付有価証券 359
仮想通貨 368
仮想通貨交換業 369
合併 239
株券の電子化 230
株式 230
株式会社 74
過振り 104
仮差押え 122, 247, 286
仮差押命令 287
仮執行宣言付支払督促 288
仮処分 247, 286
仮処分命令 214
仮登記 213
為替 316
為替相場 337
為替通知 319
為替手形 108
為替手形の引受け 114
簡易再生 298
元金均等返済方式 179
管財人 300
監査等委員会設置会社 75
間接金融 2
監督指針 11
監督命令 297

事項索引 427

元本確定期日 ……………………… 187
元本確定事由 ……………………… 187
元本欠損額 …………………………… 58
元本の確定 ………………………… 216
管理型信託業 ……………………… 402
元利均等返済方式 ………………… 179
管理の受託 ………………………… 361
管理命令 …………………………… 297
関連会社等 …………………………… 35

き

企業が反社会的勢力による被害
　を防止するための指針 ………… 16
企業の社会的責任 …………………… 12
期限の利益 ………………… 155,249
期限の利益の再付与 ……………… 254
期限の利益の喪失 ………………… 250
偽造盗難カード預金者保護法 …… 100
帰属清算型 ………………………… 283
期近手形集中取立て ……………… 332
基本契約書 ………………………… 395
義務供託 …………………………… 130
逆為替 ……………………………… 317
求償ができる範囲 ………………… 262
求償権 ……………………………… 260
給与所得者等再生手続 …………… 298
強制執行 …………………… 122,289
行政先例 ……………………………… 11
行政通達 ……………………………… 11
強調調査 ……………………………… 24
共同相続人 ………………………… 136
協同組織金融機関 ……………… 3,4
共同抵当権 ………………………… 202
共同根抵当 ………………………… 218
業務等に関する重要事実 ………… 38
協力義務 …………………………… 260
虚偽告知・断定的判断の提供等
　の禁止 …………………………… 382

漁業協同組合 ………………………… 5
漁業協同組合連合会 ………………… 6
極度額 ……………………………… 215
居住者 ……………………………… 337
銀行 …………………………………… 3
銀行業 ………………………………… 3
銀行代理業 ………………………… 362
銀行取引約定書 …………………… 152
銀行法上の銀行 ……………………… 3
禁止行為 …………………… 386,413
銀証分離 …………………………… 375
金銭収納業務 ……………………… 364
金販法 ………………………………… 56
金融ADR …………………………… 62
金融機関 ……………………………… 3
金融検査マニュアル ………………… 11
金融指標 …………………………… 391
金融指標先物取引 ………………… 392
金融指標先渡取引 ………………… 392
金融商品 …………………………… 391
金融商品債務引受業 ……………… 373
金融商品先物取引 ………………… 391
金融商品先渡取引 ………………… 391
金融商品市場 ……………………… 372
金融商品仲介業務 ………………… 378
金融商品仲介行為 ………………… 378
金融商品取引業者等 ……………… 379
金融商品取引契約 ………………… 382
金融商品取引行為 ………………… 382
金融商品取引清算機関 …………… 373
金融商品の販売 ……………………… 56
金融商品の販売等 …………………… 56
金融商品販売業者等 ………………… 56
金融分野における個人情報保護
　に関するガイドライン ………… 31
金利スワップ取引 ………………… 393

く

- 組合 ・・・・・・・・・・・・・・・・・・・・・・・・・・・ 81
- 組戻し ・・・・・・・・・・・・・・・・・・・・・・・・・ 323
- クレジット・デフォルト・スワップ ・・・・・・・・・・・・・・・・・・・・・・・・・ 393
- クレジット・デリバティブ取引 ・・・ 393
- クローズアウト・ネッティング ・・・ 397

け

- 経営者保証 ・・・・・・・・・・・・・・・・・・・・ 183
- 経営者保証ガイドライン ・・・・・・・・・ 192
- 契約 ・・・・・・・・・・・・・・・・・・・・・・・・・・・・・ 7
- 契約自由の原則 ・・・・・・・・・・・・・・・・・ 15
- 契約締結時等の書面の交付 ・・・・・・・ 382
- 契約締結前の書面の交付 ・・・・・・・・・ 382
- ケーブル・ネゴ ・・・・・・・・・・・・・・・・ 345
- 決済銀行 ・・・・・・・・・・・・・・・・・・・・・・ 337
- 検索の抗弁権 ・・・・・・・・・・・・・・・・・・ 184
- 現実の引渡し ・・・・・・・・・・・・・・・・・・ 219
- 建築図面 ・・・・・・・・・・・・・・・・・・・・・・ 208
- 現地調査 ・・・・・・・・・・・・・・・・・・・・・・ 279
- 限定承認 ・・・・・・・・・・・・・・・・・・・・・・ 237
- 限定根保証 ・・・・・・・・・・・・・・・・・・・・ 186
- 権利供託 ・・・・・・・・・・・・・・・・・・・・・・ 130
- 権利能力 ・・・・・・・・・・・・・・・・・・・・・・・ 65
- 権利能力なき社団 ・・・・・・・・・・・・・・・ 80

こ

- 故意による担保の喪失・減少 ・・・・・・ 264
- 行為規制 ・・・・・・・・・・・・・・ 381, 405, 414
- 合意による相殺 ・・・・・・・・・・・・・・・・ 270
- 行為能力 ・・・・・・・・・・・・・・・・・・・・・・・ 66
- 公益財団法人 ・・・・・・・・・・・・・・・・・・・ 80
- 公益社団法人 ・・・・・・・・・・・・・・・・・・・ 80
- 公益通報 ・・・・・・・・・・・・・・・・・・・・・・・ 19
- 公益通報者 ・・・・・・・・・・・・・・・・・・・・・ 20
- 公益通報者保護法 ・・・・・・・・・・・・・・・ 19
- 公益通報制度 ・・・・・・・・・・・・・・・・・・・ 19
- 公開買付け ・・・・・・・・・・・・・・・・・・・・・ 40
- 公開買付者等 ・・・・・・・・・・・・・・・・・・・ 40
- 公開買付者等関係者 ・・・・・・・・・・・・・ 40
- 公開買付け等事実 ・・・・・・・・・・・・・・・ 41
- 公開鍵暗号方式 ・・・・・・・・・・・・・・・・・ 86
- 交換尻 ・・・・・・・・・・・・・・・・・・・・・・・・ 118
- 航空貨物運送状 ・・・・・・・・・・・・・・・・ 341
- 後見 ・・・・・・・・・・・・・・・・・・・・・・・・・・・ 68
- 広告等の規制 ・・・・・・・・・・・・・・・・・・ 381
- 口座間送金決済 ・・・・・・・・・・・・・・・・ 420
- 合資会社 ・・・・・・・・・・・・・・・・・・・・・・・ 77
- 後順位担保権者 ・・・・・・・・・・・・・・・・ 259
- 更生債権 ・・・・・・・・・・・・・・・・・・・・・・ 300
- 更生担保権 ・・・・・・・・・・・・・・・・ 300, 309
- 合同会社 ・・・・・・・・・・・・・・・・・・・・・・・ 77
- 公表 ・・・・・・・・・・・・・・・・・・・・・・・・・・・ 38
- 合名会社 ・・・・・・・・・・・・・・・・・・・・・・・ 77
- コール・オプション ・・・・・・・・・・・・ 392
- 子会社等 ・・・・・・・・・・・・・・・・・・・・・・・ 35
- 小切手 ・・・・・・・・・・・・・・・・・・・・・・・・ 108
- 子銀行等 ・・・・・・・・・・・・・・・・・・・・・・・ 34
- 国際商業会議所 ・・・・・・・・・・・・・・・・ 343
- 個人情報 ・・・・・・・・・・・・・・・・・・・・・・・ 26
- 個人情報データベース等 ・・・・・・・・・ 27
- 個人情報取扱事業者 ・・・・・・・・・・・・・ 27
- 個人情報保護法 ・・・・・・・・・・・・・・・・・ 26
- 個人データ ・・・・・・・・・・・・・・・・・・・・・ 27
- 国庫送金 ・・・・・・・・・・・・・・・・・・・・・・ 316
- 誤振込み ・・・・・・・・・・・・・・・・・・・・・・ 325
- 誤振込受取人 ・・・・・・・・・・・・・・・・・・ 325
- 誤振込金 ・・・・・・・・・・・・・・・・・・・・・・ 325
- 個別契約書 ・・・・・・・・・・・・・・・・・・・・ 395
- 個別取立て ・・・・・・・・・・・・・・・・・・・・ 333
- 子法人等 ・・・・・・・・・・・・・・・・・・・・・・・ 34
- コミットメント・フィー ・・・・・・・・ 173
- コミットメント・ライン ・・・・・・・・ 173
- 固有業務 ・・・・・・・・・・・・・・・・・・・・・・ 354

コルレス契約‥‥‥‥‥‥‥‥‥ 336
コルレス先‥‥‥‥‥‥‥‥‥‥ 336
コンプライアンス‥‥‥‥‥‥‥ 12

さ

サービサー‥‥‥‥‥‥‥‥‥‥ 293
債権‥‥‥‥‥‥‥‥‥‥‥‥‥ 195
債権回収会社‥‥‥‥‥‥‥‥‥ 293
再建型手続‥‥‥‥‥‥‥‥‥‥ 294
債権記録‥‥‥‥‥‥‥‥‥‥‥ 415
債権質‥‥‥‥‥‥‥‥‥‥‥‥ 224
債権執行‥‥‥‥‥‥‥‥‥‥‥ 292
債権者異議手続‥‥‥‥‥‥‥‥ 241
債権者代位権‥‥‥‥‥‥‥‥‥ 329
債権者破産‥‥‥‥‥‥‥‥‥‥ 295
債権証書の返還‥‥‥‥‥‥‥‥ 255
債権譲渡担保‥‥‥‥‥‥‥‥‥ 224
債権譲渡登記‥‥‥‥‥‥‥‥‥ 225
債権の準占有者‥‥‥‥‥‥‥‥ 98
債権保全を必要とする相当の事
　由‥‥‥‥‥‥‥‥‥‥‥‥ 253
催告の抗弁権‥‥‥‥‥‥‥‥‥ 184
再生債権‥‥‥‥‥‥‥‥‥‥‥ 297
裁判外の請求‥‥‥‥‥‥‥‥‥ 246
裁判上の請求‥‥‥‥‥‥‥‥‥ 246
債務承継手続‥‥‥‥‥‥‥‥‥ 237
債務整理受任通知‥‥‥‥‥‥‥ 253
債務超過‥‥‥‥‥‥‥‥‥‥‥ 295
債務名義‥‥‥‥‥‥‥‥ 122, 287
債務名義の取得‥‥‥‥‥‥‥‥ 289
詐害的な会社分割‥‥‥‥‥‥‥ 242
先取特権‥‥‥‥‥‥‥‥‥‥‥ 200
差押え‥‥‥‥‥‥‥‥‥‥‥‥ 246
差押禁止債権‥‥‥‥‥‥‥‥‥ 272
差押禁止債権と相殺‥‥‥‥‥‥ 272
差押債権者‥‥‥‥‥‥‥‥‥‥ 122
差押えと相殺‥‥‥‥‥‥‥‥‥ 274
差押えの競合‥‥‥‥‥‥‥‥‥ 131

残債方式‥‥‥‥‥‥‥‥‥‥‥ 180

し

シー・アイ・シー‥‥‥‥‥‥‥ 181
資格証明書‥‥‥‥‥‥‥‥‥‥ 213
敷地利用権‥‥‥‥‥‥‥‥‥‥ 211
至急扱い‥‥‥‥‥‥‥‥‥‥‥ 320
事業再生ADR‥‥‥‥‥‥‥‥‥ 303
事業再生ADR制度‥‥‥‥‥‥‥ 302
事業譲渡‥‥‥‥‥‥‥‥‥‥‥ 242
事業の内容‥‥‥‥‥‥‥‥‥‥ 48
資金決済法‥‥‥‥‥‥‥‥‥‥ 362
資金媒介‥‥‥‥‥‥‥‥‥‥‥ 150
自行アクセプタンス‥‥‥‥‥‥ 348
時効の完成猶予‥‥‥‥‥‥‥‥ 249
時効の更新‥‥‥‥‥‥‥‥‥‥ 249
時効の中断‥‥‥‥‥‥‥‥‥‥ 246
時効の停止‥‥‥‥‥‥‥‥‥‥ 246
自行ユーザンス‥‥‥‥‥‥‥‥ 348
事後求償権‥‥‥‥‥‥‥‥‥‥ 170
自己信託‥‥‥‥‥‥‥‥‥‥‥ 356
自己破産‥‥‥‥‥‥‥‥‥‥‥ 295
自己募集・私募‥‥‥‥‥‥‥‥ 378
事実上の担保‥‥‥‥‥‥‥‥‥ 198
市場デリバティブ取引‥‥‥‥‥ 390
事前求償権‥‥‥‥‥‥‥‥‥‥ 170
質権‥‥‥‥‥‥‥‥‥‥‥‥‥ 201
質権設定記録‥‥‥‥‥‥‥‥‥ 418
執行証書‥‥‥‥‥‥‥‥‥‥‥ 288
執行文‥‥‥‥‥‥‥‥‥‥‥‥ 290
実質的支配者‥‥‥‥‥‥‥‥‥ 49
指定運用‥‥‥‥‥‥‥‥‥‥‥ 408
指定合同運用‥‥‥‥‥‥‥‥‥ 408
指定単独運用‥‥‥‥‥‥‥‥‥ 408
指定紛争解決機関‥‥‥‥‥‥‥ 62
私的整理‥‥‥‥‥‥‥‥‥ 295, 301
私的整理に関するガイドライン‥ 302
自働債権‥‥‥‥‥‥‥‥‥‥‥ 267

支払承諾	169, 358	商工組合中央金庫	3, 6
支払督促	288	商事消滅時効	245
支払の停止	252	上場会社等	37
支払の猶予（ユーザンス）	348	証書貸付	164
支払不能	295	商事留置権	200
事物管轄	289	譲渡記録	416
私募	374	譲渡禁止特約	144, 226
私募の取扱い	375	譲渡担保権	203
仕向銀行	316	承認	247
仕向送金	339	少人数私募	375
指名委員会等設置会社	75	消費寄託契約	92
指名債権担保からの回収	281	消費者	59
借地権	209, 211	消費者契約	59
借家権	209	消費者ローン	178
社債等振替法	361	消費貸借の予約	166
受遺者	133	情報提供義務	60
集合動産譲渡担保	221	情報伝達行為	39
住宅資金貸付債権の特則	299	消滅時効	245
集中取立て	332	職業	48
10万円を超える外国への送金等を依頼された場合	338	職業別の短期消滅時効	245
		所属保険会社等	409
重要事項	57	処分清算型	283
受益権	399	書面取次ぎ行為	376
受益者	399	親権者	67
受信業務	150	シンジケート・ローン	175
受託銀行	317	信託	398
受託者	399	信託会社	402
受働債権	268	信託会社の行為準則	404
取得勧誘	374	信託業	402
守秘義務	22	信託業務	405
準委任契約	320	信託銀行	4
順為替	317	信託契約代理業	406
少額短期保険業	409	信託行為	398
少額短期保険業者	409	信託財産	398
少額短期保険募集人	410	信託財産の統一性	399
商慣習法	9	信託財産の独立性	399
小規模個人再生手続	298	信託受益権売買等業務	406
商業手形	162	信託の引受け	402

人的抗弁の切断 …………… 417
新ファイル転送 …………… 319
信用協同組合 ……………… 4
信用協同組合連合会 ………… 4
信用金庫 …………………… 5
信用金庫連合会 …………… 5
信用状 ……………………… 342
信用状付輸入為替 ………… 347
信用状統一規則 …………… 343
信用状取引約定書 ………… 347
信用状なしの輸入為替 …… 347
信用創造 …………………… 150
信用保証協会の保証 ……… 188

す

水産加工業協同組合 ……… 6
水産加工業協同組合連合会 … 6
随伴性 ……………………… 184
スタンドバイ信用状 ……… 342
スワップ取引 ……………… 392

せ

請求 ………………………… 246
請求喪失 …………………… 250
請求喪失事由 ……………… 156
制限説 ……………………… 274
清算型手続 ………………… 294
誠実義務 …………………… 381
生体認証 …………………… 83
成年後見制度 ……………… 68
成年後見人 ………………… 68
成年後見人の死後事務 …… 69
成年被後見人 ……………… 68
セイフティ・ケース ……… 364
生命保険募集人 …………… 409
誓約事項（コベナンツ）… 177
説明義務 …………………… 53
0号不渡事由 ……………… 119

善意取得 …………… 112, 417
善管注意義務 ……………… 320
全銀システム ……………… 318
全銀ネット ………………… 318
全国銀行個人信用情報センター … 181
全国銀行内国為替制度 …… 318
センシティブ情報 ………… 32
占有改定 …………… 204, 219, 220
善良なる管理者の注意 …… 320
先例 ………………………… 11

そ

送金 ………………… 316, 340
送金為替 …………………… 317
送金小切手 ………………… 339
総合口座 …………………… 106
相殺 ………………………… 267
相殺禁止 …………………… 311
相殺権の濫用 ……………… 273
相殺通知書 ………………… 270
相殺適状 …………………… 269
相殺の担保的機能 ………… 268
相殺予約 …………………… 158
相続 ………………………… 134
相続欠格 …………………… 136
相続人不存在 ……………… 238
相続（の）放棄 …… 137, 237
送達証明書 ………………… 290
増担保条項 ………………… 154
送付嘱託 …………………… 25
組織犯罪対策要綱の制定について … 17
ソフト・ロー ……………… 12
損害保険代理店 …………… 410
損害保険募集人 …………… 410
損失補てん等の禁止 ……… 383

た

- タームローン方式 ………………… 175
- 第1号不渡事由 ………………… 119
- 第一項有価証券 ………………… 371
- 第1次情報受領者 ………………… 37
- 代金取立て ……………… 317, 331
- 第三債務者 ………………… 122
- 第三者による弁済 ………………… 258
- 代襲相続 ………………… 136
- 対象取引 ………………… 44
- 第二項有価証券 ………………… 371
- 代理 ……………… 372, 409
- 代理貸付 ………………… 171
- 代理業務 ………………… 362
- 代理受領 ………………… 232
- 他業禁止 ………………… 357
- 他業証券業務等 ………………… 355
- 諾成的消費寄託契約 ………………… 93
- 諾成的消費貸借 ……………… 165, 166
- 他行為替 ………………… 317
- 短期社債 ………………… 361
- 単純承認 ………………… 237
- 断定的判断の提供等 ………………… 57
- 担保権 ………………… 195
- 担保権消滅許可制度 …… 305, 307, 309
- 担保権の実行手続の中止命令 …… 307
- 担保物権 ………………… 195
- 担保物件の第三取得者 ………………… 259
- 担保不動産競売 ………………… 276
- 担保不動産収益執行 ………………… 276
- 担保保存義務 ……………… 191, 263
- 担保保存義務免除特約 ……… 191, 266

ち

- 地球温暖化対策関連業務 ………………… 356
- 地図またはそれに準じる書面 …… 208
- 地積測量図 ………………… 208
- 地目 ………………… 207
- 調査嘱託 ………………… 25
- 調停調書 ………………… 288
- 直接金融 ………………… 2
- 貯蓄預金 ………………… 105

つ

- 通貨スワップ取引 ………………… 393
- 通知預金 ………………… 105
- 通報対象事実 ………………… 20

て

- 定義集 ………………… 395
- 定期預金 ………………… 103
- 定型約款 ………………… 8
- 提携ローン ………………… 179
- ディスクレ ………………… 345
- 訂正 ………………… 325
- 抵当権 ………………… 202
- 抵当権設定契約書 ………………… 212
- 抵当権の実行方法 ………………… 276
- 手形貸付 ………………… 159
- 手形交換 ………………… 117
- 手形の裏書譲渡 ………………… 112
- 手形の書替 ………………… 161
- 手形の支払呈示 ………………… 113
- 手形の遡求 ………………… 113
- 手形の担保取得 ………………… 232
- 手形割引 ………………… 162
- 適格機関投資家 ………………… 374
- 適格機関投資家私募 ………………… 374
- 適合性の原則 ………………… 383
- 手続実施基本契約 ………………… 62
- デリバティブ ………………… 390
- デリバティブ取引 ………………… 390
- デリバティブ預金 ………………… 105
- テレ為替 ………………… 319
- テロ資金供与 ………………… 42

事項索引 433

典型担保 ……………………… 197
でんさいネット ……………… 422
電子記録 ……………………… 416
電子記録債権 ………………… 415
電子記録保証 ………………… 418
電子債権記録機関 …………… 419
電子サイン …………………… 83
電子サイン認証 ……………… 83
電子署名 ……………………… 86
電子署名法 …………………… 86
電信扱い ……………………… 320
電信売相場 …………………… 338
電信買相場 …………………… 338
電信送金 ………………… 316,339
店頭デリバティブ取引 ……… 391
転付命令 ……………………… 130

と

同意再生 ……………………… 298
統一手形用紙 ………………… 111
登記 …………………………… 209
登記協力義務 ………………… 212
登記原因証明情報 …………… 213
登記識別情報 ………………… 213
登記留保 ……………………… 214
当座貸越 ………………… 104,167
当座預金 ……………………… 104
動産 …………………………… 195
動産質 ………………………… 219
動産執行 ……………………… 292
動産譲渡担保 ………………… 219
動産譲渡登記 ………………… 220
動産担保からの回収 ………… 282
投資助言業務 ………………… 355
投資助言・代理業 …………… 378
同時廃止 ……………………… 296
当然喪失 ……………………… 250
当然喪失事由 ………………… 156

登録金融機関 ………………… 379
登録金融機関業務 …………… 381
ドキュメント・チェック …… 345
特定遺贈 ……………………… 138
特定運用 ……………………… 408
特定業務 ……………………… 44
特定金融取引 ………………… 397
特定債務保証 …………… 185,240
特定事業者 …………………… 44
特定社債 ……………………… 360
特定受遺者 …………………… 138
特定少額短期保険募集人 …… 410
特定信託契約 ………………… 405
特定線引小切手 ……………… 116
特定電子記録債権 …………… 422
特定投資家 …………………… 374
特定投資家（一般投資家への移
　行可能）…………………… 384
特定投資家（一般投資家への移
　行不可）…………………… 384
特定投資家私募 ……………… 375
特定投資家制度 ……………… 384
特定投資家向け売付け勧誘等 … 374
特定投資家向け売付け勧誘等の
　取扱い ……………………… 375
特定取引 ……………………… 44
特定取引等 …………………… 44
特定保険契約 ………………… 414
特定保険募集人 ……………… 411
特定目的会社 ………………… 360
特定有価証券等 ……………… 39
特定預金等契約 ……………… 97
特別清算 ………………… 245,296
特別の注意を要する取引 …… 45
特約による弁済充当 ………… 256
土地管轄 ……………………… 289
取扱い ………………………… 375
取消し ………………………… 324

取消不能信用状 …………………… 342
取締役会設置会社 ………………… 75
取立委任裏書 ……………………… 113
取立為替 …………………………… 317
取立統一規則 ……………………… 343
取次ぎ ……………………………… 372
取引関係書類 ……………………… 47
取引記録 …………………………… 50
取引時確認 ………………………… 44
取引所金融商品市場 ……………… 372
取引推奨行為 ……………………… 39
取引停止処分 ……………………… 121
取引を行う目的 …………………… 48

な

内部統制システム ………………… 13

に

荷為替信用状 ……………………… 342
荷為替手形 ………………………… 340
2号不渡事由 ……………………… 253
二重差押え ………………………… 131
二段の推定 ………………………… 88
日本信用情報機構 ………………… 181
日本ローン債権市場協会
　（JSLA）………………………… 176
荷物貸渡し ………………………… 350
荷物引取保証 ……………………… 351
荷物引取保証状 …………………… 350
任意後見契約 ……………………… 72
任意後見制度 ……………………… 72
任意後見人 ………………………… 72
任意整理 …………………………… 295
任意代位 …………………………… 261
任意調査 …………………………… 24
任意売却 …………………………… 278

ね

根担保 ……………………………… 198
根抵当権 …………………………… 214
根保証 ……………………………… 186

の

農業協同組合 ……………………… 5
農業協同組合連合会 ……………… 5
納税準備預金 ……………………… 105
農林中央金庫 ……………………… 4
ノン・コルレス先 ………………… 336

は

媒介 ………………………… 372, 409
売却のための保全処分 …… 280, 281
売買 ………………………………… 371
売買等 ……………………………… 39
ハイリスク取引 …………………… 45
破産管財人 ………………………… 295
破産債権 …………………………… 295
破産手続 …………………………… 295
発行者等 …………………………… 34
発生記録 …………………………… 416
はね返り金融 ……………………… 349
払戻充当 …………………………… 158
バルクセール ……………………… 292
ハンコ代 …………………………… 279
反社会的勢力 ……………………… 16
犯収法 ……………………………… 43
判例 ………………………………… 10

ひ

非営利法人 ………………………… 74
非居住者 …………………………… 338
非公開情報 ………………………… 34
非公開情報等の授受規制 ………… 33
非公開情報保護措置 ……………… 412

非公開融資等情報 …………………… 36
被仕向銀行 …………………………… 316
被仕向送金 …………………………… 339
非対面取引 …………………………… 85
被担保債権の範囲 …………………… 215
非提携ローン ………………………… 179
非典型担保 …………………………… 197
被保佐人 ……………………………… 70
被補助人 ……………………………… 71
秘密保持義務 ………………………… 22
表明保証 ……………………………… 177

ふ

ファイアーウォール規制 …………… 387
ファイナンス・リース業務 ………… 365
封緘預り ……………………………… 364
附従性 ………………………………… 184
付随業務 ……………………………… 354
普通扱い ……………………………… 320
普通送金 ……………………………… 316
普通保証 ……………………………… 185
普通預金 ……………………………… 102
物上代位性 …………………………… 399
物上代位による賃料差押え ………… 278
物上保証人 ……………………… 205, 259
プット・オプション ………………… 392
不動産 ………………………………… 195
不動産強制管理 ……………………… 291
不動産強制競売 ……………………… 291
船積書類 ……………………………… 340
船荷証券 ……………………………… 341
振替株式 ……………………………… 230
振替株式以外の株式 ………………… 231
振替株式の担保取得 ………………… 230
振替機関 ……………………………… 230
振込み …………………………… 316, 320
振込規定 ……………………………… 322
振込指定 ……………………………… 233

振り込め詐欺の救済 ………………… 330
振り込め詐欺被害者救済法 ………… 330
プロラタシェアリング条項 ………… 178
不渡返還 ……………………………… 118
分割承継 ……………………………… 236
文書扱い ……………………………… 320
文書為替 ……………………………… 319
文書提出命令 ………………………… 25
分別の利益 …………………………… 185

へ

ペイオフ ……………………………… 146
弊害防止措置 …………………… 386, 411
併存的債務引受 ……………………… 237
別除権 ………………………………… 304
別除権協定 …………………………… 308
弁護士照会 …………………………… 25
弁済充当条項 ………………………… 154
弁済による代位 ……………………… 260
弁済の充当 …………………………… 255

ほ

包括遺贈 ……………………………… 138
包括受遺者 …………………………… 138
包括承継 ……………………………… 238
包括根保証 …………………………… 186
法人 …………………………………… 73
法人成り ……………………………… 239
法定充当 ……………………………… 255
法定相続分 …………………………… 136
法定代位 ……………………………… 260
法定代位権者 ………………………… 264
法定他業 ……………………………… 357
法定担保物権 ………………………… 197
法定地上権 …………………………… 210
法的倒産手続 ………………………… 295
補完書類 ……………………………… 47
保険証券 ……………………………… 341

保険仲立人 …………………… 410
保険募集 ……………………… 408
保佐 …………………………… 68, 70
保佐人 ………………………… 70
募集 …………………………… 374
補充性 ………………………… 184
募集の受託 …………………… 360
募集の取扱い ………………… 375
補助 …………………………… 68, 71
保証 …………………………… 182
保証意思 ……………………… 189
保証義務 ……………………… 172
保証記録 ……………………… 418
保証契約締結時の情報提供義務 … 191
保証人 ………………………… 259
保証人に対する情報提供義務 …… 191
補助人 ………………………… 71
保有個人データ ……………… 27
本支店為替 …………………… 317
本人確認書類 ………………… 46
本人確認方法 ………………… 46
本人特定事項 ………………… 45

ま

マネー・ローンダリング ……… 42

み

未成年後見人 ………………… 67
未成年者 ……………………… 66
民事再生手続 ………………… 297
民事消滅時効 ………………… 245
民事留置権 …………………… 200
民法（相続関係）等の改正に関
　する中間試案 ……………… 139

む

無制限説 ……………………… 274

め

明認方法 ……………………… 220
免責的債務引受 ……………… 237, 238

も

持帰銀行 ……………………… 118
持帰手形 ……………………… 118
持出銀行 ……………………… 118
持出手形 ……………………… 118
持分会社 ……………………… 76

や

約定相殺 ……………………… 158
約定担保物権 ………………… 197
約束手形 ……………………… 108
約束手形の振出し …………… 110
約款 …………………………… 7

ゆ

有価証券 ……………………… 195, 370
有価証券関連業 ……………… 355, 369
有価証券関連デリバティブ取引 … 373
有価証券担保からの回収 …… 285
有価証券等管理業務 ………… 378
有価証券等清算取次ぎ ……… 373
有価証券の売出し …………… 374
有価証券の引受け …………… 373
有価証券表示権利 …………… 371
融資義務 ……………………… 166
融通手形 ……………………… 162
郵便付替 ……………………… 339
輸出為替 ……………………… 336, 340
輸出手形保険 ………………… 346
輸入為替 ……………………… 336, 340
輸入ユーザンス ……………… 348
指静脈認証 …………………… 83

よ

要式行為 …………………… 182
預金規定 …………………… 95
預金契約 …………………… 92
預金担保 …………………… 228
預金保険制度 ……………… 146
与信業務 …………………… 150

り

利益相反管理体制整備義務 ……… 36
利益相反取引 ……………… 76
リボルビング方式 ………… 175
両替 ………………………… 365

る

累積式根抵当 ……………… 218

れ

連帯債務者 ………………… 259
連帯保証 …………………… 185

ろ

労働金庫 …………………… 5
労務提供先 ………………… 20

わ

和解調書 …………………… 288
和文マスター契約 ………… 396
割引手形 …………………… 162

判例索引 (年月日順)

大判	昭6．3．16民集10巻157頁	265
大決	昭6．4．7民集10巻535頁	263
大判	昭8．7．5民集12巻2191頁	265
大判	昭16．3．11民集20巻176頁	265
最判	昭23.10.14民集2巻11号376頁	160
最判	昭29．4．8民集8巻4号819頁	135
最判	昭29.11.18民集8巻11号2052頁	161
京都地判	昭32.12.11金法163号27頁	153
最判	昭32.12.19民集11巻13号2278頁	95
最判	昭33．6．19裁判集民事32号327頁	186
最判	昭34．6．19民集13巻6号757頁	236
最判	昭39.10.15民集18巻8号1671頁	80
最判	昭40．9．22民集19巻6号1600頁	243
最判	昭40.11．2民集19巻8号1927頁	313
最判	昭44．3．4民集23巻3号561頁	233
最判	昭45．6．18民集24巻6号527頁	121
最判	昭45．6．24民集24巻6号625頁	74
最判	昭45．6．24民集24巻6号587頁	275
最判	昭46．3．25民集25巻2号208頁	283
最判	昭46．6．10民集25巻4号492頁	99
最判	昭48．3．1金法679号34頁	266
最判	昭48．3．16金法683号25頁	165
最判	昭48.10．9民集27巻9号1129頁	81
大阪地判	昭49．2．15金法729号33頁	273
最判	昭50．7．15民集29巻6号1029頁	272
名古屋高判	昭51．1．28金法795号44頁	325
最判	昭52．3．17民集31巻2号308頁	145
最判	昭52．8．9民集31巻4号742頁	95
最判	昭53．5．2判時892号58頁	273
最判	昭54．3．1金法893号43頁	274
最判	昭56．4．14民集35巻3号620頁	25
名古屋高判	昭58．3．31判時1077号79頁	313
最判	昭58.12.19裁判集民事140号663頁	171
最判	昭60．2．26金法1094号38頁	312
最判	昭60．5．23民集39巻4号940頁	263

判例索引　439

最判	昭62. 2 .12民集41巻 1 号67頁	282
最判	昭62. 4 .23金法1169号29頁	263
最判	昭62. 7 .10金法1167号18頁	173
最判	昭62.11. 1 民集41巻 8 号1559頁・金法1186号 5 頁	221
最判	昭63.10.13判時1295号57頁	107
最判	平元.10.27民集43巻 9 号1070頁	278
最判	平 2 . 4 .12金法1255号 6 頁	266
最判	平 3 . 9 . 3 民集45巻 7 号1121頁	264
最判	平 6 . 2 .22民集48巻 2 号414頁	283
最判	平 7 . 3 .10判時1525号59頁	248
最判	平 7 . 6 .23民集49巻 6 号1737頁・金法1427号31頁	191,266,267
最判	平 8 . 4 .26民集50巻 5 号1267頁	325
東京地判	平 8 . 9 .24金法1474号37頁	161
最判	平 8 .10.28金法1469号49頁	54
最判	平10. 2 .10金法1535号64頁	273
東京地判	平10. 2 .17金判1056号29頁	161
最判	平10. 7 .14民集52巻 5 号1261頁	155
最判	平11. 1 .29民集53巻 1 号151頁	224
最判	平12. 3 . 9 金法1586号96頁	324
最決	平15. 3 .12刑集57巻 3 号322頁	327
最判	平15. 4 . 8 民集57巻 4 号337頁	100
東京地判	平15. 5 .28金法1687号44頁	273
最判	平15. 6 .12民集57巻 6 号563頁	95
最判	平15.11. 7 金法1703号48頁	55
名古屋高判	平17. 3 .17金法1745号34頁	328
東京地判	平17. 3 .30金判1215号 6 頁	329
最判	平17. 7 .14民集59巻 6 号1323頁	13
東京地判	平17. 9 .26金法1755号62頁	328
最判	平18. 6 .12金法1790号57頁	55
最判	平19. 4 .24民集61巻 3 号1073頁	102
最決	平19.12.11民集61巻 9 号3364頁	22,23
最判	平20.10.10民集62巻 9 号2361頁	327
最判	平21. 1 .22民集63巻 1 号228頁	144
最判	平23. 4 .22民集65巻 3 号1405頁	55
最決	平23. 9 .20民集65巻 6 号2710頁	124
最決	平23.12.15民集65巻 9 号3511頁	155
最決	平25. 1 .17金法1966号110頁	124
最判	平25. 3 . 7 裁判集民事243号51頁	55

名古屋高判平27．1．29金判1468号25頁 …………………………………… 328
最判　　　平28．1．12民集70巻1号1頁 …………………………………… 188
東京高判　平28．4．14金法2042号12頁 …………………………………… 189

基礎からわかる金融法務

平成28年12月5日　第1刷発行

編　者　島田法律事務所
発行者　小　田　　　徹
印刷所　株式会社日本制作センター

〒160-8520　東京都新宿区南元町19
発　行　所　一般社団法人 金融財政事情研究会
　　　　編集部　TEL 03(3355)2251　FAX 03(3357)7416
販　売　株式会社きんざい
　　　　販売受付　TEL 03(3358)2891　FAX 03(3358)0037
　　　　URL http://www.kinzai.jp/

・本書の内容の一部あるいは全部を無断で複写・複製・転訳載すること、および磁気または光記録媒体、コンピュータネットワーク上等へ入力することは、法律で認められた場合を除き、著作者および出版社の権利の侵害となります。
・落丁・乱丁本はお取替えいたします。定価はカバーに表示してあります。

ISBN978-4-322-13031-7